认知世界的经济学

珍大户 著

江苏凤凰文艺出版社
JIANGSU PHOENIX LITERATURE AND
ART PUBLISHING

图书在版编目（CIP）数据

认知世界的经济学 / 珍大户著 . — 南京：江苏凤
凰文艺出版社 , 2021.12
ISBN 978-7-5594-6534-4

Ⅰ . ①认… Ⅱ . ①珍… Ⅲ . ①经济学—通俗读物
Ⅳ . ① F0-49

中国版本图书馆 CIP 数据核字（2021）第 272853 号

认知世界的经济学

珍大户 著

责任编辑	张 倩	
特约编辑	杨智敏 刘 玲	
封面设计	青空工作室	
出版发行	江苏凤凰文艺出版社	
	南京市中央路 165 号，邮编：210009	
网 址	http://www.jswenyi.com	
印 刷	北京盛通印刷股份有限公司	
开 本	787 毫米 ×1092 毫米 1/32	
印 张	16	
字 数	387 千字	
版 次	2021 年 12 月第 1 版	
印 次	2021 年 12 月第 1 次印刷	
书 号	ISBN 978-7-5594-6534-4	
定 价	78.00 元	

江苏凤凰文艺版图书凡印刷、装订错误，可向出版社调换，联系电话 025-83280257

序

2014 年，珍妮成为同济 MBA 的一员，我教授她们班的 Data Model and Decision，后来又成了她的论文指导老师。在接触中得知，她在新媒体上通过视频的方式传递经济学知识，并收获了不错的成绩，非常值得赞赏。

同济每年培养 400 余名 MBA 学员，历年来持续向社会输入优秀的管理人才。但我们的国家，不仅仅有上海，也不仅仅需要优秀的管理人才，还有更广泛的群体有学习经济学、金融学进而指导生活的渴望。在网络世界，知识的传播渠道与方式都与传统的教育方式大不相同，如果能掌握相关的方法和技巧，知识传播的效率会大幅提高，从而能够以更加低门槛的方式向社会传播知识信息，渐渐地填补不同地域、不同学历和专业背景、不同成长环境的人们之间的信息鸿沟。

从这个意义上来讲，我非常认可珍妮所做的事情，之后更是支持她以自己的经历作为毕业论文的基本素材，总结提炼新媒体传播的经验，创建知识付费新的商业模式与经营策略。不出所料，其之后的论文评审和答辩都一致获得了好评。

最近，珍妮邀请我为她的新书《认知世界的经济学》作序，我非常高兴并欣然接受。虽然平时很忙，但我还是仔仔细细地读了两遍书稿。随着阅读的深入，感触也愈来愈多。我自认为教MBA28年，在理论联系实际以及学术语言通俗化方面造诣颇深，但从这本书里我看到了自身的不足，学到了很多新东西，很有收获。珍妮的这本新作把经济学的主要原理用充满灵动的语言进行了提炼和梳理，并结合当今社会现实对这些原理进行了生动而又准确的诠释。大量的实例，使读者不仅能够迅速理解相关原理，还能通过举一反三直接运用到现实生活中去，充分体现了学以致用的特点。这也是珍妮和这本书的共同特点。

我从这本书中明确看到了珍妮这些年一边学习，一边观察和理解周围世界的成长历程。这本书其实是珍妮这些年学习、实践、提升过程的一个阶段性总结，同时是她用经济学认知世界的心得汇总。

这本书最大的特点是所用语言生动而又风趣，用讲故事的方式讲经济学，引人入胜而又易于理解，特别适合广大非经济学专业人士阅读和学习。本书的视频版课程已有10万用户付费学习，相信文字版面世后，能够让更多人获益，将对我国经济学的普及和提升国民的经济学素养起到非常重要的积极作用。

作为一名从教37年的老教授，我毕生致力于培养学生，也期望我的每一个学生在走出校门、走入社会后都能够积极地为社会创造价值，为社会的进步与发展贡献一份力量。我为我的学生们取得的每一份成绩而欣慰。相信这本书只是珍妮的一个阶段性成果，期待她继续努力推广和普及经济学并不断推出新成果！

陈伟忠　教授

2021年12月26日于同济大学

前言

各位朋友，大家好！

我是《认知世界的经济学》的作者珍大户。"认知世界的经济学"视频版课程在上线一年的时间内，在未曾大规模推广宣传的前提下，仅靠用户的口口相传，已逾 10 万名用户付费学习，并且出现了父母购买送子女、子女购买送父母、男女朋友互相赠送、企业领导购买送员工、朋友之间互相赠送的和谐景象。

这是因为，这门课确实不一样。

作为一个拥有四个学位、本科和硕士经历了国内外完整的经济金融专业教育的人，我确实感觉到，过往的教育中存在一些不足。比如，过度重视概念定义，忽视了真实世界中的实际应用。我们大部分人的学习目标并不是成为学者，而是为了学以致用，指导生活，从而让自己的人生更轻松、美好。

当我走出校园之后，曾经也一度疑惑过，我这"一肚子"的"书本知识"，到底有什么用，真的能有用吗？

2008 年，我开始参加工作，最初成了一名交易员，我有国家认证的交易员资格证。随后，为了更深入地求知，我从交易员转型成了研究员，进入买方机构。我投资过很多重大的项目，比如上海金山的万达广场、国电内蒙古电力、华润、中粮集团、三峡集团、中国核工、马鞍山市建设投资集团、攀西资源、河南铁投等，管理过总计 30 亿元的保险投资资金。

在工作中，每年深入研究数十个投资项目，涵盖各个行业的经历，让我感觉渐渐贯通，终于意识到经济学确实不是停留于书本上，而是跟生活中的方方面面都息息相关。我们生活在一个经济的世界，每一天的所见所闻，每一个新闻背后，都存在着大量的经济规律。

经济规律并不是铁一般的定律，只是当前社会经济关系下，所形成的一种社会规律。但只要当前的社会不发生重大的转型，经济规律就会一直起作用，在每个人的工作、创业、经营、消费、竞争等过程中发挥作用。从这个意义上来讲，经济学或许对我们每个人来说是最有用、最实用的一门学科。

"认知世界的经济学"这门课总共有六大模块，将会按照消费者、企业、消费过程、收入过程的顺序，为大家建立一个完整的经济学体系。这一顺序的内涵逻辑是钱的循环过程——消费者在市场中购买商品和服务，于是钱通过市场流向了企业。企业在生产过程中进行收入分配，对拥有不同资源的人分配不同的收入，于是钱又从企业流入一个一个的人。个人再次充当消费者，于是又形成了下一个循环。

当建立了这样全局而又详细的框架和脉络之后，你看世界的视角，就会变得不一样。以 2020 年为例，2020 年国际上大事频发。这一年国际油价发生了大幅变化。如果你懂得经济学，这件事在你眼里可能是这样子的：

首先，疫情导致飞机停航、轮船停运、汽车使用频率减少，代表着原油消费需求大幅下降，由此会导致一系列的后果。这部分是由经济学的消费者理论来解释的，是本课程第二模块的内容。

其次，原油开采冶炼行业是一个重初始资产投入、轻可变资产投入的行业，这种成本类型，会对厂商的生产决策有一系列的制约。如果你懂得本课程第三模块生产者理论的内容，就能提前预知到石油厂商的下一步棋会怎么走。

再次，石油开采行业在国际范围内是寡头行业，在美国范围内是垄断竞争行业。这是什么意思？又会造成什么后果呢？这是课程第四模块，市场竞争关系中将要讲的内容，如果你学完这部分内容，你就有可能提前预判整个行业的发展。

所以说，无论你是消费者、劳动者，还是生产者、厂商，经济学都是一门极其实用的学科，甚至可能是当前对普通人而言，最为实用的一门学科。

由于课程的内容较多，本书收录了第一、二模块的内容。后续内容将会择期继续出版。相信本书的面世，能够让更多的朋友学会经济学，学以致用。

作者：珍妮

2021 年 12 月 26 日于合肥

第二模块　消费者是如何选择的

整个系列的内容分为六个模块，有消费者、企业、市场等模块。但无论学到哪一个模块，我们都会重复地用到一些共通的分析方法和贯穿始终的根基逻辑。所以我把这些内容抽了出来，放在了第一模块里。整个第一模块里，一共有三章：

第一章 经济学是什么	第二章 经济学的基本方法	第三章 经济学的核心逻辑

经济学
核心原理

第一章
经济学是什么

看到本章题目，大家有可能会觉得，这章肯定没什么内容，会很无聊。但这一章内容是我不得不讲的。

我记得教法律的罗翔老师说过一句话，说有的人学法律学久了，连人性都丧失了，已经忘记了法律的意义是公平正义，是要符合人们朴素的公平认知。这样的人是法律学得好，还是法律学得不好呢？

学经济学的过程中也会有一样的问题。

第一类人学得浅了，不会应用，就会觉得经济学都是纸上谈兵，这是没学好。第二类人学得深了，开始觉得经济学是万能的，什么都能解决，什么问题都鼓吹经济学，这是掉书袋。因为不知道经济学的弊端，也是有问题的，这是学傻了。第三类人不是学傻了，而是学精了，他们不但知道怎么用，还知道怎么利用。就像我说的，微观经济学是现代经济制度的理论根基。然而，无论是理论根基，还是经济制度，都不是完美的，都会有各种漏洞。有些人学得深了，发现了问题，于是开始利用漏洞，甚至开始制造漏洞了。

网上有一句话调侃，所有最"赚钱"的方法都写在《刑法》里了。说这话的人肯定是没见识，《刑法》里写的都是最低级的"赚钱"方法。高端的赚钱方法，都写在经济学里，只是大部分人没读懂而已。微观经济学和宏观经济学里各有一套赚钱方法。让我总结，微观经济学里的这套方法就八个字："洗脑需求、控制供给"。宏观经济学里也有八个字："经济危机、暴涨暴跌"。所有高端的赚钱方法都在这里，并且在现在的社会制度下还是合法的。

所以，我特地写了第一章，希望能够给大家树立一种全局印象。因为只了解一堆名词概念是没有用的，而宣扬经济学什么都好，要么是傻，要么是坏。我们必须客观地认识它，必须知道，经济学里有好有坏，既有有用的一面，又有能够被人利用的一面。第一章里共有三节内容：

理论课 1　经济学世界观
理论课 2　经济学历史观
理论课 3　经济学道德观

理论课 1·经济学世界观

经济学的世界观，由好几个小问题构成，先是第 1 个问题。

经济学研究什么

我们回忆一下小时候看过的《动物世界》，会发现很多动物的行为非常有规律，就像执行电脑指令一样。比如，蚂蚁走路是一列一列的，大雁飞行是一行一行的，个体之间好像没有什么区别，没有自主意识。

人类社会也由很多个体组成，但人跟动物不一样。每个人都有自主意识，每个人的行为都很随机、很迷惑、很独立。虽然人类社会也存在着一些行为号召，但人的特点，就是未必听话。就像很多父母在上班前，对放暑假的孩子说："你自己在家乖乖写作业。"但是这个孩子会听吗？遵从父母的叮嘱，是孩子面临的所有选择中的一个选项，但他未必遵从你想要的那个选项。

我们从高空俯瞰，社会就是由无数个这样的人构成的。每一个人的行为都有很大的随机性，看起来就像布朗运动，没有什么规则。全世界有 70 亿人，每一个人有意无意的举动，汇在一起，共同推动着社会往某个方向前进。

所有的社会科学几乎都在研究人和社会，经济学其实也在试图研究人和社会，但经济学家比较讨巧，他们把人的行为简化了。在经济学家眼里，人的行为就是在做选择，经济学家研究的就是人的选择。这种选择包含的范围很广泛。家里谁做饭，谁洗衣服，这是家庭内部的选择。还有整个社会的选择——谁去种粮？谁去开发软件？谁去当老师？谁去当警察？所以，经济学几乎研究任何事情，因为似乎我们目所能及的事情都能够简化成选择。

沿着"选择"这个逻辑，我们还可以向前推一步，追问一下，谁的选择？只是普通人吗？并不是，不普通的人也能被研究。

做出决策的也不仅仅是个人，还包括团体，比如政府、企业、大学、小团伙、街头的小夫妻店、社区街道办，等等。所有能够做出独立决策的个人或者团体，我们都可以把他们当成一个独立的个体去做分析。

所以我们这一课的第 1 个小问题，经济学研究什么？答案就是，经济学研究的是个体做选择。

经济学和金融学的区别

我们沿着这个逻辑再深究，追问一下，经济学跟金融学有什么区别？很多没有接触过这两门学科的朋友，会觉得两门都挺高深，但两者有什么不一样的呢？不知道。

如前言所讲，经济学研究选择，几乎能研究任何事情。金融学把这种选择的范围缩减了，缩小到只研究关于钱的选择。所以，如果只看研究的范围，金融学研究的范围非常小，并且都在经济学的范围之内。基于这个论断，从研究范围的角度来说，我们说金融学是经济学的一个子学科，是没有问题的。

但如果只研究钱的话，就会发现一个特点——钱是数字，数字之间是可以计算的。比如，我有 100 元，后来又有了 1 元，100 和 1 之间可以进行运算，加在一起等于我有 101 元。然而在经济学研究范围下，就未必能进行这种运算了。又如，我先睡 5 个小时觉，又吃了 4 斤三文鱼，这两者之间该怎么进行运算呢？所以，在学科的研究方法上，金融学又比经济学衍生出了更高的数学推理，产生了更多的研究方法，这些内容超出了经济学的范畴，已经可以成为一门独立的学科了。因此，从研究方法的角度说，我们把经济学和金融学看成两门既有重合但又有不同的独立学科，也是没问题的。这就是经济学和金融学的区别。

我知道很多朋友对金融感兴趣，因为金融关乎你的钱。然而，如果想要学金融的话，就要先懂点经济学。

这就像是，如果你想要去造车、芯片、光刻机这种高大上的东西，必须先经过九年义务教育似的。因为社会上总会有各种各样的骗子，宣传教你怎么做水变油的发动机，怎么做永动机，怎么做宇宙能量接收器。如果你有基础知识打底，就会知道这些违反物理定律，不可能实现。这是我们辨识能力的来源。

经济学正属于基础知识的范畴。很多人想要学怎么投资，怎么理财，怎么买基金，怎么买股票，怎么买REITs（房地产信托投资基金），怎么进行外汇投资。但是社会上一样有很多骗子，有很多宣传起来玄乎其神的东西，诸如教你7天学会理财、简单投资轻松年复利20%、操盘心法、涨停秘诀……这些就像是水变油发动机一样，是骗局。如果你懂点基础知识，就可以一眼识别，少走弯路。所以，我建议大家先学经济学。

经济学的前提假设

回想前言——经济学是研究个体、做选择的学科。那么顺着这个逻辑向后推，随后就是研究如何做选择。为了进行后面的研究，经济学家在这里补了两个逻辑假设。

第一个假设：资源是永远稀缺的。这种稀缺未必是绝对的稀缺，缺到活不下去、要死人的那种。更多是指，相对于人们的欲望而言，资源一定是稀缺的。因为人性贪婪，欲望此起彼伏，层层递进。稀缺就是经济学的第一个基本假设。

最早的经济学假设说，人类的欲望是无穷无尽的。欲望使人类直立行走，建立国家，发展工业，探索宇宙，并且还将推动人类社会继续向前发展。人类的一个欲望得到满足后，一个新的欲望就会产生，永无止境。

举个例子，比如买房，如果你只能买得起普通的两室一厅，那么你内心一定会有一个别墅梦，哪怕是联排也好，但等你有了别墅，又会觉得联排不够好，想要有独栋，最好是上海佘山边上，每栋1亿起的那种。当你有了佘山的独栋别墅之后，你还会觉得上海的房子不够好，得去纽约，买个能够俯瞰中央公园的顶层复式，penthouse来一套。Penthouse有了，又会想要瑞士的庄园chateau，有了庄园又会想要买个岛。这就是最初的经济学的假设，人的欲望永远没有尽头。

但是人类欲望是无穷无尽的吗？我对这个假设是有疑虑的。因为这个世界上，也有人就是环保主义者，或者极简主义者，就不想要那么大的房子。经济学界也知道这种争议，所以目前已经有了一个更严谨的说法——相对于我们现有的欲望来说，我们能够拥有的资源是有限的，因而稀缺是存在的。

就说眼前，作为消费者，你想买略大一点的房子，想多买一件衣服，想多看一次电影，但是收入是有限的。作为企业，你想招更牛的员工，想买更先进的技术，想去最牛的平台宣传，但是你手里能调用的资源也是有限的。你所拥有的，总比你想要的少那么一点点，所以才有稀缺的存在。

这种稀缺不单单指钱少。用现在网上常用的语言，就是说"欲望大于能力""虽然你本事不大，野心可是不小啊""虽然你长得丑，但是你想得美啊"。这些话在网上就是嘲讽人的，但是到经济学里，每个人都是野心大于能力，每个人都是长得丑、想得美，每个人都穷。经济学家会说，全世界每个人都这样，这就是人性本性，谁也别笑话谁，如果你想要更深地认清这个世界，那你必须先承认人性。

这就是经济学的第一个假设，资源是稀缺的。那么这个假设的目的是什么呢？是取舍。因为无法拥有一切，所以必须做出取舍。就像电视剧里的情节，地震的时候两个孩子只能抱一个跑。所以，选择就变成了取舍。这也是经济学看起来比较冷漠的原因。

经济学的第二个假设，是说人是理性的，即只要我们认真思考，总能评判出几个选项之间哪个更好，从而能够更好地取舍。两个只能救一个，救谁？你急得直哭，说选不出。这个时候，你的脑海中应该要有一个隐形的理性人揪着衣领给你两个耳光，说你能选得出的，因为根据经济学的假设，人是理性的，你一定能够选择得出来。这就是经济学的第二个假设。

再回顾一下前面的内容。经济学研究的是个体、做选择。如何做选择呢？这里补两个假设：第一，因为资源是稀缺的，所以你的选择其实就是做取舍；第二，因为人是理性的，所以你一定能够找到最好的取舍方案。基于这两个推理假设，下一个环节就是，我们该研究如何科学地做选择，如何科学地做取舍了。

课程地图

如此，我们再看课程地图，就会觉得很容易理解了。

第一模块是学习这些如何做选择、如何做取舍的共通方法。第二模块是把这些方法应用到消费者领域，去研究消费者如何选择。第三模块是研究到企业头上，研究企业如何决策。第四和第五模块，就是研究到了市场和非市场的头上。

第二到第五模块，其实是按照经济循环图来设置的。什么叫经济循环图？简单解释，所谓的经济循环，其实可以看作钱的循环。最初，钱在消费者的手里，消费者需要购买商品或者服务。此时，钱就从消费者手上流到了企业手里，但企业并不是钱最终的去处。最终，钱需要再次通过工资、利息、分红、租金、专利费等各种方式，流回到人的手里。这就是一个完整的经济循环。我们内容的设计，就是根据经济循环来设置的。

我们再回顾一遍前面的内容：①人类的行为可以简化为选择；②因为人类的欲望大于拥有，资源稀缺，所以在选择的过程中，不得不做出取舍；③因为人是理性的，所以我们用一些理性的工具和方法，来指导人们如何去取舍。这就是经济学。如果我们给经济学下个定义的话，大概可以说，经济学是研究个体如何配置有限的资源，以及这些不同方案会产生的后果和影响。

宏观经济学与微观经济学

那么宏观经济学和微观经济学又是什么意思呢？

在我读书的时候，课本上说微观经济学是研究个体的，个体包括人、企业、组织，甚至居委会，只要能独立做出决策的都是个体。这本书其实也是微观经济学。而宏观经济学是从整体角度研究经济总量的，如 GDP、物价、就业率。但按个体和总体的角度去区分，我发现这种区分方法并不直观。

所以我想这样给大家介绍：我们想象一下自己俯瞰芸芸众生，观察这个世界的所有人、所有行为，这是三维世界的视角，是微观经济学。微观经济学也研究历史，比如如果研究1929年，那么就回到1929年的上空，俯瞰1929年的世界，这是三维视角。

而宏观经济学是四维视角。什么叫四维视角？在科幻理论中，四维是三维世界里加上时间轴，我们的三维世界变成平面，在第四维的时间轴上，随着时间游走。在四维视角下，我们的观察能够穿越时间，往回看，能一眼看到过去，看到1920年，往前看能看到未来，并且我们还要能看到，这个三维世界在时间轴上，随着时间而上上下下，波动起伏地发展着。

这也很容易理解，因为宏观经济学诞生在1929年的经济危机，最初就是为了研究经济周期，再试图通过各种手段让经济周期平滑起来。然而宏观经济学出现的时间太短了，至今还没到100年，根本没经历过多少次经济周期的检验。所以我至今仍然怀疑，宏观经济学到底是不是真的。但我信不信没关系，全世界各个国家的政府信，他们会按照宏观经济学的理论，来制定各个国家的宏观经济政策。这就带来了一个问题。这个问题就是，当你学通宏观经济后，你开始变得能够感知到所谓的周期，能够预测到顺周期和逆周期的政策，你会发现经济周期是不理智的，资产价格暴涨暴跌，踩着经济周期可以一年赚十年的钱。这就跟打游戏时开挂一样——你在玩模拟人生的游戏，然后玩着玩着，发现这个游戏每隔一段时间，在某个地点就会出问题掉金币，早晚会让社会变得不公平。所以我经历得越多，就越怀疑宏观经济学存在的意义，为了熨平经济周期而制造问题出来，做得对吗？我不知道，但我感觉是有问题的。

下一节是经济学历史观，在那里你会认识到，经济学不会是什么永恒的东西，早晚会消失。如果让我不负责任地猜测，可能 300 年后微观经济学就没了，而宏观经济学，指不定 50 年后就没了。

总之，学通微观经济学后，大家会变得更容易理解人的行为，这对大家建立商业直觉是有好处的，对社会也有好处。而学通宏观经济学之后，我们看世界的眼光，会由三维世界上升到四维空间，看到这个世界在随着时间推移而起起伏伏。

课后思考

本节内容最后留给大家一些思考题，希望大家在进入下一节课之前，能够思考并回答这几个问题，这几个问题将是打开经济学历史观的钥匙：

1. 你认为人的欲望是无穷的吗？人类会不会走向低欲望社会？

2. 你认为资源是有限的吗？人类会不会走向资源极大丰富的社会？

3. 你认为人是理性的吗？

理论课 2 · 经济学历史观

关于经济学的历史观，本文从过去、现在和未来的三个角度，来重新梳理、思考一下经济学的产生和发展的本质。

本节分为三个部分：经济学的过去，经济学的现在，经济学的未来。

经济学的过去

关于"过去",最终是想告诉大家两件事:

第一,经济学是特定历史时期的产物,不是永恒的东西。

第二,经济学有政治目的和政治属性,有自己的利益所在。

什么叫生产力?简单地理解,它是一个人生产出来的东西够养活多少人的能力。一个人生产出来的东西只能养活很少的人,这是生产力低下;一个人生产出来的东西能养活很多的人,这是生产力发达。生产力会有一个最低的限度,即保证活下去,保证养活自己和孩子,能够让物种繁衍。我们把这个生产力看作1,动物世界大概就是这么大的生产力,人类的原始社会时期也是这么大的生产力。

从1这个起点开始,当从原始社会走入农业社会的时候,人类学会了农业种植技术和圈养动物,生产力有了一次较大的跃迁。一个人生产出来的东西不仅够自己用,还能给别人吃。这种情况下,生产力的增加就使得人群中可以开始出现非农业人口了。那么非农业人口的比例是多少呢?最初应该是从0开始,逐渐增加。但在古代很长的时间里,非农业人口比例都没有超过10%,农业人口数量一直高于90%。这意味着10个人里,有9个人种地,才能养得起1个闲人。此时的生产力大概推算一下,应该是1.1。那问题来了,为什么非农业人口从来没有超过10%?是因为生产力不够发达,养不起更多的闲人吗?

不是的。我相信,从春秋战国到唐宋元明清,农业的生产力肯定有不少提升。我们在历史课上学过都江堰的历史知识,这是战国时期建设的用于农业灌溉的水利工程。灌溉技术出现后,种地水平肯定提高。历史课还学过《齐民要术》,这是南北朝时期的农业著作，当时对节气、施肥已经掌握得非常成熟了，生产力肯定也有提升。元、明、清之后对外交流比较频繁，土豆、地瓜、玉米这些高产作物开始引入，种地的亩产量翻倍提高。亩产翻倍就意味着同样耕种一块地，能养活的人数翻倍了。既然生产力有所提升，非农业人口比例却始终没有超过10%，为什么？

因为所有生产力的发展，依然只局限在农业领域。只有农业技术缓慢地提升了，其他的技术并没有革新发展。所以，当一块地能养更多的闲人之后，这些闲人没有其他新的领域能够吸纳，他们去不了任何地方，只能够再回到农业领域，最终导致人均耕地面积变得越来越小。有研究表明，在北宋之前，人均耕地面积超过10亩。而到明末清初的时候，人均耕地面积已经下降到不足3亩。所以，虽然生产力有所提升，但是并没有解放人口出来，农业人口越来越多，导致人均土地面积越来越少。

我们再回看历史，会发现其中有一些规律。中国的古代历史上，每个朝代刚开局的时候，都是人口最少的时期。人少就意味着人均耕地面积够大，大家都能够安居乐业发展生产，随着时间推移，朝代走到鼎盛繁荣期，但随着人口继续增多，土地就会开始不够分，人均耕地面积会走到一个临界点，人们挣扎在吃饱和吃不饱的边缘，前面多年的库存积蓄、存粮开始慢慢被消耗光。这个时候，一旦出现洪涝或者干旱，必然要饿死人，于是农民起义爆发。此时，在农民起义的爆发与镇压之间，旧的朝代崩盘了，新的朝代又开始了。由于打仗死了很多人，新朝代一开局又是人口最少的时期，如此周而复始。

在这个历史时期，是不需要经济学的，因为以农业为主的社会里，商品经济太简单，没什么好研究的。不过，当年的社会虽然不需要经济学，却一定需要别的学科。

长达上千年的农业社会，其本质就是两句话：第一，土地是财富的来源；第二，人多地少是农业社会永恒的矛盾。我们顺着这两句话再往下想，既然土地是财富的来源，那么当时社会的制度，一定要解决土地的分配问题。往大了说，是对王侯贵族的土地分封制度；往小了说，是对普通小老百姓的井田制、保甲制，把人固定在土地上。国与国之间的政治交往或者战争，也都是对土地资源的争夺，攻破一座城池之后，人都杀光也没关系，因为土地才是财富。

从农业社会到工业社会进行转变，世界各地的时间点不一样。中国比较晚，清末洋务运动时期才开始萌芽，直到1949年后举全国之力发展工业，才开始正式步入工业时代。

欧洲出现得比较早，萌芽期是从16世纪到18世纪的两百多年，这一时期，早期的经济学思想也开始萌芽，在历史上被叫作重商主义。然后在18世纪60年代，工业革命出现，欧洲飞速地从农业社会转型，进入工业社会。紧接着，1776年，经济学出现了。光这么说，大家体会不到两者之间的关联，只会觉得时间点比较巧合。我们必须更详细地看当时的社会都有哪些变化。

从农业社会向工业社会转变的过程中，有一个很重大的改变，就是财富的来源。农业社会中，财富来源于人在土地上耕种，更具体一些，由于人多地少，相较于人，土地才是关键。

而进入工业社会后，财富的来源变成了人通过机器设备生产东西，然后再卖出去。这个财富创造的过程，至少涉及三个环节：第一，要有人，即劳动力；第二，要有设备或者技术；第三，要有对外销售的市场。那么人、技术设备、市场，这三个环节，哪一个才是创造财富的关键呢？不同的时期，关键也不一样。

先不说经济学，先说法律。在资本主义刚开始萌芽阶段，需要大量的人力进工厂。封建社会时期，地少人多，人相对没用。但是从资本主义萌芽开始，人力开始变得有用了。于是当时的社会制度开始想办法促使人们变成劳动力，防止身体健康的人游手好闲。1536 年，英国颁布了一个强壮的流浪汉法令，意思是身体强壮的人如果去流浪，一旦被抓住就要被割耳朵，抓住三次就被判死刑。1547 年的一项法令说，人们可以互相检举揭发，只要对方不工作，你检举之后，他就可以做你的奴隶。

随着科学技术的进步，生产力继续提升，技术起到的作用比单纯叠加人力要有效得多。渐渐地，法律开始不再需要强迫人们去当工人，转而开始注重对知识产权的保护，让新技术别那么快被复制出去。再之后，生产力还在继续增长，一个人生产的东西够供养很多人了，一个地区生产的东西可以供养好多地区了，就必须向外运，向外卖，才能卖得掉。这时，法律开始强调国际贸易规则。先进的国家要国际贸易自由，从而多出口，抢占更大的市场。落后的国家则要求国际贸易保护，防止国内产业被冲垮。

随着农业社会转变成工业社会，国家之间的战争目的也变了。之前是为了抢夺土地，而在这之后，先是奴隶战争贩奴，随后则变成了抢夺市场。因为人没了就没人消费了，仗全白打。这时，打仗就是为了市场，比如鸦片战争。

讲到这里，我们回头梳理一下前面的例子。所谓经济基础决定上层建筑，在什么样的生产力条件下，就会产生什么样的上层建筑。政治制度、经济制度、法律制度，都属于上层建筑。

同一时期，开始产生了经济学，如果我们再深入洞察，会发现，经济学也是为了保障相应的经济制度这种上层建筑而产生的，也是有历史目的的。

比如说，经济学宣扬自由选择。仔细想想，用法律，等于是逼迫流浪汉进纺织厂工作，但流浪汉能有多少人呢？而用经济学的理论，让人们自由流动，让过去的史密斯和费舍尔都能自由地涌向城市，就可以瓦解过去把人拴在土地上的政治制度，把更多的人从农业中解放出来。

再比如，经济学宣扬自由主义，政府不要干涉。这是因为工业革命后，生产力增长很快，一个地区生产的东西可以供养好多地区，需要向外运。在国家之外，可以靠国际条约、战争、坚船利炮来保障对外出口，那对自己国家内部怎么办？总不能自己人打自己人吧。早前在封建时期，为了把人固定在土地上，地域之间的交流很不便利，各地各自为政，层层设置关卡。比如在法国，如果一个地区的产品要运到另一个地区，每经过一个封建领主的地盘，就得交一次钱，层层扒皮。所以这个时候经济学就宣扬要自由市场，不要贸易壁垒，不要行政干预，而在当时，这些宣扬也确实是对社会有进步意义的。

然而到现在，这种高度自由的时代，如果还在宣扬自由市场能解决一切，那这就别有目的。经济学历史上有一个奥地利学派，就是宣扬什么都不要管，自由竞争就是最好的。然而奥地利学派早在19世纪结束没多久就被抛弃了，因为西方进入工业社会比较早，他们很快就发现了自由放任是有问题的，于是奥地利学派就这么过时了。

所以大家要看到经济学里所宣扬倡导的东西，在不同历史时期是不一样的，经济学本身也在不停地进化。

一种理论刚发展出来，最初肯定是有积极意义的。但随着时间的变化和社会的发展，也有可能变得不再合适了。

经济学里也一样，讲的内容没有一条是真理，全部都需要根据社会变化而改变，所以大家一定不要盲从。要意识到经济学是特定历史时期的产物，它的存在可能是有特定的历史目的。我们无须迷信经济学，也不用疑惑经济学到底有没有用。每一个时代的产物都有它存在的合理性。

经济学的现在

我刚开始上大学的时候，大学里教两门课，一门是政治经济学，另一门是西方经济学。政治经济学里的内容和例子都非常老旧，还在拿 19 世纪的工厂来举例，说资本家雇用工人制造鞋子，怎么通过缩短必要劳动时间来榨取剩余价值。我听了这些内容非常不屑，觉得这都已经 21 世纪了，世界早就不这样了，我大学毕业以后是要进入商业社会中搏杀的，你教我这些东西有用吗？

所以在那个时候，在我还没开始学习之前，我非常憧憬现代经济学，觉得这才是最前沿的东西，是能够有实际用处的东西。出于"有用"这个目的，为了毕业后能够早日在社会上崭露头角，我基本上每天都去图书馆，花了两三年的时间，把图书馆里与经济金融相关的几个书架都看了一遍。然而，当我学得越多时，我越发现，现代的经济学是有漏洞的，在这种制度下会让社会产生漏洞，于是我开始怀疑这门学科。

现在我跟大家讲一下，我在大四那一年发现了些什么。

人类社会是一个生产力逐步发展的历史。前面讲了，早期社会农业人口比例 100%，到了封建社会，农业人口占比 90%。从资本主义萌芽开始，农业人口比例大幅下降。美国到了1910年，农业人口已经降到35%，到了1970年下降到5%，如今已经下降到1%。只用1%农业人口生产出来的农产品，不仅够美国人吃，还够饲养大量牲畜，还够出口。这就是生产力的发展过程，一个人生产出来的东西，够更多的人用。

除了农业人口之外，美国的工业人口比例也在持续下降，从50%多下降到30%多，再到20%多，目前也只剩10%了，因为技术进步，生产力提升，生产出来的东西够越来越多的人使用，所以工业领域里需要的人口比例，也在缩小。

我举个更直观的例子。亚当·斯密在1776年出版的《国富论》里，写了一个他观察到的例子。他说，在旧作坊时代，全靠手工生产，一个工人一天能够制造20枚别针。但是借助分工之后，把整个别针的生产过程分解为每个工人专门完成部分工序，通过劳动分工，10个工人一天可以制作48000枚别针。其中第一个人负责把铁丝拉出来，第二个人把铁丝拉直，第三个人把铁丝切断，第四个人把铁丝削尖，第五个人将铁丝磨光，第六、七、八个人制作别针的针帽，第九个人将针和针帽固定在一起，第十个人将别针擦亮并且包装。通过这种劳动分工，10个人从原本每天只能生产200枚别针，变成了能生产48000枚别针。但想要支持这种劳动分工，必须有较大的市场规模，如果这个别针工厂只有10个人的话，这家工厂每年需要销售1500万枚别针才能维持生存。亚当·斯密借助这个例子来强调，通过劳动分工与自由市场，能够让生产力巨大发展，从而给社会创造财富。然而，我通过这个例子看到的是，这个时候还没有科技创新，还没有引入机器大生产，10个工人的工厂就可以让这个社会减少大量的曲别针工人。

如果我们继续预期，人类社会是一个生产力持续进步的社会，我们会预测到，在未来每一个行业里，需要的人口比例最终都会走向缩小。人力早晚会过剩。而按照经济学所创建的社会制度，价格是由市场中的供需决定的，人力只要有一点过剩，就会造成供大于求，让价格下降。

人力过剩会导致一部分人失业，人们在找工作的时候会互相竞争，从而让工资压低或者让工资的增速降低。但是资本收入并不会这样互相竞争，因为资本在呈现一种不断集中、不断聚拢的趋势，自己是不会跟自己压价的，甚至于资本之间可以抱团抬价。每一年里，资本都多收那么一点点，工资都少发那么一点点，随着时间累积，贫富差距就会越来越大。

下面是一组从招商银行对外披露的年报里摘录的数据。人们会同时拥有很多个银行的银行卡，就算是富人，也有可能贡献几张零余额的银行卡，所以关于富人和穷人的比例数值是无法参考的。然而逐年的变化趋势可以参考。从 2012 年到 2019 年的数据中，我们可以感受到富人在变得更富，富人变富的速度很快，比穷人要快得多。

2019 年	客户数 万户	客户资产 亿元	户均资产 万元	客户数 占比	资产 占比
私人银行	8.2	22310.5	2731.7	0.06%	29.77%
金葵花及以上	264.8	60852.3	229.8	1.84%	81.20%
金葵花以下	14135.2	14087.3	1.0	98.16%	18.80%
所有零售客户	14400.0	74939.6	5.2		

2015 年	客户数 万户	客户资产 亿元	户均资产 万元	客户数 占比	资产 占比
私人银行	4.9	12521.0	2555.3	0.07%	26.36%
金葵花及以上	164.8	37296.0	226.3	2.46%	78.52%
金葵花以下	6529.2	10200.0	1.6	97.54%	21.48%
所有零售客户	6694.0	47496.0	7.1		

2012 年	客户数 万户	客户资产 亿元	户均资产 万元	客户数 占比	资产 占比
私人银行	2.0	4342.0	2224.6	0.04%	18.24%
金葵花及以上	91.1	16720.0	183.5	1.69%	70.24%
金葵花以下	5291.9	7084.0	1.3	98.31%	29.76%
所有零售客户	5383.0	23804.0	4.4		

资本与工资的增速不同，是现代经济制度下最严重的社会漏洞。英国的 GDP 增长大概是 1%，而英国的资本回报率却能达到 3%，他们多拿的就是别人少拿的，所以我猜，英国的工资水平应该很多年没涨了。中国的 GDP 增长率，前些年是 8%，而当时资本收益率轻易就能超过 10%，这意味着在资本每年的增长能达到 10% 的同时，社会平均工资的涨幅能达到 10% 吗?

资本增值速度快，工资增值速度慢，这是现代经济制度下最严重的漏洞，但远不是唯一的漏洞。更常见的漏洞是利用供求规律，通过资本聚集垄断某个特定的东西，从而抬高这个东西的价格，获得超额利润。

比如奢侈品行业，通过资本不断收购，全球的奢侈品如今都归于三家集团，集中地垄断了供给，价格也抬到了一个有很高利润的水平。但这种手段还不够高端，因为奢侈品不是每个人都需要的，且其产品成本、运作的套路很容易被识别出来。

我们身边有没有控制住供给，让别人算不明白价格的东西呢？也有的。

举例来说，微信消费的手续费。你每通过微信向商家付一笔钱，微信就从中卡掉了一笔手续费。这比信用卡狠多了，因为信用卡收手续费的时候，垫付了资金，而现在用微信消费的时候，微信是没有垫付资金的，从消费者到商家手中，直接扣掉一部分。有人听到这里，肯定要反驳了，因为你用了微信支付系统啊，这是使用费啊。被洗脑了吧，你知道使用成本是多少吗？如果不知道，你怎么确定这个费用就全部都是使用费呢？

我稍微做个对比，微信收的手续费是千六，也就是每1000元收6元，1万元收60元，以此类推。国内股票交易时，上海证券交易所收的手续费是万一，即1万元收1元。证交所的信息系统，比微信支付可复杂多了吧？全国几千万股民实时浏览股票行情，要求信息不能有延迟，每时每刻的交易量都很大，这种难度下的交易费用是万一，而微信支付收的费用是股票交易的60倍。所以你还相信这60倍的费用都是使用费吗？

上一节里提到，微观经济学里最赚钱的办法能浓缩成八个字——"洗脑需求、控制供给"。控制供给，用古话说，叫"此路是我开，此树是我栽，要想过此路，留下买路财"。很多人不知道，苹果对在线服务要收32%的费用。举个例子，你看直播，给主播充值打赏，用安卓手机充10元可以买100个直播币。而用苹果手机，充10元就只能买到68个直播币，只要你用苹果，你就要比别人多掏钱，因为苹果在中间扣了32%。

我建的粉丝圈子——珍大户的经济圈，标价是299元，结果，苹果手机用户付完费后，到我手上时只剩不到150元。我就很生气，我和用户之间两情相悦，为什么就突然插进来一个苹果呢？用户买手机的时候没付手机钱吗？你强行扣走一半经过我同意了吗？这是强买强卖呀。

很多已经被洗脑的人，在这种情况下还要替苹果说话，说苹果提供了优质的平台。如果用这个逻辑的话，那我们现在用的电都是国家电网提供的，人家也提供了优质的电力平台，你为什么不感谢国家电网呢？你在网上消费100元也给国家电网交30元呗。

这么想就知道，苹果收的这笔钱有多霸道了。苹果赚的叫什么钱？洗脑需求，控制供给。

再回到现在经济制度下，最主要的漏洞是什么？生产力会持续提升，从而让各个产业中需要的人口比例下降，最终产生劳动力过剩，从而导致大家的工资收入涨不上去。

这就是经济学的现在——在微观的很多领域，经济学非常有用，对社会有正面的积极作用，然而加总到一起，却有系统性漏洞。那么经济学的未来是什么样呢？

经济学的未来

上一节我解释了现代经济制度存在着系统性的漏洞——小到各种洗脑需求、操纵供给的方法，大到系统性的漏洞导致的就业减少和贫富差距增大。

这个系统性的漏洞不只我一个人发现了，全世界各国的经济学家们对此也有一些观点。现在经济学里大概有三种解释。

第一种观点是否认。一些经济学家通过数据统计得出，在过去几十年甚至上百年的时间里，人们的工资水平一直在上升。但这种说法没有意义，总不能社会进步了，还让打工人都活在1840年吧，工资上升那不是应该的吗？我们现在讨论的是贫富差距的扩大。

第二种观点是凯恩斯主义，即大政府主义。凯恩斯主义经济学家认为，国家应该出手管理，而且国家也有能力。政府通过发行国债，多借点钱，然后亲自花钱去雇人修桥修路，摆脱经济危机。

第三种观点是芝加哥学派的货币主义。在20世纪70年代后期，当凯恩斯主义开始失效后，货币主义接棒了凯恩斯学派，成为当前的主流思想。货币主义主张，国家啥都不要管，只负责印钱就好了，只要钱印得多，一切问题就都解决。所以到目前为止，美国依然是以货币主义思想为主流，只要一出危机就印钱。2008年经济危机时期，美国在一年内印的钱，是建国232年以来印钱总数的一倍。到了2012年，同样的事情又发生了，建国236年里总共就印了那么多钱，两年就翻倍了。到了2020年，同样的事情再次发生，美国建国244年里总共印了那么多的钱，几个月就翻倍了。这就是经济学中的芝加哥学派货币主义。

凯恩斯主义学派和货币主义学派讲完，我猜大家会有疑问，这两个学派做的事情，跟就业和贫富差距有什么关系呢？凭什么都认为自己的学派能解决问题呢？如果你有这个疑问，你就问到本质上了。

其实这两个学派都没有直接解决问题，只不过在拖延时间。大家是否记得上一节留下的问题——你认为人的欲望是无穷的吗？

经济学宣称，人的欲望是无穷的。基于这个假设，只要社会上有很多失业和闲散人口，工资就会非常便宜，由此人的欲望就会衍生出各种新的需求，比如雇个闲人陪你唠嗑。只要给予足够的时间，早晚会有更多新产业出现，就业和经济秩序最终都会恢复。所以凯恩斯主义通过政府调控，货币学派通过印钱，各自获得缓冲时间。两者本质都是在拖，因为相信人的欲望会不断增加，产生出更多需求，从而创造出新工作岗位。

所以大家明白了吗？问题的关键在于，你是否相信人的欲望是无穷的，不同的答案将走向不同的结果。如果你相信，就意味着现在的经济制度能够顺利地继续运转下去。如果你不相信，就意味着随着时间推移，漏洞会越来越大，最终这套体系会垮。所以在上节里，我猜测宏观经济学和微观经济学可能都不长久，因为我并不相信人的欲望是无穷的，我觉得拖时间没有用。

但未来也不是那么悲观。原因来自经济学的另一个假设，也是前文留下的问题之一——你认为资源是稀缺的吗？

在我高中的时候，我的政治老师给我们举了一个例子，我印象非常深刻。他说以后生产力高度发达，可能一按电源，机器就能生产出 100 匹布来，你们需要做的劳动就只是按一下自钮。当时听完这个例子，我觉得这是在吹牛，怎么可能？那时，中国才刚进 WTO，国家还没开始变富，科技和互联网也没有太发达，但也不过就是十来年后，世界已经发生了翻天覆地的变化。

大概在 2015 年，我想通一件事。我发现，如果追根溯源，那么所有的资源都是能源。食物来自农作物，农作物来自光合作用，光合作用其实就是对太阳能的利用。穿的衣服来自化工，也是能源。交通要用汽油，也是能源。如果交通解决了，那么房子也不会稀缺，所以居住也是能源问题。所以结论变成了，人类的衣食住行都来自能源。如果人类的科技有了突破，掌握了更厉害的使用能源的方式，那么稀缺可能就不复存在。我们回顾农业社会，人类能掌控的能源，主要来自农作物的光合作用，对能源的掌控效率比较低，所以生产力也比较弱。到了工业社会，人类掌握了石化能源，生产力有了大幅的提升。未来，如果人类在核聚变技术上有所突破，能够掌握无限的清洁能源，那么生产力又将进一步指数级地增长，就像曾经的工业革命带给人类社会翻天覆地的变化一样。如果资源不稀缺了，那钱还有什么用呢？如果钱没了，经济学又有什么用呢？

所以现在再回头看第一节留下的问题，你认为资源是稀缺的吗？人类的欲望是无穷的吗？如果你认为资源稀缺，人类的欲望是无穷的，那么现在的经济制度将会继续运转下去，经济学也将一直持续下去；如果你认为人类的欲望是有克制的，随着生产力的提升，资源是不稀缺的，那么最终经济学就会消失，现在的主流经济制度会瓦解，到时候有可能就是共产主义了。但不管你怎么回答，时间还早，在我们目所能及的未来三五十年里，世界还会是像现在这个样子。

理论课 3 · 经济学道德观

经济学道德观，其核心问题就是——我们把经济学当成什么？是认知世界的工具，还是改造世界的手段？我们学经济学的目的，是认识这个世界，还是改善这个世界？

两种不同的功能，把经济学分成了两面，一面叫实证经济学，另一面叫规范经济学。实证经济学主要研究这个世界是什么样的，主要的功能是解释经济现象以及做经济预测。这种解释和预测，有可能判断正确，也有可能判断错误。

比如这句话："国际贸易的存在，创造了大量的就业机会，从而降低了失业率。"跟它相反的一句话是："国际贸易的存在，转移了大量的就业机会，从而导致了更多的失业。"这两句话都是在说这个世界是什么，有什么规律，这种描述就是实证描述。

但是，两句话完全相反，说明至少有一句是错的，甚至有可能两句都错。至于怎么判断对错，我们可以用数据检验。经济学有一个很重要的任务，就是不断探索这个世界经济活动的运转规律，最终能探索出来的结论，都是实证表述。

另一种表述方式叫规范表述。实证表述是说世界是什么样的，而规范表述则是说这个世界应该变成什么样。规范表述里面凝聚了人类社会所特有的各种价值观，它非常主观。

比如下面几句话：

> 为了保护环境，我们应该减少石化燃料的使用，降低碳排放。
>
> 为了减轻职场性别歧视，应该给予男性同样的孕产假。
>
> 为了人民的身心健康，应该坚决杜绝超长加班，每周工作时间超出 55 个小时应视为严重违法。

所有涉及好不好、应不应该的描述，都属于规范表述。你可能支持或者反对，这取决于你内心的主观意愿。

所以，实证经济学主要是以旁观者的视角，去解释和预测。而规范经济学则是以主人翁心态，去主观判断，这个世界怎样才能变得更好。

那么，我们区分两者的意义在哪里？课本上只教了怎么区分，很多年后，我才有了以下这三点感悟：

第一，当我们学会区分实证经济学和规范经济学后，还要进一步意识到，实证经济学只试图找到客观规律，它的答案有可能有对错，跟立场无关。而规范经济学则是没有对错的，只有立场。

举例来说，张三经济学家说"公积金制度引起房价上涨"。这句话只陈述了现象，是实证经济学。这句话有可能对，也有可能错，是没有立场的。

再举例，李四经济学家说政府应该提高最低工资，或者政府应该降低工资。这句话是说世界应该怎么样，属于规范经济学，所以这句话是没有对错的，只有立场。当你听到经济学家在做这种规范性表述的时候，你就要意识到，他一定是站在了某一种立场之上。

这就是实证经济学和规范经济学的区别。

第二，实证经济学和规范经济学并不是抵触的，你可以同时兼有。在这方面李嘉图就做得非常好。李嘉图是历史上非常知名的经济学家，他信奉劳动价值论，认为只有劳动才能创造价值，但从事股票交易行业，做完全不创造价值的事，还赚得盆满钵满，成了大富翁。这个人预测土地租金会持续上涨，超过普通老百姓涨工资的速度，出于实证经济学的角度，他买入了大量的不动产，自己当了地主。但另外，他认为这种事情是不对的，于是就号召要限制地主利益，这很明显又是一种属于规范经济学的观点。

所以，大家看李嘉图的例子，实证经济学和规范经济学并不矛盾，它是一个硬币的两个面，我们可以同时拥有。我们对这个世界，既可以有一颗拳拳赤子之心，也可以静待花开，其间也并不妨碍自己赚钱。

第三，虽然我一直主张规范经济学只有立场没有对错，但是确实有好心办坏事的情况。比如自己的主张真的开始实施了，却发现结果跟预判的不一样。

本书主要集中在实证领域，而不太讲规范的、道德的层面。就像这本书的名字——《认知世界的经济学》。在我看来，经济学是认知世界的理论和工具，应该用实证方法去研究，同时经济学又是改善世界的工具，其中也应该包含道德和价值判断。但是我害怕自己的人生阅历和学识还没有到足够高的高度，所以我虽然认为经济学里应该包含道德，但是我会比较少去提。

我不知道怎样才能让社会更美好，所以我只是希望能让大家认识并懂得社会规律，然后有一个更好的人生发展。每一个人都好了，这个社会肯定也会好。相信你已经能够懂得什么是实证经济学和规范经济学了，第一章也就到此结束了。

在视频课发布后，很多同学提出疑问，从而让我意识到中文中的"对错"是存在歧义的。实证描述是用来阐述事实现状的，在实证描述下，是有准确与否的对错之分，比如 2+3=5 是对的，2+3=6 是错的，此处的对错与道德、好坏无关。而规范描述是做道德判断、好坏描述的，比如"骂人是错的"，"这个人太坏，骂他也是对的"，此处的对错是存在道德判断的。

第二章
经济学的基本方法

很多学科会有固定的思考流程，比如刑警侦破案件、医生诊断病情或者心理学家做心理分析，经济学也一样。所以我把这些共通的方法抽出来，组成了第二章，以下为本章框架。

基本分析方法有三个：一是个体选项优化；二是群体均衡；三是模型方法。我们在用的过程中，有可能只用一种，也有可能同时用两三种。在传统的教科书中，基本上没有这样单独提炼出的一章。所以，这样的逻辑梳理对于入门者来说会更友好。

虽然第二章的大纲方法只有三个，但每个方法下都有很多点，所以实际内容不少，如果按顺序讲下去，效果可能不太好。因而，这章内容会倒着讲，先把一些重要的小点挑出来讲清楚，最后再把整章的逻辑串起来。

理论课 4 · 机会成本

这一节，我们要解决两个重要的问题：第一，什么叫机会成本？第二，我们学这个东西，有什么用？这类问题在之后每一节都是通用的，建议大家都在学完后再追问一句怎么用，确保能够学完会用。

那么，什么叫机会成本？

我们在第一章讲经济学定义的时候，提过资源是稀缺的，你不可能拥有一切，所以必须做好取舍。换句话说，你每做一个选择，背后都会有放弃。你放弃的其他选项中，最高的价值，就是这个选择的机会成本。

浓缩成一句话——机会成本就是你放弃的最高价值。

教科书经常会用时间或者金钱的分配来进行举例。我们先看一个时间分配的例子。

你晚上回到家后，有两小时空闲时间。这两小时你可以有很多种选择，看电影或者读书，但因为时间有限，两种乐趣不可兼得。在这里，看书的机会成本就是看电影的乐趣，看电影的机会成本就是看书的乐趣。

如果你觉得看电影更有乐趣，就说明看书的机会成本高。成本高的事，不要选，选成本低的。从经济学的角度，哪怕你很闲，时间也一样有成本。

巴菲特最喜欢说的一句话叫"天下没有免费的午餐"，因为就算是免费的午餐，不花钱也一样花了时间，时间也有成本。

但是很不幸，国内认可时间机会成本的并不多。举个例子，养一个孩子的成本是多少？如果按照会计的算法，就看花出去的钱有多少。从出生开始，要花的钱有奶粉、尿布、服装、摇篮、玩具等；上学之后，有学费、书本费、伙食费等。把所有这些钱加在一起，看花销高低，成本大概几十万。

但是从经济学的角度，我们考虑成本，从来不是按照支出多少钱来算的，而是看放弃了多少。上面这几十万直接花出的钱，是一种放弃，所以要计入成本中。除此之外，还有很多种放弃，比如说孩子出生后，有可能家里的老人来帮忙照顾，那么老人就放弃了他们娱乐或者工作的时间。再说孩子父母，为了陪伴和教育小孩，他们减少了自己工作或者加班的时间，减少了工作晋升的机会，减少了出去游玩、娱乐的时间，牺牲掉了很多享受。

再进一步，小孩子成长的过程中，会有自己的卧室，父母不会收孩子的房租。但是如果没有孩子，那么可能会把这个空房间租出去收一份租金，也有可能把它改造成书房或者影音娱乐室，获得一份享受。有了孩子之后，这个房间的价值也放弃了，这种放弃的成本也要计入。

养孩子的过程中，肯定还有很多很多的放弃。所以在经济学视角下，这种成本是非常高的。

以上是关于时间的机会成本的例子，再说一个钱的分配的例子。

在我准备读 MBA 之前，面临一个选择。 MBA 分为两种：一种是脱产班，周一到周五上课，这个时间你不能再去工作；另一种是在职班，周六、周日上课，可以一边工作一边读书。脱产班的学费是 15 万，在职的学费是 30 万。所以我们怎么衡量这两个班的成本高低呢？直接按价格来衡量吗？我们不是学会计的，所以按照经济学，我们要去衡量机会成本，去考虑自己放弃了什么。

脱产班首先放弃的是学费 15 万；其次要放弃工作脱产两年，就等于放弃两年的年薪。所以，当我们考虑放弃的年薪之后，就会发现，即便一个年薪只有 10 万的人，他读脱产班的成本也已经达到了 35 万，已经略微超过了在职班的学费。如果年薪更高的话，那么读脱产的成本只会大幅高于在职班。

放弃的只有这两项吗？应该还不止。越高端的工作，就越会考虑候选人的职业连贯性以及累计的工作年限。工作年限短或者是中间有断档，都属于求职过程中的瑕疵，这种瑕疵有可能让你无法进入最好的企业，而最好的企业和次好的企业之间，同样的岗位可能还会存在着 10% 的年薪差异。多年累积，这种损失也是巨大的。

综合以上种种，可以算出来，读脱产班的机会成本可能超过 50 万，对高收入的人来说，甚至超过 100 万。相较之下，当然是在职班便宜，所以上海的名校 MBA，在职班一年能招 400 个人，脱产班一年只能招 30 来个人。

听完这两个例子，相信你大概已经有点懂什么叫机会成本了，但是这还不够。

如果我拿出四张钱，一张 100 元、一张 50 元、一张 10 元、一张 1 元，你有一个选择，可以从中选一张。这时候如果你选 1 元，就要放弃另外三张。另外三张中面值最大的是 100 元，所以你选 1 元的机会成本就是 100 元，选 10 元或者 50 元也是同理。只有选 100 元的时候，机会成本最低，因为你放弃的最大价值是 50 元，这是教科书教给我们的。

但是，现实生活中没有这么容易、清晰的选项，以下几种情况更为常见。

第一种情况：你面前有一个选项，但因为眼界问题，在你看不到的地方，还隐藏着一堆选项。

讲一个 20 世纪 90 年代贫民窟美少女的故事，女孩生在穷乡僻壤，学习不好但唱歌非常有天赋，中学老师推荐她去参加艺考，艺考的老师看到她以后，觉得她长得好看，唱歌又好听，是一个宝贵的苗子，不管是学音乐还是学表演，前途都不可限量。艺考老师告诉这个孩子，一定要报北京的学校，去改变命运。结果考完后，女孩销声匿迹，老师上门去找才发现，村长家到女孩家说了亲，彩礼收完，亲事已定。老师不忍心她放弃大好前途，反复劝说，但这家人从来没见过那种生活，在他们看来，嫁给村长家的儿子就等于荣华富贵了，站在门口就能实现理想生活，为什么要去遥远的城市呢？

故事讲完，大家心里应该会有各种感慨，记住现在这种情绪和唏嘘的感觉。因为直觉是一种感觉记忆，就像人看到黑暗，会感到很害怕，之后当你做选择的时候，如果有要唏嘘的直觉，就说明你开始有了机会成本思维的底子。

第二种情况：商业社会中存在着各种各样的洗脑，比如有商家跟你说，看这里有 1 元，它超级有价值，你赶快来拿，然后你就被眼前的 1 元吸引了，别的都忘了，这叫洗脑成功。

假如有一个物品，我们预期它会持续地涨价，每年增长 10 万，2020 年它值 50 万，到 2024 年会值 90 万。那么，2020 年让你花 80 万买，你怎么计算你的盈利和亏损呢？在商业社会中，商家会天花乱坠地给你宣传，说 5 年后它肯定值 90 万，你现在花 80 万买，5 年后就能赚 10 万。如此一来，很多人真的就冲过去买了。然而我们在经济学上要算机会成本，要算放弃的东西。如果你本来能用 50 万买到，结果你非要花 80 万不可，等于你多放弃了 30 万，这就是亏了 30 万。你本来能赚 40 万，现在只赚 10 万，这就是亏损 30 万。

我们再回到这 4 张钱，前面已经说了两种情况，一是眼界问题，二是洗脑问题。

还有第三种情况：预见性的问题。

比尔·盖茨在大学期间，辍学去创办微软。我们事后当然能看到，当时他选择继续读书的机会成本，就是失去微软。去创办微软的成本，是要中断学业。我们现在知道微软很牛，所以知道失去微软的成本最高，所以不能选成本高的，退学创业是对的。然而在当时结果没发生的时候，两个选项是透明的，你根本就看不清楚每张钱到底是什么价值，所以有可能预判错误。

所以在这种情况下的机会成本是最难以让人理解的，因为它未必是真实发生的，因为你放弃的东西，往往只是一种可能性，能不能预见得到这种潜在的可能性，取决于你的想象力、预见性、规划能力，以及你的胆量和野心。

茨威格写过一本书，叫《断头王后》。这本书的主人公是法国国王路易十六的王后，这个王后出身名门，一生最爱玩乐，她大修宫殿，每天举办舞会，买最奢华的衣服珠宝，花光了法国的国库。20年后，法国大革命爆发，玛丽·安托瓦内特被送上了断头台，史称"断头王后"。

茨威格写到她早年的奢侈生活时，无比感慨，写下了非常有名的一句话："她那时候还太年轻，不知道所有命运赠送的礼物，早已在暗中标好了价格。"

这个价格是什么啊——机会成本。

案例课 1 · PUA

本节完全是案例，没有理论，是对社会现象的讨论，所以也没有标准答案，大家不必完全按照我的说法去考虑，需要自己思考。

PUA 是一个什么东西呢？它是一种个人推销法，这种东西在国内 20 世纪 90 年代中后期时已经流行过了一波，但当时是专门培训销售员的，教销售员怎么把自己推销出去，就像乔·吉拉德，跟客户做了朋友之后，再推销产品。而 PUA 的目的不是卖东西，而是迅速找到男女朋友。PUA 从国外传到国内的过程中，出现了变异。这种变异的原因，首先是中外文化的差异。在我们的传统观念里，谈恋爱是结婚的前奏，而在国外约会就是约会，离结婚还有十万八千里，并且可以同时与多个对象约会。

这种文化差异就造成了大部分中国人在以结婚为目的恋爱时会有更高的容忍度，无论是在精神上还是物质上，都更愿意为恋人付出。所以把 PUA 带回国内的这帮人很快发现，如果按照美国方式，同时跟多个人约会，谈恋爱能获利。但这个逻辑中最大的问题就是，头脑正常的人是不会接受不平等的关系的，于是 PUA 里就迅速进化出了各种各样的洗脑技巧。

这里边的套路都是类似的。第一步先包装一个不错的外在。第二步在开始能够跟对方聊下去之后，找到对方的缺点，比如外貌、出身等，时不时进行贬低。第三步在对方渐渐适应后，开始加大贬低力度，同时抬高自己。不断说自己的优点，不断说对方的缺点，最后把对方洗脑成功，让他相信自己一无是处，能遇到你，简直是八辈子修来的福气。第四步，洗脑差不多的时候，不断地要求对方通过付出来证明自己的爱。第五步，等把对方所有的资源榨干，就开始启动分手。普通缺德的人，是通过制造矛盾，然后再把责任推到对方身上，以此达到分手的目的。

其实这个套路的核心，就是限缩你的视野，限缩你的选择。我们每个人的人生中，都一定会有很多的选择，会有很多条路可以走，所以人生才丰富多彩，充满了各种不确定性。而 PUA 实际上就是要洗脑你，说你是个垃圾，在外面没人要，他是你唯一选项，离开他你就无路可走，所以无论付出多大代价，你都只能接受。他们想赚的，就是你的代价。

想要跳脱出去，只要想清楚一点，即认识到人生有无限种可能，你绝对不会只有一条路，如果你发现身边有人在试图限缩你的视野和选项，一定要提高警惕。

职场 PUA 也是同理。举个例子，如果你的一个工作成果刚交差上去，你的上司就来训你，说这么简单的事都做不好，你看看你做的什么玩意儿。这个时候他是在搞 PUA 吗？

如果他下面继续说，你看你什么都做不好，也就只有我这儿能容忍你，你出去了连口饭都找不着，这就是在缩小你的视野和选项，也需要引起警惕。

但如果他说，你做的这个东西考虑到客户使用习惯了吗？你设计方案的时候，有站在客户角度考虑过吗？这种说法是在提示你没有想到的地方，这是在扩大你的视野，所以这种批评反而对你是好的。领导即便骂你，也依然是在培养你。

所以这种情况，我们应该要看到本质，不应该害怕批评，如果听不进去批评，一听到批评就说，唉，这是在搞 PUA 呢。那么人就会变得听不进去劝，也很难促进自己改变和提升。相反，如果不是批评，哪怕是披上了一件非常华丽的外衣，但本质上依然是在限缩你的视野，这一样需要提高警惕。

商业经营中也有类似的逻辑。卖东西的过程中，需要尽可能地限缩客户的视野。我看了几期某带货主播的视频，就发现销售文案有这样的特点——你想追男神吗？买这支口红吧，涂上这个口红超美，男人看了真的走不动路。

但是大家理性一点，现在没有谁找对象只看外表，大家都是既要、又要、也要。但是在卖产品的时候，宣传却一定会把既要、又要、也要全都砍掉，只留下唯一选项，并且要不断地暗示你，只要你拥有了它，就离你想要的生活非常近了。

综上，大家应该明白这些套路的原理了。限缩住视野，限缩住选择，就能够让别人忽视成本，分不清代价的高低。就像商家把产品包装成通向某个目标的道路，买口红能追到男神，买西装能成为职场精英，买名牌包就能得到混圈的门票。消费者一旦失去成本意识，就容易冲动消费。

做法好不好，我们不做评判，因为这属于规范经济学的内容，一切判断都留给大家。

最后，我衷心地祝大家谈恋爱或者结婚，都是因为两个人互相欣赏，互相愉悦，互相帮助与扶持，而不是因为觉得只有那么一个人愿意接受一身都是缺点的自己。祝大家都能做自己喜欢的、擅长的、有意义的工作，而不是因为害怕出去以后走投无路，所以不得不窝在这里混一口饭吃。祝大家每一次买东西，都是因为自己真的喜欢，而不是把某个东西当成唯一的道路，当成一种精神的寄托。

理论课 5 · 沉没成本

在经济学分析中，沉没成本并不应该有基本方法，用沉没成本来分析问题是错的。正确的方法是用机会成本来分析问题，不要受到沉没成本的干扰。

而现实生活中，大部分人的思考方式，都跟正确的方法截然相反。很多人都忽视了机会成本，又太容易受到沉没成本的影响。所以虽然沉没成本这个概念，并不是正常分析过程中应有的方法，但我还是有必要在讲完机会成本之后，立刻讲沉没成本，让大家做一个对照。

这节内容依然是老套路，要搞懂两个问题：一是什么，二是怎么用。

什么叫沉没成本？通俗来讲，就叫打水漂。你出去拉客户关系，花了很多时间和代价去维护客户，比如拜访、请客吃饭、送礼，结果突然这个客户公司破产了，那么前面的付出就全都打了水漂。所有的这些投入，已经发生了，也追不回来了，这就是沉没成本。

沉没成本是指已经发生的，无法再收回来的成本。

具体来说，很多人创业想去开奶茶店，开店需要投资，其中一部分投资用来装修，另一部分投资用来购买机器、原材料等。当这家店关门的时候，机器转让卖给同行，成本就能收回来一部分，而装修店面的钱，如果转让时没人愿意出钱补偿你，那么所有的装修钱就都打水漂了，这就是沉没成本。所以大家也能想象得到，为什么很多制造业企业全都聚集在一起，因为这样大家互相之间可以周转，初期买设备不用买新的，不用投入 50 万，没准 35 万就能把厂开起来，倒闭之后没准 30 万又能把设备卖给同行，沉没成本非常低。当然这只是原因之一，并不是所有的原因。我们今天在讲沉没成本，所以只在这里点了一下而已。

那么学沉没成本有什么用呢？

书本上讲机会成本，目的是要告诉我们，沉没成本是一种过去的、无法挽回的东西，既然已经过去，就别再纠结。

还是以开奶茶店举例，你投资的奶茶店如果倒闭，至少有 30 万打水漂。现在这家店经营得不好，你想找个网红来店里试吃宣传。面对这个决策，如果你脑子里想的是，店倒闭要亏 30 万，现在赶快放手一搏，万一能救活也不至于亏损这么多。如果你这么想，那你就受到了沉没成本的影响，因为在这个决策面前，无论你做还是不做，沉没成本都是已经发生过的，无法收回来的。无论是否找网红来宣传，30 万都一样收不回来。既然怎么决策都一样，那这个信息对你根本没有任何影响，你就不应该把它纳入考虑范围，否则想得太多，就容易把自己绕进去。

我们在做决策的过程中，用机会成本的方式去思考，是去考虑每个选项将要失去什么，这种"将要"代表着未来。沉没成本则是我们已经失去了哪些，这种"已经"是指过去，过去是无法改变的，我们没必要盯着过去看。

我们生活中买东西，总会遇到买错的时候，尤其是女生喜欢逛街买衣服，买回来发现穿不了，然后又舍不得扔，只好在衣柜里挂着，这个就是沉没成本在影响你。那我再追问一句，假设你有一个东西是花 1 万元买回来的，你用不了，转卖只能转出去 2000 元，是否要转卖呢？这是个问题，我相信你们开始有想法了。

20 世纪，英、法两国有段时间联合研发飞机，研发到一半的时候，波音的新型飞机先一步研发成功。经过对比，这种飞机即便研发出来，运营成本也要远高于波音新型飞机，所以大概率不会有人愿意买，很明显这个项目应该赶快停掉。但是，因为飞机已经研究到了一半，投入的成本也有上百亿，大家不愿意就这么退出，于是继续追加研发经费，继续开发，终于做出了新飞机。结果，新飞机真的没人买，后面追加的钱全都打了水漂。

沉没成本在家庭关系、恋爱关系、人际关系当中，也有比较大的影响。很多人处在一种不健康的人际关系当中，你把一生中最好的 5 年给了另一半，但只要这个关系是你不喜欢的，无论你做什么，你都无法追回这失去的 5 年，所以在决定你未来时就只能忽略它。

在心理学里，有一个叫"赌徒效应"的名词，说的是一个赌徒连输几把后，很容易输急眼，开始加大赌注，想要翻盘。这其实也是沉没成本，一样的道理。

朱自清的《背影》有一段要求背诵的内容，其中有一句话："事已至此，不必难过，好在天无绝人之路。"这句话多么有哲理啊！这就在告诉我们，不要纠结沉没成本。

讲到这里，相信大家已经对沉没成本有了深刻的印象。但这还不够，我希望大家再回忆一下，生活中你遇到过哪些沉没成本的现象？你还能总结出哪些规律来？

在我学过经济学很多年后，渐渐有了以下这些感悟。

第一点，普通人容易忽视机会成本，并容易受到沉没成本的影响。如果要给这个现象做一个命名的话，我要叫它"珍大户沉没成本第一定律"。

举一个例子，假设你有一个房子想要对外出租，租金每月 3000 元。第一种情况是，有个租客想要租，但是要跟你讲条件。你一听，不想出租了，然后房子就随之闲置一个月。

另一种情况，房子 3000 元租掉了，结果过了没多久，租客没交房租逃跑了。

两种情况，想象一下自己的心情。我猜大部分人遇到第一种情况时，都会很坦然地说，无所谓，空着就空着。遇到第二种情况的时候，绝对是气得直拍大腿，这个人，欠我 3000 元。

这是两种截然不同的心态，但实质上损失是一样的，都是

3000元。前一种是损失了机会成本，但是很多人往往看不到，白白让机会成本损失了。经济学就是想要告诉大家，这个有成本，它在你自己的掌控之中，只要你忽视它，你就不会遭受损失。而后一种是沉没成本，每个人都能看到沉没成本，并且大部分人都在纠结沉没成本。经济学想要告诉你的是，这个东西已经打水漂了，已经找不回来了，已经不在你的掌控之中了，既然这样，就不要再去受它的影响。

第二点，为什么人们更容易忽视机会成本，而又更容易放不下沉没成本呢？我觉得这背后的本质原因是人性中的一些弱点。人就是喜欢合理化自己的行为，不愿意承认错误。这条原理我很想管它叫"珍大户沉没成本的第二定律"。

比如租房的例子，房子不租，放弃了机会成本，你可以用一句话解释这种损失——我愿意，用你管，空着不赚钱我也愿意。但租客跑了，你很难用自己愿意解释，唯一的解释就是，承认自己当初眼瞎。然而我们就是不愿意承认错误，所以才会如此痛苦。

赌徒效应的例子也是一样，如果赔了大笔钱之后收手离开，岂不是证明自己错了吗？只能继续赌下去，万一赢回来翻盘了，不就没事儿了吗？

在我当交易员的时候，我就发现了一个现象：越是心高气傲、自尊心比较强的男交易员，越容易犯赌徒效应的错误。他每隔一段时间，总是会出现巨额的亏损，原因就是出现了一笔亏损之后，往往急于翻盘，结果越亏越多。

所以要想开，我们都是普通人，不是神仙，谁这一辈子不会做点错事呢？错了再改，没什么大不了的。改了再错呗，也没什么大不了的。大家如果能够尝试着去接受自己的错误，接受生活中的失误和不如意，达到一种淡定的状态，那么即便没学过经济学，也能比较少受沉没成本的影响。

第三点，当我们了解了前面两个原理时，我们就可以用沉没成本去影响别人，改变别人的判断，这也是"珍大户沉没成本第三定律"。

很多男生在追人的时候事无巨细，随叫随到，但鞍前马后地服务女神好几年，最终人家也不理你，这种男生在网上被嘲讽叫作"舔狗"。学完这一节我们会知道，不断付出这种行为，得到的是沉没成本。这种沉没成本导致他很难放弃，陷了进去，他很可能最终自己都分不清楚，一直这样追求，究竟是真的爱女神，还是因为舍不得沉没成本——很有可能是因为舍不得沉没成本，所以自己也催眠自己说这就是为了爱情。

所以，一味地付出只能影响自己，你要想改变对方，那么就需要让对方付出，让对方增加沉没成本。当你鞍前马后了一段时间后，赶快趁机让对方帮你做一些细微的事儿，比如让对方帮忙拧瓶盖等。想要改变态度，索取会比付出更有效。

我有一次听到一个老江湖谈自己的人生感悟。这个人说，自己一生之中帮助过很多人，也受到过很多人的帮助，那么谁才是自己最亲近的朋友呢？他本能地以为那些受到过自己帮助的人，会更愿意把自己当朋友，结果当自己遇到事之后，发现曾经受过自己帮助的人，基本都求不着，而那些曾经帮过自己的人，基本都还会愿意再次帮助自己。我当时听完这个感悟，顿时觉得，这不就是沉没成本吗？

以上就是沉没成本的全部内容。

需要注意的是，第二章讲的是经济学的基本方法，然而沉没成本并不是方法之一，而是常见的、需要规避的误区。我们想要理性地决策，就尽量不要受到沉没成本的影响。

理论课 6 · 边际分析

我们生活中有一些决策是二选一，非此即彼，比如说你想要去创业开一家餐馆，那你的决策要么是开，要么是不开。但生活中还有很多决策，并不是二选一，而是涉及做多一点，还是做少一点。比如说你想买一辆车，那么买一辆多少钱的车比较好呢？或者你已经确定要开一家餐馆了，那么装修时，投入多少钱好呢？这些决策都是程度上的决策，这种涉及程度的决策，最适合用边际分析方法。

我们先要搞懂边际是什么意思。边际，这个词表示的是"额外的"或者是"追加的"。

举个例子，今天晚上我一共准备请 5 个朋友吃火锅，花了 600 元，那么我请每个人吃饭的成本是多少呢？用 600 元除以 5 个人，等于吃饭的成本是每个人 120 元。大家吃到快结束的时候，最后一个朋友赶来了。那个朋友一看还剩了不少菜，干脆就凑合吃了。问题来了，我请最后一个朋友吃饭的成本是多少呢？

这就有两种计算方法。第一种是按总数算平均值，6 个人吃了 600 元，那每个人是 100 元，最后一个朋友平摊的成本也是 100 元。另一种方法就是计算边际，前面只有 5 个人的时候，点了 600 块的东西，第 6 个朋友来的时候，并没有额外追加点单，那么对这个朋友新增的边际成本就是 0。

我感觉很不好意思，想要多加菜，朋友也很客气，跟我说不用，最后双方客气一番，加了一份面条，花了 18 元。边际的意思其实就是增量，我加菜之后，总成本从 600 元变成了 518 元，所以在这个例子里，增量是 18 元，那么边际成本就是 18 元。除了边际成本，还有边际收益。我请这位朋友之后，总的收益从 5 个人的人情变成了 6 个人的人情，所以边际收益就是多了一个人的人情。

了解了边际，我们再来说怎么做边际分析。边际分析的一个规则就是，只要边际收益大于边际成本，就值得做。

传统教科书上最常用的例子是长途汽车票和机票。举例来说，从上海开往杭州的长途汽车即将出发，无论是哪个公司的车，票价均是统一的 50 元。这时有一个乘客匆匆地赶来，问 30 元走不走，这个时候司机该怎么决策呢？50 元的票，30 元就卖给乘客，亏了 20 元吗？如果按照边际分析法，新增一个乘客，开车的汽油成本、路桥费、人工成本都没有增加，边际成本几乎可以忽略不计，而边际收益还能得到 30 元，边际收益大于边际成本，所以应该让这个乘客上车。同样地，今天有一趟北京飞上海的飞机就要起飞，但是还有 20 个座位没卖掉。飞机飞一趟，最大的成本分别是飞机的折旧费，航空燃油的耗材费，机组成员的人工费，飞机起降对两个机场的占用使用费。只要这趟航班不取消，那么增加几个乘客几乎增加不了什么成本，所以这 20 个空座应该想方设法卖掉，即便是降价，哪怕卖一两百元也是赚。

这是教科书上对边际成本的讲法，但是我觉得这种讲法还不完全对。在长途汽车的例子里，如果我们考虑一下机会成本，考虑一下接受和不接受会失去什么，就会有不一样的答案。如果乘客没有别的选项，只能坐这家公司的长途汽车，那么拒绝掉他的要求，乘客被逼无奈，只能坐下一趟 50 元的车，最终你能赚到 50 元，那当然应该拒绝。相反，如果乘客有别的选项，比如他被拒绝之后就改坐摩的了，或者虽然必须坐长途汽车，但这个线路的每辆车都被承包给了不同的个人，下一趟车是竞争对手家的，那么你拒绝掉30元，就等于损失了30元，这时你就应该果断接受。

再结合现实情况，我们考虑到现在大部分的长途汽车公司应该都不是承包给个人的，所以就不应该卖低价票。

再看机票的例子，也应该有类似的逻辑。但我发现现实生活中，机票反而越临近起飞日期越贵。以京沪航班为例，机票价格一般会在300元到1700元浮动，但如果大家搜索一下票价，就会发现，一般当天和第二天的机票价格会偏贵，而几天后的机票反而只要三四百元。我觉得航空公司这么定价，是陷入了旧思维。因为在几年前，高铁还没有如此普及的时候，乘客走得越急，就越没的选，只能接受高价机票，但是最近几年高铁普及，乘客有其他选项，并且同一条航线上也会有多家航空公司竞争。所以我觉得航空公司的定价策略有误，这个时候应该按照边际分析的建议，越到临近起飞的时候，越大力促销，能卖100元是100元，总比空着强。

并且，在空有头等舱和商务舱这种高价舱位的时候，也应该要积极地促销。整趟航班的经济舱快满了，但是商务舱还有5个位置空着，那么在飞机起飞前两个小时，应该赶快抽一些经济舱的乘客，点对点地去促销，加600元就可以升商务舱了，请问你愿不愿意升舱？因为即便是商务舱，边际成本也是非常低的，就算是300元，有人愿意升也值，总比空着强。但是目前，好像还没看到有航空公司这么使劲地促销，其实这也是销售策略的失误。

另一个例子，我有一个粉丝家里拥有一幢楼，一共5层，做了酒店。他很疑惑地问我，酒店的正常价格是198元一晚，如果当天生意很不好，到了晚上10点之后还有很多空房间，这个时候要降价促销吗？

这是一个典型的边际分析的例子。酒店最大的成本是固定资产折旧，哪怕不住人，固定资产折旧也在发生。而住人之后，新增的成本也就是边际成本，只不过是这个顾客消耗的水电费、空调费、床品洗烘的费用。这个新增的边际成本非常低，如果这些成本一次只需要 40 元，那么酒店哪怕一次收费 50 元，也是值得去做的。所以给酒店行业的建议是，如果当天房间空着的概率已经非常高，那么就果断降价促销。除了夜间的降价促销之外，各种 2 小时、4 小时的特价钟点房也应该搞起来。只要赚得比边际成本高，就应该做。

边际分析更多的是用于程度上的分析，用好边际分析，我们会发现很多事情，都只比别人做得好一点点就够了。就像开头提出的问题，开一家店应该投入多少钱装修？买车应该买什么价位的？

这时候我们就可以用边际分析法去一点点衡量，每增加一部分预算，能带来多大的价值，再去衡量增加的这部分值不值。当我们往买车这件事上投入第 1 个 10 万时，带来的增量是可以买一辆具有基本功能的车，能够长距离出行代步。你觉得这个 10 万值吗？值就可以买。再继续考虑，当投入第 2 个 10 万的时候，总价 20 万，可以买一个功能非常先进、设施比较齐全的车。意味着第 2 个 10 万，你买到的是一些增进舒适度的功能，你拥有了真皮座椅、座椅吹风加热、全景天窗、360 度摄像等功能。这些舒适的功能，你认为花 10 万值吗？值就可以买。以此类推，不考虑总数，只考虑增加的那部分，这就是边际分析。

同样，你开一家店想要花多少钱装修呢？你的目的是比周围的竞争对手略好那么一些。如果花 30 万能达到这个目的，就不要花 50 万，因为增加的 20 万投入边际收益太低，等于没有意义。

有一个关于买比萨的笑话，有个人订了一个 12 寸的比萨，一会儿店员打来电话："我们店里 12 寸的比萨已经卖光了，这样吧，我给你发两个 6 寸的比萨。"这个人听完就说好。等挂了电话，感觉好像不对，两个 6 寸比萨加起来一定比 12 寸比萨小很多，因为从 6 寸到 12 寸的增量，比 0 到 6 寸大多了。

这就是边际分析，不看起点是多少，只看增量。

理论课 7 · 存量与增量

存量与增量的分析思维，这一点是传统的经济学教科书容易忽略的，但是在过去投资的经历中，我发现在分析很多具体的行业或者公司的时候，从这个维度去思考很有用，所以我在这本书里专门补充了一些有关这方面的内容。

什么叫存量？什么叫增量？举一个非常容易理解的例子，有一个小伙子，家里在北京二环有一个祖传四合院，价值过亿，与此同时，他有一份月薪四千的稳定国企工作。他是富人吗？从财富的角度来说，他是一个存量很高，但是增量非常低的人。另一个小伙子，从小地方考出来，毕业进了投行，年薪百万，并且可以预计他的职场发展轨迹还会继续上升，但是他在北京没房子没户口，一切从零开始。那么，他是富人吗？从财富的角度来说，我们认为他的存量很低，增量很高。

其实现实生活中，存量与增量，有一个高的，就够你笑的了。这句话，我并不单单是指财富，而是指很多公司、行业、个人择业的分析。在分析的过程中，我们套用上面这个四合院和投行的例子，去分析存量和增量，你会发现，有一个高的就已经很好了，最可怕的是两个都不高。

在我先生的多次创业经历里，曾经有过一段短暂的，也是唯一失败的经历。2013 年前后，多地政府都出台了要求，要求货车年检的时候，必须装配北斗导航设备。在这之前，货车是没有配备北斗导航设备的，所以这是一个增量市场，起始是 0。然而在这个案例中，增量市场的天花板非常低，因为货车数量很有限，具体到省，货车数量可能只有十几万台。所以在创业之初，我先生预估了一下，十几万台车不会都愿意装导航，所以总数要砍掉一部分；剩下的车里，不会所有的车都从你家买，一台设备的成本是 600 元，卖 1200 元，净赚 600 元。悲观预期卖掉 1 万台，公司毛利 600 万。乐观预期卖掉 2 万台，公司毛利 1200 万，然后天花板就到了。但是毛利还没扣掉各种员工成本和各种公关费用，所以市场的增量特别低。如果增量低，我们就要开始从存量角度打算盘。如果所有的货车都被市场上的竞争对手瓜分完了，到时候我们手上只有 1 万个客户，那么怎么从这 1 万个客户身上，重复收费呢？这就是存量市场。当时打的算盘是，存量客户每个人每月收费 15 元，这 15 元能够提供一些功能，防止司机偷油、绕路等，这些功能都可以通过软件实现，没有什么成本，所以每个月会有 15 万的收入，基本只要有两个员工去维护就够，而且后续也没有新增的公关费用。整个创业项目耗时非常短，预计只需要集中投入一年的时间，临时赚一笔快钱，然后在后续的时间里，能够不耗费精力低成本持续地赚一些小钱，所以综合来看，虽然这个项目增量的天花板非常低，存量也不高，但是因为投入不大，所以也算值得做的。这就是当年我先生的一次创业，但是后续出了一些意想不到的转折，结果就失败了，那个转折也非常令人深思，我在圈子里详细地写过，文章编号是0107，这里不再赘述，不过大家应该知道什么叫存量和增量了。

我们走在街上时，经常能看到沿街又开了很多卖盆栽绿植的店铺。这种店肯定开不长久，为什么？大家按照我前面讲的案例分析一下，沿街店铺卖绿植，哪怕周边居民家里都没有盆栽，哪怕市场从0开始，这个增量的天花板也是非常低的。因为沿街店铺覆盖的面积和客户群体非常有限，所以这个增量市场很快就会结束。盆栽的客单价不高，总体赚不到什么钱，更重要的是，增量少要在存量上想办法，而盆栽店哪里有什么存量？有多少人买了一盆花之后，半年以后扔了再买的？

同样的还有窗帘店，对国内大部分的家庭而言，窗帘是一次性消费，部分家庭装上去之后，十几年不会再变。想要像衣服一样时不时更新换代，这种思想转变不是短期内能实现的。所以窗帘店的存量非常难做，一定要用低成本的方式来做，主要的目标是做增量。因此，窗帘店一定要打一枪换一个地方，今年这个楼盘交房了，那就到这里开一家店，等附近的增量做得差不多，立马搬迁到下一个楼盘。因为要是老守在同一个地方，增量没了，存量二次付费的概率又很低，就等于持续磨损你的店铺租金。

思考存量和增量，在找工作的时候也非常有用。之前我在招下属的时候，有一位医学领域专业的面试者，前一份工作是做销售，专门去医院销售医生看病时填写病历的软件和硬件。这时候我就问，你们前公司的业务模式，除了销售硬件的收入之外，后续还有跟踪维护的收费吗？他回答说，好像没有，前公司只是卖设备。所以大家发现问题了吗？一个城市有8家医院，增量的天花板已经摆在那里，但它们没有存量。同样是医学领域的销售，如果卖药，医院会不断重复消费，这样的存量是很高的。但是设备卖一次，后面没存量，增量就 8 家医院，所以这个商业模式有问题。

再举一个保险销售的例子，在离开金融圈之前，我在人寿保险公司管投资。假设有一家新保险公司，它成立之后会招保险销售员。假设当年销售员一共卖出 5 个亿的保险，保险公司就有了 5 个亿的收入，并且发一部分提成给销售员。到了第 2 年，销售员还会继续找新客户，假设第 2 年卖了 6 个亿，那么第 2 年保险公司的营业收入是 6 个亿吗？如果你回答说"是"，那你就错了。因为人寿保险缴费时间非常长，有可能要缴 10 年以上。所以，第 1 年开发的客户，在第 2 年、第 3 年甚至往后都会重复地交钱，客户每年都会交 5 亿进来，所以第 2 年保险公司的总保费收入，应该是老客户重新交的 5 亿，加上新客户的 6 亿，总共 11 亿的收入。以此类推。所以在金融投资的圈子里，保险公司是永恒的买方，即便到了熊市，基金公司、理财公司都没钱了，保险公司也依然有钱。

但是，像保险公司这种存量和增量都又高又好的，普通人是开不了的。就像前面提到的，存量和增量有一个就不错。举一个实际的例子，如果你是一名销售人员，你是应该选择去当保险销售呢，还是去当理财销售或者基金销售呢？这依然是一个从存量和增量角度考虑的问题。保险销售的提成高，但是销售收入只有增量的钱，因为存量客户是保险公司，不是你的，不会长期给你贡献收入。所以如果你选择当保险销售，你必须永远打鸡血，去持续地开发新客户。

如果是理财销售或者基金销售，客户的理财和基金一直放在账上，能够一直持续为你贡献收入，这是一个存量的收入。你必须持续把客户总数积累到一定水平，才能获得比较高的收入。但优势是，如果有一天你觉得累了，休息几个月也不怕没收入。

所以保险销售、基金销售和理财销售都可以去做，但是千万不要去做银行的信用卡销售，因为没有存量。开信用卡的收入是一次性的，存量客户不会持续产生价值。如果存量不够大，那必然要寄希望于增量，但是开一张信用卡的销售收入应该并不高。

那么，做房产销售呢？大部分的房产销售都把卖房子当成增量市场，在一个客户身上能赚一次钱，就觉得很不错了。如果抱着这种意识，很难成为一个好销售，因为房子永远在那儿，在经济活跃的大城市，一个房子再次出售或者出租的概率非常高。客户也是符合二八法则的，一个 VIP 大客户会重复地买房卖房换房，好的房产销售绝对不能放弃存量，这是你花较少的精力就能兼顾的钱，如果兼顾到了，你肯定会比只做增量的销售员的收入高得多。在圈子里，我也写过一篇关于房产销售树立三个阶段的职业目标的文章，值得大家看一下。

举了这么多例子，可以总结看出，行业分存量和增量，一家企业的盈利模式分存量和增量，个人的职业选择也需要思考存量和增量。当然最基础的，人或者说客户，也是需要思考存量和增量的。

2018 年年底，2019 年年初，突然一夜之间，"弹个车"之类的门店开得遍地都是。然后有粉丝咨询，问要不要加盟，感觉遍地都是，挺赚钱的。

我们要知道，现在银行的汽车消费贷款，4s 店的汽车金融公司消费贷款，都已经非常普及，利率也不高。为什么用户不走银行和 4s 店呢？因为银行办贷款要看工作证明、工资流水。如果没有工作，就很难办下来。4s 店的汽车金融公司提供的消费贷款，需要付首付，比如 3 成首付或者 5 成首付，如果没有首付，也很难办得下来。

所以满大街开的这种汽车贷款门店，它们瞄准的是什么客户？没有工作，即没有增量；付不起首付，即没有存量。这些存量不好，增量也不好的客户，风险会有多大？所以这种商业模式，我是怀疑它的风险的。

通过上面这么多案例，相信现在大家也已经能够理解什么是存量，什么是增量，后面在具体的消费者和企业的模块里，还会有更多案例。

理论课 8 · 个体选项优化

在第二章，我们已经讲了机会成本、沉没成本、边际、存量与增量四小节。这四小节目前都还是零散的知识点，就像我之前提到的，是一颗一颗的珍珠，在这一节中，我要开始把前面这些珍珠穿成一条线了。等到学完，大家就能深切地感受到，这样的逻辑内容有多么厉害，教零散的知识点，很多人都可以，但穿成一条线，再织成一张网，只有在这里才可以体验得到。

整个第二章讲经济学的基本方法，个体选项优化是经济学中最常用的一种分析方法。这个场景适用的范围是，当我们分析自己的决策，或者说研究张三的决策的时候，如果我们认为自己或者张三就是芸芸众生中的一员，将要做的这件事对世界没有什么大影响，别人对自己或者对张三将要做的这件事，也没有什么大的影响，此时我们就可以孤立地考虑这件事。

个体选项优化的思考过程中，思考过程大致分为三段，这三段你都要考虑到。

第一段，预算约束与可行选项

预算约束的意思，就是你所有掌握的、无法再突破的资源。因为资源是有限的，你所有能投入的东西都是有限的。

比如你是学生，10 天后要参加考试，该怎么规划？你的预算约束就是 10 天乘以 24 小时，总的资源就这么多，在这个不可突破的预算约束下，剩下的就是怎么选择、怎么分配。

又如，你打算回趟老家，飞机票 2000 元，高铁 800 元，绿皮火车卧铺 400 元，硬座 200 元，看起来是有四个选项，但如果你的预算约束在 1000 元以内，那你的可行选项其实就只有三个，飞机这个选项在你的预算约束之外。

再如，你想一边工作，一边开一家咖啡馆，对大部分工作来说，这是不可行的，至少在时间协调上无法同时兼顾，所以这件事在你的预算约束之外。但如果你是一个高校老师，每周只上四次课，分别占用两个上午和两个下午，而你预计开咖啡馆只耗费你每天 4 个小时就足够了，那么这件事就在你的预算约束之内。

所以预算约束，并不是单指你有多少钱，而是所有你能调用的资源，包括你的时间、金钱、知识技能、能调用的人力、能协调到的社会资源等。但是很多人在思考的过程中会进入误区，我已经见到两三个家境非常好的小富二代，非常理想主义，渴望用自己的能力来证明自己一定能成功，坚决不用家里的钱和资源。对这样理想主义的小朋友，我觉得也要用理想主义来劝解。你们想想，只要你们做的是一件有意义的事，如果调用更多的资源，能够把这件事做得更大更好，那有什么不值得的呢？当然，富二代毕竟是少数，生活中更多的是没什么资源的人，很多人想要尽可能地利用起身边所有能抓到手的资源，然后就开始高估，觉得认识谁，谁就变成你的资源了。最后发现都不靠谱，所以大家要认识清楚，不在你自己掌控之中的资源，不叫资源，别把它纳入自己的预算之中。

在预算约束下会有很多的可行选项，这一阶段，最重要的是把你能想到的所有可走的路都找出来。有句话常说，叫走别人的路，让别人无路可走。但前提条件是，你得先发现这条路，如果你绞尽脑汁都没有发现，说明你在第一阶段就已经失败了。有可能最好的一个选项，都已经被忽视掉了，所以后面也不必再想。

我经常举的一个例子发生在 2008 年年初我刚开始找工作的时候，那时我想当交易员，但是交易员的门槛非常高，我跑遍所有的招聘会，都见不着这种工作在招聘，所有的简历也都打了水漂。还有什么选项呢？校园内推，或者找行业内的人内推，我没这资源，它在我的预算约束之外，因此不是我的可选选项。作为一个什么资源都没有的人，我唯一能想到的办法，就是自己主动去敲门拜访，希望换来一个陈述面试的机会。我都想好了，如果公司门不让我进，那我就在门口守一守，敢上班迟到下班早退，再开着好车的，肯定是公司领导。比较幸运的是，这些公司都让我进去了。有些人会比较讨厌擅自拜访，觉得没礼貌，但也有人会欣赏，觉得这样的人有勇气，不怕挫折，抗压能力比较强。我博的就是有人欣赏的概率，最终也博成功了。如果我当初没有做这件事的话，可能就找个文员岗位，人生肯定跟现在完全不一样。现在我的下属里也有这么来的，人在几千公里之外，找到我微信，想找工作。按正常路数，那肯定是招聘网站投简历，但是正常的路数肯定来不了我这儿，所以世间的路很多，方法总比困难多。

第二个例子是关于亲戚家的。这个故事大概是 10 年前发生的，有一天亲戚突然说想要开一家水果店，原因是他看到了有一个自己认识的人开了水果店，第二年就换了一辆奔驰车。上一代人的思想很单纯，一看开水果店能换奔驰车，说明这个赚钱，于是自己也盘下来一间沿街店铺，转让费花了8万，月租1.5万。我说沿街店铺你干什么不好，开个房产中介或者保姆中介，都比水果店强。亲戚说只认识开水果店的，别的店也不认识人，开水果店不懂的话可以问朋友。我就追问，实体店最重要的就是货源，你知道水果在哪儿进货吗？亲戚说5公里之外，有一个批发市场，从那里进水果，然后摆到店面里卖。我一听，知道劝也劝不过来了。因为5公里外的批发市场，跟这里的差价不会太大，这个差价根本不可能养得起一家1.5万月租的水果店。五个月以后，水果店就倒闭了。这个过程中还有一个很好玩的细节，在亲戚这家店开业的前后脚，街上又有两家新的水果店也开业了，因为抱着同样的念头，觉得开水果店赚钱的人不止一个，再加上之前两家老水果店，最终在亲戚的店倒闭之前，整条街上有5家水果店。

这条街上还发生了很多好玩的故事，我在做短视频的时候，做的第1期短视频，是预防性定价，当时举的例子就是这条街上的一家小海鲜饭店，活鱼定价56元一斤，类似的小海鲜饭店很快就开起了第二家、第三家，时间也是在2010年前后，我亲眼看着这些店开起来，然后看着他们打价格战，家家都过不好。2017年，我离开上海之前又去了那条街，发现这些小海鲜饭店里，最终还是有两家活了下来，就是最早的第一、第二家，把别的店都拼倒了。

我们如果多观察上一代人，会发现很多人做选择的时候，具有开创性精神的非常少，大部分都是照搬照抄。我父母那一代，他们选择工作的时候，所有人都说当地的某一家大国企是最好的，每个人都想进这家大国企，结果我们家几乎所有人都在这个大国企里，最终是20世纪90年代初所有人一起下岗。另一批亲戚是都认为学校最好，所以很多人在学校里教书，到现在依然还有很多人在各个大学里当老师。我平辈的亲戚里，好几个兄弟姐妹在当导游，这是因为当时有一个人进了某个行业，其他人就也跟着进去了。万幸的是导游还算是比较好的选项，如果运气不好，碰到的是不好的选项，照搬照抄，结果肯定就难看了。

我们做个体选项优化的时候，首先要思考清楚预算约束，把预算约束下所有的可行选项先列出来。如果你只找到一条路，如果你的决策只不过是判断做还是不做，最终失败的概率非常高，最起码做到二选一，可以进行对比，选项越多，对你越有利。

思考清楚在预算约束下的所有可行选项，就是分析的第一步。

第二段，权衡选项：成本—收益分析

当选项找得差不多的时候，我们就需要挨个去衡量，权衡每一个选项。其基本的逻辑，就是按照成本收益的逻辑进行分析。

举一个例子，美国的FBI为了降低银行抢劫案发生的频率，一直建议各大银行增派保安，并且在银行窗口前增加防弹塑胶板，但是很少有银行愿意采纳他们的建议。FBI官员对此很不理解，明明是为你好的建议，怎么就不采纳呢？银行的人却说，一名保安的薪水是每年5万美元，一个防弹塑胶板的成本要一两万美元，而银行被抢一次平均损失只有1200美元，被抢的成本比雇保安要低很多。

这就是一个简单的成本收益分析的例子。到了分析成本收益这一步，我们就需要用到前面讲的零散的知识点。我们可以想象一个天平出来，左边是成本，右边是收益。在天平的左边，考虑

成本的时候，我们纳入考量的是所有的机会成本，不要受沉没成本的影响，这是我们第 4 课和第 5 课讲的内容。天平右边，在某些特定的情景中，比如估算行业和公司收入的时候，可以用存量与增量来预估收益，这是第 7 课讲的内容。

到这一步时，大家最好要做到统一单位，也就是把所有因素都折算成钱来衡量。

我汇总了一下粉丝圈子里这两年最常见的问题，最多的就是买房、创业、职业选择、人际关系困扰等，我们就从这几个方面举几个例子。

以买房为例，这是我的亲身经历。为了计算方便，我会对数值做一些更改。在我买房的时候，曾经遇到过一个选择，有 A、B 两个小区，位置相邻，这说明它们在同一个城市相似的位置，这时已经过滤掉城市差异和位置差异，只用考虑个案选择。A 的价格 1.5 万元，B 的价格 1 万元。一看比例，A 贵了 50%，很多人很难接受。但我的短视频里讲过比例偏见，意思是我们不能看比例，要看绝对值。所以，我们把两个小区都拿来挨个衡量，把两个小区的每一个因素都赋予一个价格，最终把所有的价格加在一起，再对比谁更值。

交通上，A 小区有地铁覆盖，两条地铁线在下边；B 小区在隔壁，需要多走十来分钟。所以这价格怎么衡量呢？每天走一次，来回要多走半小时。假设这两个小区的买家平均工资是 5000 元，每个月 22 个工作日，每天工作 8 小时，折算半个小时等于 14 元。那么如果每天都出门一次，一年就是 5000 元，10 年 5 万元。大家可能会想，未必每天都出门。但是一个房子里，不会只住一个人，所以这个账细算起来算不清。但很明显，地铁是一种机会成本，A 的房价里包含了这个价格，B 的房价里没有包含。

所以我们要给这些因素定价，你需要问自己愿意多花多少钱买地铁，比如1000元值不值。

户型上，A方方正正一点都不缺角，一梯一户，主要的是面宽和进深的比值已经超过1.5：1。什么叫面宽和进深？中国的房子，户型平面图基本都是长方形，布局是上北下南左西右东。朝南这一侧的长度叫面宽，东、西两侧的长度叫进深，面宽越大采光越好，所以长宽比值越大，户型越稀缺。

相反，B只是一个普通的户型，面宽短、进深深，这种户型非常普通，一点都不稀缺。户型因素是一个机会成本，我们需要赋予它一个估值，大家每个人心里会估得不一样，假设我给它估1000元。

其他因素，A小区容积率低10%，楼间距更大，绿化更好，假设估算1000元。A带了精装修，自己装修要额外掏钱，这也是一个机会成本，假设估2000元。因为带装修，不用忍受邻居装修的噪声污染，同时车位配比更高，以后不怕没停车位，会少很多烦心事，所以A小区没有停车烦恼和噪声烦恼，我们给它估1000元。A物业服务更好，有24小时的热水和管家，假设估500元。

两个小区的差异就这么多，所以当我们汇总在一起的时候会发现，A小区1.5万元的房价里，已经内含了地铁的1000元、户型的1000元、容积绿化1000元、装修2000元、车位1000元、物业500元，剩下的地皮和房子的成本只有8500元。而B小区1万元的房价里，这1万元就都是地皮和房价，如果想要得到同样的交通、户型、容积绿化等条件，房价需要上升到16500元，所以果断买A。这是这一道题里我的结论。

不过，大家发现问题在哪儿了吗？问题的关键就是各个因素估多少钱。我们聊了很久的机会成本，都知道它存在，但问题是这个机会成本值多少钱，这才是最关键的。按照我给的估值，算下来发现 A 更划算，但是如果按照另外的估值方法，比如觉得地铁或者户型不值多少钱，结果就可能变成买 B 更划算。所以，关键是估值。

但是，估值不是我们说了算，而是市场说了算。谁能更精准地预期市场的趋势，谁就能买价值被低估的东西。在最初开盘的时候，确实是大部分人更愿意买 B 小区，A 小区卖不动。原因有可能是大部分人都没发现这些差异因素，也有可能是很多人低估了这些因素的价值，因而选了 B。所以最终，到底是选 A 更有眼光，还是选 B 更有眼光，就需要时间来验证了。

大家在买房的过程中，其实就是不断地用这个方法，一层一层地估值比较下来。先选城市，再选区位，最后具体到某个案之中。先选城市，城市的因素很多，比如政治地位、省会、直辖市、副省级城市、计划单列市等，要分别给予不同的估值。又如 GDP、人口、交通枢纽、学校、产业等，每一项因素都要给予不同的估值，就像前面我给户型、地铁、容积率估值一样。选定城市之后，再选城市之中的区域位置，依然要给每一个区域所包含的各项因素估值。这个区域在这个城市之中的政治地位、经济活力、医疗教育、商业的配套、交通等。区域选定之后，就轮到个案选择，考虑地铁、户型、朝向、小区的物业、绿化容积率、学区差异、楼层高度、有没有电梯、几梯几户，甚至有没有储物间，等等，把每一项因素都估值，最后加总起来，把所有的因素都转化成统一标准来计算。

另一个常见例子，创业过程中几个人合伙，该怎么进行利益分配？

比如有 4 个人合伙，准备开一家生产某种特殊产品的工厂。张三出了人，外加 50 万。李四不出人，但是出了 60 万，外加提供订单资源。王五免费提供厂房的使用权，外加一名技术人才。赵六以上都没出，但是出了关系，给这个工厂搞定了一个审批资质。最终问题是：4 个人该怎么合作，怎么分配利益呢？

这个时候，要把所有的因素都用机会成本的思维，转化成一个统一的单位来衡量，比如钱。张三的人力在劳动市场上值多少工资？王五的技术人才价值也类似，厂房可以用市场上的租金来衡量，订单可以用业务员工资提成，或者是市场费用、广告费用等因素来衡量。把所有的要素都转化成钱之后，再分别计算他们 4 个人每人投入的总价值，然后按照价值划分股权。

但这个过程中依然有可能会发生争执。大家可能对张三的人、王五的厂房和赵六的关系等值多少钱，产生分歧。这个时候，可以引入边际分析的概念，就是第 6 课讲的，涉及程度多少的时候，可以使用边际分析法。比如，张三的能力非常有限，进场只能打杂，而如果我们从外部招聘来一个打杂的王小花，每月只要 3000 元，而且更加勤劳肯干，不会把自己当成老板瞎指挥。

我们通过雇用王小花来代替张三的人力后，会判断出来，雇用王小花更好，这种方式就叫作边际替代。这时候我们就可以跟张三谈，可不可以不要出人，只出钱。或者说，你虽然出人，但是人的价值不转化成股权入股，而是企业额外发你 3000 元工资。再或者说，虽然你可以入股，但是只承认你第一年工资的价值转化为股权，也就是说，你总的投入就是 50 万加上 3.6 万。而第二年往后，只能领工资，不能算成股本，行不行呢？

对王五出的厂房和技术人才，也有类似的考量。在外面花钱租厂房，雇技术人才都需要花钱，但是企业刚成立的时候缺钱，所以此时王五的厂房和技术人才是非常有价值的，能够解决燃眉之急，入股是划算的。但是如果企业成立两年之后，经营好坏已有眉目。如果倒闭，那么王五的厂房才只用了两年，后续几年的价值没用上，让后续的租金来入股就不合理了。相反，如果企业运转得非常好，利润很丰厚，这个时候也租得起厂房，付租金就可以，为什么要让租金入股呢？所以又要跟王五去谈，厂房一年房租10万，我们合作的话，就算你入股两年的租金，算你20万，两年以后，改成每年给你交租金行不行？

王五很有可能不同意，不同意就再改，设计一个租金递减方案。这个厂房对外出租，一年能收10万，我们是合作关系，所以第一年10万全部算入你投入的股本。第二年的算你投入8万股本，企业再另付你2万租金。第三年6万股本加4万租金，第四年4万股本加6万租金，第五年起就只付租金。那么总的股本就算10万+8万+6万+4万，等于28万的股本，这么算行不行？

对于李四，他出60万，但是计算后发现，用钱的地方没那么多，最后有10万基本没用。所以可以跟李四说，你少投10万，只入50万行不行？

对于赵六，他提供的审批资质，想要作价15万来入股，大家都觉得太贵了，觉得只要10万就可以搞定。那么，可以让赵六退出，之后谁愿意多出这10万，谁就占这份股权。

在衡量每一项资源投入多少的时候，不断去假设在这项资源上多投入一点，或者是少投入一点，能否取得更好的状态，这就是边际分析。通过对边缘状态的推敲，最终希望能够达到一个让四方都满意的状态，找到一个最好的方案。

在权衡选项的过程中，其实就是用成本收益去分析，天平两边一边是成本，一边是收益。只不过有的时候是用总的机会成本对比总的收益，有的时候是用边际成本对比边际收益，具体用哪个，无法一概而论。我个人感觉，一般涉及多少和程度这方面的问题时，边际分析更有用些。

上中学的时候，我有一个非常投机的做法，如果碰到哪道题不会做，就把所有学过的公式往上套，不管相关不相关，把学过的公式全往卷子上写一遍，挨个带入数字去计算。大部分时候，算着算着，也就找到解题思路了。我们今天讲的个体选项优化的方法也是这样，甭管你碰到什么问题，都可以拿这个方法来套一遍。

还记得第一章的内容吗？人类所有的行为都可以简化为做选择。既然是选择，就都可以套用个体选项优化的方法。第一步找到尽可能多的选项，你的选项找到的比别人多，你就成功了一半。第二步，在分析某个具体选项的时候，把所有的因素都考虑进去，全部估值加总起来。只要你考虑的因素比别人全，估值估得比别人准，最终你的选择做得就比别人好。

第三段，激励

我们已经知道，人在做选择的时候，会比较成本和收益。哪怕是没学过经济学的人，他在做决策的时候，心里也一定会在暗自比较，去选觉得最好的。所以，如果外界的条件发生变化，使某个选项的成本收益发生了改变，就会影响到一些人的选择。影响人数的多少，取决于条件变化的刺激强烈程度。成本收益变化越大，影响的人越多，改变行为的人就会越多。

关于成本收益的变化，教科书里有一个最经典的安全带的例子。安全带出现后，人们开车更安全了，出现轻微事故时，损害成本降低，所以偶尔超速带来的收益，就会显得有吸引力，于是

益 | 存量与增量

→ 激励

→ 反 ─┬─ 合成谬误
      └─ 搭便车

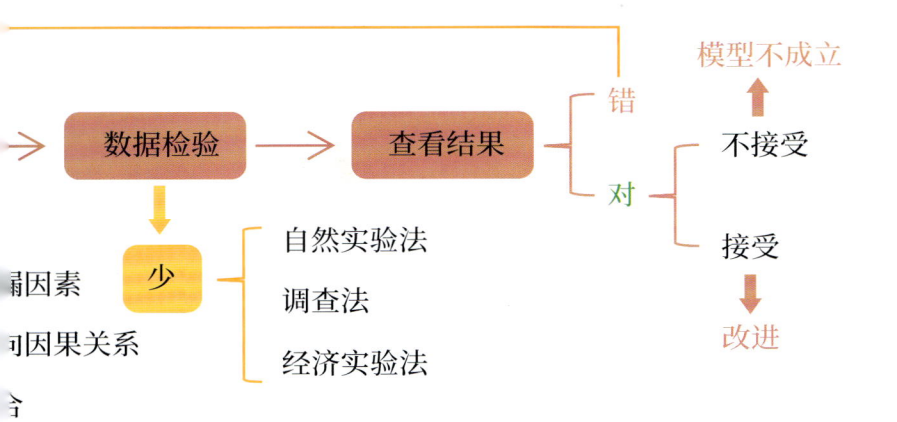

→ 数据检验 → 查看结果 ─┬─ 错 ── 不接受 → 模型不成立
                        └─ 对 ── 接受 → 改进

少 ─┬─ 自然实验法
    ├─ 调查法
    └─ 经济实验法

扇因素

司因果关系

合

沉没成本 … 机会成本 边际成本VS边际收

成本 收

一、个体优化： 可行选项 ⟶ 权衡 —

经济学的基本方法

二、群体均衡： 群体分析 ⟶ 均衡

重新开始 ⟵

三、模型： 设立假说 ⟶ 解释假说

精简误区

同时发生 ⟶ 相关性 遗

归因谬误 反

先后发生 巧

越来越多人愿意偶尔超速。比如，我们在高速公路上时，总会看到有人超过120限速，这些敢开130的人，都是觉得如果遇到事，刹车能刹得住，安全带也兜得住自己，不会脑袋撞玻璃、不会有风险。

经济学家还有一个比喻，说如果想要降低交通事故的概率，那么就应该不要安全带，而是在方向盘上插两把刀，刀尖对着司机的胸膛，这样万一出了交通事故，司机一踩刹车，刀就进身体里了。此时，司机开车一定会战战兢兢，交通事故出现的概率就会非常低。

这个比喻让无数人听完不理解，说经济学家怎么能做这种建议呢？如果这么说，就是犯了混淆规范经济学和实证经济学的错误。人家提出的是实证经济学，而不是规范经济学的问题。他只是在阐述原理，而不是在提建议，况且在阐述原理的时候，只衡量了交通事故率，如果真的做建议的话，会考虑事故率和损失率两者相乘，而不是只考虑事故率。安全带变成刀之后，虽然事故率下降，但是死亡率变成100%，以后可能没人敢再开车，也就没有事故率了。所以这个例子并不是讲建议，只是阐述背后的原理而已。当我们知道背后的原理是改变成本收益会影响到人们的行为后，我们就可以把刀替换成其他的措施，因为道理是一样的。

成本收益的改变，我们统称为激励。只不过降低成本增加收益，叫正向的激励；而反过来增加成本降低收益，叫负面的激励。当条件发生变化时，只要影响到了成本和收益，就存在着激励，激励人们改变行为或者选择。

就像我们前面提到的买房的例子，如果政策宣布地铁规划改了，人们的买房决策就会改变。在合伙创业的例子里，如果宣布对技术型企业有减税政策，王五提供的技术工人的价值就会受到影响，最终他们 4 个人合伙的决策也会受影响。

在分析激励的时候，我们需要思考的是变化。

举例来说，一项经济政策的发布，或者一个新的公司规章制度，我们分析的着眼点，就是要看谁的成本和收益受到影响。成本和收益的变化，一定会导致人的行为发生变化。

比如中国人民银行降息，很多人还不知道降息是什么意思，有什么影响。其实分析起来很简单。降息的意思就是降低存贷款的利息，目前利率已经都改为 LPR 利率，所以大家关注 LPR 利率的变化。如果存款的 LPR 利率降低，存款的收益就会减少，存款的人就会受到影响，结果必然是存款的人减少，或者存款减少。那么，如果存款减少的话，钱去哪儿了呢？钱从银行里转出来以后，有很多的去处，有可能去消费，有可能去炒股票，有可能去买房。所以简单结论就是：降息利好消费、利好股市、利好房价。

当然这个例子举完，我还得补充一句，虽然降息的影响非常明确，会影响到股市和楼市，但影响股市和楼市的因素非常多，不止受降息一个因素的影响。所以在具体分析的时候，我们还需要考虑其他因素的变化，不要一看降息了就觉得股市要涨，房价要涨，这是不正确的。

关于激励的原理，就这么点内容，也很简单。大家如果想通了成本收益的变化会改变人的行为，这一环节就等于明白了。

当我们懂了激励的作用之后，对我们有什么样的启示呢？在我学过经济学之后，有了这样的感悟：

第一点，是我坚信的一个道理：正面的行为应该有正向激励，负面的行为应该有负向激励。所以，如果别人对你好，不要辜负别人的善意。如果你的员工很努力，不要辜负人家的努力。反过来说，如果别人对你不好，那你一定要做一些负面的反馈出来。你可以不去报复别人，但最起码，要摆出脸色来，明确地告诉对方，你这么做让我不高兴。

千万不要连脸色都不敢摆。已经有经济学家做了相应的统计调查，结果显示老好人的工资收入比正常人要低10%，究其原因的话按照激励的成本和收益来想一想就能懂了。

第二点，我喜欢给身边的人画圈，分亲疏远近。离自己最近的一圈人是家人，其次是非常亲密的朋友，再远一点的是普通的朋友，最后是陌生人。关系越亲密，我们就应该越宽容包容，这样才会产生一种正向的激励，陌生人愿意跟你做朋友，普通朋友愿意当你的密友，你的密友更希望能成为你的家人。

这两点都是我自己学完经济学以后，慢慢悟出来的道理。大家如果觉得有用，可以听一下这两条建议。

至此，我们稍微做一个复习。经济学研究的是人的行为，人的行为可以简化为选择。经济学上，假设人是理性的，所以理性人在选择的过程中，会遵循成本收益的原则，去选择自己认为最好的选项。

很多人都试图推翻这个证明，证明人会做出傻瓜行为，不全是理性人。但即便是傻瓜行为，也只不过是因为他们分析成本收益的时候，分析错了而已。比如说，一条街上开了五家水果店、买房买到太仓，并不是因为他们不理性，而是因为他们在做决策的过程中，他们轻信了，以为那是最有利的选择。

在第8课我们讲了个体选项优化，为了让我们做选择的时候不至于事后后悔，或者说不至于被别人看起来太傻，所以我们给出了三步思考的建议：

第一步，预算约束与可行选项。建议是，要在自己已有的资源范围内找到更多的选项，你的选择面比别人大，你就赢了一半。

第二步，权衡选项。我们用总的机会成本对比总的收益，或者说用边际成本对比边际收益。这一步的建议是，把影响因素考虑周全，充分估值。

所以这一步最难的，并不是你懂一个机会成本的概念就能做到的，而是要引导大家看得更全面，然后估值估得更准确，这才是有实际用处的。

第三步，激励衡量的是选择的变化。因为激励会改变成本与收益，从而影响人们的选择。

再回头看很多在我们看来不理性的行为，都是要么没找到选项；要么找到选项了，没考虑全因素；要么考虑因素了，但是对各项因素的估值估错了。

理论课 9 · 群体均衡

群体分析

我们前一节里讲了个体选项优化，个体选项优化的环节里，我们并没有考虑其他人。因为我们是无名小卒，自己做的事不会对别人产生什么影响，别人对我们也没有什么影响，所以我们只考虑自己就够了。大部分情况下也确实如此。

但有时候只考虑自己是不够的，因为你不是唯一做选择的人，周围有很多人跟你一样，有可能别人走了你的路，你就无路可走了。

大约十年前，我去参加一个考试，考试的地点在某个职业院校的教学楼十层。一般考试的时候，我不喜欢提前太早到考场，因为我觉得考场里人特别多，会造成一种紧张的氛围，所以我一般都会提前很长时间到考场附近，一直闲逛，到了临近考试10分钟的时候再进去。结果这一次，当我在8:50走进教学楼时，一进去就发现，整个教学楼的大厅挤满了人，感觉有100多号人都挤成一团，在那儿等唯一的一部电梯。我一下子就惊呆了，如果排在人群最后等电梯，没半个小时轮不到我。如果走楼梯，凭我的水平，爬上去就累瘫了，也别想正常考试了。

这就是一群人在互相影响，我本来做了一个对自己最优的选择，我要8:50进教学楼，然后坐电梯轻松地上楼，在8:57优雅地走进考场，成为整个教室里压轴进场的人。结果因为其他人的存在，我的最优选择就要变成最差选择。

当一群人互相影响的时候，我们需要的是做群体分析。在做群体分析的过程中，重要的不是想自己，而是要考虑别人是怎么想的，别人会做什么选择。

关于考试的这个故事里，我震惊之后，赶快冷静下来思考——在电梯最前面的那些人，可能半个小时之前就在排队，他们时间不紧急，所以有可能去2楼的人也选择了排队等电梯。那我就赌一把2楼有人从电梯里出来。我爬楼梯去了2楼，在电梯门口等，我连按钮都没有按，因为如果没有人出来，就算电梯停了，我也挤不进去。所以我直接在那儿等着，过一会儿，门果然开了，走出来三个人，我就进去了。

均衡

故事讲完了，大家应该知道了群体分析就是先考虑别人都是怎么选的。那么均衡又是什么意思呢？

均衡是经济学中的一个术语，衡量的是在人与人互相影响之后，大家不断地改变自己的选择，改来改去，一直到最终，当所有人都固定了自己的选择，不再改变的时候，均衡就形成了。

世间所有的事情，最终都会有一个均衡的状态吗？这个我不知道，因为我不是经济学家，也从来没有研究那么深过。

提示大家，我们要预判，最终的均衡状态是什么样子。你在做决策的过程中，既要考虑别人的影响，也要考虑最终群体的结果。

合成谬误

在讲完群体分析和均衡之后，我们需要知道两种常见的个体优化和群体结果相抵触的情况。这两种情况都可以拿出来当单独的知识点，但是我把它们串进群体均衡这一小节，连了起来。

第一个知识点是合成谬误。合成谬误是指，对一个人来说最好最正确的做法，推广到一群人时，反而会变得不好。

我们最常听到的一个例子就是，在剧院里，如果有一个人看不清，站了起来，会让他自己看得更清楚一些。但当所有人都站起来之后，大家都白站了。又有人决定踮起脚，但所有人都踮起脚的时候，最终大家就又都白挨累了。

这种事情非常常见，比如在长假期间高速公路免费，只考虑个体选择的话，我们开车上高速，肯定比走国道、县道要好得多。但是当所有人都这么选的时候，高速公路就会堵得一塌糊涂，还不如走国道、县道。

再举一个例子，事情发生在 2013 年，我去取快递的时候，看到快递站旁边有一家废品收购站。而废品收购站里的人正在拿着一条水管，往他们收购的纸板上喷水。他们为什么要这么做呢？因为基于个体选择的分析，付出的成本是人的时间加上自来水水费，而取得的收益，是卖废纸板时把洒上的自来水卖出了废纸板的价格。他们觉得收益大于成本，所以做这种选择。

　　但很明显，这些人做选择的时候，只考虑了自己，只做了个体分析，而没有做群体分析。因为人的行为不是孤立的，人与人之间是互相影响的。我们需要分析，在一番互相影响之后，最终均衡状态出现时是什么结果。

　　最初，他们洒水的行为肯定会受益，所以其他废品站也会跟风模仿。甚至于，我看到的这一家废品站，有可能就是受到了其他家的影响。那么当更多废品收购站都开始洒水之后，均衡了吗？没有，因为此时他们上游收购这些纸板的商家会发现自己吃亏了。比如收购商第一次收了 1 吨纸板，经过几天的晾晒，1 吨变成了 800 公斤，收购商自然会觉得亏损，不会坐视不管。那么如果有人想要改变自己的行为，此时就还没有形成均衡。所以收购商会开始压低收购价格，如果原来的收购价格是 1 吨 1000 元，后续必然会逐渐降价成 1 吨 800 元，注水的影响就被抵销了。此时均衡形成了吗？废品收购站和收购商，很难再有动力改变自己的行为，所以均衡就形成了。

　　但在这个均衡状态下，废品站的人喷水的行为，没为他们获得额外的好处，还实打实地损失了水费，给自己增加了大量的体力劳动，白辛苦一场。

　　这个例子就是一个典型的合成谬误，同一件事只有一个人做的时候是有利的，一堆人都做的时候就没了好处。同时是一个在个体选项优化层面上对自己有利，但是到了群体均衡时，使自己利益受损的例子。

所以在2013年，当我看到这件事的时候，就觉得经济学尚未普及，如果能有更多的人学过经济学就好了。

总结便是，我们整个第二章讲了经济学的三个基本分析方法。第一个分析方法是个体选项优化，我们会发现，哪怕是没有学过经济学的人，他们在做选择的时候，也会思考利益得失，多少会做一点个体选项优化的分析。然而到了群体分析的层面，大部分没有经过学习的人很难想到这个层面。我们后面还要讲一些关于政策、税收、福利的内容，大家需要考虑的都不只有自己，还要考虑群体。

搭便车

给大家补充的第二个知识点，叫搭便车。搭便车是经济学上的一个特定词汇，用来形容一类现象。

举例来说，我们大都住过学生宿舍或者是集体宿舍，几个室友住在一起，如果每个人都做一点寝室的卫生，那么每个人都会受益。换言之，每个人都指望别人打扫卫生，自己来获益，集体宿舍往往非常杂乱。希望别人干活，而自己不想出力，这就叫搭便车。

圈子里曾有一个真实的例子，4个全职妈妈合作开托管班，在营业的前两个月就招到了20名学生，已经成功实现了盈亏平衡，一切都向着好的方向发展，运营下去应该会有不错的结果。

然而，因为托管班的各种事情都需要大家亲力亲为，所以4个人商量轮流值日，打扫卫生。我们可以先从个体，再到群体的角度来分析一下这项分工安排，最终会产生什么样的均衡结果。

从个体选择上来说，如果一栋房子每天都会有一个人来打扫一遍，那么当今天轮到我打扫时，我就会发现，反正这个房子昨天和明天都有人打扫，那么我今天偷懒一下，也不会有什么大事。所以从个体选择的角度上来说，我有动力偷懒。最终群体会形成什么样的均衡呢？如果这个组织的人特别多，人与人之间无法互相监督，结果就是选择偷懒的人会越来越多，最终导致事情无法进行下去。比如，在一个上万人的大型企业里，混日子的人就会比较多。相反，如果这个组织里的人特别少，人与人之间能够互相监督，结果就是矛盾会比较大。

在这个例子里，只有 4 个合伙人，属于人数少的情况，所以最终的结果就是合伙人之间产生矛盾，互相指责，最终濒临解散。

这是一个真实的搭便车的例子。搭便车是个人利益与集体利益相冲突的现象，在个体选项优化的环节，个人做出了搭便车的决策，到群体层面上，这个决策对群体有害，最终导致了群体均衡形成后，均衡的结果是所有人都不愿意见到的——我只是想偷个懒而已，并不想要这个企业倒闭……

所以在有群体均衡分析之后，如果我们预见到最终的结果是所有人都不想要的，就需要做出预防，比如改变公司的治理制度，改变合伙人的合作协议或者分工方法，做各种措施，从制度设计上防止最终的均衡结果滑向错误的深渊。

这就是第 9 课，包含 4 个知识点，分别是群体分析、均衡、合成谬误、搭便车。

群体分析，是说人与人之间是互相影响的，我们需要考虑别人是如何选择的。

均衡，是人与人经过一个漫长的互相影响互相改变的过程后，形成的一个稳定结果。在均衡形成后，所有人都不再改变了。

合成谬误，是指某件事一个人做的时候看起来是对的，但是一群人都做的时候，结果就不再一样。

搭便车，是指自己不做事等别人做，享受别人做事带来的好处。

后两种情况都会导致均衡产生我们不想要的结果。

理论课 10·归因谬误

在讲第三个方法——模型方法之前，我必须先插入一个额外的知识点——归因谬误。

我们对很多事情追本溯源的时候，都必须分析这件事情发生的原因。归因就是我们想要找到事物发生之间的因果关系。找到正确的因果关系，能够让我们更深刻地认识事物发生的规律。

什么叫因果关系呢？我们想象 A 和 B 之间有一条路，A 现象出现之后，必然会导致 B 现象的结果，我们就可以说 AB 之间有因果关系，是 A 导致了 B。就像我们把杯子推倒，杯子里的水会洒。

然而现实生活中，真实的情况是非常复杂的，在我们想要研究的领域，从 A 到 B 这种单一因果关系非常少见，大部分情况都是多因多果。

举例来说，海底捞经营非常红火，我们想要探究这件事发生的原因，如果我们能够找到正确原因，意味着我们可以让事情重复发生，意味着我们也能够像海底捞一样成功。

那么为什么海底捞经营得这么好？海底捞的创始人回答这个问题的时候会说，因为服务做得好。那我们就用 A 代表服务好，B 代表经营成功。A 一定会导致 B 吗？不一定。

因为海底捞的成功，一定是多因多果的。原因会有很多，我们可以列举：第一，服务好让顾客开心；第二，员工管理制度设计得好，给钱放权，所以员工工作很积极，愿意提供更好的服务；第三，供应链做得好，各种食材的成本压到极低，使利润空间增大，从而能够给员工提供更好的收入，保障管理制度的实施等。如果我们继续梳理，还会梳理出很多原因。

我们可以把上面这些因素写为 A1. 服务、A2. 管理制度、A3. 供应链，等等。

产生的结果也会有很多种，B1. 客人很多，门庭若市，B2. 可以快速地开更多的分店，B3. 品牌影响力增大，对商场有了更大的议价能力……继续梳理下去，也有很多条结果。

现实生活中，我们关注的大部分问题，答案都会是非常复杂的，追寻因果关系的时候，一定都是多因多果的。

在这个例子里，如果我们把 B1 单独抽出来，问 B1 是结果吗？答案必然是肯定的，B1 是结果。但反过来，如果我们把 A1 单独抽出来，问 A1 是原因吗？我们能否认定 A1 和 B 之间有因果关系呢？这个答案就有争议了。

这其实属于哲学、逻辑学研究的内容，我不研究哲学，所以我真的不知道。

在我学经济学的过程中，经济学的教材里，从来没有讲到过这些。目前所有的经济学教材，大部分并不会讲因果关系和归因谬误，少部分教材里如果提到归因谬误，顶多用两张纸的篇幅来讲。从来没有一本经济学教材深入地讲过这方面的内容。

所以本节的内容，都是我独创的，因为我确实想讲一点实用的。这些内容未必很准确，有可能在一个哲学教授看来，会觉得我讲的内容有问题，但是没关系，反正我们不是研究哲学，对大家有用就够了。

我们继续回到刚才的问题，如果 A1、A2、A3、A4，4 个条件共同作用，才能导致 B 结果的发生，那么 A1 是不是 B 的原因？

在逻辑学里，如果非常严谨地说，这不算。因为逻辑学里强调的因果关系要有必然性，要求 A1 一定导致 B，才能认定为 A1 是 B 的原因。然而我们知道，只有一个单独的服务好，不会让海底捞如此成功，所以在研究哲学和逻辑学的那群人眼里，A1 和 B 之间没有因果关系。

但是，这门课不是逻辑学，在这里，我给大家做一个参考，如果你能找到部分因果关系，也算是归因成功一部分，至少我们可以拿来当作设计模型的基础。这种部分因果关系能够支撑我们继续把研究做下去，所以哪怕不严谨，依旧可以拿来用。

那么归因谬误是什么呢？是指你找到的 A1、A2、A3 跟结果 B 之间，八竿子打不着。

对普通老百姓来说，常见的归因谬误有两类：

第 1 类，是把先后发生的两件事当成有因果关系。

第 2 类，是把同时发生的两类事当成有因果关系。

先后发生

我们先来讲第 1 类归因谬误，这种类似于你出门时先迈了左脚，然后走出 5 步突然下雨，你就觉得是先迈左脚导致的。

这事儿听起来很荒唐，然而现实生活中并不少见。

第一个故事发生在 2008 年，我当交易员的第一天。刚上岗的时候是没有什么事情做的，就是盯着大盘，不断地看数据变化，找找所谓的盘感，然后可以拿一点小权限去做几笔交易。后来我看《这个杀手不太冷》，里面有一段训练杀手的情节，老杀手训练第一次摸枪的小女孩，先感受自己的呼吸，随着对方的节奏去一呼一吸。看完这个情节我就觉得，培训内容跟新交易员在做的事情很像，观察着数据变化，想象成水在波动，一起一伏，找波动的节奏。结果我在观察这种节奏时，就发现了一个现象：大家看股票行情的时候，股票软件右侧最上方是挂盘价. 挂盘价里会有买一、买二、买三……卖一、卖二、卖三……

卖五	6.78	2172
卖四	6.77	1034
卖三	6.76	2084
卖二	6.75	2000
卖一	6.74	917
买一	6.73	729
买二	6.72	199
买三	6.71	408
买四	6.70	509
买五	6.69	481

大部分情况下，买一和卖一之间价格是相邻的，比如这张截图上，买一是 6.73，卖一是 6.74。此时如果最新一笔成交是以 6.74 成交的，意思就是有人吃了卖一的单子，那么在分时成交明细里，会显示出一条 6.74 的成交量，股票交易软件上会用红色显示。

时间	成交价	手数
10:33	6.74	66

如果又有一笔最新的成交价格是 6.73，就意味着有人吃掉了买一的单子，股票交易软件上最新的成交量会用绿色来显示。所以分时成交明细里，成交量的数据不是红色就是绿色。

时间	成交价	手数
10:33	6.73	155

但是那天我发现了一个特别的现象，分时成交的明细出现了大量的白色。这种情况出现，首先是买一和卖一之间出现了很大的差价，就像下面这张图，买一是 8.07，卖一是 8.27，买一和卖一之间的差价叫 spread。正常的成交明细里，如果以卖一价成交，成交量是红色；如果以买一价成交，成交量则是绿色。但是在 spread 这么大的情况下，就意味着有可能以 spread 中间的价格成交。如果这种情况发生了，那么成交量就会显示白色。

卖五	8.38	12
卖四	8.30	32
卖三	8.29	2
卖二	8.28	30
卖一	8.27	2
买一	8.07	3
买二	8.05	15
买三	8.04	2
买四	8.03	2
买五	8.02	2

spread 很大的情况本身就不多见，大量地发生白色的成交量，这种情况更不常见。于是我就开始观察，那种感觉像是水面在不断地波动，spread 很大时，水面就像修起了水坝，波动中

断。然后一串白色的成交量冲出来后，水坝像是被冲破了一样，水流突然冲出去，价格会大幅地冲一波。

我连着观察了几次，发现有点意思，就开始下单薅羊毛。反复地薅，结果第一天就赚了一笔小钱出来。后面连着几天，每天我都在做同样的事情，不断薅同一个位置的羊毛，每天都能薅不少钱出来。连着薅了四五天之后，这个现象消失了，以后再也没有出现过。

圈子里也有一个朋友提过类似的问题，他说："珍老师，我发现一个现象，有一只股票每天收盘的价格如果尾数相同，比如收盘价在 5.77、5.88、5.99 之类的，第 2 天一定会大涨。我观察了好几次，都是如此，我是不是发现了庄家的暗语呢？我以后要发财了吧？"

我一听就乐了，这不就跟我当交易员第一天遇到的事一样吗？我告诉他："你遇到的是一个随机现象，只不过是两件事情先后发生了，不代表因果关系，千万别把精力用到研究这种事情上，没有意义。"

本节的核心内容，其实就是告诉大家一个观点：我们普通人很容易陷入一个误区，把先后发生的事情当作因果关系，这都是归因谬误，是错的。

同时发生

第 2 类错误，把同时发生的两类事当成有因果关系。

世界上很多事情是同时发生的，就像是夏天穿裙子的人多了，吃冰激凌的人也多了。A 变化的时候，B 也在变化，我们把这种伴随的关系叫相关关系。穿裙子的人增多了，吃冰激凌的人也增多了，这叫正相关。穿裙子的人增多了，穿风衣的人减少了，这叫负相关。相关关系和因果关系的差别就在于，是 A 伴随着 B，还是 A 引起了 B。

相关关系是能够被统计出来的，经过统计之后，数据就会非常具有迷惑性。

比如说，有一个村子里有很多百岁老人，被叫作长寿村。这个时候，卖保健品的商人往往会统计说，当地的地表元素富含某种矿物质，证明这种元素能够让人更长寿；矿泉水生产商会说，当地有一口井，这口井就是秘密……不同的商人会说出不同的原因。

那到底哪一个是真的呢？谁也不知道，不是所有的事情都能找到原因的。相对于整个世界来说，我们人类的认知是有限的，我们未必能找得到因果。

有相关关系，却没有因果关系，怎么去解释呢？大部分是没有解释的。有小部分研究社会科学的人给了一些解释，主要有以下几种：

第一种情况，遗漏因素。就像是裙子和冰激凌之间，遗漏了夏季气温升高的因素。

举个例子，统计数据表明，上得起钢琴兴趣班的孩子平均成绩要更好，吃得起海参的孩子平均成绩要更好。有人会觉得，这些数据能证明学钢琴有益于大脑开发，吃海参有益于补脑。但真实原因有可能是背后一些其他因素被遗漏了，比如能够学习钢琴的家庭，会请不起语数外的老师吗？如果他们的孩子成绩差，首先就去补语数外了，等到主科不用担心的时候，才会去花时间学习钢琴。吃海参也是同一个道理。

遗漏因素就像是一个妈妈，生了两个孩子。妈妈和孩子之间有因果关系，但是两个孩子之间没有因果关系，只有相关关系。

当表明两件事之间有相关关系的时候，有可能还有一个共同原因引起了这两件事。

第二种情况，反向因果关系。

比如，某新闻报道说，经过大量数据统计发现，节食会导致更高的肥胖发生比例，所以建议想要减肥的朋友，千万不要节食。这个建议，很明显把因果关系找反了，体重超重的人更容易选择通过节食去减肥，不节食减肥导致体重超重。

现实中有更多、更复杂的例子，甚至无法确定谁是因谁是果。比如有一个著名的争论，货币供应和经济增长之间有没有因果关系？谁是因谁是果？以我们国内为例，从 2000 年之后，货币数量大幅地增加，但同时还发生了另一件事情，就是经济增长得很快，人们收入也上升了。所以，是货币增长导致了经济增长以及人们的收入上升，还是经济增长以及人们收入上升导致了货币增长呢？没法探究得清。

第三种情况，巧合。

其实大部分的相关关系，在现阶段我们都只能解释为巧合。就像是你在长高长胖的同时，500 公里外有一棵树，也在长高长粗，两者同时在发生而已。

学术界有一句著名的谚语："近 200 年来，海盗数量减少导致了全球气候变暖。"这句话在学术界的流行程度，不亚于我们普通人嘴里说"男人靠得住，母猪都会上树"，这是一句嘲讽的话，就是嘲讽把两件同时发生的事情当成了有因果关系。

总之，这个世界上同时发生的事情非常多，我们人类的认知有限，大部分事情我们都找不到原因。生活中的很多事情，都值得我们去追问一句因果关系。

我给大家举一个有可能是一个遗漏因素的例子。比如，我国古代的相术里，有个上中下庭的说法，发际线到眉毛是上庭，眉毛到鼻尖是中庭，鼻尖到下巴是下庭，分别主管人的早年、中年和晚年，哪一段饱满，就象征着这一年龄段里运势比较好。这是我在中学时期学到的。因为我是一个实用主义者，特别想发财，在上大学之前，我把发财的梦想寄托到了改变面相和命理上，所以花了时间去研究这些东西。结果有一天，我突然发现，这好像是归因谬误中的遗漏因素。

简单解析一下，胎儿和婴幼儿时期是大脑发育的重要时期，这一时期营养充足，大脑就会发育得比较好，额头就会饱满。而营养充足的孩子更有可能出生在富足的家庭，在 20 岁之前也更容易受到富裕的家境的庇护，生活更加顺利。青少年时期往往主要生活在学校里，营养充足，则更有可能大脑发育得好，从而额头饱满就比较容易学习好，20 岁前就会比较顺利。等出了学校走入社会后，就不全靠智商了，人际关系开始变得更重要了。一个人脉广的人，必然四处笑脸对人，脸蛋就会比较饱满，在社会上混得不会太差。再说下庭，下颌发育得比较缓慢，直到二十几岁还在发育，如果下颌一直没发育好，说明长时间营养不良、缺钙，还有一种情况是有呼吸道病症。无论是缺钙还是呼吸道不好，对晚年健康都会影响比较大，要么胳膊疼腿疼，要么心肺功能不好，会影响到生活质量。当然，这些原因都是我自己瞎猜的，未必准确。但假设我推测得准确，那么以后看面相就没用了。不信大家观察现在的小孩子，个个都是大脑门，个个都是天庭饱满，因为现代人家庭里，已经家家都营养过剩，不太可能有吃不起饭营养不良的孩子了，所以再看上庭已经不准了。等这一批小孩子长大了，未来有可能大部分的活动都在网上进行，表情未必会影响到人际关系，那么中庭饱不饱满也就不准了。

以上就是归因谬误的全部内容。

我们讲了人们经常犯两种错误。一种是把先后发生当成因果关系，很多迷信都是来源于此。另一种是把同时发生当因果关系，如果一件事伴随着另一件事，叫作有相关性；一件事引发另一件事，叫作有因果关系。有因果关系肯定会有相关性，但反过来，有相关性未必有因果关系。如果没有因果关系，可能是三种情况：遗漏因素、反向因果、巧合。

关于因果这一课，最后想再说几句感悟。我们在第一章讲了人是贪婪的，在第二章讲机会成本时，又讲了人是短视的，这里讲了人是无知的。在我四处求医看病的生涯中，医生也说过，别以为现在医学发达，其实大部分病连病因都还没发现，人的认知是非常有限的。未来的课程里，我们还会看到更多的人性，包括懒惰和自私。

这跟我们小时候受到的教育完全不一样。我们从小就被教育要勤劳刻苦、奋进勤勉、谦虚忍耐、不骄不躁、勇于承担，然后我们会发现，自己永远不可能那么完美，我们总是做事三分钟热度，时刻准备着懈怠，贪图享受。其实能够正视自己的缺点也很好，勇敢地承认，我好吃懒做、贪财好色、好逸恶劳，只想放羊，想开了会发现，只要不装，每个人都是一身的缺点，然后就能放下心理包袱，接受自己了。再一想，这个世界能让一群懒惰、贪婪、自私的人推动着走到现在，未来就一定还会更好，最终，我们会变成乐观主义者。

数据检验

模型的第三步是利用数据来做检验。此时最理想的状态是已经有人为你搜集好现成的数据了。比如，这个数据刚好有统计局统计过，我们可以直接拿来用，这是最好的情况。

但更多的情况是，你根本找不到合适的数据，这个时候就要想办法自己动手，丰衣足食。

第一种叫自然实验法。自然实验来自生活，比较自然的一种状态下，两个群体各种条件都很相像，只有那个你感兴趣的、正在研究的因素不同。

举例来说，学校里的班级如果是随机分班，那么每个班的学生都会比较相近。如果我们想知道《5年高考3年模拟》对学生成绩提升有多大作用，那么就可以挑5个班做真题，另外5个班做普通的模拟卷，最后分别计算各个班平均成绩提升的分数。

另一个例子，现在的商品定价很喜欢把最后一位变成9，比如定价39.9、59.9。为什么？谁发明出来的？这种定价方法出自美国20世纪六七十年代的邮购公司，邮购公司会定期印刷商品画册，里面画着本季度最新的产品，然后给各个用户家里寄画册，消费者相中了，就可以打电话购买，直接送货到家。邮购公司为了调查什么样的定价更能够刺激消费者购买，经常做这种自然实验。比如，选定三个地理位置比较相近，人口收入、风俗习俗都差不多的城市，单独给第一个城市的居民邮寄的画册里，把一款产品定价为36元，给第二个城市的居民邮寄的画册里定价为39元，给第三个城市居民邮寄的画册里定价为42元，结果发现39元的购买转化率最高，反复地试验了很多次，发现都是尾数为9最能刺激购买欲。后来还有很多类似的调查，比如产品的包装选择红色还是蓝色，更能刺激消费者的购买欲望呢？用自然实验法，找两拨各项条件比较相近的人，一拨实验红色，另一拨实验蓝色，数据就有了。

我相信这些故事是能够给大家带来启发的。有些朋友是商业经营者，经常会疑惑地说，我想做促销，但究竟是选择打折好呢，还是送东西好呢？你就可以参考这种自然实验法，在你的店铺周围找一个小区做实验。这个小区的居民各项条件都很相近，你选 5 栋楼去派发打折券，再选另外 5 栋楼去派发赠品券，等一周后，看看发出去的 500 张打折券和赠品券里各自有多少张被使用了，这个时候你就知道哪种促销的转化率最高了。

第二种叫调查法。这就是我们堆人力去调查，比如派发问卷、让人挨个去填问卷，等等。2020 年年初发生了一个大事件，是浑水公司发布了关于瑞幸咖啡造假的调查报告，这个调查报告里的数据来源，就是用这种方法得到的，派了很多人去很多家瑞幸咖啡店门口蹲守，盯着店里去数一共卖了多少杯咖啡，最后搜集到了大量的数据。

但这种方法现在越来越显得有局限性了。因为如果我们是个普通人，那我们自己的人力是有限的，发问卷人家也未必愿意填，填答案也未必会认真地勾选。现在经管类的大学生毕业论文里，很多人写论文找不到数据，于是设计一个问卷，发给同学和亲戚朋友去填，最终再根据结果来写自己的论文。因为问卷的数据太草率，最终论文得出的结论肯定也是不准确的。如果我们不是普通人，而是一家大企业，想要用调查法，往往会委托给调查公司去做这件事，调查公司再雇很多临时工，在大街上派发礼品让人填写问卷……最终会发现，临时工不会很负责，很多人虚以应对，最终花了很多钱，但取得的数据都没法用。这就是调查法现在存在的问题，如果你无法确保数据真实，这种方法就要慎用。

第三种是经济实验法。这种方法就是把单独的一个人放到实验环境之中，然后改变某个因素，看人们会怎么改变自己的选择。

举个例子，假设你找来 10 个小伙子，挨个来做实验。每个小伙子进来后，就问他：我给你 500 元，你离开你的女朋友行不行？小伙子肯定说不行。这时候更改实验条件：我给你 5000 元，你离开你的女朋友行不行？还是不行。那我给你 5 万元、50 万元……不断地变化某个条件，来观看实验对象会做出什么样的反应。

这种方法是经济学家比较常用的，一些著名的理论，都是用这种方法做出来的。比如，行为经济学里有一个著名的理论，说人会高估自己拥有的，低估自己没有的。这个理论的实验就是把人拉进来，先给一个杯子，说这个杯子是你的了，如果要把它卖掉的话，你想卖多少钱。被实验者就说，这杯子做工这么好，怎么也得值 100 元吧。然后再把实验反过来，说这个杯子不是你的，现在让你把杯子买走，你愿意出多少钱？结果实验对象就说，我看这个杯子顶多只值 20 元。反复地换人来实验，发现大家都有这种心理，然后就得出了结论。

这个实验方法对我们普通人来讲，参考价值是最高的。因为我们每个人自己就是一个实验对象，身边的朋友也都可以充当实验对象。比如，我们想要研究价格对产品销量的影响，用来给自己家餐馆的菜品定价做参考，就可以不断地去问自己和家人朋友，这个菜定价 39 元可以吗？ 49 元？ 59 元？反复地追问，就能够取到足够的数据，用来支撑我们得到想要的结论。

只要你平时不装腔作势、不自卑、不自大，时常直面自己的内心，给自己真实的答案，你会发现自己就是一个非常准确的研究对象。

以上就是我们在数据检验中，如果没有数据来检验我们提出的假说时，可以做出的对策。

当模型做好后，我们得到的应该是一个模型或者是一个理论。这个东西好不好用、有没有用、合不合理，取决于这个模型或理论能否成功解释过去一系列的现象，能否预测未来。

而且，还要根据未来的预测结果，不断地去修改去改进，甚至要被推翻。理论和模型永远不可能完美，尤其是在这种社会科学领域，因为整个社会在不断地变化，所以理论和模型也必须跟着社会的变化而更新换代。

最后讲一个笑话，有一位经济学家回到自己的母校探望，看到学校刚好在考试，于是他请曾经教过他的老师拿出试卷来让他看一看。结果他一看，大吃一惊，现在的试卷与他几十年前考试的题目一模一样。老师就说，不一样的，题目虽然没变，但答案已经变了。这个笑话就是经济学家用来自嘲的，背后的原因就是，理论总要不断迭代，自己推翻自己。

经济学的第三种方法就讲完了。

第二章一共讲了三种方法。如果我们只着眼于眼前的单次决策，则更容易用到前两种方法。个体选项优化适用于我们认为自己跟外界之间没有太大影响，只需要从自己角度考虑的情况。群体均衡适用于人与人之间会互相影响的情况。而第三种模型方法，适用于我们想要抽象出一个理论，以供未来能够不断地重复地应用。

理论课 11 · 模型与数据检验

经济模型

经济学非常注重观察现象，一定要通过大量地观察各种现象，不断去思考，并解释背后的原理，最终总结出规律，进而预测和指导未来。这样，以后遇到同样的事情的时候，就可以套用以前找到的规律，才会具有实用性。

然而在现实世界里，真正想要预测一件事情是比较难的，因为影响因素特别多。我们如果想要全盘考虑，把所有的影响因素都考虑一遍是不现实的，有可能还没考虑完，自己就先被绕晕了。所以在研究每一个现象时，往往要舍弃一些不重要的因素，只对重要的因素和结果进行研究。

最终，我们要找到事物的主要特征和最基本因素之间的因果规律，并形成一套经济理论，这个经济理论就是用来阐述这个规律的。

经济理论和经济模型，两者的含义有相似之处，一个经济理论的建立和运用，也可以看成经济模型的建立和应用。比如，下一章我们将要学习供需理论，这套理论也是一个模型，也就是供需模型，是一个东西。

那么模型是什么呢？模型就是现实的简化版本，用于分析现实的情况。很多学科都会用到模型，比如建筑行业，在建一个500米的摩天大楼之前，会先搭一个微缩的模型，放到一个地震模拟仪器上去模拟地震。然后通过这个模型的结果，预测摩天大楼建好后能抵御几级地震。桥梁工程师会利用电脑模型，来模拟预测桥梁能够抵御几级大风。气象学里有相应的气象模型，来预测降雨量、台风前进方向等。同样，经济学里也有相应的模型。

我们在经济学里会学到一些模型，大家以后为了分析问题，也可能需要自己做模型。这些模型，其实就是为了给做决策的人、企业或者政府提供参考，辅助他们做决策。

模型方法四步

那么该怎么做模型呢？我总结了四个步骤。

第一步，是设定一个假说。任何模型都建立在提出假说的基础上。

什么叫假说？比如，每到月圆时刻会有狼人出现，这就是一个假说。每个城市在举办大型运动会后会导致房价上涨，这也是一个假说。所有提出的假说，有可能正确，也可能错误，在提出假说的时候，我们是不知道的。

第二步，是找到一个合适的理论去解释这个假说。前面的假设必须有一种因果关系，我们找的这个合理的理论，必须能够解释出这种因果关系。那么每到月圆时会有狼人出现这个假说，我们需要找到月圆和狼人之间的因果关系，如果能找得到的话，做模型的过程就可以继续下去。但是我们想了一下，发现找不到合理的解释，结果我们就无法给狼人假说做模型。那么城市举办大型运动会后房价上涨，能解释出来吗？我们可以使劲找理由，使劲编理由出来。比如说，举办大型运动会后，城市的影响力扩大，或者吸引了游客，所以造成房价上涨。总之，在第二步，你必须给假说找到一个合理的解释。

第三步，是利用统计数据，对模型进行检验。我们可以搜集历史上每一次奥运会过后的房价变化数据，用数据来说话，看这个模型能否经得起历史的检验。

第四步，是看检验结果，如果发现这个模型不能解释过往的数据，说明这个模型错了，需要修订。假设我们检验了一圈，发现每一次奥运会过后，房价有涨有跌，根本看不出规律，那么我们可以把前面的模型修正一下。比如再回到第一步，我们把假说更改为，中国的城市在举办大型运动会后，会导致房价上涨。然后把第二步的解释改为，因为中国还处在城市化的进程中，如果举办大型运动会，该城市就会大幅更新城市基础设施，导致城市化进程加速，进而导致房价上涨。这个理由听起来好像有那么一点道理，但我们不知道是不是真的，所以要再回到第三步，重新搜集国内历史上每一次大型盛会后，房价变化的数据，用历史数据对这个模型做一下检验。之后回到第四步，看检验结果，如果发现结果还不对，说明这个模型还要继续修改。

相反，如果这个模型能够很好地解释历史数据，那这个模型就可以保留下来，以后遇到相似的情况时，就可以套用这个模型来做预测。如果在未来，不断发现这个模型提供了很多很好的预言，就说明虽然我们在设定模型的时候简化掉了很多因素，忽略掉了很多条件，但那些被忽略的条件其实对结果的影响比较小。

但到了第四步，即便检测结果看起来像是有一定的准确性，我们依然不能完全确认这个模型成立。在这一阶段，我们会选择接受这个模型，这是一种试探性的接受，如果未来一旦有些迹象透露出这个模型不靠谱，我们立马就要停下。

这就是做模型的四步，但讲到这里，我必须补充一句：运动会和房价的假设，只不过是我为了讲解做模型的四个步骤而特意编写的例子。

运动会和房价到底有没有关系我不知道，我没有研究过。不过，就像我前面说的，现实世界中一个事情的影响因素特别多，我们要去关注最主要的影响因素，而不是去关注不重要的影响因素。如果去研究房价，那么必然会有更多更重要的因素存在，运动会是一个很次要的因素。如果你真的认为，运动会能够让城市基建加速，让城市化进程加速，那你可以直接研究城市的基建和人口，没必要拐着弯去研究运动会。所以，我们如果把关注点放到运动会上，首先这个关注点就错了，这也是我不想研究的原因。但是我根据大家过往在圈子里的提问记录，发现确实有很多朋友都把关注点放在了全运会、军运会、冬奥会过后，房价会不会上涨，这种关注等于没抓到重点。

回过头来我们会看到，做模型的四步，一步一坑，每一步里都有足够让人走弯路的地方，作为初学者，很容易被迷到里面。这就是为什么很多经济系的大学毕业生，总觉得自己所有的道理都听过，但真想要做的时候就开始头晕。

所以，我们必须重新总结复习一下这四步。

第一步，要找一个假说。模型是现实生活中的简化，因为现实生活中情况特别复杂，所以我们要做简化，人为地忽略一些次要的因素，留下主要的因素。所以第一步里的坑，就是你没搞明白主次。主次搞反了，把该忽略的因素留了下来。这里，我给大家举的例子，就是运动会影响房价的模型。因为明明基建和人口比运动会更能影响房价，你的模型却把这两个重要的因素忽视了，转头去关注重要性更次一级的运动会，这就是第一步里的坑。

第二步，要解释这个假说。第二步里的坑就是解释假说的过程中，搞错因果关系。

举例来说，假设我们是一家保险公司，在做一项关于肿瘤发病率的调查。在做模型的第一步，我们提出了一项假说，说手机普及率的增加导致肿瘤发病率逐年上升。在做模型的第三步，我们搜集了很多数据，取得了从 2000 年到 2020 年的 20 年间手机使用数量和肿瘤病例数量的数据。在做模型的第四步时，我们看了一下结果，发现过去 20 年，确实手机使用率在逐渐提高，而且肿瘤发病率也在逐渐提高。两个数据显示，结果非常吻合。于是我们得出一个结论——模型成立。可以吗？

理智会告诉我们，这个模型是个伪劣产品，原因就在于我们在归因谬误里讲到的，两件事情同时发生，我们不能说它就有因果关系。用手机不会导致得肿瘤，所以这个模型再怎么做都是错的。如果没有第二步解释假说作为筛选，那么我们很可能得出很多奇葩的模型。

我曾经听过一些奇葩模型。在华尔街有与天气相关的股票交易模型，比如一到下雨天，就去做空股市。国内据说有用《易经》预测股市的模型。又如，用猴子决策的模型，每天早上给猴子一个香蕉一个桃子，猴子先吃香蕉就做多股市，猴子先吃桃就做空股市。各种奇葩的模型，那真是一个敢想一个敢用。

我们前面说过，经济模型和经济理论的内涵比较接近，一个经济模型也可以看作一个经济理论。好的模型必须能够阐述一个道理，如果阐述不出来，这个模型就是有瑕疵的，因为你不能知其所以然。如果不知道背后的原理，这个模型就会建立在不稳定的根基之上。就像隔壁女邻居连续 18 天被一个男人送回家，就像玩斗地主时连续抽了 18 轮地主，就像养鸡场的鸡发现连续 180 天每天早上 9 点都会有新鲜的玉米粒吃……这些事随时会结束，你不知道背后的道理，就无法预知，最终就会造成比较严重的损失。

第三步，要拿历史数据做检验。这一步里的坑，就是历史太短了，以至于我们没有足够的数据或者准确的数据去检验，使做模型这件事无法顺利地进行下去。举一个新例子，我曾提过一个房价普涨的观点——如果货币增速超过了15%，就会带来房价的普涨。这个观点可以换作模型来表示。那么我们按照这个设计经济模型的四个步骤来：第一步是设定理论假说，假设货币供应量的增速和房价有一定的关系，在货币增速高过某个程度的时候，房价就会普涨。第二步是解释这个假说，解释的原因可以是：货币供应量增速过快，就会造成社会上的货币增加，那么一定会有很多人手中有更多的钱了，他们就会给钱找去处，买房子就是其中一个去处，那么更多的人买房子，就会造成房价上涨。这就是第二步，解释原因。解释的过程中，一定要关注因果关系。第三步，是套用历史数据，针对这个模型进行检验。这个时候问题就来了，因为历史数据比较短，我们回顾历史，发现好像确实在2009到2010年，2015到2016年，各有一次货币增速比较快的情况，这么看，似乎这个模型有那么一点儿意思。但是这么短的历史数据是不足以支撑建立一个模型的，所以这个模型没法顺利进行下去，只能警惕地望着这个观点，提醒大家注意而已。这也是第三步，利用历史数据做检验过程中的坑。

第四步是看检验结果。此时，哪怕历史数据能够完美地验证这个模型，我们依然不能肯定地说这个模型就是对的。举例来说，我们想研究医生的收入和医生的数量有没有关系，就可以用模型方法来研究。第一步是提出一个假设，说医生的收入和医生的数量正相关，如果医生的收入增长，会导致医生人数增长；如果医生的收入下降，会导致医生的人数下降。这就是我们提出的一个假说，是建立模型的第一步。第二步，我们需要解释这种假设，我们可以把它解释为因为收入下降，想要当医生的人变少，于是医生数量开始变少。如果医生的收入增长缓慢，就会导致医生与其他职业相比，没有那么大的吸引力，于是医生的数量增加也会比较缓慢。这个解释看起来是有因果性的。第三步，我们需要搜集一些数据，如近年来医生的收入水平变化，以及医生数量的数据。这种数据的取样范围可大可小，比如我以某个医院的医生收入和医生数量为例，或者以某个地区的医生收入和医生数量为例，都是可以的。这就是第三步，数据检验。第四步，我们需要查看检验的结果。假设经过检验之后，我们发现数据完全符合我们提出的假说。比如，前5年的数据显示，医生的收入一直在增长，医生数量也在增长，而后5年的数据显示医生的收入下降了，且医生的数量也减少了。此时，我们能够证明这个模型成立吗？这也是问题。

我们会发现，哪怕数据非常符合假设，最终却并不能证明这个模型一定成立，因为统计数据只能证明两件事情同时发生了而已。

举例来说，有没有可能后5年的时间里，刚好颁布了医生规定的新制度，要求所有的医学院毕业生，必须先度过几年的实习期才能成为医生，这种政策的发布会大幅压低新医生的数量。

有没有可能是当地的医学院在改革呢？比如说专业变更，导致有几年招收的医学生数量比较少，结果毕业生的数量也少了，造成了医生数量不多。又或者是，当地的医院机构最近几年在改革，医生编制减少，造成医生数量下降，或者说分级诊疗制度开始推行，很多医生都从医院分流到社区诊所了，造成了被统计医院的医生数量减少。

我们举例下来，会发现有很多很多种可能，在统计的这段时间内，很多因素都在发生变化，这就使得我们验证这个模型变得越来越复杂。所以大家一定要知道，模型不一定准确，即便拿历史数据检验时感觉都对，也依然不一定准。

其次，即便模型是对的，但在真的去用模型做预测的时候，依然可能会有各种各样的意外发生，导致你的预测失败。

举例来说，你是一家饭店的经营者，根据过往经验可以做出一个模型，比如说在春节期间，人们餐饮消费是当年的9月到12月之间日常消费量的4倍。如果平时每天的日营业额为1万元，那么到了春节期间，每日营业额将会暴涨到4万元。这个模型经过了5年的数据检验，都预测对了，所以你相信这个模型的准确性很高，于是决定参考2019年9月到12月的经营数据，买给2020年的春节备货，结果你备了很多货，然后疫情发生了……你说这模型对吗？没法说。

以上就是做经济模型的四个步骤。

附加内容 1·马斯洛的需求层次理论

在结束第二章之前，还要给大家增补点内容。

马斯洛的需求层次理论属于心理学的内容，不属于经济学，然而这个理论非常有实用性，我们未来分析案例的时候会用得上。

需求层次理论，是美国心理学家马斯洛在1943年提出的。他认为人类的需求可以分成五类，并且是由下至上，一层一层逐层产生的。这五种需求是一个金字塔的结构。最底层的是生理需求，比如阳光、温暖、食物、水、睡眠，这是人最基本的需求。最基础的生理需求是必须最先得到满足的，如果基础需求都没得到满足，此时的人就只想着吃饱穿暖，所有的智力、行为都会只围绕着吃饱穿暖这件事服务，就没法衍生出更高的需求。

山东戏曲里有一句话："东宫娘娘烙大饼，西宫娘娘剥大葱。"因为这个戏针对的就是一群尚在追求吃饱穿暖的观众，所以只能这么唱。

第二层是安全需求。生理需求持续满足之后，人们会产生安全需求，比如人身安全、健康、职业安全、财产安全、资源安全、家人的安全等。

生理需求和安全需求，二者都是物质层面的需求。物质需求获得满足之后，人会产生更高层次的心理和精神上的需求。

第三层是社交需求，也被叫作对归属和爱的需求，是指我们开始需要社会联系，需要有团体归属感的需求，对亲情、爱情、友情的需求。网上有一个话题，问单身男女，先脱贫重要，还是先脱单重要？处在不同需求层级的人，会有不同的答案。不同需求层级上的人，是无法互相说服的，就像是白天不懂夜的黑。

第四层是尊重需求。这种需求包括自我的认知、自尊的提升、对他尊的认知、对权力的需求，等等。我们在学生时代，为了融入同学群体，很多人都伪装过自己。别人都喜欢周杰伦，喜欢 AJ 球鞋，喜欢日本动画，你不喜欢，只能装作自己也喜欢；你的朋友都去酒吧，你不想去，但为了迎合朋友，你会做自己内心并不想做的事情。这一时期你没有自我，因为你还处在第三层，还在寻求社交需求的满足。

只有当你开始度过第三层需求之后，才会开始产生自我认知。你会开始问自己的内心：我是谁？我喜欢什么？我想要什么？你会开始产生自尊的需求，开始想要获得能力和成就，从而产生自信和独立。紧接着，你也开始产生他尊的需求了。他尊，意思就是想要别人尊重你、认可你、赞赏你。这时候跟处在第三层时期相比，融入群体已经没有那么重要了，更重要的是你开始希望你的朋友是尊重你的。在第四层，你希望自己能够被尊重、有自信，希望自己是一个有能力、有价值的人，是生活中必不可少的人。

到了第五层，是自我实现的需求。自我实现是一种更高层次的人生追求，追求人生价值、理想抱负，达到不凡的目标，成为伟大的、有影响力的人。满足自我实现需求的方式因人而异，但可以预见的是，自我实现的需求很难完全实现，换句话说，就是自我实现的需求没有终点。

五层需求，是自下而上、逐级产生的。小孩子给个玻璃球玩，就满足了，而成年人想要的会越来越多，物质达到一定程度后就会追求精神，精神还会层层递进，难度逐渐上升。五层需求不是单独存在的，人们会同时存在多层需求，但在某个时期只会有一层占主要的动力。

到这里，我们就把马斯洛需求层次理论解释了一遍。

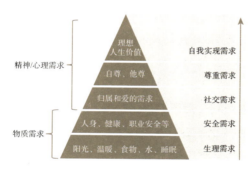

我们稍微做几个应用。

举一个例子，你的员工需要什么？有的员工抱怨说，老板整天画大饼、打鸡血，员工说我胃不好，消化不了大饼。这说明需求层次错配了。能刚走入社会，需要用钱来安身立命，他们还处于安全需求或者社交需求的层面，此时谈太远的，诸如我们要做个上市公司出来，这些话对员工没有意义。海底捞就做了一个很好的例子，他们的员工大多是服务员，这时候的追求，就是想要多赚点钱，想要融入大城市，这是非常基础的需求层面。所以海底捞会给员工高工资，然后带着员工去银行，教大家如何操作ATM机。

相反，在我当交易员的时候，当时的老板非常喜欢用买房子激励下属。其实这让大家很反感，因为买房是一个低阶的物质需求，而当时大家收入都很高，已经开始思考职业前景、职业价值、人生目标这些更精神层面的东西。

从商品的角度看，我们也需要考虑马斯洛理论。我曾经讲过一个例子，有一个羽绒服厂家不断抱怨，说我们是良心厂商，用心制作羽绒服，做的质量特别好，布料耐磨，缝线结实，可就是卖不出去，这个社会怎么了？

出问题的不是社会，而是这个商家。商家可能自己还处在生理需求和安全需求的阶段，所以还是"东宫娘娘烙大饼"的心态，以为别人需要的和他一样。一件衣服耐寒保暖，这是生理需求，布料耐磨、经久耐穿是安全需求。衣服符合潮流，能够融入社会，这是社交需求。所以现在网红带货这么火，可能意味着我们社会大部分人群还处在第三层。一件衣服高档、笔挺、用料考究，显示出了良好的社会阶层，这是尊重的需求。中国的奢侈品销量逐年攀升，显示出来的是，国内已经有越来越多的人步入了第四层。一件衣服越来越低调，显示不出来品牌、面料，只为自己独家定制，只为了感受自己的不凡，这可能是第五层需求，但这是我猜的，因为我说对第五层的需求，也还没能完全理解。

但可以确定的是，处在低阶需求的人，理解不了高阶需求的人。但作为商家，如果你真的不理解，你就无法成为一个合格的商人。除了衣服之外，吃的、玩的、用的，还有住的，所有的商品都可以用马斯洛需求层次理论来分析。我自己亲身经历了一遍从贫穷到富裕的过程，这种经历让我更深刻地认识了马斯洛理论的影响。回首过去，我可以一眼就看清某一年的自己处在第几层，我知道各个阶段的自己都需求过什么，知道各个阶段自己完全不同的消费心理，这种经历让我受益颇多，让我保持了对各种商品的理解能力。我一眼就能看出来，某个商品的产品功能设计和目标人群的需求是否定位错了。这就是对马斯洛理论的深入理解而做出的应用。

课后思考

第一，请大家思考，你自己目前处在哪一层？未来有希望升级到哪一层？为了未来的自己，请现在的自己一定要克制，不要给自己的未来添堵。最简单的，如果你现在处在第二层，如果你为了眼前的衣食住行，背叛亲人和朋友，这是给未来走到第三层的自己添堵。如果你现在处在第三层，为了融入某个群体，你做了违法的事或者丢掉了自尊，这是给未来将要走到第四层的自己添堵。

第二件事，请大家思考，有哪些迹象和证据表明我们的社会正在整体升级？目前整个社会已经处在哪一层了？

第三章
经济学的核心逻辑

经过前一章的学习，我们会认识到，每个人都有一身缺点，所以学经济学的人一般都会变得乐观而富有自嘲精神，也因此编了很多段子。

有一个印象很深的笑话，说有一个经济学家到食人族部落去旅游，看到菜市场价目表上写着：物理学家的大脑 50 元 1 斤，数学家的大脑 80 元 1 斤，经济学家的大脑 580 元 1 斤。经济学家看完价格，一脸骄傲地跟同伴说，你们知道为什么经济学家的大脑最贵吗？因为按照供需原理，说明经济学家的大脑最受欢迎，供不应求才会这么贵。菜市场店主听到了，就赶忙解释说，不是的，按照供需原理，因为经济学家的大脑特别小，要好多人才能攒出 1 斤，按照供需原理，物以稀为贵。

供需，就是本章的主题。

另一个笑话来自著名经济学家萨缪尔森，说如何培养出一个经济学家。只要教会一只鹦鹉说"供给"和"需求"两个单词，那么鹦鹉就变成了一个经济学家。虽然是自嘲，但确实如此，只要研究清楚供给和需求，几乎就可以理解 80% 的经济问题。

后面每一个模块，我们都会不断地用供给和需求来分析各个领域。整个经济学的核心逻辑，就是由供需确定价格，再由价格对社会上各项资源进行调节。

案例课 2·开篇案例：代金券值多少钱？

第三章的开始，由案例引入，借此给大家一些感性认知，建立直觉。

第一个故事是我的亲身经历，2017 年，我刚从上海搬到合肥。当时我的车在上海办了保险，送了很多赠品，包括壳牌机油保养、四面喷漆、洗车打蜡、深度清洁、停车代驾，等等，凭券在上海消费。因为我搬到了合肥，所以准备把这些券转卖掉。那么问题来了，卖多少钱呢？

根据我先生的估算，保养一次车，换机油加上人工成本八九百元，喷漆即便是路边小店也得 300 元一个面，这两项加起来就要 2000 元，其他几项服务则不那么值钱，买家未必靠近网点，用起来不方便。所以我想，后几项白送，前两项打对折，1000 元应该卖得掉。结果，转卖帖一发出就受到了无情嘲笑，说这东西 300 元都卖不出去。我听完很不可思议，因为一瓶机油钱也不止 300 元。结果网友说闲鱼上都是这个价，我一搜，果然有很多人在卖，而且只卖一两百元。

这些券在使用时不存在消费陷阱，不需要加钱，只绑定了人保，没有绑定车牌，只要是人保车主就可以用，而且人保市场占有率很高，上海可能有上百万人保车主，那为什么卖不出去？

因为，每个人保车主都收到了这个赠品，大家手上都有这些券，自己如果需要保养或者补漆，用自己的券就行。所以有购买意向的人非常少，买家数量太少，而卖家数量太多，价格就会非常低。

还有一个复杂一些的例子，发生在 20 世纪 90 年代的美国。当时通用汽车公司销售的一款皮卡车，因为油箱位置在车的外缘，发生交通事故时容易撞到，从而引起火灾或者爆炸。车主要求通用召回汽车，但是通用不承认设计有缺陷，拒绝召回，于是车主提起了集体诉讼，在诉讼过程中，通用提出了一些协商解决的方案：

车主放弃车有缺陷的主张，通用则以感谢老客户的名义给每人提供一张价值 1000 美元的购车抵用券。该抵用券可以用来购买通用出产的面包车和皮卡车，如果是本人或者直系亲属购买，那么这张券可以全额抵扣 1000 美元。如果转卖给别人，则别人可以抵扣 500 美元，有效期 15 个月。

这款皮卡车从 20 世纪 70 年代开始销售，最早的车已有 20 年车龄，二手市场售价约为 1800 美元。与此同时，新车售价也仅为 8000 美元。1000 美元的优惠券，看似很有吸引力。当时《华尔街日报》也做了报道，报道称这款皮卡车 20 年累计销量为 470 万辆，因而通用公司需要发放 470 万张券，总共要付出 47 亿美元巨款。这种说法对不对呢？如果没有上一个故事的铺垫，我相信大家都会跟着自己的直觉，相信这个报道。但有了铺垫，我们就会发现，问题没有那么简单。

此时我们需要思考，市场上供需力量的对比。作为供给方，优惠券的数量有 470 万，而通用公司的面包车和皮卡车，正常情况下在两年内只能销售 200 万辆。在 15 个月的有效期内，如果没有足够多的用户去买车，那么470万张优惠券数量远大于需求，是无论如何也用不掉的。

所以，只有车主刚好需要换车，才能够享受到好处。除此之外，这些优惠券很难卖掉，所以对于大部分车主来说，这些券并不值钱。

首先，对通用来说，两年内车辆售出数量是200万，因为优惠券，每辆车少卖1000美元，等于少赚20亿。但因为这1000美元的折扣，销量也会由此增加，卖出的车会远超200万辆，这些利润可以把少赚的20亿部分甚至全部抵销。所以在卖车上，通用的损失一定会非常少。

其次，最后未使用的优惠券，通用可以去悄悄托市，用低廉的价格，比如50美元或者100美元，悄悄将其回收。所以，对大部分老车主来说，虽然看似收到了1000美元补偿，但实际上这个补偿可能只值50美元或者100美元。

后来这个和解方案被法院拒绝，进入了漫长的谈判阶段。

其实这个和解方案，刚好就是一个违反直觉的例子。

人都是向往公平公正的，所以内心会有一种期盼，觉得所有的东西都应该有价值，价钱不能脱离价值太多。但如果我们用这种观点，就很难理解为什么曾经火爆的诺基亚手机，在苹果手机出现后没多久就迅速贬值，以及为什么苹果手机生产成本如此之低，却能卖那么高的价格。很多人解释说，苹果有很高的研发成本、专利价值、品牌价值，这些价值加到生产成本上，就能得出苹果手机的价格符合价值的结论。但这种计算方法只是一厢情愿，凭什么苹果手机能算研发成本，算专利价值，诺基亚手机就不算了呢？

因为价格是由供需决定的，这也是为什么在一开始要先讲案例，通过案例建立感性认知。

我们要从普通人本能的猜成本、猜价值的思考方式，过渡为思考供需。不要再去猜手机的成本有多少，或者房子的建筑成本有多少，如果你还有这种本能反应，就会陷入思维误区，会无法理解现代商业社会。

供需决定价格，这套系统是否好或者对，我不知道，这是规范经济学的内容，之后在第四模块，我们会学习辩证地看这套系统存在的缺陷；在第六模块，也会有关于对与错的拔高思考。但是在本章，作为经济学初学者，唯一目的就是入门，去了解这套系统如何运转，认识到现在的社会就是按照这个规律在运转。

理论课 12 · 需求

在整个经济学里，按重要程度排序，"需求"可以排进前三。它有很多细节需要我们细细揣摩。

假设消费者买某样产品，是什么决定了消费者对这个产品的需求？有诸多因素会影响到消费者买或不买的意愿，比如他的可支配收入、商品的亮眼之处……但在所有因素之中，最值得考虑的就是价格，价格是最重要的，所以我们必须先聚焦到价格与需求的关系上。

需求量
在某个价格下，消费者愿意且能够购买的某种商品或服务的数量被称作需求量。

上面这句话是概念定义，是我在课本里摘抄的。但如果我们只遵循课本，就很容易忽视其中的信息含量。"愿意"且"能够"，这两个词代表的是形成需求必须有的两个隐藏要素，分别叫作购买意愿和购买能力。能够形成有效的需求，必须两者兼备，购买意愿和购买能力一个都不能少。

什么叫购买意愿？

在 10 年前还流行鸡汤文的时候，看过一篇鸡汤文：怎样把梳子卖给和尚？可以包装一个说法——头发是烦恼丝，可以给梳子开光，卖给进香的客人。如此，便激发了和尚对梳子的购买意愿。

电影《华尔街之狼》里也有类似卖笔的桥段。如果大家注意英文字幕，会看到用词是 "supply and demand"（供给与需求），即供需原理。

沿着激发购买意愿出发，会扩展出很多销售技巧，甚至能衍生出一本《市场营销学》。但如果认为购买意愿代表的只是销售技巧，也是不对的。在我看来，销售技巧只在"术"的层面，而"道"的层面，其实是我们能够有更强的同理心，去体察别人的福祉，观察哪些地方能够改进。这个范畴比较大，需要我们爱己爱人，同时爱生活爱社会。

举例来说，如果一个人同理心很强，真的爱护小动物，那么就能做出好的宠物用品；如果真的心怀悲悯，能够真切关注老年人，那么就能做出好的老年用品；如果真的热爱人生，积极对待生活，就会发现，生活中还有无数没被满足的空间。

所以，我对未来经济抱有非常乐观的心态，因为我们还没有完全过上好日子，我们还可以更幸福。只要有提升的空间，就有经济增长的空间，下个 10 年或者 20 年，经济增长依旧不会差。

如果我们能够抱着同理心，以关爱别人的心态，去体察别人的福祉，那么也就不会有那么多文化差异导致的水土不服问题。

清朝中后时期，人口世界第一、GDP 高、消费能力强，各个国家的商人纷纷跑来做生意。美国人做的生意，是往广东一带运送冰块，冬天开凿，春天登船运输，到的时候一般已是夏天，于是供不应求。英国人则想到了另一种生意，工业革命之后，英国纺织业生产力增长很快，所以英国人打算往中国卖睡帽，结果都能猜得到，哪个中国人睡觉要戴帽子？于是英国人又来出口西餐刀叉，结果再次滞销。同样的市场，美国赚了钱，证明不是中国人没有购买能力，而是对睡帽和餐刀餐叉真的没有购买欲望。所以没有购买欲望，就等于没有有效需求。

自 2001 年中国加入 WTO，大量外企进入中国，但是很多都水土不服，失败离场。很多原因都归结于他们高高在上的心态，缺乏同理心，并不试图去理解用户。而能在中国活下来的国外品牌，一定是要为本土消费者做改进的，就像肯德基愿意卖油条一样。同样地，以后也会有越来越多的中国企业走向海外，如果有一天我们也看到别的国家没有我们发达，开始产生高高在上的心理，丧失同理心，那我们的企业也就离失败不远了。

真的从用户的角度出发，这是产品的第一位，也是根基，是"道"的层面。但"术"和"道"并不矛盾，可以两者兼顾最好不过。毕竟，如果东西不好只靠宣传，便有忽悠之嫌。但如果东西很好，却宣传不出去，便是酒香也怕巷子深。

我的课程当然很好。然而只这样就够了吗？不行的，还必须宣传。我需要做各种激发购买意愿的宣传——你想要洞察商业社会的运转规律吗？你想要赚钱、买房、创业、找到好工作吗？来听我的课吧。

这就是购买意愿。设计产品的时候，如果缺少关于用户购买意愿的思考，会是重大失误。

第二个隐藏要素是购买能力，即买不买得起。如果只是想要，但买不起，是无法形成有效需求的。很多人常犯的一个错误，便是把欲望当成需求。但我们学了经济学，知道人的欲望是无穷的，而没有购买能力的欲望，不能被算作需求。

所以在经济学里，没有"刚需"一词。买得起就是买得起，买不起就是买不起，只有有效需求和无效需求之分。在报道房价的时候，媒体特别喜欢说买房是刚需，诸如结婚必须有房子等，所以无论房价多高都会有人买。但经济学中，没有任何东西能被称为刚需，如果你去 ICU 病房看一看，会发现无数人无钱治病，又或者虽然拿得出钱，但认为这些钱需要另作他用，所以拒绝治疗，这是很现实的现状。在生死面前，尚且没有刚需，所以只要缺少购买意愿，或者购买能力，需求就不是有效的，再怎么刚需也没用。

所以网上有句著名言论，说"京沪房价永远涨"，你相信吗？你心中应该已有论断。当然，有的时候购买意愿和购买能力之间，并没有太明显的界限区分。曾经我看到一块半平方米大的真丝地毯，非常好看，但是一看价格一万五，我就不想买了。这到底是购买意愿，还是购买能力的问题呢？分不清楚。总之在这个价格下，我的需求消失了。

综上所述，需求中隐含的两个要素为购买意愿和购买能力。通俗点说，即我愿意买还买得起的，才能算是有效需求。

获取了这个知识点，我们来尝试分析一个案例。

一位朋友位于三线城市，想要换行业，听说整理师比较火热，他应该转行吗？作为新兴职业，我们首先需要分析需求，去考虑用户的购买意愿和购买能力。

什么样的用户会雇用整理师呢？前提条件应该很多。首先，用户家里东西必须多，成百上千件衣物才有整理的基础。其次，用户家里的东西应该讲究质量，因为快消品换代迅速，无须整理。从马斯洛理论来看，这类用户家中的消费产品要处在第4层到第5层，必然非常富裕。在三线城市里，这样的目标客户数量大概会比较少，需求不足，所以我给的建议是不要转行。

需求定律

需求量，即在某一特定价格下，消费者愿意且能够购买的某种商品或服务的数量。

那么，如果我们把多个价格下的需求量都列出来，会发现需求量和价格之间存在一种反向关系。在其他所有因素都相同的条件下，价格越便宜，需求量越大；价格若上升，则需求量就会减少。这种关系，就叫作需求定律。

需求定律里有一个非常严格的条件，就是除了价格，所有其他因素，诸如购买者的收入、开销，或者外部政策等影响因素，都要保持不变。

在保持其他条件不变的情况下，需求定律几乎是绝对成立的。历史上经济学家发现过几个例外，但最终发现，都是由于其他条件改变而造成的。

这种反向关系的出现，大概可以归纳为两个原因：

第一，替代效应。很少有商品是独一无二的，大部分商品都有替代品。当一种产品涨价后，它的替代品就会显得更便宜，消费者也会更加倾向选择替代品，从而减少对该商品的消费。相反，如果这种产品降价，它也会替代其他产品。

第二，收入效应。当一种商品的价格下降时，也可以等同于消费者的收入购买力增强，即消费者能够买得起更多这种商品。

在价格变化的过程中，这两种效应是同时发生的。需求定律整体比较符合我们的直觉——便宜多买，贵的少买，这里不做过多案例解释。

需求曲线

从需求定律出发，再做一步动作：

我们画一个图表，用纵轴表示价格高低，横轴表示消费者对该产品的需求数量，然后把各个价格下的需求量标注进图，如此形成一个一个的点。

以鸡蛋为例，如果每斤 3 元，我会买 5 斤；如果每斤 6 元，我会买 2 斤。我们把不同价格下的需求量在图上标点，再把这些点连在一起，就会得出一条需求曲线。这一条曲线就是珍大户对鸡蛋的需求曲线。

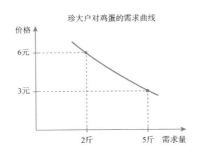

需求曲线是可以相加的，如果还有 100 个人跟我的选择类似，就会得出一个 100 人的需求曲线。

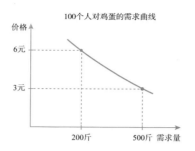

100个人对鸡蛋的需求曲线

基于需求定律，价格越低，需求量越大，所以需求曲线会是一条向下倾斜的线。

因为模型只是真实生活的简化版本，所以为了简便，需求曲线常常会画成直线，但是现实生活中，一个需求曲线不太可能是直线。

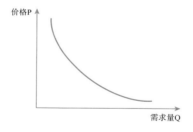

如果把幅度拉大，会发现需求曲线更有可能是一条向内弯曲的曲线。因为财富不是均匀分配，富人极富，所以当价格高到将普通人排除在外，只剩富人的需求量时，比如鸡蛋涨到100元1斤，没有普通人会买，需求曲线就会越来越陡峭。相反，在价格低到某个程度，比如鸡蛋一毛钱一个，拿来浇花也不心疼的时候，需求量就会急剧放大。所以价格越低，需求曲线就会越平。那么，如果我们把特别贵和特别便宜的情况都考虑进来，需求曲线肯定是弯曲的。

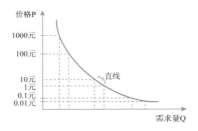

不过，如此极端的价格区间是非常罕见的。正常情况下，价格区间只在一个小范围内。在很小的价格区间内，我们把需求曲线简化成一条直线，是没问题的。这样的简化，会让我们在做分析和计算的时候更加方便简单。

借由需求定律和需求曲线的契机，可以再次复习第二章里模型方法的内容。

我们提到，理论和模型的内涵比较相似。需求定律是一个理论，需求曲线是一个模型，它们内涵基本上一样。

假设在 300 年前，需求定律和需求曲线还没问世，如果我们想率先开宗立派，提出这样一个理论和模型，那么按照模型方法里的四步走。第一步提出假设，我们假设价格与需求量反方向变动，价格越低需求量越大。第二步解释假设——原因是基于收入效应和替代效应。第三步不断做实验、找数据。第四步是看结果。

在过去的两三百年里，无数经济学家对需求定律做了大量实验，在全世界各个地区做了无数的研究，结果都认为需求定律是真的，需求曲线这个模型可以接受。

需求变动：推着需求曲线移动

在需求曲线的基础上，再做一步递推。

需求定律里的重要条件，是要保持其他条件不变。如果其他条件发生了变化，会导致消费者对某种商品的消费量发生怎样的变化呢？有哪些因素会导致这些变化？

以牛仔裤为例，消费者愿意并且有财力购买，在不同的价格下，我们可以画出一条牛仔裤的需求曲线。然而牛仔裤销量绝不仅仅受价格影响，还可能受到连衣裙的价格影响，受到消费者的收入影响，甚至受热播影视及广告的影响。这些价格以外的其他因素，被称为需求变动因素。

在价格之外的其他因素变化，将会导致消费者改变他们在每一个价格下的需求量。我们通过平移需求曲线来表示这种影响。如果把整条需求曲线都向右推动，代表的是在每一个价格下，消费者的需求量增加。相反，如果把整条需求曲线都向左平移，代表的是在每一个价格下，消费者对这种商品的需求数量减少。

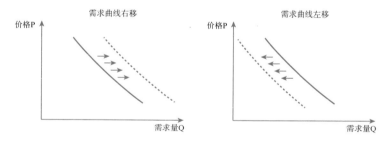

很多因素都会影响到消费者的需求，引起需求曲线的移动。

我们来分析一下一些主要的因素：

第一个因素，收入的变化。消费者的收入会影响其购买商品的意愿和能力。假如你升职加薪，肯定会规划自己的收入，增加一些消费。

经济学上把商品分为两类，一类是正常商品，另一类是劣等品。正常的商品，会随着消费者收入增加，而需求量增加；随着消费者的收入减少，而需求量减少。比如吃牛排、乘飞机旅行、买名牌，等等，都是收入越高，消费的数量和次数越多。

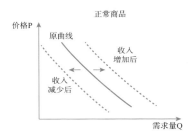

收入水平对耐用品的需求影响很大，这种效应在欠发达地区更加显著，例如在 2004 年印度农民收入显著增加，结果农村地区对拖拉机和摩托车的需求剧增，是上一年度的 3 倍。

但是收入增加，也会导致某种商品的需求减少，经济学上将这种商品称为劣等品。比如，我国曾经是自行车大国，但随着收入增加，在同样的价格水平下，消费者对自行车的需求量显著减少。这里必须特别说明，劣等品并不意味着产品质量差，劣等品更多是人随着收入上升之后，因为改善生活的需要，而逐渐放弃的某种商品。比如收入上升之后，人们会更少地吃罐头、泡面，转而投向新鲜的果蔬肉品。

怎么区分正常品和劣等品？最简单的办法就是从自身出发，想想自己有钱以后，更愿意消费什么产品，更想跟什么产品说再见。

课后思考

随着居民收入上升，你或者你身边的哪个行业会受到影响？是好的影响还是坏的影响呢？

我们一定要看到中国的人均收入上升的趋势并没有暂停，还会继续下去。所以这一道思考题非常具有现实意义，希望大家仔细思考。

第二个因素，替代品。当两种商品能够互相替代时，两者的购买量就会此消彼长。所以，如果替代品价格下降，就会导致商品受到影响，需求减少。这也意味着需求曲线会向左移动，在全部价格下的需求都会萎缩。相反，如果替代品价格上升，就会导致需求曲线向右移动。

替代品的典型例子有鸡肉和猪肉、雨衣和雨伞等功能相同的产品。举例来说，当禽流感出现，导致鸡肉供应减少的时候，人们对猪肉的需求量必然会增加。但是替代品并非局限于功能相同的产品，比如电影票和户外用品也是替代品，因为它们都是人们在闲暇时间的休闲选择。

在机会成本一节，曾经有一个读 MBA 的例子，以在上海读 MBA 为例，能够跟它对比的替代品很多，比如去国外读 MBA。所以如果上海的 MBA 学费价格上涨太快，就会有更多人选择去国外读 MBA，因为国外学费没有太大变化，反之亦然。这就是替代品价格对需求的影响，只要替代品的需求出现了变化，被替代商品就会受到影响。比如 2020 年，因为国外疫情控制缓慢，去英国读 MBA 的需求大大减少，所以，作为英国 MBA 的替代品，当年报考上海 MBA 的人数就会大幅增长。

那么 EMBA 会有这种影响吗？与年轻的 MBA 学生群体不同，读 EMBA 的人往往在 35 岁以上，事业比较稳定，很难中途放弃。所以对这些人来说，很难去遥远的地方读书，那么英国 EMBA 就不太可能成为上海 EMBA 的替代品。所以，无论国外疫情如何，对报考上海 EMBA 的人数应该都不会有很大的影响。

第三个因素，互补品。两种商品或者服务，能够互相补充的时候，就会形成互补品。消费者对其中一种产品的需求增多，就会带动另一种产品的需求。

比如，智能手机和手机应用程序，就是一对互补品。在智能手机刚出现的时候，除了安卓和 ios 两大阵营，还有一些小众系统阵营。当时魅族的第一款智能手机，就因为系统小众，用户数量太少，导致愿意专门为它服务的应用程序也很少，由此愿意买魅族的用户就更少了，这款手机的需求也随之降低。

作为互补品，手机应用或者相关产品越多，就越能增加手机的需求。我就曾经因为收到一款只能连接苹果系统的智能手表，不得已又去买了个 iPad。

懂了这个道理，再看小米手机和小米生态圈，就会意识到小米的战略非常有意思。小米布局了很多智能设备，这些智能产品不需要关联小米手机，任何手机都能使用，那么这些智能设备与小米手机就是一种弱关联性。但这些智能设备之间可能会有更强的关联性，也就是你买了小米智能灯之后，有可能会去继续买小米其他的智能产品。这种产品之间的关联性，是美的、格力等传统厂商所不具备的，所以未来小米的智能设备种类越多，影响力就会越大。

互补品会影响需求，这件事是值得大家仔细思考的。

比如我自己没什么时尚嗅觉，买衣服的时候经常犹豫，不知道怎么搭配。而现在北京、上海的大公司里，人们都很讲究穿搭，会有一些职场潜规则，讲究每天要换衣服，展现自己的职场面貌，这种潜规则早晚会流行到更多的城市里去。所以卖衣服的朋友们，不妨像销售成套化妆品一样，先替消费者做好搭配。

另一个例子，来自一位开小龙虾店的粉丝，他来找我咨询，寻求改进建议。我看完菜单后，便发现了问题，他的店里只卖小龙虾，但一顿饭如果只吃小龙虾，很难吃饱，顾客如果吃了四斤小龙虾，花了一百多元还没有吃饱，这就是店家的过错。对于顾客来说，一顿饭既没吃好也没吃饱，钱还花得多，下次就再也不会来了。所以互补品必须弄起来。

还有一个截然相反的案例，同样来自开饭店的粉丝。他的菜单非常丰富，既有火锅，又有烧烤，还有南北各种炒菜。但问题在于，炒菜和烧烤是互补品，用户可以既吃炒菜又吃烧烤。但是炒菜和火锅之间有矛盾，因为火锅锅底很贵，要89元一份，只有吃火锅的人多，下火锅的菜多，这一顿均摊下来才划算。但是加入烧烤和炒菜之后，客人不会点太多下火锅的菜。如此一来，花销比只吃火锅要更贵，用户心里不爽，当然会责怪店家。

所以最后我给的建议是：火锅与其他产品互斥，其他产品之间则为互补。所以，要么留火锅，把其他所有东西都去掉；要么就只去掉火锅，把炒菜和烧烤都留下。

在现实生活中，互补品和替代品的分析方式非常有用。所以这里给大家留一些思考题，请大家分析以下产品，哪些是互补品？哪些是替代品？哪些互不相关？

电动车和汽油车；

新车和二手车；

房屋和空调／冰箱／电视；

微信小程序与手机APP。

第四个因素，人的变化。通俗来说，如果让买者的数量增加或者缩小，就会立即推动着需求曲线向右移动或者向左移动。比如，我们比较熟悉的房子限购限贷政策，当限购政策出现之后，买方人数极大减少，需求曲线大幅向左移动。

在人的变化这一领域，我们最需要注意的，是社会总人口数量和人口结构的变化，因为这代表着整个社会总体的消费者数量。

比如人口数量的增加或减少，会导致需求增加或者减少。整个漫长的 20 世纪里，全世界人口持续增加，这导致食品需求曲线大幅向右移动，从而产生了很多食品行业巨头。

人口特征的变化，也会导致消费需求的变化。人口特征包括年龄结构、种族结构、性别，等等。以美国为例，近 30 年来，白人人口比例下降，拉丁裔人口比例上升。所以在二三十年前，最流行的女明星是像麦当娜一样金发碧眼的白人形象。而现在美国流行的是卡戴珊这种黑发深肤、具有明显拉丁裔人种特征的女明星。这也改变了女性化妆品、服饰等产品的潮流风向，西班牙语的图书、网站、视频和音乐都会随之需求增加。

同理，还有人口年龄结构的变化。当出生率升高时，对婴儿产品的需求会显著增加。不同年龄结构的人，所需的商品类型不同，比如 30 ~ 40 岁消费者人数的增多，将导致房地产类商品的需求增加。10 年前的 70 后处在这个年龄阶段，现在是 80 后，下个 10 年将是 90 后。所以大家需要多关注人口普查以及各年龄段人口数量的变化趋势。

90 后的数量会毫不意外地少于 80 后，所以国内的房子再想要普涨是不太可能的，后期是存量博弈的阶段，这就要看哪座城市更能吸引到年轻人过去工作。这也是各座城市开放限购、不断抢人落户的原因。

随着老龄化人口比例提高，对医疗服务、家庭护理的需求将日渐增加。中国的50后和60后出生于生育高峰期，人口数量大。如今50后开始进入70岁，60后开始进入60岁，老年人群数量是巨大的，而这种态势还要持续多年。作为商家，一定要关注老年人的需求。

我从我妈身上就看到了很多需求。她每天要洗两遍澡，担心自己会有味道。她不愿意跟我出远门旅行，因为上年纪后如厕频繁，担心出门找厕所不方便。她会担心自己长老年斑，头发刚变白的时候会想要染黑，如今，她发现了白头发的好处，又开始想要尝试红色、粉色、紫色——这一代人曾经是20世纪80年代的时髦女青年，经历了改革开放，亲历过中国巨大的变化，他们跟再上一辈的人生经历不一样，他们年轻时追求过物质、追求过美，到了老年还会如此。

作为子女，我也会有一些需求。我全年跟父母在一起生活的时间很短，随着父母年龄渐渐增大，我们也会担心，如果市场上有能监测心跳或者呼吸的产品，我肯定会愿意花钱买安心。

总之，当我们看到了中国人口年龄结构的变化趋势之后，就应该意识到整个商业体系，会随之发生巨大的变化，也会发现很多市场空白点。经济学的要义，就是赚钱与做好事是相通的。想消费者之所想，急消费者之所急，那么不仅自己能赚到钱，还能够让消费者过上幸福指数更高的生活，特别有意义。

以上就是人的变化对需求的影响。

第五个因素，消费者对未来的预期。消费者要做的选择不仅仅是购买什么，还包括什么时候买。如果他们预期几个月之后房价会降低，那么现在对房子的需求就会减少。但要注意的是，当前购买量只是对未来购买量的替代，是时空上的转移而已。

消费者的预期也不仅仅局限在价格上。比如 2019 年，汽车行业非常难过，因为那一年汽车排放标准由国五改为国六，于是一些消费者预期等一等，买新的国六车，另一些消费者则预期厂商要打折清国五库存，也决定等一等。结果共同的预期，造成 2019 年的车价打折到了骨折。

除了价格和政策预期，对收入变化的预期，同样影响着消费者的需求。如果一家有 2000 名员工的公司开始集体裁员的时候，哪怕只裁 100 个员工，其余未受影响的员工也会惶惶自危。即便他们的收入没有减少，但因为害怕也被裁员，也会缩减消费。同一个行业里，各家龙头公司之间也会有这种影响力。

与之相反的是另一面，当很多资产价格上涨的时候，会让无数人产生货币幻觉。比如，股市或者楼市涨了，哪怕钱没有到自己的腰包里，很多人依然会觉得自己变富了，并且会乐观地预期未来还会更富。

这就是预期对需求的影响。

第六个因素，消费者的喜好、偏好的变化。比如，当你开始追求健康时，就会减少摄入奶茶和甜点。当你开始关心环境时，就会自觉减少一次性塑料产品的使用。当某个明星开始引领潮流时，也会增加大家对潮流品的需求。

举例来说，护肤品中有一类成分叫角鲨烷，据说可以没有任何副作用地让皮肤变好，早先在广泛宣传之后，角鲨烷吸引了大批消费者，需求曲线大幅右移。后来角鲨烷被曝出要从鲨鱼中提取，很多人看到姚明的公益广告后心生愧疚，于是需求曲线大幅左移。再之后企业开始宣传可以纯植物提取，不再需要伤害鲨鱼，需求曲线转而又发生了变化。

如何去影响消费者的偏好，这也是营销专家、广告经理、市场部门试图想要解决的问题。广告、促销，甚至是政府报告，都可能通过影响人们的偏好而影响需求。

在第二章第4课机会成本一节，曾经用4张钱举例，来说明人们时刻都面临着多个选项，但是商家的信息攻势，会让我们只注意某个选项而忽视其他。

这背后是一个比较新的研究观点，认为人的注意力是有限的，人的大脑对信息的处理能力是有限的，所以密集地抢占人脑的信息，就能够影响到人们的决策。在几年前，这种事还不太可能做得到，然而最近几年，各种软件都开始搞人机交互，根据用户的喜好进行智能推送，这时候就容易出现问题。

比如我有黑头、体重超标，如果手机里经常推送护肤视频和减肥视频，这种密集的信息一定会影响并增大我对护肤和减肥的需求，而我继续观看视频和购买相关产品的行为，又会持续加深这种影响。

所以现在的软件智能推荐，正在逐渐地利用我们人类的弱点。我们未来会看到更多的这种现象，很多人会沉迷于收集某类东西，比如买一堆的口红、买一堆球鞋、买一堆的JK服……这种信息对人脑的挤占，也不仅仅停留在商业领域，如果一个人被家暴、PUA、骗婚等新闻信息环绕，也难免产生极端恐婚心理，这与坚信爱情是童话的想法一样，是两个极端。

消费者的喜好、偏好很难琢磨，会受很多方面的影响，比如广告、潮流文化、新闻，或者政策。

电影《穿普拉达的女魔头》里有这样一个情节，女主角穿了一件蓝色毛衣，对时尚潮流不屑一顾。女魔头看见了就对她说，你以为这件毛衣是你自己的选择吗？其实一年前，我已经选择了蓝色作为下一个季度的主打色，于是各大厂商开始不断推出蓝色的服饰，随后小品牌开始跟进，铺满了所有的商品橱窗，然后你才选择了蓝色。这个电影片段，反映的是曾经在 20 世纪 90 年代，服装产业的潮流掌握在时尚巨头们的手里。

以上六种因素都会推着需求曲线左右移动，而沿着需求曲线运动的原因只有一种，就是这个商品自身的价格发生变化。所以在此，我们必须强调这两者在专业术语上的差异。

沿着需求曲线在变化，叫需求量的变动，需求量的变动只有一种原因，也就是价格。而推着需求曲线左右移动，叫需求变动，需求变动的原因有很多，但绝对不是价格。需求的变化和需求量的变化仅一字之差，但含义完全不一样。

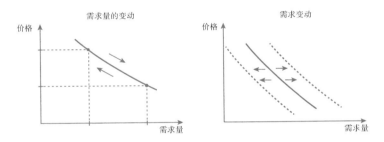

课后思考

做一个练习，假设有下面一些情况发生。请大家思考，这些情况会对手机的需求造成什么样的影响？其中哪些是需求的变动？哪些是需求量的变动？如果在图形上表示，该怎么表现出来呢？

1. 2020 年是 4G 手机向 5G 手机转换的一年，我们看到了 5G 手机的价格在变贵，价格中枢从 3000 元涨到了 4000 元。

2. 手机用户都会认为手机价格会继续上涨，手机芯片断供会让手机零部件价格上涨，所以大家都认为手机价格也会继续上涨。

3. 移动通信供应商在持续取消 4G 套餐更换 5G 套餐，造成手机资费价格上升。

4. 5G 手机的上市，使得新手机更加流行了。50 倍变焦功能的出现，使新手机在年轻人群体中更加流行了。可视电话功能的出现，使新手机在老年人群体中更加流行了。

5. 某游戏公司推出了低价格的云游戏功能，用 5G 联网，可以随时低成本地玩更多游戏。

以上就是本节的全部内容，共有四点，总结如下：

第一个是需求量。需求量是在一个固定价格下，消费者愿意且能够购买的数量，隐含因素是购买意愿和购买能力。

第二个是需求定律。是把多个价格下的需求量列在一起，就得出价格与需求量反向变化的关系。

第三个是需求曲线。把需求定律用图形表示出来，会得到一个需求曲线。价格变动引起的变化，叫作需求量变化。需求量变化，沿着需求曲线上下移动。

第四个是需求变动。由价格之外的其他因素引起。需求变动推着需求曲线左右移动。这些因素常见的有六种，分别是收入、替代品、互补品、人的变化，消费者的预期，以及消费者的偏好喜好变化。

理论课 13 · 供给

上一节中，我们已经对需求建立了初步的认识。但想要对市场有全面的理解，还需要认识一下供给，因为市场是由供给和需求双方共同影响的，价格是由供求双方决定出来的。

供给量

在某个价格时，卖家愿意且能够出售的某种商品或服务的数量，被称作供给量。所有卖家的供给量加总在一起，就是整个市场的供给。

跟需求量的概念相比，供给量的概念就是把购买换成了出售。

这里的隐藏信息依然是意愿和能力，两者缺一不可。价格太低的时候，企业可能拥有供给能力，有货可卖，但是价格导致了它们不愿意卖，这是缺乏供给意愿。与之相反的是，有些人看到有利可图，非常想卖东西，但是没有货也没用。比如在疫情期间，很多人在朋友圈会看到无数卖口罩的信息。其实大部分人手上根本没有口罩，但是他们不断地发信息，想要先吸引到买家，然后用买家的购买量当作筹码，去找厂家谈判进货，这就是属于缺乏供给能力。

供给定律

供给定律与需求定律类似。

当我们把多个价格下的供给量都列出来后，会发现价格与供给量之间，存在着正相关的关系。在保持其他因素不变的条件下，当一种商品的价格上升时，供给量就会增加。原因有可能是，生产这种商品变得更加有利可图，所以厂商愿意增加生产。相反，当这种产品的价格下降时，供给量就会减少，原因可能是生产这种产品的盈利降低了。

举例来说，以原油价格为例，中国初入 WTO 之际，国际原油一直在二三十美元每桶的价格徘徊，从 2003 年到 2007 年，原油价格则从 30 美元每桶一路攀升到了 90 多美元。这样一路高涨的价格之下，其根本原因是中国的经济增长带动了能源消耗，需求曲线大幅移动，需求增加。而表面的原因，是媒体在不断渲染原油即将开采殆尽。那么问题来了，大家觉得原油会开采殆尽吗？

当原油价格开始不断增长的时候，就出现了越来越多的海上采油井。这些海上采油井有可能位于 3 千米深的海面之下，并且在海底之下还要再往下继续开采 10 ~ 15 千米的深度才能挖出原油，开采难度非常高，开采成本可能高于 70 美元每桶。所以当原油价格低迷的时候，是不可能支撑开采这些海上油田的。对石油公司来说，这些海上油田可以近似等同于不存在。只有当原油价格持续高于 70 美元每桶的时候，这些海上石油储备才会一夜之间出现。比海上油田成本更高的是北极圈钻井平台，它们的成本可能高达八九十美元，所以当原油价格继续升高的时候，开采北极圈原油就变得有利可图，于是仿佛在一夜之间，地球上的原油储备又会大幅增加，会出现更多的钻井平台，原油的开采量也会大幅增加。

2008 年之后，这一年原油市场的价格波动非常大。从 2 月开始，原油价格从 90 多美元开始，价格一路上涨到 7 月的 147 美元每桶。与此同时，2008 年出现了金融危机，所以 7 月原油价格到达最高点之后，很快就掉头向下，一路跌到 12 月。半年的时间，从 147 美元又跌到了 35 美元。

在这里，我要给大家出一道思考题。金融危机是一个外力，可以看作意外因素。如果 2008 年没有发生金融危机，大家认为当年的原油价格会怎么走呢？

当我们还不能够理解供给法则的时候，会非常容易轻信媒体的报道。然而事实真相是，在媒体采访中，石油公司说快要开采殆尽的，只不过是在地表浅层、开采非常容易的、成本低廉的原油。当价格持续升高时，会有更多的原油储备被探索出来。利益会驱动着无数人走遍地球的每一个角落，不断探求新的原油矿藏，不断开发新的原油开采技术，去把曾经难以开采的石油给采出来，这就是供给定律。

事实上，我们再看经济复苏之后原油市场的价格走势，就能看出结论。从 2009 年到 2014 年的 5 年里，原油价格很少在 100 美元之上停留太久，因为只要价格上升，供给量就会大幅提升。所以，刚才那道思考题，如果让我来回答的话，我会认为，即便 2008 年没有金融危机，原油价格依然不会在高位维持太久。

以上就是供给定律。

供给曲线

就像从需求定律画出需求曲线一样，我们依然可以把供给定律画成供给曲线。依旧是纵轴表示价格，横轴表示数量。举例来说，埃克森美孚石油公司，在价格 50 美元每桶时，愿意提供的供给量是每年 12 亿桶；价格为 100 美元每桶时，愿意提供的供给量是每年 15 亿桶；到了价格 150 美元每桶时，供给量则上升到每年 17 亿桶。将这些不同价格上的供给量连接在一起，就成了供给曲线。

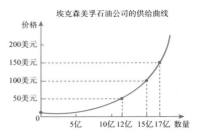

埃克森美孚石油公司的供给曲线

根据供给定律，我们预期大部分供给曲线是向上倾斜的。但是供给定律并没有需求定律那么准确，在有些情况下，供给曲线会出现弯曲，但在本节，大家只要认得最基础的供给曲线形状即可。

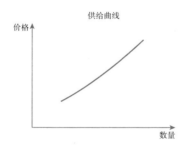

供给曲线

大部分情况下，我们会把供给曲线简化成一条直线，而实际情况中，供给曲线肯定不是直线。依然以石油供应为例，在价格高到某个程度的时候，价格大幅上升，带来的供应量提升的比例会越来越小，这可能是因为短时期内人类的技术是有限的，生产不会无限提升，会存在一个天花板。相反，当价格低到某个程度之后，供应量会迅速减小，一直到 0。

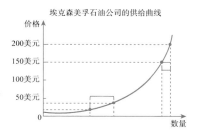

埃克森美孚石油公司的供给曲线

和需求曲线一样，供给曲线也能相加。埃克森美孚石油公司的供给曲线，就能和沙特阿美公司的供给曲线相加。全世界所有石油公司的供给曲线加在一起，就成了整个世界总的石油供给曲线。

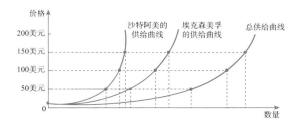

供给定律认为，在保持其他条件不变的情况下，价格上升将引起供给量增加，价格下降将引起供给量减少。注意这里的内涵跟需求定律里的内涵是一样的，要保持其他条件不变。

当其他条件不变，只有价格发生变化的时候，导致的只是供给量的增加或减少，引发的变化只是沿着供给曲线运动。

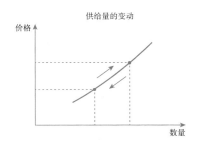

供给量的变动

供给变动：推着供给曲线移动

其他因素不变，只有价格变化的时候引起的是供给量的变化。而如果因素发生变化之后，则是导致供给曲线向左或者向右的平移，也叫作供给变动。

供给曲线向右移，导致供给的增加；供给曲线向左移，导致供给的减少。表示在特定的价格下，企业想增加出售的数量，或者想减少出售的数量。

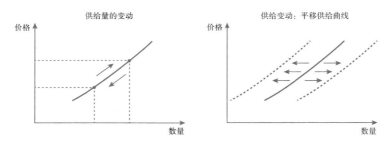

有很多因素会造成供给曲线的左右平移。

第一个因素，投入资源的价格变化。比如原材料的价格升高会导致生产成本增加，那么盈利就会降低，企业的供给就会减少。相反，投入资源的价格下降，会导致生产成本降低，相同价格下，盈利降低会导致企业的供给增加。

在 2020 年，智能指纹锁的价格突然下降，此前几年，市场上主流指纹锁的价格要三五千元，根据供给定律，价格越低，企业愿意提供的数量就越少，所以那时便宜的指纹锁寥寥无几。而如今，市场上一千元出头的指纹锁已经非常常见，甚至售价几百元的指纹锁也已经开始大批面世。其背后的原因，就是国产芯片和各种技术模块的大批投产，原材料价格大幅下降，就会导致生产成本降低。

当我们提到投入资源的时候，人们头脑里反应的大多都是原材料、零部件、各项耗材的成本费用，等等。然而以现在的现状来说，人力和房租反而是更大的两项投入资源。所以在面临人力成本上涨，租金成本上涨的过程中，供给也会受到较大的影响。

第二个因素，技术因素。我们在第一章里不断地在提生产力，技术其实就是生产力的因素之一。技术提升意味着企业用更少的人力、更少的机械设备、更少的资源投入，就能生产出更多的东西。用更少的投入生产出更多的东西，意味着成本降低，那么在同等价格下意味着利润增加，企业必然更愿意提供更多的产品。

再以原油市场举例，在金融危机之后，原油价格在 2010 年到 2014 年这几年里，持续处在 80 到 100 美元的区间，算是一直维持在过去 10 年里的一个高位。所以这一阶段，一直有新的原油获取技术在发展，到了 2014 年前后，就出现了美国引领的页岩油革命。

2014 年年初，原油价格还在 90 美元左右，当时市场上很多人都在讨论，原油价格何时会脱离盘整了三年的 90 美元底部区间，向上突破。这一时期，我在同济读 MBA，当时学校偶然组织了一个讲座，找了一位从美国归国的大佬，做关于美国页岩油革命的讲座。在讲座中，这位大佬透露，他在美国实地调研了多家页岩油企业，发现很多企业的页岩油开采成本在 40 美元到 60 美元。成本高低的差异，取决于油井的地理条件、页岩油企业采用的技术差异，以及企业融资成本等很多因素。

我听完这个消息之后，脑子里轰的一下就炸了，因为这个信息实在是劲爆。首先我非常相信这则信息的准确性，毕竟这是他实地调研多家企业获得的结果。那么只要判定这个信息为真，就意味着在 90 美元的价格时，页岩油的开采有巨大的利润空间，甚至可以说是暴利。这就意味着，页岩油的产量还会大幅攀升。这是一个典型的技术革命导致的供给曲线大幅右移，供给大幅增加，会不断地把价格砸下来。价格会先砸到 80 美元以下，把北极钻井平台挤到关停，再砸到 70 美元以下，把一些海上钻井平台挤到关停，随着价格下降，页岩油企业的每桶利润率会持续下降。当页岩油企业的利润空间下降时，它们如果想要保住利润，就会铆足劲生产，试图通过产量翻倍卖出更多的原油，来弥补利润率的下降。这就会造成价格进一步下滑，价格会开始跌到 60 美元以下，进入页岩油企业之间互杀的阶段，直到把高成本的企业都挤垮，最终总的原油产量开始减少的时候，价格才会止跌。

既然大部分的页岩油企业成本都在 40 美元左右，那么我当时就预测，第一波价格下跌，估计要惯性跌到 35 美元以下。

为什么油价会跌到低于成本？涉及企业行为、固定成本和可变成本等，需要待我们学完课程第三模块后，大家才能理解。但正是基于这些经济学常识，当我听完那次讲座之后，我迅速地做出了对未来原油价格的预判。我当时清楚地认知到，别指望什么向上突破，也别指望原油价格到 100 美元以上，这就是一个技术革命推动供给曲线大幅右移的典型例子。最终这场讲座带给我的收益是超过百万的，所以我至今还非常感谢同济，这真的是书中自有黄金屋啊。

跟技术提升相反的事情有没有呢？有的。比如，突发的天灾人祸毁掉了人才、生产线，或者是毁掉了很多生产技术，就会造成技术削弱。日本的福岛核电站出现泄漏之后，水产行业的产量就出现了下降，这是供给曲线左移的例子。

第三个因素，同一生产线或同一生产流程下的相关产品。很多生产线并不是完全生产单一产品，比如说生产智能手机的生产线，可以同时生产平板电脑，它们之间会互相挤占。当某种产品价格上涨的时候，就会引导卖家更多地转向利润高的产品上，从而挤占其他相关产品的供给。

与之相反的，是生产过程中会出现副产品。比如、生产豆油的过程中，压榨大豆会产生豆粕，豆油给人吃，豆粕是喂猪喂鸡的饲料，如果豆油的生产增加，那么豆粕的生产也会同步增加。

在开采石油的过程中，因为石油经常伴生着天然气，所以往往会同时开采出天然气。如果石油价格上升，石油公司在开采石油的过程中，必然也会增加天然气的开采结果，这就会导致天然气作为石油生产中的相关产品，供给曲线大幅向右移动，供给增加。

第四个因素，厂商数目。当新厂商进入时，行业内的产量会增加，从而导致供给曲线右移。当一些厂商离开一个行业的时候，供给产品的数量减少，进而造成供给侧曲线左移。在 2019 年年初，委内瑞拉发生政变，该国原油出口数量大幅下降，从 2018 年的每日 150 万桶，下降到了 2019 年年初的每日 90 万桶，减少了 60 万桶。这代表着供给曲线向左平移了 60 万桶的距离，折算成每月，供给减少的数量就更多，供给曲线会大幅左移。

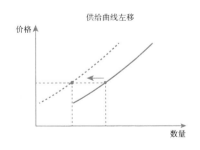

供给曲线左移

第五个因素，预期。生产者的价格预期会影响供给曲线的位置。当前供应量与未来供应量之间，存在相互替代。如果厂商预期未来价格将上涨，并且该商品不是易腐烂难以保存的，那么厂商就会把东西存起来，通过减少当前供应量，并等待未来以更高的价格卖出，这将推动当前的供给曲线左移。

第六个因素，其他因素。这些因素很多很杂，比如政策法规的变化。国内在 2017 年到 2018 年，环保政策趋紧，排污标准提高，当年这个政策也被叫作"环保去产能"。现在大家应该对"去产能"三个字认识更深了。为什么要叫"去产能"？因为这个政策造成了供给曲线的大幅左移，供给少了，就叫去产能。

又如税收标准的变化、政治气候、国际关系，甚至于自然、天气，各种能够影响供给的因素特别多。所以我建议大家学完供需这部分的内容后，脑子里画一条供给曲线和需求曲线，每当大脑接收到一条信息的时候，就条件反射地想一想，这个因素会不会推动供给曲线或者需求曲线左右移动。

案例课 3 · 要不要买车位？

学完供需，我们来讲几个生活中比较实用的例子，以期大家以后可以习惯使用供需来思考问题。

第一个案例，当你买完房子之后，要不要买车位呢？

首先，马上在脑子里开始画供需曲线。需求曲线是一条向下倾斜的曲线，供给曲线是一条向上倾斜的曲线。

然而，小区一旦建好后，车库数量就固定了，无法随着价格而变动。所以在要不要买车位的例子里，小区车位的供给是一条竖直的线。我们在讲供给的时候也提过，需求曲线是向下倾斜的，几乎没有例外。而供给曲线的向上倾斜却有很多例外的情况，这就是一种例外的情况。

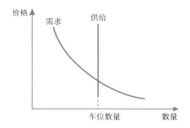

那么车位的价格是怎么决定的呢？基于我们想象出来的向下倾斜的需求曲线和竖直的供给曲线，我们会发现，车位价格主要取决于供给，供给曲线越往左，车位价格就越贵；供给曲线越往右，价格就越便宜。

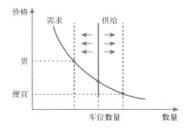

假设这是一个 1000 户的小区，先考虑一种极端情况——整个小区里只有一个车位，会是什么结果？供给曲线会极度向左，卡在数量为 1 的位置上。此时，价格应该是多少呢？这就取决于整个小区里最有意愿和最有能力购买唯一车位的人，他能够妾受多高的价格。

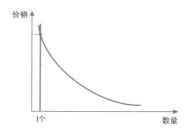

在这个小区里，每个人的购买能力和购买意愿也是不同的，张三愿意出 5 万，李四愿意出 10 万，王五愿意出 15 万……一直排到茅十八，愿意出 50 万。这群人里所有的人按出价高低排一条长队，排第一的人决定了车位的价格。

继续把条件放宽，假设这个千户小区里，有 100 个车位呢？我觉得比较有可能的状态是，1000 户人按出价高低排队，排到第 100 户的时候，由排名第 100 位的人来决定车位价格。

那再继续放宽条件，假设这个小区里，车位配比是 1：1，即全小区有 1000 个车位会是什么样呢？会是全小区最穷的那人决定吗？不一定，因为未必规定每户只能购买 1 个车位，当价格降低到一定程度时，有些人会愿意买多个车位。假设全小区最富的 300 户人家，每户买了 2 个车位，总共消耗掉 600 个车位，然后中间的 400 户人家，每户买了 1 个车位，那么前 700 户就可以把整个小区的 1000 个车位消耗掉，小区车位价格就是由第 700 户来决定的，跟最后 300 户没关系。

那么我们把条件再放宽一些，小区车位配比是 1：1.5，意味着总共有 1500 个车位的时候，会是什么样子呢？假设前 400 户人家，每家买 2 个车位，消耗掉 800 个车位，然后剩下 600 户每家买 1 个车位，加起来消耗了 1400 个车位，还剩 100 个。到这个时候，说明车位价格就基本要由整个小区里排名倒数第一的人来决定了……甚至有可能要继续降价，降到最富的那 100 人愿意买 3 个车位。

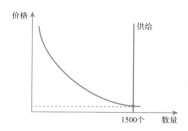

如果继续放宽条件，假设小区车位配比是 1：2，总共有 2000 个车位。我相信大家心里已经有数了，这种小区的车位是不可能值钱的。

学完原理，再来看要不要买车位。首先，要放弃成本思维。网上有人教算成本，称一个车位配上公摊面积要三四十平方米，建筑成本每平方几千块，折算下来车位是亏钱卖，买了是赚钱。还有人称车位的建筑成本已经包含进房价，再卖车位是二次销售，买了是亏钱。还有人按租车位的价格除以车位售价，来计算车位的租售比，得出便宜与否的结果。现在大家学了经济学，就会发现这些计算方法都是错的。

其次，我们在估算车位值不值得买的时候，脑子里要有一个供需曲线，去从供、需两个角度来分析。从供给方的角度来看，供给曲线越靠左，则车位就越有价值；如果供给曲线越靠右，则越没价值。那供给曲线的位置由谁决定呢？由小区的车位配比来决定。20 世纪 90 年代建设的小区里，车位配比往往只有 1：0.3，就是每 10 户才配 3 个车位。那么这个小区的车位价格就是由 10 户里最有钱的那 3 户来决定。上海东方曼哈顿是经常因为天价车位而上新闻的一个小区，早些年是因为车位涨到了 60 万，这几年是因为车位涨过了 100 万。这个小区 2000 年交付，执行的是旧标准，户数是 1750，车位 500 个，大家可以自己算一下车位配比，当年车位规划得太少。

2000 年到 2017 年的小区，一般被叫作次新房小区。这一时期建的房子，基本已经是板楼结构的电梯房，但当时停车位规划较为落后，有地下停车场的小区依然较少，很多小区车位配比在 1∶0.6 以下，基本等于车位由前 50% 的人来决定价格，车位也不会太便宜。

最后，如果让我给出建议的话，我的建议是先看车位配比，如果低于 1∶1，大部分情况下值得买，低得越多越值得早买，除非这个小区人均收入太低。相反，如果高于 1∶1.5，大部分情况下是不值得买的，因为价格基本涨不上去，而且可以租到车位。如果是 1 到 1.5 呢？那就取决于你自己的意愿了。

最后，留一个问题给大家，这个问题没有答案，属于规范经济学的内容。这是一道问应不应该的问题。在第一章，我曾提过微观经济学有八个字："洗脑需求、控制供给"。假设现在有一个大富豪，把整个小区的车位一次性全部买进，然后拿出一部分车位开放出售，强行把车位配比压低到 0.5 或者 0.3 以下，你怎么评价这种行为呢？又或者，如果车位不是被别人买走了，而是开发商一开始就以这种方式销售，大家怎么评价呢？

案例课 4 · 商业计划书 / 企业战略 / 研究报告

这节我们要讨论一个非常实用的话题，关于商业计划书、企业战略、研究报告。因为经常有朋友想要创业、吸引投资，需要写商业计划书给投资人。还有一些朋友成为大公司高管，参与了制定企业战略的过程。又或者有些朋友需要对某个行业进行调研，要做研究报告，这些都是属于比较高端的，有一点难度的技能，所以本节是我的经验之谈，希望未来的某一刻能够帮助到大家。

在正文之前，照例以故事开篇。这个故事是电视剧《三十而已》里的一个片段，编剧应该找了很多外部顾问，整个剧里的商业环节，大部分细节都比较接近现实、经得起推敲，基本没有什么槽点，值得一看。

剧里，王漫妮是一个奢侈品门店的店员，这些柜姐店员每隔一段时间，就要参加一次总部的面试考核。阶段考核在职场比较常见，如果你所在的企业比较大、制度比较健全，那么你每年至少都会参加年度甚至半年度的考核，这是职场人都会遇到的事。

电视剧里在演这段时，氛围特别严肃，前几个员工出来都垂头丧气，王漫妮进去后，面试官看着文件，头也不抬地说："客套话就不要说了，外面很多人等着呢，节省时间。"为什么会有这种态度？这是我要问大家的第一个问题。

王漫妮在压力之下没有畏缩，直接开口说："我注意到从前年开始，全球奢侈品销售额都在下滑，每个品牌都一样，连东京和纽约的店都已经关了。我们是仗着人口基数大，通过门店合并，才不用关店裁员的。"话说到这里，面试官顿时都放下手上的文件，开始抬头看她了。为什么呢？这段话的吸引力在哪里呢？这是我要问大家的第二个问题。

然后王漫妮继续往下说："不裁员，晋升通道都变窄了，以前每3年一升，现在我都已经6年没升职了，我就想要在30岁之前升职，当作给自己的生日礼物……"一部电视剧好就好在，不同的人总能看出不同的感悟，肯定会有年轻的孩子，一看这个情节，会觉得王漫妮很有勇气，果敢大方。但是我看到这儿，就觉得王漫妮的面试凉了。你怎么看？为什么？这是我要问大家的第三个问题。

就这段剧情，我给大家留了三个思考题，我们带着问题来分析一下。

王漫妮在基层做了七八年的销售，一直想要升职却升不上去。她想要当副店长，觉得自己销售业绩好，资历老，客户经验积累得丰富。在面试的时候，总部高管问她，基层销售这么多，凭什么让你升职？王漫妮回答说，凭销售业绩。然而公司并不认可她的答案，前任副店长刚一离职，总部马上就派一个年轻的、在法国学习奢侈品管理专业、刚毕业没多久、只在总部实习过的年轻人，来当新一任的副店长。王漫妮非常不服气，内心很苦涩。但为什么在公司高管眼里，宁愿选资历更浅的年轻人来当副店长，都不选王漫妮呢？难道是学历歧视吗？

因为职场的基层、中层和高层，都是完全不同的领域，需要的资质不同，需要的技能不同，各种要求都完全不同。

假设王漫妮的销售业绩很好，公司会认为王漫妮就值得升职了吗？不是的，公司会更认为，这个门店所在地的基础消费潜力比较足，王漫妮发掘出了消费潜力，而其他员工没做到，这时候应该增加员工培训、增加激励和惩罚措施、设立淘汰机制，还不行的话就换人，一直换到行的人，让该门店的消费潜力继续释放。如果王漫妮同事的销售业绩也上来了，就说明应该再增加几个销售，甚至于在该城市增加门店数量，每家店再聘 10 个"王漫妮"……这就是基层岗位对公司的价值，叠人头，规模效应。只要增加员工，能为企业增加利润的时候，就应该雇更多的员工进来。

如此一来，你还会觉得王漫妮销售业绩高是优势吗？王漫妮再强，她的销售业绩最多顶 3 个人，顶不了 10 个人，所以公司永远不会因此就给她升职的。

王漫妮想要竞争的副店长职位，只不过是职场中层。而到了中层，已经过了纯粹拼业绩的阶段。中层需要做的，是当你手下有 10 个"王漫妮"的时候，你怎么去驾驭、去使用、去激励，怎么充分把这家门店背后的消费潜力，全部挖掘出来。而中层之上还有高层。到了高层，需要更高的眼界，去思考市场趋势，在哪里收缩，在哪里扩张，怎么完善产品，怎么跟同行竞争。

一个基层员工能拿 10 万年薪，是因为这个员工能够产生二三十万的价值。而对高层，要求会更加苛刻，高层是需要谈着数亿元的项目，给公司贡献数千万的利润，才能够获得数百万的年薪。从基层到中层再到高层，难度级别完全不一样，很多人一辈子也升不上去。尤其是像王漫妮这种工作了七八年，还觉得销售能力是核心竞争力的人，她走正常途径基本没升职的可能。

而在面试官的潜意识里，认为基层的销售人员个个都是王漫妮这种资质，所以在面试的时候，对每一个基层的销售，都没有太好的态度和耐心。同样地，公司宁愿让一个没太多工作经验的留学生来当中层管理，而不是让基层销售人员升职，也是因为他们潜意识里认为，这个有着较好学历的留学生，虽然工作经验不够，但是见过世面，视野、眼界和格局会更大一点，不会只盯着销售业绩。所以，当一个人还没有机会展示出自己的能力时，学历确实能够让一个人在起步阶段，走得更容易一些。

但这并不代表基层完全没有机会，毕竟有董明珠在先，那么差距在哪里呢？

当王漫妮抛出"全球奢侈品销售额都在下滑……我们是仗着

人口基数大，通过门店合并，才不用关店裁员的"开头之后，面试官马上就把手上的事情都放下了，这是因为这几句话让面试官以为她是一个视野远大的人。王漫妮如果想要借这次面试翻身，成为晋升中层管理的候选人，那么她就应该站在公司的角度，继续沿着刚才的思路，去分析外界变化的原因，进而给出一些对策，无论这些对策有用与否，因为她现在只是一个基层人员，还需要经年培养才能够承担起更大的责任。所以，只要她能证明自己有超出基层员工的视野格局，让领导觉得她确实是一个可以培养的对象，那么这场面试就赢了。

然而王漫妮在开了个好头之后，又回到了个人立场上，领导听完肯定非常无语，因为本来已经对她有所期待，却发现她也只会盯着眼前的一点利益。这种落差是非常强烈的，所以失望也是必然的。

这就是本节的重点。一个人想要做多大的事，必须先处在一个什么样的高度。高度自上而下应该是全球—国家—地区／行业—企业—部门—个人，这是一个由高到低、由大到小的顺序。如果你想的只是个人或者部门的事情，那最多只能做基层员工。只有站在整个企业的角度思考，你才有可能成为部门经理、中层管理者。当你能想到地区和行业的高度时，就有可能成为企业高管。而你能否站在更高的高度，则代表着你管理的这个企业到底能做多大。

所以再看本节的主题：商业计划书、企业战略、研究报告。这些东西要怎么写？首先，逻辑上，要有自上而下的顺序。可以按照前面供给和需求两节中提到的影响因素来思考。

在投资领域常常有一句话——"站在风口上，猪也能飞起来。"风口，用术语来解释，就是需求曲线大幅右移，而供给还没有跟上，市场上的竞争对手非常少，自己的企业只要能占得先机，就能顺势抢占大量的市场份额，这就是风口。所以关于风口的分析，必须先从需求的影响因素着手，然后再从供给的竞争对手方面来分析。如果你的商业计划书清晰地做出了以上各种影响因素变化的分析，能够让投资人看到，这是一个需求快速增长的市场，投资人就会意识到：第一，这是一个风口上的行业，非常有吸引力；第二，你的创始团队是一个有着较高视野和大格局的团队，你们不是基层员工，有能够领导一个企业的潜力。

假设你在做这些的时候，发现这个行业比较凄惨，并没有处在风口上，需求在逐渐萎缩，需求曲线大幅左移，未来大家的日子不会好过。如果是这样，那你也要在分析中把这些现状清晰地描述出来。只有能意识到问题，才有可能应对问题。毕竟行业不好换，身处其中，就要想办法克服困难，而办法总比困难多。

所以王漫妮如果学过经济学的话，她在引起高管注意之后，就应该这么说："我认为奢侈品市场受到影响，第一是因为近两年来全球经济不景气，奢侈品销量与经济增长高度相关，经济不景气会造成人们收入增速下降，影响奢侈品市场。"这第一句话，就指出了造成需求变化的原因是收入因素，等同于指出了问题。指出问题之后，就要想对策解决，解决不了就韬光养晦。

她接下来可以说："但经济下行具有周期性，全球经济早晚会回暖，奢侈品市场有望继续增长。在这段时间里，我认为总公司一方面应该考虑蛰伏期对一线销售人员加强培训，增强品牌历史文化认知，强化销售人员素质，提前为市场回暖做准备；另一方面，中国作为全球经济增长的主要国家，建议总部可以考虑在国内多个城市举办品牌历史巡回展，强化消费者的认知，增强对消费者的影响力。"这段话就是站在行业层面分析问题，站在公司层面解决问题，基于上层的思考，做出下层的对策。对策准不准、管不管用没有关系，因为面试不是真解决问题，而是为了让自己在面试的过程中，留下更好的印象。

所以对策说完，可以继续强化自己的印象。她可以继续说："我在公司已经工作有 N 年了，N 次当选店内销售冠军，我对我们品牌有较深的认识，如果公司需要，我愿意在各个岗位上服务于公司的规划。"大家感觉出这三段话的视野高低了吗？首先站在大的视角下思考行业的整体问题；然后站在低一层的视角，以公司的角度去想对策；最后才是站在更低一层，以个人的角度，去说我能够做什么。三段话分属于三个不同的层次。

这种自上而下、逐步分析的思路，只要面试时间足够，王漫妮还可以再来一套，继续说："全球奢侈品行业不景气，在我看来，第二个原因是全球人口增长陷入缓慢阶段，用户基数增长乏力，各个品牌想要扩大用户基数，就需要从年轻一代中找突破，下一阶段谁家能够把握年轻一代，谁家就能够走得长远。我认为，公司各门店销售人员的年龄结构也需要做出分配，比如每个门店搭配两名 00 后销售人员，以便更好地服务年轻用户。我是门店最优秀的销售员，过去三年里共 N 个月达到明星销售的标准，曾经开出过百万珠宝大单，有比较好的销售技巧和销售经验，如果总部有需要，我愿意去承担培训新人销售的任务。"这又是一套自上而下的分析思路。

看完这个例子，现在如果让你写商业计划书、做企业战略规划，或者写研究报告，你脑海中有一个大的框架了吗？

　　我们的分析思路一定要自上而下，先分析全局，看整个行业现状以及趋势的变化，最后再把落脚点缩小到公司身上。在分析全局的时候，最重要的，其实是对整个行业的总需求现状，及未来需求变化的趋势做分析。具体的做法，第12课"需求"中有很多信息，我们可以做收入分析、用户人数分析、用户结构分析、消费者喜好的变化分析、替代品和互补品的分析等很多内容，总需求其实就是市场分析。

　　其次是对整个行业的总供给现状，以及未来供给变化的趋势做分析。具体内容就在第13课"供给"之中，比如关于外界资源变化的分析、技术变化的分析、竞争企业数量和体量的分析、政策环境的分析等，总供给其实就是竞争分析。

　　在市场分析和竞争分析做完之后，再开始针对外界现状，给出企业运营的规划、战略的规划等方面的内容。

　　举例来说，如果竞争对手体量大，自己体量小，那我们就要走差异化竞争的路线，避免跟对手同渠道下竞争。相反，如果我们体量比对方大，就要想办法跟人家正面对决。再比如，如果我们预计整个行业的需求曲线即将要大幅右移，这个市场是一个风口，那当然是全部身家都押进去。相反，如果整个行业的需求曲线预计要左移，外界环境不妙，首先要想到的就是活下去。恰好，"全押进去"和"活下去"，就曾是两家大企业提出过的口号，大家有兴趣可以自行搜索，看是哪两家企业在什么环境下，提出过这样的口号。

　　原理厘清之后，再举几个案例作为补充，都是我过往接触过的项目。

第一个是新能源电力企业。做需求分析时，我们预计用电人数增长、GDP增长，会带来需求增长，预计201×年，电力需求增速会在8.5%到10.5%，用电需求增速会持续放缓，增速较前些年持续下滑。这样分析完，看起来好像很紧张。在供给分析里，我们又看到政策环境在发生变化，节能减排要求在202×年二氧化碳排放下降几个百分点，后续会持续关停老小火电发电机组，让出市场份额，同时安排电网公司优先收购清洁电力，以替代旧能源的份额。这样分析完，这个行业又相当乐观。这样分析完上面的政策环境层面后，才会轮到分析公司这一层面，既然上一层行业层面这么好，那公司就可以大力发展。

第二个例子是两个项目，分别是河南省的铁路和高速公路项目。用需求分析中国，我们需要看河南省的人口数量和人口增长、经济增长、经济增长带来的人员流动和货物运输需求增长、汽车保有量的增长。然后是外部政策，国家要建成河南交通枢纽给予的政策扶持和资金扶持，等等。依旧是先要有上一个层面的分析，才轮到公司层面，我们会看到行业层面存在着增速的制约，未来的企业收入增长是有限的，那么发展速度就不能太激进，否则步子大了，容易出风险。

通过几个例子，大家应该能看到，分析的思路都是先要思考比公司更高更大的一个层面，自上而下地去分析。无论是商业计划书、企业战略，还是研究报告，思维框架都是一样的。如果你缺少这种思考，别人一眼就知道你是外行，考虑的事情不够深、不够全面。只有框架先搭对了，别人才会看具体内容。

最后我再说一个比较小的例子。因为哪怕是最小的经济体，这种分析思路依然很有帮助。

2019 年国庆节前后，我所在的写字楼里突然开了一家健身房，跟我工作的地方就差一层，距离非常近。我一看，心里又高兴又惋惜。高兴的是我非常需要健身，健身房离我越近我越开心。而惋惜的是因为，这个健身房几个月就会倒闭。

为什么这么说？因为我替这家健身房做了一个需求分析。

简单推算一下人数和收入。首先，这个写字楼周边虽然有很多住宅小区，但写字楼有门禁，进出需要刷卡，这就会阻挡周围居民的需求。如此一来，健身房的目标客户群体必然要以楼内的办公人员为主。写字楼有三十几层，扣掉防火层、设备层之后，大致推算，整个楼里如果都住满，会有 3000 人左右，随后我特意从上到下走了一圈，结果发现写字楼入住率只有 4 成，人数在 1000 多人。其次，目前已入驻的企业里，以小公司为主，而小公司的工资往往不会太高，未必有太多人愿意负担健身房费用。同时，小公司的人员流动率会比较高，很多员工担心自己干不长久，就不会愿意办健身房的卡。两项一估算之后，我觉得最多有 300 人愿意办卡，这种乐观程度还未必达得到。而即便按 300 人来计算，这家健身房的收入也根本无法覆盖成本。所以我断定，它很快就会倒闭。

分析做完后，我内心挺不是滋味，我就想，那我就多去上私教课，既强身健体，也能让人家倒闭时少赔点钱。但是我也不能让我的钱打水漂，于是我就去找健身房谈判。我告诉老板，因为我有其他健身房的会员卡，所以在这里我只想买私教课，不办卡，而且每次只买 10 节，上完之后再买 10 节，如此既避免我的钱打水漂，健身房也不会有损失。

当时这家店刚开业，门口还放着花篮，老板不相信我说他会倒闭的说法，但他也同意了我的方案。

最终结果在四个月之后揭晓，当我刚上完第 39 节课时，这家店一夜之间就搬空了，只在门上留下了一张白纸，写着退款电话。这样一来，只损失了一节课钱，我也无所谓。

其实，如果他们在开业之前稍微做一下需求分析，就不会选址到这个必定倒闭的位置，或许就没这些失败了。所以，哪怕是再小的经济体，做需求分析和供给分析，对我们都有好处。

理论课 14·市场均衡与价格形成

亚当·斯密被称作经济学之父，他在 1776 年出版了一本《国富论》，这本书被看作经济学的奠基之作。这本书中称，我们每天所需要的食物饮品，并不是出自面包师或者酿酒师的恩惠，而是出自他们利己的打算。人们只需要盘算着自己的利益，会有一只看不见的手从中引导，最终做出的结果就能有效地促进社会的利益。

"看不见的手"，就因为亚当·斯密而变成了一个经济学领域的常识性名词。它到底是什么呢？简单来说，这是一种用价格来对资源进行调节的市场机制。

这就是本节的内容，关于价格如何形成，以及市场如何调节。第 12 课和第 13 课已经讲解了市场中最大的两股力量——需求和供给，分别来自买家和卖家。但我们还没有解释市场是如何把两者结合在一起的，它们之间是如何相互作用，才决定了市场的价格？怎样决定市场中各类商品买卖的数量？价格不是一成不变的，那价格又是如何变化的呢？价格和市场均衡是如何形成的？这些就是本节要探索的问题。

供需交会

在一张图上，同时画上供给曲线和需求曲线。

需求曲线向下倾斜，供给曲线向上倾斜，所以两条曲线只有一个交点。如果价格位于这一点的水平上，那么此时的供给量和需求量是相等的。这个交点就被看作市场的均衡点，所对应的价格叫作均衡价格，或者叫出清价格。

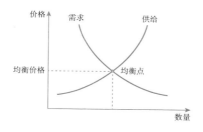

出清，简单解释，即所有摊贩，在晚上出清了所有的货物，可以收摊回家，而所有逛小摊的人，也都满意地买到了想要的东西。这是一种理想的状态，出清状态下的价格就是均衡价格，或者叫出清价格。然而这么理想的状态，不是一直都有的。大部分时间下，只能说比较接近。比如一个正常经营的超市，货物大部分时候都能卖出去，不至于有太多东西烂在仓库里，或者货架被人搬空却进不到货。所以大部分时间下，市场是比较接近于均衡的状态。

价格调节：过剩和短缺

但市场也会有不均衡。当供需不匹配的时候，如果需求量超过供给量，无法满足的那一部分需求被称作短缺。此时，市场价格比供需均衡时的价格要低，在这个价格下，有更多的消费者有意愿、有能力去购买东西，然而有钱也买不到。消费者之间，为了买到东西会使出各种办法，比如排队、找关系、加价购买。这种加价购买的行为，会使市场价格上升。价格上升会导致消费者的需求逐渐减少，卖家的供给逐渐增加，直到买卖双方的数量相等为止，此时市场价格又达到了均衡价格。

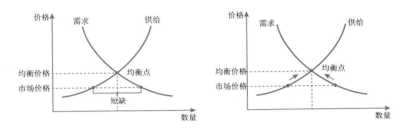

2020 年年初，由于新冠疫情突发，口罩一时短缺，价格快速攀升，从平时的 0.5 元一个，涨到了 10 元一个。问题来了，大家怎么评价口罩涨价这件事呢？口罩涨价是发国难财吗？当市场上出现短缺的时候，我们可以看作资源配置出现了问题。口罩资源稀缺，代表着两点：第一，这里的资源宝贵，我们不能轻易浪费；第二，这里的资源稀缺，我们需要外界的资源赶快进来支援。

当价格快速上涨之后，首先能够做到的是减少浪费。价格如果便宜的话，就不利于有限的资源迅速分散到更多的人手里，就会造成本就短缺的资源更加短缺。其次，因为有价格上升作为吸引力，外界的资源会比较快地转移进来。所以我们见证了无数个服装厂立即转型开始生产口罩，口罩的产量上升得极快，仅仅一个月，口罩的供应就得到了保障，价格也随之开始滑落。所以如果最初抱着一种好心的心态，去人为压制口罩价格，最终的结果一定是好心办坏事。因为没有高价作为吸引力，口罩生产者减少，最终反而会造成口罩的供应短缺，依然会有很多人买不到。

问题来了，口罩的例子，可以推而广之吗？我们可以用这一两个例子，来证明所有的事情都应该如此吗？

疫情期间，去医院看病的人数大幅增加，对医疗资源的需求极度增大，所以当时医疗资源是短缺的。那么医疗资源应该涨价吗？让高价来避免浪费，让高价来吸引更多的资源投入医疗领域，可行吗？我认为，如果纯粹靠市场调节去增加供应，等到资源增加的时候，伤亡已经数不胜数。所以，靠市场自发调节的效果是有限的，市场不可能是万能的。

所以这就留下了一个问题。市场化的调节，是靠价格；非市场化的调节，是用其他手段。两种方向我们该怎么选？什么时候应该靠市场，什么时候不应该靠市场呢？这是一个规范经济学的问题，没有正确答案，并且在传统教科书上也不会讨论。在传统的教科书里，只会讲类似前面口罩的例子。比如，在美国卡特里娜飓风时期，饮用水、帐篷等物资提价是对还是不对？传统的教科书会说，涨价是对的，在价格较高的情况下，这样操作可以迅速调集资源进入灾区。但在我看来，因为这些例子举的都是工业品，可以快速生产，所以价格调节才会有用。然而总会有一些例外，并不适用于完全靠市场调节，这怎么区分呢？这是规范经济学的内容，留给大家去思考。

最后，还有一点需要提示，稀缺和短缺是不一样的，千万不要混淆。一个限量款的球鞋或者手办，很多人买不到的时候，会说它很稀缺。但这不是经济学的术语。在经济学里，稀缺是永恒存在的，所有有价值的资源都是稀缺的，因为资源永远比人们的欲望要少。但经过价格调节之后，越稀缺的东西价格越高，人们面对高昂的价格，有欲望但没能力，没有形成有效需求，也就无所谓了。

比如一颗 10 克拉的粉钻，非常稀有，想要的人很多，欲望大于资源，所以 10 克拉的粉钻一定是稀缺的。但是粉钻价格高高在上，有购买能力的人寥寥无几，所以它未必短缺。而短缺是指在当前的价格下，我有能力随时准备购买，却买不到东西，需求量超过了供给量。就像如果政府搞限价，把 10 克拉的粉钻限价到 1 万元，就会造成需求大大超过供给，有钱也买不到东西，这就是短缺。

跟短缺相反的是过剩。

当供给量大于需求量时，超过的部分就是过剩，也叫超额供给。此时的市场价格高于供需均等时的均衡价格。当形成超额供给后，多出来的东西，就会被储存起来。但存储能力是有上限的，所以，当库存压力增大到一定程度时，卖家必须互相削价，想方设法卖掉不断增加的库存，这种互相削价的过程，就会造成价格下降。

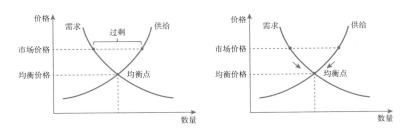

价格下降会增加需求量，也会减少供给量，所以只要市场上的供需还没有相等，还存在过剩，那价格向下的压力就会一直持续。直到价格降到使供需相等的那一点后，市场才会回到均衡，这一点上的价格就是均衡价格。所以亚当·斯密才说市场上有一只看不见的手在指挥着人们行动，每个人只需考虑自己，市场最终会走向均衡。

　　一般传统教科书基本就讲到这里。所以在我读书的时候，曾有过一个困惑。我当时认为，既然书上说这个叫均衡价格，可能代表着它是好的、完美的或者合理的状态。但是我内心又觉得，有时候它没有那么对。很多年后我才想明白，均衡价格就是一个实证经济学的词汇，它只是在描述一种供需相等的状态而已，并且是一种非常冷血的、冷眼旁观的、理智的、冷静的姿态，并不包含好与不好的状态。好坏是规范经济学才有的问题。

　　然而我们传统的课堂里，从来没有老师或者书籍试图强调这一点，以至于很多学生甚至学者，在学完之后开始迷糊，认为均衡价格才是最好的，一味坚信有短缺说明就是价格还没涨到位，"应该"涨价。这种建议一般都出自国内信奉奥派经济学的人，奥派推崇100%的市场调节、价格调节，认为价格调节就是最好的。但殊不知在这种献言建策的背后，连规范经济学和实证经济学都没区分好。

　　但是，我们在了解了本节之后，心里仍然大概要有一个数。毕竟现在市场调节是社会的主流，大部分领域都靠价格来调节。这种调节就像是历史的车轮，轧过去的时候，没有人会在意车轮下的人是怎样地哀号。冷眼地看，过剩代表着在当前领域投入的资源过多，这些过多资源可能是劳动力，可能是资金或者原材料，那么靠着价格下降，就要把资源挤出去。但是那些被挤出去的人是什么感受，历史不会多看你一眼。这个世界上芸芸众生，每个人都微不足道，社会照顾不过来每一个人，所以大家要学好经济学，各自照顾好自己。

形成均衡

当我们知道价格是如何调节过剩和短缺之后，就能看出来，在过剩状态和短缺状态时，价格其实处在动态变化之中，并不是稳定的状态。过剩和短缺就像是磁铁的吸引力，会给价格施加一个压力，然后促使价格最终走向均衡价格，恢复到稳定的状态之中。这种均衡是实证经济学的范畴，并不带有规范经济学里好不好的评价，至于好坏，在第四模块中会有后续讨论。

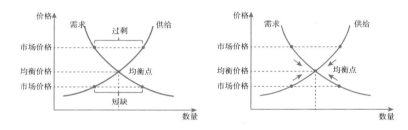

任何产品最初的价格起点，可能处在任何位置。比如，我创建了一种叫七龙珠的产品，它最初的价格是低还是高，我不知道，但无所谓，最终市场价格会不断向均衡价格靠近，直到形成一个较为稳定的状态。最终，价格高低就会完全由供需决定。

用供需来思考，就能够看懂很多现象。亚当·斯密在《国富论》里讨论过一个现象，叫钻石和水的悖论。当时还是经济学诞生的初期，很多经济学家都试图研究价格是怎么决定的，大部分学者认为，商品里应该会有一个内在价值，然后价格围绕价值上下波动，但这种观点会碰到很多难以解释的现象，亚当·斯密的这一悖论就是在这个情况下提出来的。他说，水这么有用，人离开水根本活不下去，但水为什么不值钱呢？钻石基本没有任何用，不能吃不能喝的东西为什么这么值钱呢？所以，用价值去衡量价格的时候，就很难解释得通为什么钻石比水贵。直到引入供需模型之后，我们才会明白，因为水的数量太多，供给太大，意味着供给曲线非常靠右，那么水的价格不可能高。但如果到了缺水的地方，水一定是非常珍贵的，甚至有可能比黄金和钻石还珍贵。而钻石能够这么贵，正是因为稀缺。当供给曲线极度靠左的时候，价格就由极少部分的富豪来决定。

另一个好玩的例子是一次拍卖，有一家拍卖行拍卖两封信，一封来自美国总统亚伯拉罕·林肯，另一封来自刺杀林肯的凶手，名叫约翰·布斯。林肯是美国历史上最知名的总统之一，相较于一个杀手，愿意研究林肯、收藏林肯书信的人肯定会更多。那么林肯的信会更贵吗？未必。因为林肯留下的书信非常多，而据历史学家考证，杀手一生仅留下了 8 封信。所以，即便愿意收藏杀手书信的人很少，但因为供给更少，所以价格依然昂贵。最终拍卖出来的结果是，林肯的信拍卖了 21850 美元，而约翰·布斯的信却拍卖出了 31050 美元的价格。所以我们要知道，在确定市场价格的时候，需求和供给都非常重要。

均衡变动：供需变动对均衡的影响

市场大部分时间都会处在均衡的状态之中吗？未必。

如果我们观察超市里米面粮油的价格，就会发现，不知何时价格就会涨起来或者跌下去，这是因为外界形势总是在变化。

在第 12 课和第 13 课中，我们了解到有哪些因素会导致需求变动或供给变动，曲线究竟是左移还是右移。在本节开头，我们又了解了过剩和短缺如何改变价格。那么现在，我们把两个知识点结合在一起，外界形势变化，会导致供给曲线和需求曲线左移或者右移，曲线移动之后，如果价格不变，就会产生过剩和短缺，过剩和短缺改变了均衡价格和均衡数量。世界是普遍联系的，世界是风云变幻的，结果就是，价格充满了起起落落。

以猪肉价格为例。当养猪行业出现猪流感时，一些养猪场受到很大的影响，无法再产出猪肉。根据供给变动中的第四条影响因素，厂商数量减少，会导致供给曲线大幅地左移（图1）。当供给曲线左移之后，在原价格下就发生了短缺（图2）。然后，短缺引起价格上涨（图3），最终价格会走向新的交叉点（图4），形成新的均衡位置。而到了新的均衡位置之后，因为猪肉价格高，利润高，又会吸引新企业进入，或者老企业扩张产能，再次发生供给变动第四条因素，供给曲线向右移动（图5），然后前面形成的新均衡价格，就会出现过剩（图6），随后是过剩引起的价格下降（图7），最终价格又走向了新的均衡位置（图8）。这个过程会周而复始，因为即便没有猪流感，也会有其他的外界因素变化推动猪肉价格起起伏伏，然后形成所谓的"猪周期"。

所以，当我们长期观察某种商品时，会发现受外界影响因素越多的东西，价格就越容易像潮汐一样，起伏涨跌。比如猪肉、鸡蛋等天灾人祸比较多的商品，周期表现就特别强烈。相反，没有太多外界影响因素的商品，价格会更加稳定，比如可乐、矿泉水，等等。

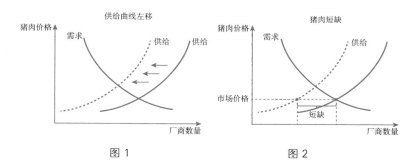

图1   图2

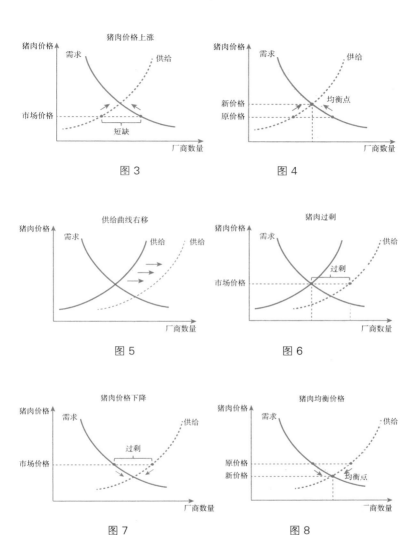

图 3

图 4

图 5

图 6

图 7

图 8

课后思考

到这里，我们已经把供需模型中的各个小知识点结合在一起，变成一种动态思考。现在要追加两个问题，请大家思考。

第一个问题，以猪肉价格的周期变化为参考，我们想得再宏大一点，整个社会有没有一个整体的起起伏伏、周期变化呢？

第二个问题，在猪肉价格的例子里，无论是供给曲线左移，还是供给曲线右移，都属于只有单条曲线发生变化的情况，即外界只有一个因素在变化。但现实生活中，外界往往会有很多因素同时变化，有可能供给和需求曲线同时变动，这种情况怎么解释？

比如疫情导致需求曲线大幅左移的情况下，原油主产国同时达成协议一致减产，这使供给曲线也左移了，所以供、需两方都发生了变化。又如新能源汽车，由于政策鼓励、税收减免等很多因素，需求曲线右移，买车的人大幅增加。而同时，有更多的新车企进入市场，技术不断变革，所以供给曲线同样右移，供需两方都发生了变化。这种情况怎么解释？

当两条曲线同时变化的时候，结果会复杂得多，但思路是很清晰的。我们回忆一下小时候常见的一种问题，两辆小车相向行驶，左边的车车速5公里/小时，右边的车6公里/小时，总距离固定，两辆车多久会相遇？另一个问题，两辆车同方向行驶，车速同上，总距离固定，两辆车多久会相遇？这种问题怎么解呢？相向行驶的车，它们都在做同样的事情，就是在缩短距离，所以速度叠加就行了。同方向行驶的车，等于一辆在追赶，另一辆在抵抗追赶，所以速度要抵销。

同理，影响相同就叠加，影响相反就抵销，就是这么简单。那么再看供需模型，如新能源汽车行业一例，需求和供给两条曲线都右移，都是增加数量，所以影响叠加，可以确定均衡数量，也就是车的数量必然会增加。但需求右移会使价格上升，供给右移会使价格下降，所以两者同时增加的时候，力量互相抵销。我们没法确定新能源汽车的售价到底是升还是降，必须看哪方力量更大。

相反，两条曲线都左移，如原油行业一例，均衡数量，即原油产量和销量必然会减少，但价格上升还是下降，也要看两方力量的强弱程度。

如果需求曲线右移，叠加供给曲线左移，两种变化都会造成价格上升，那么叠加后，价格100%上升，然而均衡数量无法确定，此时仍要看双方力量对比的强弱。

相反，需求曲线左移，叠加供给曲线右移，两者都会使均衡价格下降，所以价格下降是必然的，但是数量会怎么变化，仍然由双方力量对比做决定。

现实生活中，影响因素众多，并且不会像数学题一样标明各方力量。所以，对经济预测才会有各种不同的预测结果，因为搞经济预测的人那么多，每个人估算的力的大小和方向有可能差异很大，就会得出不同的预测结论。

供需模型，是整个经济学中最核心的逻辑，也是整个经济学中应用最多、最广、最根基的一个分析模型。如果想要加深理解，大家可以尝试着每天看新闻时，多使用供需模型进行分析，去分析每一条新闻背后的影响因素，看这些因素会对哪些供需造成哪些影响。不过，对经济的敏锐感知，也不只来自新闻，更来自生活中的方方面面。我们还必须有很多对人的感性观察，要时刻保持跟社会大众的交流。

以上就是本节的内容，最后给大家留一个作业，观看电影《大空头》，这部电影讲述的是美国次贷危机和房地产泡沫，在观影过程中，相信你也会得到一些对经济的感知。

案例课 5·从 PPI 和 PMI 指数看总供需与小周期

在上一节里，我们举了猪周期的例子。其实，很多东西都有周期，当某商品价格升高时，很多人入行从事生产，然后出现过剩，再一堆人出局，随后又出现紧缺，价格升高，再一堆人冲进去……这样周而复始，体现出了明显的周期性。

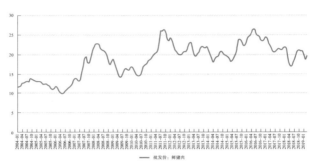

2004—2019年猪肉价格变化示意图

如上图所示，从起始点到 2004 年 9 月前后，是一波上升周期。从 2004 年 10 月到 2006 年 5 月，是一波下降周期，然后从 2006 年 6 月到 2008 年 4 月，又是一波上升周期……如此不停循环，价格就是这样周而复始地波动。

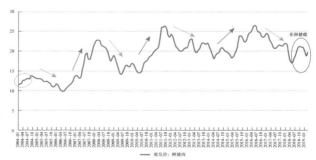

2004—2019年猪肉价格变化示意图

重新用供需模型解释一遍。我国的人口数量以及饮食习惯，在短期内不会发生大幅改变，所以需求曲线较为稳定。而猪肉是一种比较特殊的产品，养猪需要一定的周期。所以，即便猪肉价格很高，很多人想卖，但是也不能凭空变出猪来。相反，即便猪肉价格很低的时候，人们也没法大量地存储猪肉。因为已经养大的猪如果不及时屠宰，那么每天都需要消耗大量饲料，成本很高，屠宰后进冷库的话，冷库要钱，储存量也有限，结果就是，猪肉哪怕便宜也必须卖。所以在特定时间点上的猪肉供给曲线，能够供应的猪肉数量是很固定的，有多少猪就基本是多少供给量，哪怕亏钱，也很难减少供应；哪怕很赚钱，也没法立即增加供应。所以在我看来，猪肉的供给曲线可能是一条比较竖直的曲线。那么猪肉的价格，就几乎主要由供给曲线靠左还是靠右来决定。

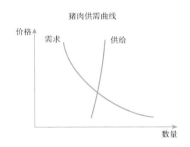

猪肉价格从稳定到走向波动，是因为经常出现外界影响因素。如图所示，能看到 2006 年夏暴发了猪蓝耳病疫情，较高的死亡率引起了供给曲线左移。2010—2011 年有一波口蹄疫疫情，2018—2019 年有一波非洲猪瘟疫情，见下图。

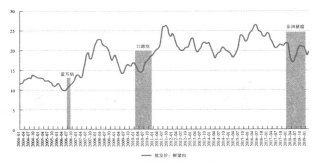

2004—2019年猪肉价格变化示意图

为了易于理解，我们设定几个数字来简化思考过程。假设最初猪肉价格比较平稳，批发价格15元1公斤（图1），当意外因素导致供给曲线向左移之后，价格有可能涨到30元1公斤（图2）。在这样的高价下，会吸引很多人进入养猪行业，从盖猪舍，到繁育小猪仔，再到养大，中间时间长度可能要十几个月，这就意味着，十几个月之后的供给曲线，会大幅右移，最终导致批发价格跌破10元（图3），在这样的低价下，就会有一些养殖户退出市场，结果十几个月之后，供给曲线又会大幅左移，生猪屠宰价格又涨到二三十元1公斤（图4）……如此周而复始。

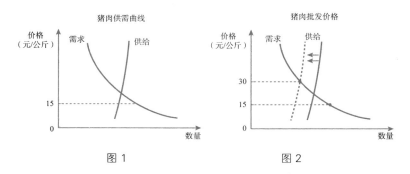

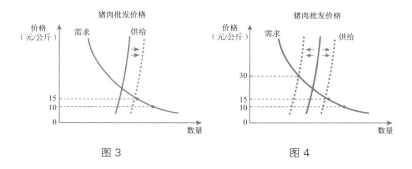

图 3　　　　　　　　　　　　图 4

我们现在回头看，可能会觉得，这种因为很多人冲去养猪带来价格下跌，最终导致认赔出局的行为，有一些不理性。然而，这种不理性是因为猪的养殖周期太长，价格信号很滞后。等知道很多人入场的时候，可能已经是 8 个月后，木已成舟。

所以，这个例子给我们的启示是，如果某个行业的价格信号很滞后，这样的领域，是有可能因为某一天遇到突发状况，受到外力影响，开始产生周期的。

像猪肉这种东西，因为关系到国计民生，所以会有统计局，甚至商务部的统计数据，不断地监测猪肉的价格变化。但其他的领域怎么办？假设我是一个经营家具木材的商人，我去哪里了解我行业的周期呢？

另一个问题是，假如我有一家服装厂，不像养殖场一样，并没有那么多外界影响因素，投入周期也不长，价格信号没有那么滞后，那么这些行业难道就没有周期了吗？

这一节我们就要解决这两个问题。有两个我最喜欢用的经济指标，能够帮助我们衡量整个社会的总供给与总需求的小周期。

第一个指标叫 PPI（生产者价格指数）。新闻中有一个常见指标叫 CPI（消费者价格指数）。消费者，即日常生活中每一个需要购物的人。我们日常生活中面临的物价变化，会影响到 CPI，所以跟广大老百姓高度相关。然而 CPI 指数不够灵敏，因为对大部分人来说，钱是不得不花的，人们对价格的反应并没有那么灵敏。所以我更喜欢看 PPI。

PPI 衡量的是一堆工业品价格的平均变化水平。生产者与消费者相对应，指的是提供商品和服务的商家。商家每天都面临着成本压力，所以对价格的反应会更敏感和准确，看 PPI 能够看出整个社会的整体供需周期，因为价格由供需的力量决定。

这种感觉，与观察猪周期类似。如果经济环境不好，整个社会消费不足，商家的库存就会越堆越多，那么商家必然要减少进货数量，或者减少原材料的数量、生产的数量，等等。这就会导致 PPI 价格持续下降，所以我们从 PPI 的下降趋势，能感受到经济较为萧条。相反，如果经济环境比较好，每个人的消费变得更活跃，那么商家的库存就会不断减少，商家会想着开始扩大经营、增加进货量、囤积原材料、增加库存，等等，这些操作会抬升物价，于是 PPI 的价格开始往上走。所以，从 PPI 向上的趋势中能看到经济较为活跃。这种周期性的变化永远存在，而周期的长度——上升趋势或者下降趋势，短则一年半，长则两年多，周而复始，永远在变化。

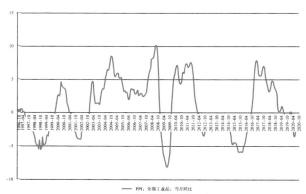

PPI：全部工业品：当月同比
1997—2020年PPI指数变化示意图

从 2020 年下半年开始，我们已经站在了下一轮复苏周期的起点。正因为我能看到这种周期，所以我也坚定地看好股市、看好经济复苏、看好人民币升值、看好原材料价格上涨，等等。

PMI 对普通人的启示，首先是一定要意识到这种供需小周期的存在，长期低谷和长期火热都是不可持续的。长期低谷会导致很多供给退出，市场长期火热会导致很多新增供给进入。用第二章基本方法中群体均衡的思考方法来看，就是在经济低谷状态和经济火热状态时，因为不断有人改变，供需一直在动态变化，所以没有形成均衡，这种状态不可持续，所以千万不要去追热度。

其次，做事的时候可以考虑一下周期，甚至提前预判周期。比如你想扩大经营，新租一个店铺，不要等到经济火热的时候，用高租金、高转让费去抢商铺。

PPI 还有很多种不同的用法。比如，在 PPI 触底或者到顶的时候，往往对应货币政策宽松的顶点或者底部。这里涉及货币政策，在后面会有详细阐释，在本节，只要大家学会用 PPI 看供需小周期，就已经达到了预期。

第二个指标是 PMI（采购经理人指数）。采购经理人，看起来似乎与商家、商业成本等极其相关。

但采购经理人指数的编制非常简洁快速，它采用抽样的方法，抽取 3000 家各行业的企业，每个月向企业派发问卷。问卷里所有的问题都只有三个答案——跟上个月相比，你感觉这个月是更好、更差还是没有变化？三个答案，如果有人选中间选项，"不知道"或者"没有变化"，那么就把这类回答一分为二，一半算成更好，一半算成更差，最终把 3000 家企业的答案强行归成两类计算比例，假设最终有 58% 的人认为更好，那么得出来的 PMI 指数就是 58。

所以 PMI 指数非常容易理解，50 是一个分水岭。如果数值为 50，就意味着看好和看坏的人势均力敌；如果高过 50，高得越多，就证明有越多企业认为这个月更好了，反之同理。所谓"春江水暖鸭先知"，PMI 指标的意思，就有点类似于去问鸭子有没有感觉到水变暖。

跟 PPI 指标不同的是，看 PMI 不需要看图形，因为 PMI 太过灵敏，总是在不断地上上下下，一般看不出趋势。大部分时间，PMI 都在 48～52 之间，好像在嘲笑我们，人生的日子就是这么平淡无奇。所以看 PMI 的时候只需要注意几点即可。第一，注意是高于 50 还是低于 50。第二，看是否连续。如果指标连续高于 50，意味着春天即将来临。第三，注意特别夸张的数值，高于 55 或者低于 45，都属于极度夸张的数值，情况少见，需要注意。

除了以上三点，PMI 指标还有一些特殊意义。

第一，PMI 指标是唯一一个提前发布的指标。比如，如果我们想知道 2020 年 11 月的经济情况怎么样，其他的指标都要等到 12 月中旬，只有 PMI 指标在 11 月底就能够提前看到。因为受调查的企业在每月 22 日到 25 日就开始填写当月问卷，26 日就开始计算指标，速度非常快。这种速度在某些特定时期会非常重要，比如贸易战或者疫情，我们急迫地想要知道经济到底受到了多大影响，这就像是能够提前看到热播剧的剧透一样，扣人心弦。

第二，PMI 指标非常详尽，分 13 个项目，包括生产指数，新订单指数，原材料指数，库存指数，从业人员指数，供应商配送时间指数，出口订单指数，进口指数，采购量指数、主要原材料购进价格指数，出厂价格指数，产成品库存指数，在手订单指数，生产经营活动预期指数。

所以有时候，当我们在迷惑之中时，不妨详细地看一下各项的数值。比如，虽然生产指标数值不低，但是新订单指标的数值很低，意味着企业还在生产过往的旧订单，而新订单已经难以为继，这必然不是一个很好的迹象。能够如此细分的经济指标是很少的，所以像柯南一样去观察 PMI 指标，才显得更加有趣。

依然要叮嘱的是，PMI 指标因为太过领先也太过敏感，准确性不会那么高，所以大部分时间里，我们没有必要过度解读 PMI。当你在迷惑中想要寻找一些信号时，PMI 里或许能有提示。

我们本节课讲的供需小周期，已经是最低级别的经济周期，供需小周期就像春夏秋冬一样，是再正常不过的一种经济现象，是无法消除的，我们无须恐惧，必须去适应。如果说还有什么期盼，我只能期盼以后不要有大的经济危机。希望我们普通人，以后能够只面对供求小周期就好。

无论是政策制定者还是商人，都会非常关心经济中的需求方。所以第二模块是对经济中需求方的探索，去看消费者如何做选择。

　　本模块总共分为四章，分别是：

第四章
消费者选择模型

第五章
时间与风险

第六章
行为经济学

第七章
弹性

消费者是
如何选择的

消费者的选择，会受到无数因素的影响。我们在第二章"经济学的基本方法"中，介绍过模型方法。现实世界错综复杂，想要把复杂世界抽象为简单的模型，就必须舍弃一些不重要的因素，只研究主因和结果之间的因果关系。经济学家在研究消费者的选择时，就只抽象出了最主要的三个因素，分别是消费者的偏好、商品或服务的价格、消费者的收入。用白话来讲：第一，你喜欢什么？第二，这个东西多少钱？第三，你有多少钱？通过这三个因素，经济学家创建了一个最基础的消费者选择模型。经济学家相信，在偏好、价格、收入这三个条件都确定的情况下，人们一定会做出他们最满意的选择。

　　第三章讲需求时，我们直接给出了需求定律和需求曲线向下倾斜的结论。这种价格越低需求越大的反比例关系，是通过对日常生活的观察，以及各种统计实验得到的。而在学过消费者选择模型后，我们会通过这一最基础的模型，推导出需求曲线为什么向下倾斜。

在第四章，消费者选择模型将是主体内容，除了讲解它的三个主要因素，还会补充其他内容进行丰富。

在第五章和第六章，我们将超越传统的消费者选择模型去思考。其中，第五章将要讲时间与风险的影响，如果消费者通过借贷来超前消费，就会突破传统模型中对消费者收入的约束，而各种不确定性也会影响消费者的决策。在第五章，我们还将学习货币的时间价值以及利率。

在第六章，我们将会学习行为经济学。在传统的消费者选择模型中，我们一直假设消费者非常理性，明确地知道自己的偏好，然而消费者往往并不一定是理性的，在"行为经济学"一章，我们将会分析很多非理性的行为。

第四、五、六三章的内容，都是从消费者个体去思考。而在第七章，我们将要看整个消费者群体存在哪些群体特征，并抽象出弹性这一概念。弹性是一个人造的概念，但对我们思考很有帮助。

关于"消费者是如何选择的"这一模块的理论，既丰富又抽象，但不可否认的是，这一部分的理论非常重要。如何把有限的金钱分配到无限的欲望之中，这是消费者面临的问题；而企业家也会常常面临着如何把有限的预算分配到不同的用途当中等问题。消费者理论和生产者理论，其实就是镜子的正反面。这一模块的内容是非常重要的，而消费者理论也是销售、定价等商业理论的基础。

以上就是第二模块的框架，下面开始进入正式学习。

第四章
消费者选择模型

案例课 6 · 开篇案例：逝者娱乐公司

本案例来自圈子里网友的真实提问。我一直鼓励大家多去观察生活中的空白之处，多想想人们未被满足或者没被发现的需求。结果，有位朋友刚好提问，称发现了一个完全空白的领域，目前没有相关企业，想知道这个创意是否值得落地实践。

这位圈友的创意，是为已经逝世的人举办娱乐活动。具体计划是，在殡仪馆或者墓地附近租用场地做营业场所。因为出入这两个地方的人，必然是逝者在世的亲属，所以这部分群体便是目标消费人群，找到目标客户群体后，就可以向目标人群定点宣传公司的具体业务。

公司的主营业务，是根据逝者生前的爱好，为其定制娱乐服务，比如爱打麻将或者爱跳广场舞，都可以进行定制，让逝者过世以后不无聊。

我们对商业社会的观察五花八门，每天都会涌出很多创意，但哪些可行，哪些不切实际，就值得深入思考了。这种公司有前景吗？大家可以仔细思考。

我们来具体分析这个案例。

关于消费，有一个最基本的认知：人花出去的每一分钱，都是为了"成全自己""满足自己"，使自己的生活更"圆满"，所以花钱是有目的的，不论是要满足物质需求，还是精神需求。

那么这项逝者娱乐服务，它的目的是什么呢？所有对消费者的分析，都不能脱离社会文化，对于这个项目而言，那就必须分析中国老百姓的心理。

在我看来，国人对常见的丧葬相关的产品和服务，消费目的有以下几种：

1. 纯粹为自己消费。比如，老人给自己买墓地，因为传统思维觉得死后一定要有个好去处。这是花给自己的钱。

2. 出于风水考虑。在很多人的概念里，如果丧事办得好，或者墓地选得好，子孙后代都有福。

3. 社会评价需求。比如有些人会认为，丧事办得不体面，会被亲戚邻居议论；办得好，就显得家里有面子，也有人是为了显示孝心。

除此之外，或许还有其他目的，暂且不表，但如果只从这三个主要目的出发，我们会发现这个项目是三不沾的。

第一，以老年人的传统观念，他们可能想不到去世后的娱乐活动。而对儿孙来说，即便是在逝者生前，愿意操心老年人精神生活的也不多。

第二，在传统的风水文化里，不包括"老人去世后举办娱乐活动，吃好喝好，能让风水更好，福及子孙"此类内容。如果想要往风水上靠，需要做大规模、长期宣传，才有可能建立一种新的文化认知。但这种宣传的投入产出比，对创业者来说，一定是不划算的。

第三，关于社会评价。丧礼有外人参加，能够让外人看得到，买的墓地也可以像房子一样成为互相攀比的因素。但这种娱乐活动，做给谁看呢？如果信息传递不出去，就无法增加社会评价。

所以，只要做了上述这些思考，就会发现逝者娱乐公司与消费者想要达到的各种目的都不沾边，用前一章的话来说，这个项目缺乏用户购买意愿，难以形成有效需求，所以有很大风险。

不过，只研究过去的消费心理也没用，因为有些新产品的产生，有可能发掘出新的消费目的，成为一种全新的消费潮流。比如这几年墓地销售就在宣传"墓地能投资"（顺便提一句，我个人非常不认可这种投资逻辑），买墓地作为投资产品，是一种新的打动消费者的点，也能够促进销售。但逝者娱乐公司能找到什么新的卖点吗？如果找不到的话，仅凭传统消费者的消费目标，想做成这个项目是不太现实的。

借此例承上启下，上一章讲了需求，说形成有效需求，背后有两个隐藏因素：一个是购买意愿，另一个是购买能力。那么，这两点背后，又有哪些因素呢？

首先，消费者为什么对某种商品或服务有购买意愿呢？有可能是为了吃饱穿暖，也有可能是为了炫耀，原因多种多样。经济学家把所有的这些"为了什么"，抽象出了一个词，叫作效用。效用来自消费者的偏好，消费者喜欢吃香菜，香菜对消费者就是有效用的；消费者讨厌吃香菜，香菜就是没效用的。以逝者娱乐公司为例，如果不能满足消费者的某种"为了什么"，最终就无法形成购买意愿。

而购买能力背后，隐藏的是商品的价格和消费者的收入。这样我们就把需求拆解成了三个驱动因素：消费者的偏好、产品或服务的价格和消费者的收入。后面的课程中，我们将用这三个要素，来构建一个消费者选择模型。

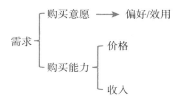

在本节最后，照旧有一条提示，经济学里的"需求"是一个包含价格和数量的概念。在某个价格时，对某种商品需要多少数量，这叫需求。比如，有商业需求的朋友，写某某价格下需求2000吨小龙虾，这就属于经济学概念里的需求。而我们口语中说的生理需求、安全需求、炫耀需求等，在经济学这门课里可能更应该被叫作效用。

理论课 15 · 效用

效用

为什么我们要购买某种商品或者服务？因为它们能满足我们的需要。满足有多种多样的表现形式，经济学家给这些各种各样的满足统一取了一个名字，叫作效用。

任何使你感到满足的事物，都能给你带来效用。交房租有了地方住，这件事能带来效用。捐钱给失学儿童，这件事也能带来效用。人并不仅仅是为自己着想，有些人的效用，是建立在帮助别人的基础之上的，效用来自偏好。

在研究消费者的选择时，经济学家并没有试图去区分高尚的人和自私的人，而是统统认为两种人都是为了达到自己的幸福快乐。在经济学的视角下，无私和自私、高尚和卑劣、美德和陋习，都只是人们不同偏好下不同的选择，经济学家在研究行为的时候，并不做善恶区分或者评判。

然而在创建这个概念的时候，也出现了一些问题。在200多年前，经济学成立之初，经济学家曾经希望找出一个单位，就像衡量温度用摄氏度一样，可以用来观测、测量、计算效用的程度，增强经济学的科学性。但这种寻找失败了，因为效用是每个人的主观感受，人心是无法准确测量的。进一步说，效用只是一个人造的抽象概念，未必像重量和温度那样客观存在，这也导致效用无法被准确衡量。

而且，效用还无法在不同的人之间比较。比如在器官移植中心，好不容易有一个肾源，两个人都配型成功了，分给谁？我们想要的理想状态是，捐给最需要的那个人，谁效用最高就给谁。然而碰到这种情况，两个人谁会说自己不需要呢？

所以，效用只能在自己和自己之间比较，比如我吃100元的三文鱼和我吃100元的火锅，就能分出哪个效用更高，因为我能对自己的感觉进行排序。

总效用与边际效用

每一个商品都能带来一份效用，把这些从商品和服务中获得的所有效用加在一起，就是总效用。总效用的多少，必然跟消费数量密不可分，一般情况下，得到的东西或者享受的服务越多，总效用就越高。而边际效用，是每增加一份产品或服务时，增加的效用。

在举例说明总效用和边际效用的时候，教科书上常用吃东西来做假设。假设我在吃三文鱼，每多吃 1 斤，总效用和边际效用便如下图所示。

数量	总效用	边际效用
0 斤	0	
		15
1 斤	15	
		11
2 斤	26	
		7
3 斤	33	
		3
4 斤	36	
		-1
5 斤	35	

吃第 1 斤的时候，效用最高，总效用和边际效用都是 15；吃第 2 斤时，总效用达到了 26，边际效用便是 11……以此类推。

我们将这个表格图形化，会得到下图。

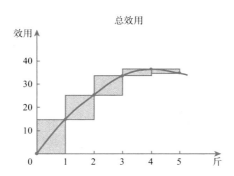

从中可以得出两个结论：

第一，绝大多数情况下，对某种商品的消费量越多，你所获得的效用也就越多，如果吃一顿日料对你来说很不错，那么吃两顿更好。经济学家会说，你的总效用将随着商品消费量的增加而上升。所以由此看来，物质跟快乐确实有一定的相关性。

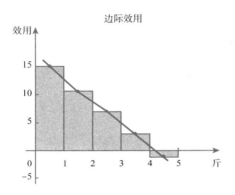

边际效用

第二，随着拥有的数量逐渐提升，新增加消费量带来的增加效用，即边际效用，是越来越少的。所以，尽管更多的消费意味着让你更加快乐，但随着我们对某种商品消费量越来越多，这种更快乐的程度会不断减少，这就是所谓的边际效用递减。

当然，上述图表中的数值皆为编造，因为效用无法衡量，赋予数值是为了能够把抽象概念转换成直观的图形。总效用和边际效用，并不是一个多么科学的概念，它只是一种经验汇总。

边际效用递减

边际效用递减，常有"规律"或者"法则"等后缀。不过，它真的能像物理规律或者数学法则那样严格成立吗？

对总效用而言，肯定是东西越多越高，然而边际效用递减的现象也确实存在。以我举例，大学毕业后，因为没有落脚的地方，我行李不多。那时，买衣服对我的效用极其高，每增加一件衣服都超级救急，但这种买是有尽头的。去年某一天，我发现自己已经有了100多件真丝衬衫，在这之后我明显感觉到，衣服对我的新增效用已经很低，买衣服的欲望显著降低。

讲到这里，需要插入本节第一条思考题深入思考。基于边际效用递减原理，我们能够预见：随着社会的产品越来越丰富，每个人的总消费量会越来越多，那么整个社会中，消费的边际效用一定是在不断下降的吗？在此，我们回忆一下第一章"经济学历史观"中留过的课后提问——你认为人的欲望是无穷的吗？这个问题没有正确答案，但我个人更偏向于认为，如果只考虑人们对商品社会中商品的欲望，如果商品社会中的商品没有较大更新，还都只是现有的这些东西，那么因为边际效用递减，人们的欲望就不是无穷的，人们的消费增长会逐步降低。因为消费增长的速度大概率比不上生产力提升的速度，整个社会产品过剩的时代早晚会到来。那么长远来看，如果产品开始逐渐过剩，未来的物价会是什么样呢？未来还会有通货膨胀吗？这是我在学边际效用递减时产生的想法。这种想法是对是错，留给时间去证明。

回到边际效用递减，其实不只是消费，很多行为的效用都会受到边际效应递减的影响，比如说做好事。我在大学时期，曾抓过两次小偷，这是让我一直时不时提起来炫耀的行为。对一个内心想要高尚的人来说，见义勇为能够极大地满足内心的效用。但这种行为依然会受边际效用递减的影响，仿佛我抓过两次小偷，就已经足够证明我是个好人，抓第三次的效用好像就增加得不大。所以有时候我也在反思，做好事究竟是因为我是好人，还是因为我想像个好人呢？

那么，以我为例就能证明所有人都是这样的吗？肯定不是。举例来说，犯罪心理学喜欢研究变态杀人狂，这种人很难边际效用递减，会不停地连环作案。我也一度怀疑，福布斯排行榜里的很多富人，对财富的追求是无穷无尽的，所谓的欲壑难填，一定真实存在。但是这样的人是少数。做好事也一样，大部分普通人会面临边际效用递减，但确实也有人长期坚持，比如白方礼老人，做一次好事容易，而一辈子做好事很难。

到这里，就要插入第二条思考题。如果大部分人的行为是边际效用递减的，那么我们可以只依靠人们的善良，去改善社会吗？我认为，力量非常有限。历史上有一些很温和的社会改革派，比如在1800年前后出现的空想社会主义，在1848年前后出现的基督教社会主义，在20世纪到"一战"前出现的行会社会主义，这些改革派都试图通过教育、宗教、行业自律等因素，唤起社会的良知，然后促使社会改革。比如空想社会主义，也叫乌托邦社会主义，希望唤起一种服务社会的善心，从而让资本自发地降低利息，甚至主动放弃盈利。可以思考，这些尝试为什么会失败？

关于边际效用递减的最后一点：边际效用递减是现代社会中，国家通过税收调节贫富分化、推行累进税率制度的正义基础之一。对税收应不应该收、怎么收、收多少，一直存在着很大的争论。累进税率制的存在，建立在几个理论之争的基础之上。

第一个理论基础是，钱是不是边际效用递减的？这个问题没有正确答案。我个人认为钱是有边际效用递减的。因为我经历过非常困难的时期，那个时候，钱对我的效用非常高，500元是一个月的饭钱，是23天的房租。而现在的500元，可能只是随手买来的一瓶香水，两者效用显然不同。所以我非常明确地认为，钱是边际效用递减的。

然而在经济学界，这一观点存在争议。很多经济学家坚持认为，钱没有边际效用递减。他们所用的观点，本章前面也提过，即效用在不同的人之间无法比较，就如同我吃1斤三文鱼和你吃1斤三文鱼，两者无法比较。但在我看来，这更像是诡辩，因为不论是任何物品，人与人之间所拥有的商品数量的差距，都不可能像收入差距这样大。再富有的人，一天顶多吃五顿饭，换四五次衣服，住上万平方米的房子，跟普通老百姓最多几百倍的差异而已。而在收入上，顶级富豪一年赚500亿，普通百姓一年赚5万元，这是几万倍甚至几十万倍的差异。这种差距是食品、物品，甚至房子、车子都不曾有的。所以真的能用物品效用不可比较的例子，来证明钱的效用不可比较吗？我不这么认为。

而之所以在钱上存在着争议，是因为这个答案背后代表着巨大的利益。当你承认钱的边际效用递减之后，这个理论再递推几步，就会指向社会财富平均化。所以是否承认钱的边际效用递减，背后是社会制度之争，这才是分歧的根源。效用是边沁（Jeremy Bentham）在19世纪初提出的，他的著作中很明确地提到，钱是边际效用递减的，财富总数一万倍的增长不会带来幸福数量一万倍的增长。在边沁所处的年代，大部分人都是穷苦劳动者，没有话语权，只能为社会奉献辛苦劳动和财富增长。边沁认为，无论社会地位差距如何，人与人都是相同的，如果做某件事，给穷人增加的幸福感大于贵族减少的幸福感，这件事就是高尚的、值得赞扬的，所以边沁在提出效用理论的时候，确实有降低社会贫富差距的初衷。他支持免费教育、免费医疗和社会保障制度，去世后捐掉了所有财产，遗体也一并捐出，用于科学解剖和展览。

回到累进税率制。累进税率制存在的第二个理论基础，是税收的目的或意义。在王权时代，税收来自王权，国王可以任意加税减税，也不用承诺税收的最终用途。而在现代社会，王权覆灭之后，想要继续维持税收制度，就需要有理论依据。

就像第一章提到的，相应的社会制度要有配套思想，经济学就是现代经济制度的配套思想。不同学派的观点差异针锋相对，背后是各个国家经济制度的走向。所以，只有学傻了的人才去辩论理论是对是错。经济学是现代经济制度的配套思想，理论是制度的配套思想，仅此而已。

税收也一样，税收制度是一种社会制度，制度有相应的配套理论。税收的理论之争，是争论国家为什么要征税。一种观点认为，国家通过征税来提供公共服务，比如基础设施建设、社会治安维护等。根据这个理论，不难理解为什么美国富人区的治安远强于穷人区。同样根据这个理论，假设一个富翁的资产是普通人的 1000 倍，但他享受到的公共服务不可能是普通人的 1000 倍，所以这项观点认为越富的人税率应该越低，穷人按 15% 到 25% 的税率缴税，中产阶级次之，富人再次，到超级富豪时，税率可能只剩 5%，远低于穷人，这种税率叫累退制。一些相关统计表明，目前美国各阶层的税率，在穷人和普通富人之间是累进的，而到亿万富豪阶层，便出现了明显的累退制。所以不妨想一想，美国的经济学教材谈论税收的理论基础时，会更愿意采信哪种理论呢？

另一种观点认为，国家征税的目的是用来增加社会福利、缩小贫富差距的。因为钱存在边际效用递减，对富人来说，100 亿与 101 亿之间没有太大差异，但要是把这 1 亿转移给穷人，却能极大地改善穷人的生活，提升整个社会的福利。在这个观点下，越富的人税率就应该越高，这种税率是累进制。一些相关统计表明，目前美国各阶层的税率，在穷人和普通富人之间是累进的，而到亿万富豪阶层，便出现了明显的累退制。而欧洲一些国家在试图推行累进税制，比如法国，但在推行之后，很多富豪开始移民走人。

所以不妨想一想，你猜，美国的经济学教材谈论税收的理论基础时，会更愿意采信哪种理论呢？而欧洲某些国家的经济学教材，会更愿意怎样讲经济学理论呢？所以你还愿意相信教材里讲的内容一定是科学、一定是真理吗？这也是我不断重复地想要告诉大家的观点——社科理论是社会制度的配套思想而已。

到这里，相信大家已经对第一章"经济学历史观"有了更深的认识。经济学只是经济制度的配套理论，当上升到社会制度应该怎样设定的时候，背后还有其他问题、站位问题。所以，当再有经济学家大言不惭地说，你不懂经济学，根据经济学，这个社会的制度应该怎么样……你就会明白，他代表的不是经济学，而只是背后的群体利益。

再继续思考。钱是否有边际效用递减，国家收税是否为了增进社会福利，这两个问题都回答"是"，才是累进税率制的正义基础。但是只凭这两点，依然不能推导出累进税率制。因为，凭什么为了增加社会福利，就可以拿走一部分人的钱，转移给另一部分人？所以，累进税率制还有其他基础，因与本节不相关，暂且不表，后文会深入。

理论课 16 · 消费者选择模型

回顾第三章第 12 课"需求"的脉络，从需求量讲到需求定律，再到需求曲线和需求曲线的移动。然而，这 4 个知识点之间有内在的逻辑推理结构吗？凭什么能得出需求曲线向下倾斜的结论呢？

当时的简要解释为，可能是有收入效应和替代效应的存在，才导致了需求定律以及需求曲线的向下倾斜。但这种原因的解释要怎么证明呢？

如果不去证明，等同于只让大家根据生活经验联想，凭直觉得出"很有道理"的结论，但这不是科学。如果没有严密的证明过程，这些理论永远无法登上主流学科的殿堂。

所以本节的内容，是经济学家的一种论证过程，他们试图把理论从过往的常识解释变成科学解释，变得可证明，经得起逻辑推敲。

在如何证明需求曲线向下倾斜的过程中，经济学家经历了两次大的理论进化。第一次发生在 19 世纪中晚期，以马歇尔为主的经济学家提出了基数效用论。即在上一节效用的内容基础上，来思考如何做出买东西的选择。

根据经济学的第一个假设，资源是稀缺的，必须做出取舍。在这里的意思就是，消费者的钱是有限的，所以在花钱的决策上也必须取舍。根据经济学的第二个假设，消费者是理性的，再结合前一节效用的内容——消费者能够分辨出每种商品给自己带来的效用的高低，两者结合可得出，理性的消费者会把最少的钱花在效用最高的产品上，一句话概括——消费者追求效用最大化。

怎样才算效用最大化呢？假设有两个东西 A 和 B，内容可以任意设定，比如 A 是买衣服，B 是买化妆品，所有的选择都可以基于逻辑来分析。此时，我们需要列出商品的价格，列出每增加一份的边际效用，并分别计算平均到每一块钱上的边际效用是多少，要把钱花在边际效用最高的选项上。

举例来说，假设张三是一名学生，他的生活非常简单，每天的生活费是 100 元，只花在吃饭和上网两件事上。吃一顿饭的价格是 20 元，上一小时网的价格是 15 元。那么 100 元预算最多吃

5 顿饭或者上 6 小时网。但如果吃 5 顿饭，总效用就是把 5 顿饭的边际效用全加起来：32+16+8+5+2。但此时，如果少吃一顿饭，换成上一小时网，那肯定效用更高。

吃饭 20 元 / 顿			上网 15 元 / 小时		
数量	边际效用	每一元钱的边际效用	数量	边际效用	每一元钱的边际效用
1	32	1.6	1	15	1
2	16	0.8	2	12	0.8
3	8	0.4	3	9	0.6
4	5	0.25	4	6	0.4
5	2	0.1	5	5	0.33
6	0	0	6	4	0.27

最终应该要换到什么程度呢？应该要换到，最后一份 A 和最后一份 B 的边际效用平均到价格时，两者的每一块钱的边际效用是一样的。否则，如果最后一份钱花到吃饭上能获得的边际效用大于上网，那就应该把上网的钱省下一部分去吃饭。

最终结果是，张三最佳的选择是每天吃两顿饭，上 4 小时网。

$$\frac{最后一顿饭的边际效用}{吃饭的价格} = \frac{最后一小时上网的边际效用}{上网的价格}$$

这个模型中有三个影响因素，分别是偏好、价格和收入。先看第一个因素，如果张三的偏好不是这样的，比如他酷爱体育运动，吃饭对他的效用更高，那么他的选择可能会改成吃更多的饭，上更少的网。这就是偏好变化的影响。

第二个影响因素是价格。如果价格发生了变化，比如饭钱下降为 15 元一顿，在效用不变的情况下，张三就会改成吃 3 顿饭，上 3 小时网。

吃饭 15 元 / 顿			上网 15 元 / 小时		
数量	边际效用	每一元钱的边际效用	数量	边际效用	每一元钱的边际效用
1	32	2.13	1	15	1
2	16	1.06	2	12	0.8
3	8	0.53	3	9	0.6
4	5	0.33	4	6	0.4
5	2	0.13	5	5	0.33
6	0	0	6	4	0.27

同样，如果上网价格由 15 元降为 10 元，张三就会改成吃两顿饭，上 6 小时网。从这个逻辑中就推导出了，价格下降会导致需求量上升。这就是需求曲线为什么向右下方倾斜的推理过程。

吃饭 20 元 / 顿			上网 10 元 / 小时		
数量	边际效用	每一元钱的边际效用	数量	边际效用	每一元钱的边际效用
1	32	1.6	1	15	1.5
2	16	0.8	2	12	1.2
3	8	0.4	3	9	0.9
4	5	0.25	4	6	0.6
5	2	0.1	5	5	0.5
6	0	0	6	4	0.4

第三个影响因素是收入。假设张三每天的预算从 100 元增加到 110 元，很明显，他会增加吃饭或者上网的数量，一样会造成需求增加。这就推导出了收入变化对需求曲线移动的作用。

以上便是在 19 世纪中后期提出的基数效用论。它通过这种推理过程，解释了需求曲线背后的本质原因，使经济学的科学性提升了一个档次。但这种逻辑推理方法依然存在问题，第一个问题，是这些效用的数值没有真实来源，多是拟造，在此基础上做推理并不令人信服。

第二个问题则在意识形态层面，这种推导方式很容易让人发现，拥有的物质越多后，再额外增加物质所带来的幸福感增量会变少，也就是边际效用递减。所以这种理论，最终会使意识形态倒向社会主义，不利于富有阶层，而且在当时的社会环境下，全世界很多国家都在广泛发生着社会主义革命，老牌的资本主义国家为了维护当时的资本主义经济制度，也势必需要对经济学的思想理论做出一次重大的革新。那么，以上两个问题，到底哪一个才是最大的理论改革动因呢？如果是质疑效用的数值，那么应该想办法去测量效用，比如跟生物技术相结合、测测脑电波、看看人们对效用感受的程度。所以两个问题中，第二点才更急迫地需要理论进化。

最终，在"二战"前后，在美国又出现了第二次大的理论进化，由约翰·希克斯推动，产生了序数效用论。什么叫序数效用论？就是不再给前面逻辑中 A 和 B 两种商品的效用赋予具体的数值，而是改成写 A 与 B 之间的比例关系，避免遭受质疑。

用白话解释，张三现在每天吃两顿饭，上 4 小时网。如果我们说此时张三在吃饭上的边际效用是 16，上网的边际效用是 6，这些数值肯定会受到质疑。别人会说，你怎么知道的？凭什么是 16？但是如果修改说法，称张三现在吃饭和上网的效用比例大约是几比几，这种比值就很难遭到质疑了。因为很多人都有在超市仔细权衡两种商品价值的经历，这种权衡其实就是比例关系。

经济学家给这种比例关系起了个名字，叫边际替代率。意思是，张三在思考，在现在已经有两顿饭和4小时网的情况下，最后一顿饭和最后一小时网的效用比值有多大？一顿饭能代替上几小时网？

这种替代率并不是恒定的。如果张三拥有的A多B少，此时减少一个A，只要增加很少的B，张三就会觉得总效用是一样的。例如，他每天吃5顿饭，上很少的网，此时让他减少一顿饭，换来一点点上网时间的增加，张三都觉得是公平的。相反，如果张三拥有很少的A，很多的B，此时想要再减少一个A，就需要增加很多的B，才能让张三感觉公平。

经济学家在此处画了一条无差异曲线。无差异指的是给消费的效用是相同的，即在这条曲线上，不同的A和B的商品数量的组合，带给张三的效用是相同的，数量的变化是公平的，不会让人觉得亏或赚。

举例来说，两顿饭加4小时网的效用，如果变成吃一顿饭，就得加上9小时网才能让总效用跟之前一致。而吃三顿饭加上2.8小时的网，就让总效用跟之前一致……最终得出来的是一条向内弯曲的曲线，这条线叫作无差异曲线。在这条线上，不同商品数量的组合，对消费者的效用完全一致。所以我们能看到在不同的数量下，A、B两种商品的替代率是不一样的。

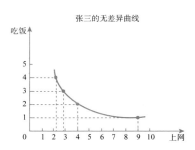
张三的无差异曲线

然而商品的价格是固定的，比如吃饭 20 元，上网 15 元，它们的比例就是 4：3。固定的比例显示在图上，就是一条直线——经济学家也给这条直线起了名字，管它叫预算线。不同高度的预算线，代表的是花钱多少，比如说 50 元的预算线、100 元的预算线、150 元的预算线。如下图所示，越往外花的钱越多。

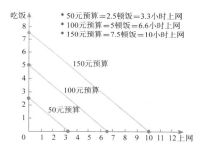

　　所以，在一条无差异曲线上，带给消费者的效用是一样大的，而这条无差异曲线会穿越很多条预算线，能触及的最低的那一条预算线，就是获得同样开心程度，却花钱最少的购物方案。

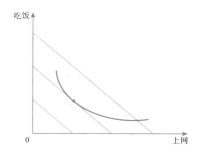

　　相反，在同一条预算线上，花的钱是一样多的，但是能穿过很多条无差异曲线，触及的最外一条无差异曲线，就是花同样的钱，能得到最大快乐的商品组合。

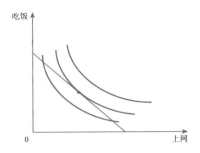

所以消费者做购买的选择，是一个现实策略，做到 A、B 两种商品效用的比值和商品价格的比值相等即可。简单解释，比如 A 20 元、B 15 元，它们价格的比值是 4∶3，那么找到一个数量组合，让两种商品带来的边际效用的比例关系也是 4∶3，就对了。

此时，大家对比基数效用论和序数效用论的等式，会发现这就是简单的除法交换律，变换分母分子的位置即可。

$$\text{基数效用论：} \frac{\text{最后一顿饭的边际效用}}{\text{吃饭的价格}} = \frac{\text{最后一小时上网的边际效用}}{\text{上网的价格}}$$

$$\text{序数效用论：} \frac{\text{最后一顿饭的边际效用}}{\text{最后一小时上网的边际效用}} = \frac{\text{吃饭的价格}}{\text{上网的价格}}$$

所以，基数效用论和序数效用论本质相同，只不过是把数字改成了比例而已。

用无差异曲线和预算线相切的方法也能推导出，价格下降会导致需求量增加，进而一样能推导出需求曲线。并且，因为用这种方法画出的图形，可以更详细地看到在图形上需求量是怎样变动的，所以也能更详细地推导出第三章提到的收入效应和替代效应，由于能够使用更多的数学方法画出图形，这样就让经济学开始显得更高深、更像科学。

对普通人来讲，需求曲线最实用的部分是应用，内容在第三章已有展示。本节的推导内容对普通人意义并不大，因为理论的创立是为了增强学科的科学性，理论的革新是为了阶级属性。

那么，这两个分别诞生于 19 世纪末和 20 世纪初的模型，到现在还分别有多少支持者呢？现在各个版本的教材里，教哪一种理论的比较多呢？这个问题引起了我的好奇，于是我找了市面上常见的 12 本教材，进行了专门统计。目前教基数效用论的共有 3 本，其中 2 本美国教材，1 本加拿大教材。教第二种理论的共有 5 本，全是美国教材，网上备受推崇的曼昆、平狄克都在其中。两种都不教的有 3 本，其中 1 本澳大利亚教材，2 本美国教材。两种都教的有 1 本美国教材，然而这本书属于扫盲性质，里面没有深入阐述。我手上只有 1 本中国教材，非常深刻地指出了两种理论背后意识形态的差异。然而，目前国内学经济学的同学，大多不看重中国教材，一提到经济学，言必称曼昆。

在这 12 本书的对比过程中，我也有了一些新感悟。第一，我明显感觉到，我们目前的经济理论太依赖于英语世界，在 12 本教材里 10 本来自美国，两个例外也都来自英语国家，这让我感到意外，为什么没有其他国家的教材翻译过来呢？教材会塑造人的世界观，如果我们不了解其他国家受到的教育，在跟这些国家的人有经济往来的时候，准备就会不充分。因为中美国力对比的变化，我们在未来的十几年里，一定会跟英语世界国家有持续摩擦，此时合纵连横，我们有必要团结欧洲国家，加强跟欧洲国家的贸易和文化的交流。

第二，我意识到大部分老师都有派别之分，每个人都在传播自己认可的观点，两派人的态度明显不同。比如，在支持第一种理论的一本教材里，作者竟然直接提到，经济学有一个分支叫神经经济学，与生物学、解剖学相交叉，未来或许真的能够测量出来不同产品对人的效用大小，到时候就能实现19世纪的梦想，我不由得想到，19世纪席卷全球、轰轰烈烈的社会主义运动。同样在这本教材里，作者还专门列了一章，专门说美国的经济制度是如何不平等的。同样，在支持第二种理论的教材里，也能看到很多作者在赞叹美国的经济活力是如何被竞争激发出来的，赞叹美国的经济制度是多么高效。所以，每一个老师都会在自己的教材里输出观点。前者可能更重视社会经济分配和公平问题，而后者可能更重视经济发展、科技发展、社会效率等。

作为一个旁观者，我能看到两种理论各自好的一面，也能看到各自利益的落脚点。但无论是反方还是正方，都有各自的道理，只要是抱着为社会好的目的，始终如一地坚持自己的观点，都值得尊敬。遭人鄙视的，只有为了个人私利的两面派。比如，在自己企业小的时候，支持政府小微企业补贴，反对行业协会限制；在自己企业大的时候，反对补贴，要求行业自治，要求绝对的自由竞争，等等。

本节的内容就是消费者选择模型，它解释的是一个抽象的人的行为，而不是具体某个人如何做选择。经济学家对这个模型的辩护是，这是一个 As-if 的模型，即近似的模型。消费者做出的行为，哪怕他思考的过程中并没有这样去思考，最终也会做出近似的取得效用最大化的选择。

这就像是树木在生长的过程中，并不会思考阳光强度、光照角度，然而长成的结果确实跟这些因素有很大的关系。

总之，这一节虽然没太大的应用性，但好在有一点启发性。

大家不妨想一想，怎样才能让自己显得更专业、更有科学性呢？

理论课 17 · 模型扩充：对消费者的影响因素

最基础的消费者选择模型，是基于效用、价格和收入三个因素，推导出每一分钱花到不同产品上时，带来的单位效月均等，此时形成的效用最大化的结果。

然而，如果只有效用、价格和收入这三个因素，这个消费者的消费选择模型还是糙了些。所以在本节，我要专程给大家补充一些传统教材中所欠缺的、具有实用性的内容。

这些补充内容，大家可以看作对效用、价格和收入的感知施加影响的因素。因为在我们的本能中，会潜意识地认为，东西越好，效用越高，会以为东西的好坏会有一种刻度，然而在现实生活中并没有这种刻度，或者这种刻度受各种影响扭曲，也可能同时存在多种标准。价格也一样，消费者对价格的认知是有可能被影响、被扭曲的，因为有无数因素会影响消费者的判断。学完这一节，大家会认识到，消费者的理性和认识都是有限的，个人、群体、文化、宣传等各种条件的改变，都会改变人的判断，也会更加理解微观经济学八个字里的前四个字。

本节，我们就将梳理，有哪些因素会改变消费者对效用的判断，对价格的感知，甚至是对收入的认识。

对需要／欲求的针对性

为什么某些商家要搞多品牌战略？比如我们熟悉的洗发水品牌，飘柔主打让头发顺滑，海飞丝能去屑，潘婷修复干枯发质，沙宣是烫染专业，然而这些牌子，其实都是宝洁公司的。为什么要这样？为什么不直接生产最好的，反而拆这么多细分的品牌出来？

很明显，因为放在一起，消费者不买账。就像我们在开篇案例——逝者娱乐公司里提到的，消费行为表面是在买一种产品或者服务，然而其本质是为了满足自己的某种欲求。把所有的欲求综合在一起，统称为效用。然而到这里，我们需要把效用全都拆分开。买洗发水表面上是买洗发水，而本质上是为了满足某一种欲求，比如想让头发更黑、想让头发不掉、没有头皮屑，等等。

正是因为对同一种产品的消费背后充满着不同的欲求，才要把产品拆分开来。以我自己为例，学经济学让我能够清醒地认识到，这些产品本质上并没有太大区别，所以我经常哪个便宜买哪个。但有时候，我也会消费者心态作祟，比如买化妆品，20岁时，我最关注美白；25岁以后开始关注补水抗细纹等局部的功能性；等过了30岁，我唯一的关注就是抗衰老产品。在我20岁买的便宜化妆品里，肯定有很多所有功能都不佳的，但是因为宣传美白，我就上钩了。现在买的各种化妆品里，很多产品都很全能，既能美白又能补水又能抗衰老，但如果它还去宣传美白补水，不宣传抗衰老，那我肯定不会关注。

之前一直假设消费者理性，假设消费者非常清楚每个产品对自己的效用有多少。那么按照理想的假设，有几个护肤品供消费者选择：A. 产品力非常完整均衡，美白8分，补水8分，去皱8分，抗衰老8分；B. 产品力较为一般，补水6分，去皱6分，抗衰老6分，但是美白8分；C产品力也一般，美白6分，补水6分，去皱6分，但是抗衰老有8分。对比来看，A是最好的产品，但A在宣传过程中如果抓不住重点的话，那么想美白的客户就会被B分走，想抗衰老的客户就会被C分走。至少在想要美白的客户眼里，他们会认为B产品效用要比A产品高。

产品	美白	补水	去皱	抗衰老
A	8	8	8	8
B	8	6	6	6
C	6	6	6	8

所以，如果搞不明白这种逻辑，那么你的产品会非常吃亏。然而很多国产企业，尤其是中小企业，大都搞不明白，他们都以为只要自己的产品好就够了。但产品好，用户效用就高了吗？

举两个圈子里真实的案例。第一个例子，是一位做古方原创品牌护肤品的朋友。我问她，这个护肤品的功能是什么？她回答道，功能特别齐全，是久经考验、非常有效的古方，能美白、去皱、淡斑、淡化细纹、去黄气……我一听，唉，要完。

第二个例子，是一位生产低卡果冻的朋友。他也认为自己的产品非常不错，只是缺少销售渠道，所以想问一下找网红直播带货的问题。我听完就去他的网店看了一下产品页面。结果一看，产品宣传页面里写着，产品适合送女朋友，适合当儿童零食、适合当学生零食、办公室零食，等等。[1]

宣传重点繁杂，是这一案例的主要问题。想给孩子买果冻的父母会觉得，这个东西可能是成人零食。想买来当办公室零食的

1　果冻案例圈内帖子编号0443。

人，看到哄小孩、哄女友一类的宣传点，也会觉得幼稚。所以，当什么都想抓的时候，最终结果一定什么都抓不住。那这个时候应该怎么做呢？是应该集中宣传单一场景吗？比如明确地说这是学生零食，或是办公室零食？不是的。宣传重点应针对人的诉求，而不是针对人。学生零食或者办公室零食，它背后的具体诉求应该是什么呢？有可能是低热量干吃不胖，有可能是便宜量大，有可能好吃解馋，具体的诉求需要设计产品的人先调查清楚，然后再把宣传重点放到最具针对性的诉求上。此时我们再想想宝洁公司洗发水的例子，是不是变得容易理解了？

看完这几个例子，大家应该能发现，其实消费者根本不理性。这个市场上没准就有一款洗发水，既顺滑又去屑又防干枯，但很可能它的市场反响很难比得过各方面都很普通，但只有某一方面特别突出的产品。

再用这个逻辑来思考美国的总统竞选，就会发现一些有意思的相似之处。我们把每个候选人，都想象成一件商品，候选人的对外宣传就是商品包装，而选民就是消费者，他们会通过看包装来选择商品。这样思考的话，就会发现，想要影响选民，简直就像影响消费者一样，四项8分的候选人，吸引力未必比得上三项6分加一项9分的候选人。

所以，竞选成功的要点就是抓住关键，想想什么样的宣传能够切中更多人的内心诉求，然后把这些内容反复地说。比如，很多人都面临吃不饱的问题，在竞选宣传的时候就要反复地强调，等我上台所有人都能吃饱饭。把销售策略应用到选举之中，只要宣传的东西切中更多人的诉求，事基本就能成，这或许也是商人特朗普当初能够竞选成功的原因。

消费者的判断过程

商家做出宣传，把商品铺向消费者之后，消费者开始了感官接触，去看、去听、去闻、去触摸。在感官接触的过程中，消费者会产生很多下意识的判断，他会主观地觉得，我喜欢或者不喜欢这个东西。这种下意识判断的过程或者逻辑是怎样的呢？

举例来说，当我说张三是一个"老实"的男人时，不同的人听到这句话会产生不同的判断。有人认为"老实"意味着张三是一个内向、不苟言笑的人；有人会认为"老实"是指张三是一个逆来顺受的受气包；还有人认为"老实"代表张三虽然没有远大的理想，但是脚踏实地，追求并满足于平凡的幸福……每个人都是调用自己头脑中由过往的经历形成的认知来做出判断。如果一个人的父亲一直被人评价说老实，而他父亲就是一个内向、不苟言笑的人，那么当他再次听到这一评价时，他的潜意识里就会认为对方也是父亲这样的人。这就是做判断的过程。

每个人都是由自己的过往、人生经历组成的。如果一个克隆人，克隆出了你全部的DNA，但是没有你的记忆，那这个克隆人就不是你，而是一个全新的陌生人。每个人都是由自己的过去组成的，在做判断的时候，我们依赖于自己过去的经验。

那么对商家来说，该怎么办呢？个体化的人生经历，是无法被商家掌控的。但商家能够注意的是所有群体在共性方面的经历。整个人类社会，或者某个特定群体，都会有一些共同的经历，这些经历才是商家需要注意的。商家需要注意产品所传递出的信息，跟这些群体印象、群体认知、群体判断是否相符。

群体印象有很多种，我们来举一些例子。

1. 色彩

人们对色彩的很多感知都来自大自然，大自然对所有人都是一样的，所以色彩传递出的信号往往具有普适性。餐饮行业要注意联系食物的颜色，酒店、咖啡馆这些让人长时间沉浸其中的地方，要注意联系到环境的颜色。

举几个例子。自然界中，食物常见的天然的颜色有哪些？比如红色，这是番茄、辣椒等各种成熟果实的颜色。黄色，这是很多水果、小米、油脂的颜色。绿色，这是蔬菜的颜色。餐饮行业里很多成功企业，无论是商标设计、菜单设计，还是室内环境设计，或多或少都会运用到这些颜色。

再举几个逛街时看到的失败例子。

第一家餐厅装修的主色调类似于蒂芙尼蓝，这种色彩在自然界中很难看得到，很稀有，并不是一个纯天然的颜色。作为一家奢侈品店，蒂芙尼选用这种颜色没有问题，因为奢侈品跟普通大众没有关系，只跟人群中千分之一的富人有关，所以他们选用这种稀有颜色，来标榜自己与众不同，是很正常的。但作为一家想要面向大众的餐厅来说，这种颜色既不让人感觉到放松，也不引起食欲，反而因为像蒂芙尼蓝，让人感觉这家餐厅有可能很贵，不平民。从这家餐厅开业起，每次路过，我都发现里面人很少，一年多就倒闭转让出去了，新来的餐厅基本没有变换装修，换了招牌重新开业。如今新餐厅开了也快一年，每次路过，里面的座位依旧基本是空着的。如果餐厅老板想得清楚的话，即便不想大幅修改装修，也应该把主色调换一下，重新涂一遍颜色。

第二家是深蓝色的快餐店。自然界中天然蓝色的食物很少，颜色违反食欲，所以一些企业在研发蓝色食品，以抑制食欲。蓝色给人更多的感觉是大海，或者是夜色降临之际，天空由白天到黑夜之间的过渡色，它代表着凉爽、清冷、安静。如果某个场所想要给人以这种氛围的话，比如一家位于海南三亚的店，想要让人感觉到凉爽，选用蓝色是没有问题的。但对一家快餐店来说，用蓝色作为基调去装修是不合适的。这家店跟前一家一样，在开店后一年多倒闭了，新接手的餐厅简单换了名字便继续营业，然而目前依旧经营得不太好。

所以颜色是能够传递信号的，商家一定要注意辨别这种信号。如果你的商品规划完定位后，不慎选择了带有相反印象的色彩，那么经营起来就会变得更困难，需要在其他方面做得更好，才能够吸引到消费者，这种精力的投入是不划算的。

那么常见的一些颜色都有哪些含义？

红色，它是一些果实成熟的颜色，看起来非常有食欲。除此之外，它还是血液的颜色，当你剧烈运动之后，血流加快，肤色会变得更红，所以红色也是一种有行动力、有活力、有力量感、有激情的颜色。

黄色，也是一些成熟果实和油脂的颜色，看起来有食欲、有营养。除此之外，它还是阳光的颜色，能够让人感觉到温暖、安全，具有亲和力。

红色加黄色等于橙色，所以橙色兼有两者的一些特质。

绿色，是非常常见的大自然颜色。如果是食物，它代表的是蔬菜的颜色，会让人感觉到非常健康。绿色还代表着森林和草原，代表着清新的空气、优美的自然风光、远离城市的嘈杂。绿色也是一种生机勃勃的颜色，能够传递出旺盛的生命力，各种运动品牌、户外品牌，都可以广泛地使用绿色。

蓝色，是天空和大海的颜色，代表着无边无际、广阔、深邃，所以蓝色会给人传递出成熟、智慧、有胸怀、有担当。因此，蓝色是男性非常喜欢的一个颜色，符合当前社会对男人的要求。如果有一天我们的社会对男性的要求变成单纯的肌肉和力量，那么恐怕最受男性欢迎的颜色就会变成红色。因为蓝色代表着冷静、智慧，所以诸如 IBM、英特尔、惠普、Facebook 等高科技企业，以及一些银行的标志就是蓝色。蓝色还是傍晚降临前的颜色，所以从温度上来看，蓝色是偏冷的；从声音上来看，蓝色是安静的，适合一个人安静地休息。

金色，自然界中其实很少有天然的金色，常见的只有黄金，所以金色给人以豪华之感。因此，各种高级酒店往往会有金色元素，一些产品用金色包装也会更容易让人相信这个东西很贵。

黑色，是夜幕下的颜色。夜幕下我们的视线范围、行动范围都会受到压缩，这是一种被限制住的、受制于人的感觉，所以黑色带有统治者的氛围，能够带来权威感。黑夜总是隐藏了太多的秘密，所以黑色也会带给人神秘感、未知感、危险感。一个穿着黑西服的人，会让人猜不透。所以我真的要给很多人提一个建议，平时尽量少穿黑衣服，尤其是房产中介，着装上就有很大的失误，想要让别人信任你，最好穿蓝色的衣服。

白色，这是容易被其他颜色浸染的颜色，所以白色给人的感觉是干净的、无瑕的、纯洁的、整洁的，这个颜色更可能是无声的、无攻击性的，甚至衍生出了善良、仁慈、圣洁、高雅等含义。

因为不同的颜色蕴含着信号，人们会受到这种信号的影响，去选择跟自己接近的，或者想要的，所以商品一定要重视这种信号的传递，千万不要传递出相反信息。

知道颜色的原理后，我们还可以用这种原理去思考很多的因素和特质。

2. 冷暖

第二个值得让大家关注的信号是冷暖。人类对冷暖的认知，应该长达上万年甚至更久。从古到今，人们更本能地喜欢温暖而害怕寒冷，所以商家必须关注冷暖——不是经营场所的温度问题，而是环境调性。比如灯光分冷光和暖光，偏白光的E光灯是冷光，偏黄光的日光灯是暖光。色彩和材质，也是有冷暖的，偏白色泛着光泽的金属质感是偏冷的，而绒面材质、皮毛材质、木头材质，相对来说要偏暖一些。如果某个场所想要让消费者长时间停留，就必须使用暖色系。一些经营比较成功的品牌，比如星巴克咖啡厅、优衣库门店，观察一下就会发现，它们的灯光100%都是暖色的，地面基本上不会用反光的地板砖，而是压亚光地砖或者木质地板。

不过，这些店都是比较成功的，光用它们举例子没什么意思，所以本节的课后作业是：去逛自己周边的沿街小店。

我家附近的沿街小店，非常能够代表中国各地区的大部分水平。

第一家是一个典型的暖光设置，亮度也不错，是一个比较正面的例子。

第二家是一半暖一半冷，但是我们能明显感觉到，在晚上，冷光会让人有一种孤零零的感觉，哪怕店里坐满了人、人声鼎沸，这种冷清的感觉依然消不掉，这就是光线的作用。将两家店放在一起做对比。这种只有一个开间大小的小店，是全中国数量最多、分布最广的业态。右边这家冒菜店，用的是半黄半白的灯光。然而跟隔壁对比，就显现出了劣势，灯光暗和灯光冷，都是要吃亏的。

我们在学校读书的时候，经常有些学生会有一种心态，觉得别人学习好了就显得自己学习差，因此对同学各种提防，偷偷学习。这种心态是不对的，尤其在这种沿街商铺的经营中。因为如果一条街上只有你一家有吸引力，其他的店都拖后腿，那么消费者很难愿意出门去逛这条街，最终是整条街都没有人气，大家都经营不好。如果这条街上家家都很有吸引力，消费者哪怕不想吃饭也愿意出门逛逛，那么这条街上所有的商家都会共赢。对小商家来说，一定要抱团取暖。我小时候看港片，里面的香港街头非常有烟火气，无数家小夫妻店分担了整个社区的吃饭需求、喝茶需求、打麻将需求、朋友小聚需求……港片里，很少能见到家庭中自己做饭的场景。这种感触，让我至今记忆深刻。所以一定要知道，大家共同要做的事情，是让消费者走出门。对小商家来说，不论怎么装修，反正都要花钱，不如花钱花得聪明一点，可能经营情况就会好一些。

3. 整齐与秩序

整齐与秩序，是属于社会文化层面的吸引力。比如，一个生活富足的家庭，其成员更有可能穿着非常合身、尺码不大不小的衣服。因为从库存管理的角度看，高档品牌的尺码更加丰富，贵价衣服的尺码可能会有 12 个之多，便宜的衣服可能只有大、中、小三个尺码，甚至是均码。尺码越多，需要备的货和最终有可能沉积的库存就会越多，成本压力也越大，价格和利润空间如果不够高，支撑不了更多的尺码。所以整洁、整齐、精确的细节处理，代表的是更富裕的、更安逸的、品质更高的生活，是人们所向往的。

如同一些品牌的广告照片，道具产品一模一样，然而因为排列方式不同，给消费者的直观感觉是完全不同的。大家主观上会觉得，排列整齐的产品更高档，品质更不凡。

色彩、冷暖、秩序，其实这三类案例背后的原理是相似的，都是消费者过往的人生经验形成了某种既有印象，这种既有印象会变成潜意识，最后潜意识影响消费者的判断。

群体的影响

消费者依靠自己的感知做判断，但很多判断汇总在一起之后，就会互相影响。这个道理中国人应该非常容易理解。小时候的课外阅读里，应该会有一个"曾参杀人的故事"。曾参就是儒家大师曾子，他是孔子的学生，信奉忠孝礼义，并且以身作则，非常孝顺父母。有一天曾子离开鲁国去齐国，结果在齐国有一个也叫曾参的人，因为杀人被抓，他的鲁国同乡听说后，赶忙告诉曾子的母亲，说你儿子杀人了。曾子的母亲很淡定地表示不相信。结果第二个、第三个人陆续来说后，曾子的母亲渐渐开始内心忐忑，觉得这么多人来说，那八成是真的，于是她赶忙收拾行李逃命去了。同样的成语还有"三人成虎"。

人与人之间会互相影响，在消费决策上也一样适用。一个消费者自己内心先存在了一种判断之后，却发现周围的人都不这么想，那么他就会怀疑自己的判断，然后在这件事上少说话，此时他消费的效用就会降低。相反，如果周围人的态度又强化了消费者自身的判断，那么他会更加觉得自己的决策正确，觉得自己获得了更高的效用。举例来说，消费者吃饭选择餐馆，如果仅靠自己的判断，那就会取决于店面的环境和这家店的菜品是否好吃，然而消费者还会受到店里人气的影响，越受欢迎的餐馆，去那儿吃饭就会感觉自己的眼光很好，品鉴能力很好，内心的自豪感会油然而生，所以消费的效用就提升了。

既然人与人之间互相影响，人还会分成各种群体和圈子，那么商家就应该注意几点：第一，注意人群的划分和人群的特征；第二，要注意种子用户，或者说核心用户的培养，因为最初的用户是最难获取的；第三，要注意口碑，甚至善用社群营销。

关于人群划分，简要举例，常见的人群划分可以按照年龄、地域、职业、收入等很多特征来划分。比如，中国习惯以"几零后"这种说法来划分。

从目前来看40后到50后，这是一群年纪60岁以上的群体。他们的群体特征是：父母大都已不在，往往会有4到6个兄弟姐妹，有一些可能已不在人世，所以会有很强烈的关心兄弟姐妹的心情。他们的离婚率普遍较低，当年的价值观导致那一代人并不看重爱情，夫妻关系更多是一种家庭责任，以至于他们的感情需求更多的是从自己的兄弟姐妹、子女孙辈，甚至老同学、老邻居之处寻求的，他们对外的社交需求会比80后和90后强很多，社交时间也会长很多。然而因为年纪、健康等问题，很多人只能在周边进行近距离社交。他们在心态上接受自己是老年人的事实，子女一般在40岁左右，是受益于改革开放的第一代人，孙辈往往是千禧年之后生于互联网年代的第一代人。所以他们既有很强的想要与后辈交流的感情需求，但因为代沟太大，又强烈地感觉到自己无法融入。同时，因为40岁上下的子女处在家庭和财富最稳固的阶段，对父母的依赖最低，孙辈也已经是青少年，基本不再对祖辈有依赖。所以这一代人，在面对子女和孙辈的时候，会显得自身很缺乏价值，内心的失落感会更加强烈。因而，这一群人有可能成为高档儿童产品、青少年产品的消费者。他们普遍学历不高，一般有分配的住房，加之已经累积至少10年的退休金，手上其实有一定的存量财富。同时，因为年轻时经历过"大跃进"、人民公社等时期，物质匮乏的阴影会长期存在，所以大部分人对投资和消费都会偏保守，买东西非常注意价格。

60后，现在刚好处在50岁到60岁。与前一个年龄段不同的是，60后的父母往往还健在，但因为父母年事已高，60后会有强烈的关心父母的心情。60后往往会有5个兄弟姐妹，也开始想要互相走动，有了亲情沟通的需求。他们的时间也开始变得充裕，开始渐渐爱上社交，再加上大部分人身体依然健康，这意味着他们对出游、娱乐等存在着强烈的需求。60后的学历普遍是中学到中专，成长过程伴随着改革开放前后的转型，所以他们在年轻时吃过很多苦，经历过很多社会转型的不适，很多人都经历过从固定工作到下岗再就业，50岁到60岁也刚好是退休的年纪，很多人会有退休金，无论多少，都能给他们一份安全感和保障。60后的子女在30岁左右，孙辈可能刚刚出生，面临着是否要帮助照顾下一代的抉择。综上，60后依然能够感觉到自己是被需要的。因此，虽然大部分的60后物质未必有多富足，但是因为早年吃苦、中年跌宕，相形之下，晚年即便并不富裕，但相应的安逸和稳定也让他们内心感到安全和满足。

60后群体还有一个值得注意的心态，他们刚刚从社会工作中脱离没几年，所以内心尚未完全接受自己是老年人，他们时而会觉得自己还年轻，时而又会觉得自己已经老了，这种心态会反复发作。这种心态的摇摆会让人很焦虑，焦虑的时候就会有消费、社交、娱乐等需求。所以在我看来，这一年龄段的市场目前是一个尚未开发充分的市场，由于社会对老年和中年长久的刻板印象，这些处在半老阶段的人，他们的需求被大大忽视，相应的产品市场并不是很丰富。

70后的父母往往在70岁左右，70后有强烈的关心父母的需求。他们一般有两三个兄弟姐妹，大部分已婚，夫妻双方都有工作，子女处在中学到大学之间的年纪，照顾下一代的压力不大。70后中也有一些不婚的比例，始终保持独自生活。70后普遍的学历在中专到大专，他们成长在改革开放之后，伴随着经济快速崛起，也伴随着城乡差距拉大，所以 70 后是财富分化最严重的年龄段。在城市人群中，一方面，大部分人因为有更高的学历，赶上了经济发展的好时期，有着不错的收入；另一方面，他们的更大的财富来自房价的上涨。他们的子女大部分教育已经完成，家庭经济负担不重。所以，这群人是改善型住宅、第二辆车、健身私教、高档餐厅、高档旅游的主力消费群体，同时他们也会对谢顶手术、整形手术、烫头、健康养生食品有很高的需求。受益于中国经济的快速崛起，他们内心普遍乐观自信，不迷信权威，开始关注自己。但是，不在城市生活的 70 后则是被历史甩开的一代人，因为改革开放之后迅速瓦解了工作分配、福利分配、房子分配制度，很多人长年没有稳定的收入，积蓄更少，缺少社保。

　　80 后的父母在 60 岁左右，所以对 80 后来说，内心并未到强烈关心父母的时候。80 后是第一代独生子女，缺少兄弟姐妹，他们是双职工家庭长大的第一代人，有些人经历了父母离婚。80 后结婚和生小孩的年龄开始推迟，大部分人都已经结婚并且有了孩子，受教育程度较前几代人继续提升，大部分人处在高中到大学的水平。80 后是经历变革的一代，他们经历了计划生育、教育改革、大学扩招、WTO 入世、福利分房制度结束、互联网的产生、房价大幅上涨等各种巨大变化，这极大地降低了 80 后的预期，80 后开始认为人们的工作机会和工资都是有限的，他们开始不再相信可以通过牺牲时间、精力和感情，来换取职业或经济上的提升，很多人感受到通往成功的道路变得不确定了。80 后所处的年龄段，使他们成为汽车、家庭用品、儿童用品、旅游业的主要消费者，消费更加多元化。

90后的父母在50岁左右，90后还处在想要摆脱父母的年纪。90后是独生子女，开始踏入职场，大部分人未婚，结婚率较低，很多人用同居来代替结婚关系，还有不少人与父母同住。90后的成长期伴随着中国经济的高速增长，所以大部分90后的成长环境较前几代人，物质都更加富裕，很少吃苦。所以，90后也是危机意识或者居安思危意识较低的人群，他们的储蓄意愿更低，超前消费意愿更高。出生在商品极大丰富的社会，90后非常清楚地认识到广告的目的就是销售商品，广告中的吹嘘和不切实际，会很容易遭到他们的抵触。他们更喜欢带有讽刺元素，或者更加表达他们实际现状的广告。因为物质层面的丰富，所以90后也是对精神层面要求更高的群体，他们更自我，有强烈的独立感和自主权，表达方式更感性、更强烈，思维更活跃、创新，因此90后对各种文化的包容性会更强。对于出生在物质富足年代的90后来说，商品的功能往往不是最重要的，文化符号和精神属性要更重要一些。

以上就是按年龄梳理的群体特征。除了年龄，还有很多的群体划分方式，比如收入、职业，或者已婚、未婚、有孩、无孩等，各种产品和服务都会有主要服务的群体。只有更具针对性地满足特定群体的特征，这个群体之间才更有可能互相强化口碑，用户才会感觉到消费的效用更高。

群体之间会相互影响，所以商家，尤其是小商家也需要重视社群营销。所谓的社群，不是把用户全都加在一个微信群里，定期在群里发布商品促销，如果只有你对客户单线条地发布消息，那就丧失了让客户之间互相影响的作用。社群的目的，是让客户在其中互相加强影响，找到认同感，从而让自己的消费获得更高的效用。

比如，如果是水果店的群，可以在里面讨论怎么做代餐水果羹，或者组团吃水果晚餐减肥打卡，店主搭配好轻食晚餐，组织好积极响应的群员，然后挨家挨户去送晚餐，这种共同做某件事的才叫社群。

从消费者的角度来说，最近几年有一个对消费者非常不利的影响，就是机器算法推荐内容，很多我们常用的娱乐、社交、购物软件，都开始用机器推荐信息。这种机器推荐就创建了一种极其虚假的群体感。明明这个世界很多元，信息很丰富，然而机器替你做了筛选和过滤，它只给你推荐某个领域的极端信息，这会极大地蒙蔽消费者的感官。这就跟曾参杀人、三人成虎的故事一模一样，这种信息推荐方式，不仅影响我们的消费选择，还会让社会的主流价值观逐渐瓦解，为各个小圈子小群体内部抱团、外部彼此冲突的价值观所替代。让我们每个人变得越来越盲目，越来越封闭，越来越固执己见，只相信自己已有的认知，让人与人之间的分歧变得更大。社会人群划分不会只划分成男人和女人，还会划分地域、职业、社会角色、收入等，最终，这种算法推荐很可能会加深群体与群体之间的误解，增大社会分歧和矛盾。

机器推荐让我想到的唯一可以利用的优点，就是一些小众领域的商家，可以利用这种算法，让电脑、手机帮你找到客户。举例来说，比如异宠等小众领域，假设你在抖音上，就把其他所有的视频都点不感兴趣，只有碰到养蜥蜴再点赞，持续一段时间后，这个推荐算法就会被你驯服，以后就会只推荐养蜥蜴的用户给你。如此，你就能快速地找到你的客户了。这就是我能想到的关于机器推荐的唯一的优点了。

生活方式、个性与自我、圈子攀比与鄙视链

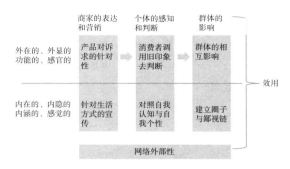

我们前面讲了三个小话题，这三个小话题之间是有逻辑关联的。第一步，是商家的展现、表达和营销，商家把信息推出去。第二步，是消费者通过看、听、闻、触摸、品尝等感官，接收了商家的表达信息，但未必接受，消费者会有自己的主观判断，这种主观判断会调用他们过往的旧有印象，形成一种潜意识的喜欢或者不喜欢的判断。第三步，很多个体消费者自己形成判断之后，又会形成群体的互相影响，群体的声音会影响到更多人的判断。这是按照信息传递的顺序排列的，而以上每一步，都会影响消费者花钱时获得的效用高低。所以这些因素最终作用在消费者选择模型三因素中的效用上。

但以上这些并不是全部。我们再推理一下，先看第一步商家的表达和营销，在商品经济不发达的时候，任何进一步的营销都会让商家脱颖而出。然而到了商品极丰富的时期，有可能你想要宣传的所有的功能、诉求，都已经布满了竞争对手。此时怎么办？

我们的社会早晚会走向这样一个商品极大丰富的时代。所以我们前面三个小标题，讲的都是一些很外在的、有功能性、有实用性、直接感官方面的因素，而最终竞争会逐渐延伸到内隐的、

内涵的、内在的领域。在商家的表达和营销阶段，会开始变成对生活方式的宣传。在消费者的感知和判断阶段，会变成消费者将对商品的认知，去匹配他对自我和自我个性的认知，消费者会觉得符合自我的产品能带来更高的效用。到了群体互相影响的阶段，消费者的群体之间会开始形成圈子，并建立鄙视链。

举个常见的例子，有些家居品牌有很多针对消费者欲求的营销，比如产品很环保，不会有甲醛污染，这是健康的诉求；对空间的利用很高效、很合理，使用功能多变，这是功能的诉求；外观设计富有美感，这是审美的诉求。其最成功的宣传，其实是在宣传一种简单的、轻松的、随性的生活方式，生活的空间小而美，富有生活情趣，简洁而不简约。想象一下，在钢铁水泥建成的庞大城市森林中，有那么一个让人安逸的小窝，就是这样一种生活方式的传递，这就与其他牌子有了不小的区别。

而到了消费者判断的环节，消费者会用对自我的认知去匹配这种生活方式，如果他认为这种生活方式更符合自我，那么对这种商品的消费就会获得更高的效用。而最终消费者群体的抱团，又会产生鄙视链，消费者在这种鄙视链中又获得了更高的满足感，加强自己消费的效用。

以手机为例，在智能手机刚出现的那些年，手机之间的硬件性能差异很大，主打轻薄、续航、游戏、高清拍照等各种特性，都算是在针对消费者的欲求。然而现在，手机已经到了性能过剩的时期，性能差异不大。所以，手机品牌之间的竞争，早晚会转变成对生活方式的传递。比如，用华为手机是一种追求人生事业成功的生活方式。而消费者对自我的认知，会是一种"我是中年精英、国家的中流砥柱、家庭中的话事人"的感觉。用小米手机，传递的则是一种不断学习，拥抱科技生活方式。而消费者对自我的认知，会是一种"我是有为青年，是理性的、才智领先的、未来的栋梁"的感觉。巧的是，这些手机我都用过，功能上真的没有太大的差异，但品牌调性确实差异很大。

以上就是对消费者选择模型的一些补充，如果把这一块的内容再深入地追问思考下去，就会得到一整门的消费者行为学、市场营销、广告学等商科类的课程，所以大家应该能够认识到"经济学是所有商业学科的逻辑起点"这句话的意思了。

看完这些，大家觉得上面这些内容中，哪些是真的为消费者好，哪些又是在洗脑需求呢？为消费者提供更好的商品和服务，与洗脑需求之间的界限在哪里？这一问题很值得深思。

在我买第一辆车的时候，为了省1万元，买了手动挡。买完后，我妈一看是手动挡，就有点生气，觉得丢人。几年后换车的时候，因为已经不是太差钱，最终根据喜好买了一辆凯迪拉克。这一次我妈就非常高兴，时不时就有意无意地提起，说我女儿买了辆凯迪拉克。这两件事引起了我的思考，因为我和我妈并不生活在一起，我买的车她基本用不到，那她为了手动挡的车而产生负面情绪，不是自己给自己找烦恼，闲着没事找气生吗？后面看到凯迪拉克，怎么就又凭空增加了喜悦呢？我感觉人生中可能有很多烦恼，都是我们自找的。人生中很多追求的喜悦，可能未必真的能够给你带来一丝一毫的好处，只是虚无缥缈的东西。如果你想开了，就不会有那么多烦恼和困惑了。这仿佛就像佛吾里所说的，"菩提本无树，明镜亦非台。本来无一物，何处惹尘埃'。

再回到前面的问题，为消费者好和洗脑需求之间的界限在哪里？这门课的一开始就提过，微观经济学有八个字："洗脑需求、控制供给"。商品社会的发达，物质的繁盛，本应是让人们感觉到生活更美好，如果你感觉到了精神上的抚慰、灵魂上的自由，你就享受到了为消费者好的好处。相反，如果你感觉自己受到了精神上的压力、行为上的束缚，增加了很多求而不得的烦恼，这有可能就是洗脑需求了。

网络外部性

当很多人都使用某种产品之后，如果产生了网络外部性，有可能会改变产品性能，从而影响产品效用。网络外部性是指产品使用的人数越多，越会像是组成一个网络，随之提升该产品的功能或性能，使该产品有更大的吸引力。网络外部性最早开始提出的时候，针对的是通信、交通运输行业，比如固定电话网。只有电话网中的用户越多时，电话的用途才更能显现出来。10个人的电话网相较于5个人的电话网，增加的沟通数量绝对不只是2倍的关系，这就是网络外部性。大约在1876年，贝尔发明了电话，之后很长一段时间，其实有很多电话网络运营商存在，然而头部那家运营商最终越做越大，挤掉了其他小运营商。

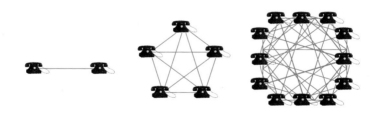

微信也是如此，如果全世界只有一个人用微信，那么微信就没有价值。只要用户数量提升，就能让微信自身的效用价值提升，这就是具有网络外部性的产品。在网络外部性很明显的行业，会出现两个明显的特征：一个是先发优势，最先出现的企业往往最具优势；另一个是强者恒强、赢家通吃，这种行业往往只能容下一两家企业，看不到百花齐放的蓬勃状态。

如果只讲到这里，还有很多现象依然无法解释，比如说目前的移动和联通还具备网络外部性吗？航空公司或者银行业具备网络外部性吗？线下的健身房、按摩馆具备网络外部性吗？现实生活往往更加复杂，所以我仔细思考了一下，我觉得如果有以下两个特征的行业，更可能导致网络外部性。

第一个特征，是用户之间点对点的联系。比如说网络游戏，要靠用户之间联网才能玩得起来。如果用户人数很少，游戏就没意思了。所以我们能够理解，为什么腾讯做网游这么厉害，规模可以比国内所有的网游上市公司加起来都大。另外，各种 UGC，即用户生产内容的互联网平台，是不是也具备这种特性呢？抖音和快手就是典型的 UGC 平台，由用户上传内容，再分发给其他用户来看。用户数量越多优势越明显，具备典型的网络外部性的特征。有一些小平台也想要做短视频，曾经邀请我入驻，但是我很清醒地知道，没用。用户在抖音上看我，并不是因为我的魅力大，而是因为抖音的平台不只有我。在短视频这种具有明显的网络外部性的行业，后发者没有资金优势，又没有其他特别之处，100% 是做不成的。

第二个特征，我称它为关键节点。意思是，虽然用户之间，没有太强烈的互相联系的需要，然而用户都被关键的节点联系着，用户人数越多，那么关键的节点也越多，反过来对用户的效用就越高。

那么，银行有没有网络外部性？银行的营业网点就是关键的节点，用户数量不够，就开不起太多的银行网点，而银行网点数量不够，就不会有太多的用户，这是一个恶性循环。虽然现在互联网手机银行已经极大地降低了对线下营业网点的需求，但对关键节点的依赖依然存在，比如要领卡，要时不时地更新身份证信息，签风险承诺函等。因为这种关键节点而产生的网络外部性，还有很多行业，比如航空运输业、快递行业等。记得 2018 年圈子里还有人提问要不要加盟一个新成立的快递公司，结论非常明显，在这种行业已经落后很明显的领域，想要逆风迎头赶上是不可能的，所以不要加盟。

在网络上也有很多符合这一特性的例子。比如看电影的平台、看网络小说漫画的平台，或者是听音乐的平台等，在这里，热门影视、热门小说漫画、热门歌手，就是一个一个的关键节点，这种关键节点越少，则用户越少，而用户越少，能够获取的关键节点就更少。在线上线下结合的领域，比如移动支付，线下的超市、商场等都是关键节点。然而，现在扫码平台几乎只能扫微信或者支付宝，其他银联二维码、苏宁二维码一类，因为当初慢了一步，如今在线下几乎完全没有应用场景。

上面这两个特征会让一些行业自发地产生网络外部性。然而，在这两个特征之外，我确实还看到了一些本不具备网络外部性的行业，商家却在想方设法用各种方式保留网络外部性。举例来说，电话网络是明显的具备网络外部性的行业，所以如果运营商之间互通电话只能在内网打，那么最终结果一定是强者恒强，最终只活下一家。20 年前，手机刚兴起时，当时有移动和联通两家选择，而移动和联通之间的短信是不能互通的，这属于部分隔离，所以当时用户基数较大的移动就有很大的优势。后来到了 2002 年 5 月前后，在工信部的强制要求下，移动和联通之间的网络隔离被打通。那问题来了，此时互打电话、互发短信都没问题了，网络外部性消失了吗？按道理来讲，应该是消失了，然而并没有。

这是我亲身经历过的例子。我上大学期间，手机刚好开始向下普及，越来越多的学生也开始拥有手机。选移动还是选联通呢？正常情况下，两者应该都有很多人才对，然而现实情况并不是这样。移动在2003年推出了一款专门针对学生的动感地带套餐，还请了周杰伦代言。因为资费便宜，很多最早有手机的学生都办了这个套餐。至此，移动就获得了先发优势。等到2004年，联通晚了一年多，推出了类似的学生套餐，名字叫UP新势力，比动感地带更便宜、更划算。正常情况下，因为移动和联通之间的壁垒已经被打通，那么用户数量不应该成为选择的理由，然而动感地带的套餐里，每个月送了几百条只限移动内网使用的包月短信，给联通手机发短信要另付钱。所以当联通的套餐出现后，即便价格更便宜，但后面买手机的人总要考虑跟其他人的通信成本，于是也倾向于选择移动。所以，虽然工信部强制打破了移动和联通之间的物理隔离，然而企业自发搞出来的用户转换成本，还是产生了和网络外部性一样的作用。结果，当年我全班几十号人，所有人的手机都是移动的。后来，在2006年，作为全班最后一个有手机的人，我办了一个联通的UP新势力套餐。同学们听说之后，都纷纷抱怨，给我发短信要额外收钱。

移动的这种额外收款，对内外网的收费标准不统一，是一种什么行为呢？很明显，这是一种垄断行为，是为了人为地设立网络外部性。大约在2008年年底，这个行为由国家工信部出面叫停。所以，大家不要单纯地认为很多收费行为就是商家的自由，某些情况下确实需要干预。

经过这个事情之后，我思考了一番，形成了一个我自己的观点。我认为，如果某个产品给用户增加了额外的转换成本，用户为了规避成本，而更愿意选大的那家，那么结果依然会如同有网络外部性一样，产生先发优势和强者恒强。

用这个思考结论，我在 2017 年年初就预测了一次共享单车行业。2017 年年初，共享单车刚刚兴起，被媒体誉为"新四大发明"之一，甚至进入了当年的高考作文题目。当时我对这个行业做了两个预判：一是小黄车 OFO 的商业模式有问题，必然会死。因为判断用的不是本节知识点，在此暂且不表。二是共享单车行业最终只能存活头部的一两家，其他几十家如雨后春笋般冒出来的共享单车企业，最终会全部倒掉。

这一预判逻辑就是上面提到的，如果提升用户的转换成本，造成用户只能选择最大的那一两家，那第三之后就都没活路了。共享单车的用户转换成本，第一是押金，因为有押金，造成了用户不可能同时注册太多家。第二是下载 APP 用的流量和存储空间。2017 年，人们的上网流量仍然紧张，手机存储空间也紧张，下载一个 APP，很多人内心也是拒绝的。这两个选择成本导致了，用户要么选最先使用的，要么选车子看起来数量最多的，最终就会跟网络外部性导致的结果类似。

这种提升用户转换成本的方式，已经开始渐渐地涌向了更多行业，使一些原本没有网络外部性的行业，开始渐渐地向强者恒强靠拢。比如，线下的山姆超市会员费和 COSTCO 超市会员费，线上的京东会员和苏宁易购会员，这些会员和会员之间是互相排斥的，大部分人办了山姆会员就很难再办 COSTCO 会员，当这种政策出现之后，如果两家势均力敌还好说，如果有一家处在明显弱势，无异于雪上加霜。比如线下的健身房，通常要办年卡，这种年卡就是很明显的用户转换成本，这会造成用户只能挑选唯一的一家健身房，那要么挑选最大的，要么挑选最早的，最终就会对新开的或者小型健身房非常不利。

讲了这么多现象和例子，我们现在也能看出来，在这种特性下，成功与否已经不完全取决于产品和服务的好坏，市场更容易走向强者恒强的状态。这种竞争状态并不是太公平。而且导致的结果，也可能对社会有比较负面的影响。因为这个社会上，有可能会存在更好的产品，然而消费者却只能使用头部产品。就比如微信、微博、某网络游戏、某小说网站，甚至 Windows 操作系统、安卓系统，它们未必是最好的，但是你没的选。

更因为转换成本的存在，所以在社会上被大规模采用的，往往不是最好的，而是最早的。举例来说，电脑键盘上字母的排行顺序，是 QWERTY 的布局，这种顺序非常反常识、反人性。这是因为 19 世纪打字机刚诞生时，生产技术不过关，如果打字过快，键盘上的按键就不能反弹出来，或者跟周围的按键连在一起。所以这一布局是人为设计出来的，尽量让打字不方便，降低打字速度，最终解决键盘回弹问题。后来，键盘的生产工艺提升，如果改变键盘顺序，就可以让人们打字速度更快，让人们打字更便捷，然而因为转换成本的存在，我们至今也只能延续旧的键盘布局。同样，在电脑上写文件用 Word，做演示片用 PPT，是因为没有更好的文字处理软件吗？不是的，是因为如果不用 Word，那么文件在对外发送或者接收稿件的时候，就容易出现不兼容，消费者有成本，就不方便转换。

既然已经知道有负面影响，怎么解决？我不知道。有可能打通隔离是一种方式，就像当年的移动和联通。举例来说，如果强制规定通信软件之间必须共享信息接口，陌陌、旺旺、飞书等各种软件都能给微信用户发消息，那么微信的网络外部性就会大幅降低。但这种做法是应该的吗？我还是不知道，因为涉及应不应该的，都属于规范经济学的内容。

另一点提示是给线下实体店的朋友，强者依靠增加用户的转换成本——比如让用户办卡、充值等方式，来锁定用户，而弱者如果真的正面竞争，那就得想办法降低用户的转换成本。又如，你是一家新成立没多久的小健身房，就不要想着去鼓动用户办年卡了，因为消费者会对你的店面大小、规模存疑，按照高转换成本的方式操作，用户都去选大健身房，不会选你，所以此时必须降低用户的转换成本。

对价格和收入感知的影响

前面讲了很多会影响消费者对效用判断的因素，但是我们的消费者选择模型里不只是效用，还包括价格和收入。很多朋友会想，价格不就是明码标价写着的吗？自己的收入是多少，自己还不清楚吗，这有什么好迷惑的呢？然而不是的。

1. 规格变化

我上高中的时候，住学校的集体宿舍，没有洗衣机，所以怎么洗衣服一直让我很头疼。有一天，我在超市里发现了一款洗衣液，叫开米涤王。使用说明称，倒一盆水，把一勺洗衣液倒进去，然后再把脏衣服泡在盆里搅拌，过半小时，衣服就自动干净了。我看到这样的产品非常欣喜，就赶快买回去试，结果发现确实是这样。从此，我洗衣服的问题就解决了。后来等我上了大学，再去超市找这个产品，就很难找得到了，但还好大学里有洗衣机。很多年之后，我时不时想起这个洗衣液，总是好奇，这么好用的东西，为什么还没有成为畅销产品，甚至在所有的超市里都销声匿迹呢？

于是我就去网上搜了一下，结果，这个牌子真的还在，但是价格让人震惊。常见的洗衣液，大约售价1千克10元，而这个牌子的洗衣液，1千克至少60元，有的甚至八九十元。它凭什么卖这么贵呢？我仔细看了一下产品介绍，发现这个牌子宣称是三倍浓缩，意思是它们的1千克顶别人家的3千克。我看完顿时觉得，厂家经营水准太差，难怪有好产品卖不出去——你搞三倍浓缩，消费者用60元买1桶洗衣液，不搞浓缩，就能用60元买3桶，后者是不是让消费者更好接受一些呢？而且，这样价格能降到20元每千克，跟普通产品的价差也就没有那么大。而做这种浓缩之后，不仅显得价格贵，也让消费者在使用的过程中体验不太好。

当我做完这次搜索之后，便明白了为什么所有超市都没有这个牌子的产品。它本来的价格其实只是其他产品的2倍，这种价差，用宣传上的因素就能让很多人愿意接受，比如它是民族品牌，是一个小资情调的高端品牌，使用起来安全，等等。然而因为这个公司的操作，导致消费者以为它是6倍的价格，自然就不愿意接受这个产品。所以即便这个牌子曾经走进了超市，任用不了多久，也会因为销量太差，而被超市摒弃。

同样的例子还有很多，如果我们去观察各种商品的包装，就能看到很多的套路。比如，同样是装蜂蜜的罐子，有一些玻璃瓶，底部有很大的凹陷。最终产品呈现出来，同样是500克的蜂蜜罐子，它的包装就能做得比竞品大一圈，看起来好像很多的样子。

2. 大数化小

影响消费者对价格认知的因素，还包括消费者往往有一种数学不太好、更喜欢跟着直觉走的感觉。感觉会告诉他们更大的数值更贵，更小的数值更便宜。于是乎，就有了很多把大数字转换成小数字的技巧，比如分期付款。举例来说，有一款游戏上市了，定价699元。我们心里开始犹豫，觉得花699元买一个游戏，是不是有点贵了？但如果这个游戏拆成12次付款，每次付款59.9元，顿时就会觉得好便宜。很多人都会被这种分期付款扭曲自己的判断。

这种大数拆小的方式，也很容易被利用到宣传中。比如一把人体工学椅子卖3000元，很多人会觉得贵。但是如果宣传中写，这把椅子可以用10年，平均每天不到1元，就可以让你的脊椎骨得到帝王般的享受，人们顿时就会觉得便宜多了。

把大数值拆成小数值，还有很多方法。比如，一个手机壳卖15元，另一个手机壳卖12元，但是需要3元运费，那么大家就会觉得12元更便宜。类似地，产生了很多卖配件的方法。比如，你买了一款4999元的手机，都花了这么多钱买手机了，再加199元的耳机好不好？再加299元延长保质期好不好？这比手机直接卖5500元要容易让人接受得多。

除此之外，影响消费者对价格感知的因素还有很多，行为经济学就介绍了很多违反逻辑的、不理性的、奇奇怪怪的行为方式，我们会在第六章"行为经济学"中做重点补充。

当然，很多因素也会影响消费者对收入的感知，比如各种金融借贷工具，像是花呗、借呗、白条等产品，这部分内容会在第五章与货币利率一起进行补充。

从经济学延展到其他商业学科

在结束本节之前，我们做一个回顾，梳理一下经济学与其他商业学科，比如市场营销学、消费者行为学、广告学、行为经济学之间，究竟是怎样的关系？

在第16课中，我们基于效用、价格与收入这三个因素，构造出了一个最基础的消费者选择模型。

消费者选择模型

这个基础模型特别粗糙，它不能精确地解释社会中纷繁复杂的购买行为。想要更清晰、更精确地描述出这些购买行为，我们就需要对这个模型做一个扩充。

那么沿着效用、价格和收入这三个因素，再向前做逻辑推演，我们就需要再向上游去思考，有哪些因素会影响消费者对效应的判断、对价格的判断、对自身收入的判断。

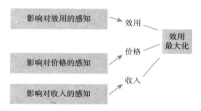

其中，我们把影响消费者对效用的判断过程拆成三个环节，分别是商家怎么说怎么做的过程、消费者怎么听怎么想的过程，以及群体之间怎么互相影响的过程。

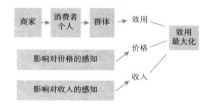

如果在这些领域再继续深挖，就会形成一些新的商业学科。

其中"市场营销学"这门课，研究的是怎样理解客户的需求，设计出以客户为导向的市场营销方案，建立并管理有价值的客户关系，从而长久地留住客户，这就是"市场营销学"的内涵。那么，如果我们在这个思维导图上来表示，"市场营销学"的位置应该在哪儿呢？我觉得，"市场营销学"的地理位置大概属于影响消费者对效用感知三环节中的第一环节，以及第一、第二环节之间的位置，这里属于市场营销学主要研究的领域。

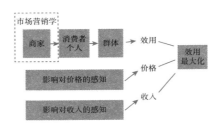

"消费者行为学"这门课，是以消费者为立足点，研究消费者挑选、比较、购买、感受的过程。所以在地图上，"消费者行为学"的地理位置，大概属于影响消费者效用感知三个环节中的第二及第三个环节。

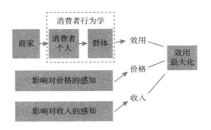

"广告学"是商科与传媒专业交叉的一门学科，研究的是如何通过媒体或各种媒介来传递信息，传达出企业对商品或服务的表达，所以在地图上它很明显地属于三个环节中的第一个环节。

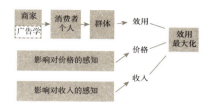

以上这几门学科都出现得比较晚，基本 20 世纪 70 年代才刚刚崭露头角，都还是非常新颖的学科，理论也没有特别完善，对消费者购买选择的研究还在继续。

除了对效用的影响，在很多情况下，消费者对效用、价格、自身收入的认知也会出现偏差，"行为经济学"就发现了很多例子。行为经济学，是一门广泛地研究人类非理性行为的学科。用一句网络热门语言来概括，就是"人类迷惑行为大赏"，或者叫"人类弱智行为大赏"。在这个地图上，"行为经济学"的位置应该涵盖影响消费者对效用、价格、收入的感知的三个层面。行为经济学产生的时间更晚，在 20 世纪 90 年代中期之后才开始出现，到现在为止只有二十几年，只有一些零散的知识点存在，尚未确定完整的逻辑框架体系。

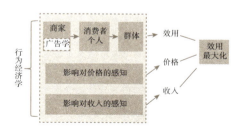

从知识地图中，应该能看出来，经济学和其他商业学科之间是怎样的关系。这些学科属于地图上某一领域的细分再深入，所以大家应该更能感受到"经济学是所有商业学科的逻辑起点"这

句话的含义。

再用一个更直白的比喻来说明。我们在影视剧里应该见过一种游戏，先用积木垒起一座塔，然后各方选手轮着拆积木，在拆的过程中，要防止把塔拆倒。在我看来，现在经济学和前面提到的这些学科就有类似的关系。经济学就是这座高塔，它搭建出了一个粗犷的框架，它说消费者都是理性的，每个人都能仔细地衡量商品，能清楚地认识商品的效用、价格和收入，然后基于效用最大化的逻辑做出选择，消费者所有的购买选择都是理性的。

然而"消费者行为学""市场营销学""广告学"这些学科却不断在说，消费者可不理性啊，不信，你看我把消费场景换个颜色，加个气味，换个包装，名字改一改，宣传词改一改，消费的流程、体验改一改，消费者的认知很快就会变了。"行为经济学"又补刀，说我什么都没做，只在边上冷眼旁观，就发现了一堆消费者不理性的行为。

你看，所有这些学科虽然坐落在经济学的逻辑地图之中，但提出和研究的内容又跟经济学完全相反，这是一种既依附又矛盾的关系，就像是在拆这座塔，一根一根地拆木头。但迄今为止，效用最大化的根本逻辑还健在，并没有被刨倒。

第五章
时间与风险

本章内容不多，但比较抽象。在这一章中，我们需要理解利率的本质、利率的计算和利率的影响，比如利率与房子、股票等各种资产的关系，如何预测利率等。

本章的所有内容，包括表述方式、逻辑衔接，甚至是一些概念定义，与教材不同，是我的重构，如果你想要参加考试，这一章不必参考，但如果不想背概念定义，不想机械照搬课本，那么这一章是值得看的。为了理解这个更抽象的利率，我们必须先了解一些前置的知识。

理论课 18 · 风险补偿

回忆一下第二章，在经济学的基本方法里，个体选项优化中一个最基本的分析方法，是衡量各个选项的成本与收益。脑海中想象一个天平，一边放着成本，另一边放着收益，看收益是不是大于成本，再比较各个选项哪个更优。

然而，在这个方法里，隐藏了一个信息，即我们已经知道了各个选项的成本和收益，它们都已经是确定的、固定的、可预测的，然后我们才能做出选择。然而，现实生活中，有很多的成本和收益并不是预先固定的。

风险的定义

在日常口语中，很多人把风险当作损失、亏损，但在经济学概念里，我们把所有结果上的不确定性叫作风险。

举例来说，你马上就要参加高考，大富豪舅舅表示，如果你考上好大学，就给你买一辆车；考上不好的大学，买一个游戏机；要是没考上大学，就只能请你吃顿饭。这个例子中有风险吗？每一个选项都是获益，没有亏损，然而，因为我们不确定到底哪一个选项最终会发生，所以这就是风险。

再如，张三租下了一间店铺，想要开一家赌场，挂个招牌写新葡京，下面一行小字：性感荷官现场发牌。店铺位置就在公安局对面。这件事有风险吗？这个不叫风险，因为牌子一挂上去，24小时之内就会被端掉，这是100%确定要发生的结果，确定的就不是风险，风险是指具有不确定性。

风险的分类

所有的不确定性，大致可以分为三类。

第一种，是客观不确定性，即已知有几种结果，以及每种结果出现的概率。比如张三和李四两个人，通过抛硬币来决定谁去洗碗，数字朝上，张三赢；花卉朝上，则李四赢。抛硬币的结果是不确定的，所以有风险。但抛硬币最终只有两种结果，要么是字，要么是花。字和花出现的概率大小也是知道的，一半对一半。再如摇骰子，骰子有6个面，摇骰子会有6种结果，每种结果出现的概率大小都一样，都是六分之一。这就是我们前面说的，这种选项和概率都已知的情况叫客观不确定性。

第二种，是主观不确定性，即已知有几种结果，但每种结果出现的概率未知。比如赌马，马场上一共有6匹马在赛跑，关于哪匹跑第一，确定会有6种结果，但摇骰子也是6种结果，赌马和摇骰子之间有什么区别呢？区别就是，摇骰子从1到6出现的可能性大小是一样的，都是六分之一，而赌马不一定。哪匹马赢的概率最高呢？每个人的判断都不一样，有人觉得黑马跑得最快，有人觉得年龄1岁半的小马跑得最快，还有人可能觉得6号栏的数字最吉利，6号栏的马跑得最快。每个人都跟随自己内心的主观判断，不客观，这就叫主观不确定性。

第三种，是意外，即结果和概率都是未知的，这种属于不可预测的。比如某天半夜，你突然发现自己屋后坠落了一个飞碟，从里面缓慢地走出来一个像外星人的生物，你发现以后慢慢地靠近，最后会发生什么呢？不知道。

除了第三种情况，前面两种情况我们都需要想一个办法，把不确定性做一个转换，转换成等值的确定性，再用确定的数值去做分析。比如套用到成本收益分析之中，或者是套用到效用、价格、收入之中。那么，该怎样转换呢？

风险的计算

风险的转换用乘法。

假设，我和张三在打牌，张三直接掏出5万元放到桌上，说你赢了，这5万元送给你，你输了我一分钱不要。刚好李四在边上听到了，就想花钱让我把这个牌局转让给他，由他来跟张三打牌。那么问题来了，这个牌局值多少钱呢？

此时大家还没抓牌，我们不带主观感受地去猜测，输赢各一半，那么有一半的可能性得到 5 万元，这个带着可能性的 5 万元转化成确定性，即：

$$2.5 万元 =50\% \times 5 万元$$

所以如果转让这个牌局的话，价格会在 2.5 万元左右。然而事情的概率并不是客观固定的，而是受每个人的牌技影响。我不太会打牌，我内心估计，觉得只有 40% 的可能性会赢，那么对我来说，这个牌局的价值是：

$$2 万元 =40\% \times 5 万元$$

而李四觉得自己是高手，至少有 60% 的可能性会赢，那么对李四来说，这个牌局的价值是：

$$3 万元 =60\% \times 5 万元$$

在这里，我们已经能看出来，虽然风险又分所谓的主观不确定和客观不确定，但到风险计算的时候，都要转化成一个结果。所谓的客观不确定性，是我们能够较为精确地把不确定性转化为一个同等价值的确定性数字出来，在这里就是转化成 2.5 万元。

而对于主观不确定性，每个人转化出来的数字虽不一样，但依然会有一个范围区间。比如我觉得这个牌局值 2 万元，李四觉得值 3 万元，还有人会觉得值 2.3 万元等，每个人的估算都不一样，但总归会落到一个近似的范围里。很多时候，我们对股票的预期，对通胀的预期，都是一种主观不确定性，最终只能预测一个范围出来。

到这里，如果李四肯出一个高于 2 万元低于 3 万元的价格收购这个牌局，那么我和李四都会觉得赚到了。但假设李四只出 1.8 万，对我来说就是不值的。

我和张三抓完牌，发现手中都是大牌，觉得赢的可能性顿时升高到 75%，那么此时，这轮牌局对我的价值就变成了：

$$3.75 万元 = 75\% \times 5 万元$$

而李四作为打牌高手，他看了我的牌觉得有 80% 的可能性会赢，此时这轮牌局对李四的价值就变成了：

$$4 万元 = 80\% \times 5 万元$$

假设我和张三又打了一会儿，手上只剩几个"炸弹"就可以打完，此时我觉得牌局的赢率已经上升到了 95%，那么这轮牌局对我的价值就变成了：

$$4.75 万元 = 95\% \times 5 万元$$

而李四作为高手，他觉得已经 99% 会赢，这轮牌局对李四的价值就变成了：

$$4.95 万元 = 99\% \times 5 万元$$

我们把这些等式列在一起，就能看出结论。

	我	李四
开始前	2万元=40%×5万元	3万元=60%×5万元
摸完牌	3.75万元=75%×5万元	4万元=80%×5万元
快结束时	4.75万元=95%×5万元	4.95万元=99%×5万元

即，如果把不确定性的结果转化成确定性之后，价值高低是跟确定性有关的，确定性越高，价值就越高。

当然，这个游戏在现实生活中是没有这么玩的，毕竟要白送钱。然而现实生活中有一种可能性，假设我跟张三说，你陪我打牌，每玩一局，我付你 2 万元，而只有在你输的时候，你才给我 5 万元。这个时候，张三是不是就有可能来跟我玩这种游戏了？现实生活中也有很多类似的场景，比如购买保险，或者购买彩票。

每一轮，我掏的钱都是固定的，而每一轮里，我能不能收到钱却是不固定的。此时再把我和张三打牌的这些式子，换一种表达顺序。假设把顺序倒过来，你掏出了一笔确定的钱出去，最终会收获不确定的 5 万元钱，此时用乘法表达，括号里的数值是多少呢？

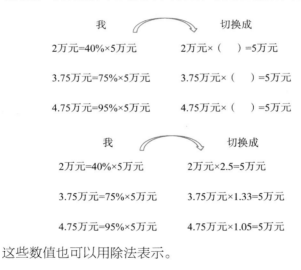

这些数值也可以用除法表示。

括号里的数值，我想称它为风险补偿系数。

无风险的数值 × 风险补偿系数 = 含风险的数值

无风险的数值 = 含风险的数值 ÷ 风险补偿系数

风险越大，风险补偿系数就越大。假设我收到的不确定的钱是同样多的，就像在游戏里，赢钱就能获得 5 万元。那么，我无法获得 5 万元的概率越高，我要求的风险补偿系数就应该越高。而系数越小，转换出固定数值，结果就应该越便宜……相反，如果我无法获得 5 万元的概率越小，那么风险补偿系数就越低，我应该掏的确定的金额就越大。

系数越大，则确定的价值越小；系数越小，则确定的价值越大。记住这种反比例关系，在后面的内容里，我们还会看到更多相似的现象。

理论课 19 · 时间补偿

金融市场的功能

在本节，我们在张三的游戏中再加一个时间。假设张三现在让我借给他 2 万元，他用这笔钱去摆摊创业，5 年后待他创业成功，会还我一笔钱。

用示意图画出来。

我在现在支出了一笔钱，在 5 年后收到一笔钱。

珍大户 ⟶ 张三

这看起来似乎就像是我现在的钱，时空转移到了5年之后。

张三现在收到一笔钱，而他要在5年后支出一笔钱。这看起来似乎就像是张三把未来的钱转移到了现在。

这种钱在穿越时空的感觉，叫跨期，即跨越了时间周期。

这就是金融的功能。所谓金融，金是指资金、金钱，融是指融通，意思就是周转。金融，本意是指资金的融通，用大白话说，就是钱被转移来转移去。而在转移的过程中，伴随着钱的转移，背后还有风险在转移，以及钱的时空转移。

比如保险，尤其是保险中的车险、意外险等，它们在转移钱的过程中，更注重风险的转移。又如期货，1月花钱买一笔9月的大豆合约，最后到9月时，才把大豆交付给你。这是在钱的转移过程中，更注重时间的转移。

再如本节的例子，我借钱给张三，张三去摆摊创业，5年后把钱还给我。

珍大户 ⟶ 张三

老大户 ⟵------- 张老三

在这件事里，我们的钱都横跨5年时空，就像是我把自己现在的钱转移到了5年之后再使用，张三把自己5年后的钱转移到了现在使用。

除了时空的转移，还有风险，因为 5 年后我可能收不回借款，张三把一部分风险也甩给了我……

所以，金融市场是什么呢？金融市场是一个交换的场所，钱在这里交换，风险在这里交换，时间在这里交换，这就是金融市场的功能。

时间补偿

再回到这个例子，当张三向我借钱时，我心里想的是，5 年后他能还上钱吗？这事有风险。现在我给他 2 万元是确定的，是不带风险的，而 5 年后他能不能还给我钱，是带风险的。所以跟上节的内容一样，此时我需要向张三要求一个风险补偿系数，2 万元乘以风险补偿系数，最终要还给我高于 2 万元，才能补偿我承担的风险，这才公平。

然而跟上节的内容又不一样，上一节里，结果会在玩完牌之后立刻揭晓。而这次时间变成 5 年，5 年和玩一局牌的时间有什么不同？5 年和 1 年、2 年、3 年又有什么不同呢？

为了把风险因素完全排除掉，只考虑时间因素，我们需要把我和张三之间的借钱，换成不带风险的借钱。那么，我们把张三替换为国家，因为我们相信国家不会倒——假设我打算借 2 万元给国家，5 年之后国家再把钱还给我，钱放在自己家里和把钱借给国家，对我们来说有什么差异呢？

很明显，钱放在自己家里，随时可以用，把它花掉能带来效用，拿去创业有可能盈利，拿去投资有可能会有收益，但如果借出去，这5年内我就放弃了这些可能，用第二章学到的名词解释，即机会成本。

因为借钱对我造成了不方便，产生了机会成本，所以我需要获得一些补偿。在这个案例中，把现在的2万元，转换到未来，5年内不能使用，那么我就需要收一个时间补偿系数。这个时间补偿系数的背后，是机会成本，机会成本越高，要收的补偿系数就越高。

现在的钱 × 时间补偿系数 = 未来能收到的钱

时间的补偿系数其实就是钱的机会成本，那么这一机会成本的高低受什么影响呢？

首先，最主要的一点，与通货膨胀的预期有关。什么叫通货膨胀？这是一种货币现象，因为钱贬值了，所以购买东西时需要掏更多的钱，导致表面看起来，市面物价都在上涨。

在民国时期，曾出现极为严重的恶性通货膨胀。1937年，民国政府发行的纸币总金额大约是14亿元，此时100元法币大约能买到两头成年大牛。1941年，法币发行规模超过150亿元，此时100元法币只能买一头猪。1943年，法币规模超过千亿，100元法币迅速地从买一只鸡变成买一个鸡蛋。到新中国成立前夕，老百姓出门买东西得用麻袋装钱，或者用平板车拉钱，物价每天都在剧烈变动，可能上午买一个鸡蛋还只需要100万法币，到下午就需要200万法币。想象一下，此时让你暂时把钱借出去一段时间，放弃掉这段时间钱的使用权，你敢吗？肯定不敢，因为放弃的代价太大了。前面提到，金融市场是钱流转融通的场所，在这种恶性通货膨胀之下，谁还敢把钱拿去流转融通呢？结果就是，金融市场全面崩溃，金融秩序全面瓦解，货币体系全面失信。

如果用幅度来划分通货膨胀，大致可以分为三种。第一种，每年物价上涨百分之几，这种个位数的物价上涨，一般叫作温和的通货膨胀，发生的概率比较高。第二种，每年物价上涨百分之十几到几十，这种属于剧烈的通货膨胀。第三种，物价上涨百分之几百甚至几千，这种就属于恶性通货膨胀。历史上这和极端严重的、导致金融秩序崩溃的恶性通货膨胀，出现次数并不多，仅有民国期间、德国"一战"后以及前些年的津巴布韦等少数几次。剧烈的通货膨胀，历史上也有不少。我国在 1988 年到 1989 年经历过一次，当时的通货膨胀率一度达到了 28%，居民害怕物价上涨，开始出现抢购，有人一口气买了 200 斤盐，500 盒火柴，甚至有人家里还没通电，就先把电视抢购回家。1991 年有一个相声，叫作《着急》，里面就有调侃抢购的情节。

所以再想想，如果你能预期到会有一定程度的通货膨胀发生，让你再放弃这段时间对钱的使用权，你付出的代价是不是就更高了？你要求的补偿是不是也需要再高一些呢？

跟通货膨胀相反的是通货紧缩，意思就是钱更值钱了，花同样的钱，能买到更多的东西。通货膨胀时，人们为了防止钱贬值，就想要提前消费，容易产生抢购和囤积；通货紧缩刚好相反，人们都想要推迟消费，所以此时，时间补偿会非常低。

综上，时间补偿的高低跟通货膨胀高低有关系。

第二点，与社会整体的富裕程度有关。举例来说，如果我很穷，这 2 万元是我必不可少的生活费，如果把钱借给你，我付出的代价很大，机会成本就很高。相反，如果我很富，2 万元对我而言不过九牛一毛。此时，借钱的机会成本就很低。但整个社会的时间补偿系数不是由我一个人来决定的，而是由所有人一起决定，所以社会的整体富裕程度才会影响借钱的机会成本。

借此可以思考，2020 年，美国因为疫情，给所有美国人都发了几千美元补贴，请问补贴之后，这些人借钱的机会成本会怎么变化？借钱的利率会怎么变化呢？

第三点，与社会上总的机会多少有关。如果整个社会经济都处于高速发展时期，如国内的 20 世纪 90 年代，遍地是机会，无论是开工厂还是摆小摊都可以赚钱。那么此时，钱在你手里就能发挥出很大的作用，钱的机会成本也很高。此时，如果让你 5 年都不能用这笔钱，那你必须收取更高的补偿。

相反，当经济发展停滞，社会上没有好机会，钱在手里似乎也没有太大用处，此时机会成本就非常低，那么索取的时间补偿，也就不可能高。就比如 20 世纪 90 年代后期开始的日本，20 年的时间里，遍地没有什么机会，年轻人觉得未来毫无希望，"丧"文化盛行。与此同时，日本的利率也一直非常低。

所以，钱的机会成本，与经济发展的速度、经济增长的速度有关。经济越活跃，经济增长得越快，各种用钱的机会越多，那么时间补偿就需要越高。

第四点，与时间长度有关。跨越的时间越长，你面临的机会有可能就越多，那么就需要更高的补偿。

除了以上这些，还有很多其他因素。比如供需和偏好，某段时间里，人们都特别着急地想要花钱去做点什么事，需要用钱的人变多，就会抬升补偿系数。经济分析是复杂的，我们无法列出全部的原因，但大部分情况下，经济增长和通胀才是补偿系数中最重要的原因。

当我们想明白时间不长这个问题之后，再回头看借钱给国家这件事。因为我放弃掉了这段时间对钱的使用权，所以我需要补偿。这个补偿的高低取决于很多因素，取决于通胀水平，取决于经济发展速度，取决于富裕程度，取决于时间长度等，最根本的是取决于放弃钱的机会成本。

与上节风险补偿类似，这个补偿依然可以用一个公式来写下来。如果现在要借出的钱是固定的，比如5万元，那么未来能收到多少钱取决于时间补偿系数的高低，时间补偿系数越高，我未来收到的钱就越多。

5 万元 × 时间补偿系数 = 未来能收到的钱

相反，如果未来收到的钱是固定的，比如我想要5年后收到5万元的还款，那么时间补偿系数越高，我现在需要借出去的钱就越少。这种反比例关系要记住。

借出的钱 = 5 万元 ÷ 时间补偿系数

利率是什么

我们再回到最原始的问题上，把问题还原成我借钱给张三。

我借钱给张三，这是一个既包含时间因素，又包含风险因素的行为，所以我需要双重的补偿。

利率 = 时间补偿 + 风险补偿

利率，是时间补偿和风险补偿的加总。如图所示，假设用长方形的长度来代表利率的高低，利率由两部分组成。其中，一部分属于时间补偿，另一部分属于风险补偿。我们把只有时间补偿的这一部分利率，叫作无风险利率。把既包含时间补偿又包含风险补偿的这一段整体，叫作风险利率。

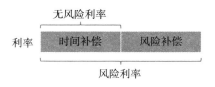

时间补偿又可以继续拆分成几个小部分，包括通胀、经济增长等。那么在整个利率中，扣除掉通货膨胀率的其余部分，叫作实际利率。而不扣除通货膨胀的整体，叫作名义利率。

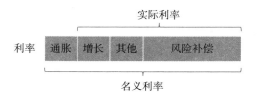

如果口语中不去区分，只说利率，正常情况下指的是整体，是包含风险的风险利率，是包含通胀的名义利率。

梳理到这里，相信大家已经建立了对利率的基础认识。本节最后，请大家首先回顾过去，在过去的这些年里，有哪些利率变化？由什么原因造成？接着再展望未来，你认为未来的利率会发生怎样的变化？为什么？

理论课 20 · 利率的理解与应用

在上一节，我们知道了利率中包括时间补偿和风险补偿，其中时间补偿的本质是放弃货币一段时间使用权的机会成本，这种机会成本又跟通胀的预期、经济增长的预期、时间长度、人们的闲钱多少、供需等很多因素相关。但这些都属于最基础的认识，在这一节，我们需要更深一层地认识利率。

最早的古典学派认为，利率是对延迟消费进行投资的一种补偿，延迟消费是一种不耐，而延迟消费使钱转化为资本，所以利率表现为资本的价格。利率高，就代表资本的价格高，会增加人们储蓄的吸引力，减少资本投资的动力。在我看来，古典学派更专注于投资机会的这部分内涵。

凯恩斯流动性偏好理论认为，人们具有流动性偏好，明年的100元和现在立即到手的100元相比，大家都更喜欢眼前的钱，所以利率是对牺牲流动性做出的补偿。换句话说，凯恩斯更倾向于时间长短的补偿这一部分内涵。

第三种理论叫可贷资金理论，这个理论认为利率是货币的价格，既然是价格，那便由供需决定，所以利率由资金的供求关系决定。这更接近于关于供求影响的那部分内涵。

大部分入门级的经济学教材并不会讲利率，而深入的经济学教材中，关于利率的理论又很多，就比如上文这些理论。但在我看来，以上这些理论虽然有理论性，但在实际应用上，想要预测利率或者解释利率变化都比较难。所以本节我依然不会完全照搬教科书，而是会结合很多理论进行阐述，所以我的观点并不属于主流学术派中受认可的内容。

叮嘱完毕，继续顺着上一节的内容进行深入。

在我们的想象中，也许会觉得世界上存在着一个标准的利率，或者可参考的利率，然而利率是一个抽象的概念，我们在现实生活中能看到的，都是利率的表现形式，比如国债利率、回购利率、民间借贷利率等，我们需要一个个认识它们。

国债利率
第一个需要认识的是国债利率，也叫国债收益率，它是现实生活中最常用的一种市场利率的表现形式。我们默认国家是强大的，企业会倒闭，个人会赖账，但国家代表着最高信用等级，所以我们一般把国债当作完全无风险的，国债利率也被当作无风险利率的标杆，即上节提到的无风险利率。

但即便无风险，国债的利率也不是固定的，每天都会变化。如果想查询具体某一天中国的国债利率，可以打开中国债券信息网，网页右上角有一栏中债国债收益率曲线，点进去就能查到。

举例来说，在里面输入日期 2021 年 2 月 1 日，查询可得到当天的国债收益率如下：

期限	利率
1 年期国债	2.6043%
3 年期国债	2.8464%
5 年期国债	2.9899%
10 年期国债	3.1712%
15 年期国债	3.5535%
30 年期国债	3.7342%

我们可以把国债看作无风险利率，但无风险利率的高低一直在变化。

根据上一节的内容，无风险利率中涵盖了很多驱动因素，比如通胀的预期、经济增长的预期、人们富裕程度、供需变化等很多内容，变化非常复杂。不同的时间点下，主要因素有可能完全不同。

无风险利率的驱动因素

我们通过复盘历史的方式，来看看这些因素与国债利率之间的关系。我们可以用 GDP 的同比增长来代表增长因素，但要注意，这只是一种近似的替代，因为机会成本是未来的，即经济增长预期是未来的，这一点在无风险利率时曾经提到过。未来还没发生，我们无法知道，所以只能用过往的 GDP 增长率做一个近似的替代。

先用美国的 GDP 同比数据与美国的 10 年期国债收益率同时做显示，会发现在 1980 年之后，GDP 与国债利率的变化似乎有点关系，而在 1980 年之前，两者的关联并不强烈。

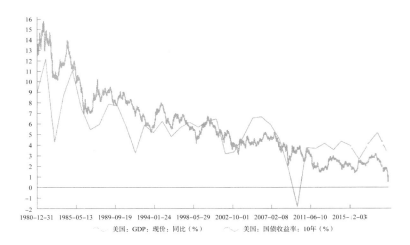

美国：GDP：现价：同比（%）　　　　　　美国：国债收益率：10 年（%）

那么 1980 年之前呢？回顾上节内容，无风险利率中还包含了通胀预期。预期代表的是对未来的预期，我们无法预测，只能用过去的通胀数据近似替代。所以我用美国的 CPI 数据来替代，把 CPI 与国债收益率同时显示。可以看出，从 1968 年到 1989 年，通胀与国债利率有比较强的关联。因为美国 20 世纪 70 年代是大通胀时期，物价上涨得特别厉害，通胀率特别高，所以通胀水平成了驱动无风险利率变化最大的动力。

　　看完这两点之后，我们又要继续想办法。

　　既然无风险利率里，既包含通胀，又包含经济增长，我们怎么能把两者结合在一起呢？我们可以采用美国的不变价格GDP，即不考虑物价上涨因素，用一个固定的物价去计算得出的GDP，等同于一个扣除了通胀因素的GDP。那么用CPI代表通胀因素，用不变价格GDP代表增长因素，两者相加后，再与国债利率同时显示，此时我们看到了什么呢？在1980年之后，数据出现了很强的关联，尤其是在20世纪90年代的大部分时间里，两者的关系已经非常强烈。

美国：国债收益率：10年（%）

（美国：CPI：非季调：当月同比[新频率]：季．方式：平均值)[加]美国：GDP：不变价：当季同比）（1982年—1984年=100）

　　我们再一次把数据时间段变更到 1992 年到 2021 年，可以看出，在 20 世纪 90 年代，两条曲线已经非常接近，国债收益率非常接近于 GDP+CPI 的数值。然而到了 2000 年后，国债收益率则在大部分时间里，都大幅低于另一条曲线。为什么？因为无风险利率中除了通胀和增长，还包括其他因素，比如人们的富裕程度、供需等。可以回想一下，2000 年后美联储的做法——大量印钱购买国债。这种购买行为就是一种人为增加需求的行为，自然会压低国债利率，社会上的钱确实也会变得更多，可供投资的资金越来越多。所以这些供需因素大幅压低了国债利率，让国债利率已经开始大幅低于 CPI+GDP。

美国：国债收益率：10年（%）

〜〜（美国：CPI：非季调：当月同比［新频率：季，方式：平均值］［加］美国：GDP：不变价：当季同比）

（1982年—1984年=100）

通过美国的例子，相信大家已经能感受到，上一节无风险利率中包含的三类因素在现实生活中的意义。

但不是所有利率都能举出这么完美的例子，因为现实生活中的情况错综复杂。比如中国的国债利率，长期以来都远低于GDP增长率。这是国内为了让企业更容易获得低成本融资，实现快速发展，人为压低了利率，给经济发展求方便。再者，因为我们是社会主义国家，在经济建设的过程中，并不是完全以利润为导向的。比如各种基础设施建设，这些投资确实拉动了GDP，但是有可能并不直接创造利润。因为投资回报低，所以不可能承受太高的利率。

总之，经济分析的过程是复杂的，总会有很多我们理论之外的原因，远超出课本所能给出的答案。

央行调控利率

上节中的国债利率，比较容易被看作一个由市场决定的、包含了很多未来预期的客观利率。而央行调控的利率，则容易被看作一个主观的、政策的、国家想要引导的利率，它代表着国家对经济调控的目标。

央行的调控利率很多，这里主要介绍四种。

（1）央行回购利率（OMO利率）

要想理解央行回购利率，首先需要知道，什么叫回购。假设我们普通人缺钱，拿了一块表去典当行典当，跟老板说，我把表押在这里，借我1万元周转一下，下礼拜我拿钱来赎回。在这个过程中，发生了两件事，第一件是我把东西押到典当行，换了钱回来。第二件事是，到了约定的时间，我拿钱把东西又赎回来。在民间，这叫典当；到了金融市场中，则叫作回购。当然，典当和回购在产权和规则上有一些细微的差别，但为了便于大家记忆和理解，我们可以用典当的方式，来帮助自己区分正回购和逆回购。人拿表去典当行，到期再赎回来，叫作正回购。典当行收了表借出一笔钱，到期拿回钱把表还回去，叫作逆回购。

回购一般发生在以下几个场合。

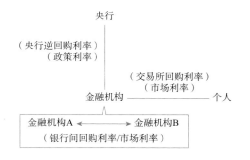

第一种回购发生在央行与金融机构之间，为了跟其他几种回购相区分，给央行回购单独起了个名字，叫作OMO，即公开市场操作（Open Market Operations）的英文字母缩写。我们在新闻中经常能看到央行开展7天逆回购、14天逆回购等说法，这

就等于充当典当行的功能，临时把钱给到金融机构。央行给的钱叫作基础货币，基础货币增多，那么社会中钱的总量就会多。与逆回购相反的是央行正回购，正回购等于从社会中抽水，是在降低社会中钱的总量。

央行的正逆回购有两种作用。第一种是为了调节社会中钱总量的多少。但央行正逆回购的期限比较短，主要是7天、14天、28天三种，所以这种调节是超短期的调节。而第二种，则是创设了OMO利率，充当市场短期利率的基准参照物。虽然OMO利率也是通过招标确定的，有一定的市场性存在，但因为央行控制着回购的规模，等于能够操控供给，所以央行是可以影响到OMO利率的。所以，OMO利率也被认为是一种政策性利率，作为政策性利率，它可以影响后面两种场合中的市场回购利率。

第二种回购发生在金融机构之间，比如银行和银行之间，银行和保险公司、证券公司、基金公司之间。这种利率被叫作银行间回购利率，是金融机构之间互相借来借去调剂余缺。金融机构之间的回购完全是一种市场行为，所以此种回购利率也是一种明确的市场利率，纯粹受供需影响。

第三种回购发生在金融机构与民间之间，因为发生在证券交易所里，所以叫交易所回购利率，是我们用股票软件能看到的。股民可以参与其中，把自己手里的闲钱借出去。这种场合下的行为也是一种市场行为，所以交易所回购利率也是一种明确的市场利率，纯粹受供需影响。

以上三种场合中，大部分回购过程中所抵押的产品是国债，所以一般看来，几乎是没有什么风险的，我们可以把它们都看作无风险的利率。在整个金融市场中，按期限长短划分的话，期限低于365天的属于短期，专业术语叫作货币市场；超过365天的被看作长期，专业术语叫作资本市场。而回购的期限是很短的，大部分都以天来计算，大都低于 365 天，所以我们都把回购利率看作短期利率，或者叫货币市场利率。

品种	风险属性	期限属性	市场化属性
央行回购利率（OMO 利率）	无风险利率	货币市场利率	政策利率
银行间回购利率	无风险利率	货币市场利率	市场利率
交易所回购利率	无风险利率	货币市场利率	市场利率

这里额外补充一个知识点。如果你开设有股票账户，在过年、十一长假期间，因为觉得持股过节风险比较大，所以卖掉了账户上的股票，收回了资金。那么在长假期间，你不妨充当一次当铺，收取国债做抵押，把自己手里的钱临时借出去一周，收一点利息，也就是国债逆回购。如果想做的话，证券代码如下，具体的操作规则，在网上已有很多讲解，这里不再赘述。

品种	上海代码	深圳代码
1 天回购	204001	131810
2 天回购	204002	131811
3 天回购	204003	131800
4 天回购	204004	131809
7 天回购	204007	131801

在此顺便扩展一个知识点。回购的期限很短，大部分按天计算。我给大家出一道题，请大家按利率高低来排一下顺序：1 天回购，7 天回购，21 天回购，3 个月回购。

这是在讲利率的本质时，所提到的时间概念，时间越短，放弃的机会成本越小，所以正常情况下，必然是期限越短利率越低。所以正常情况下的排序应该是：1 天回购利率＜7 天回购利率＜21 天回购利率＜3 个月回购利率。

然而，有些时候，时间越短，大家觉得不过一两天而已，反而没有那么在意价格高低，所以越短的期限，有可能因为急用钱，而接受很高的利息。举例来说，在 2021 年 1 月 29 日这一天，回购利率就出现了异常，1 天回购利率高达 6.58%，远高于 7 天的回购利率。

日期	1 天回购	7 天回购
2021 年 1 月 29 日	6.58%	4.39%
2021 年 2 月 1 日	3.05%	3.77%
2021 年 2 月 2 日	2.30%	2.58%

大家看到这种数据会觉得很反常，觉得既然 1 天利率这么高，干吗不借 7 天的呢？这是因为所有的利率都是年化利率。举例来说，假设某理财产品有巨额赎回，或者某个保险公司有巨额赔付，导致 2021 年 1 月 29 号突然缺钱，临时要借 1 亿元资金。他们算了下账，发现第二天会有资金到账，所以只缺 1 天的钱，那么，他们应该借 1 天的回购，还是借 7 天的回购呢？

借 N 天回购，要支付的利息是：

$$1 亿元 \times 6.58\% \times（N 天 /365）$$

N 即占用的天数，占用几天的钱，就付几天的利息，如果是 1 天的话，就是 1/365，那么利息就是 18027 元。

$$1 \text{亿元} \times 6.58\% \times (1/365) = 18027 \text{元}$$

当然，2021年1月29日比较特殊，刚好是周五，所以1天回购实际上横跨了周六和周日，等于借了3天的钱，所以最终要支付的利息就是：

$$1 \text{亿元} \times 6.58\% \times (3/365) = 54082 \text{元}$$

而借7天回购，要支付的利息是：

$$1 \text{亿元} \times 4.39\% \times (7/365) = 84192 \text{元}$$

综上，如果你真的只需要借一两天的钱，那么即便是1天回购的利率看起来比7天回购利率高很多，你依然会选择借1天回购。所以通过这个例子，我们能够理解在超短期的几天范围内，如果出现利率倒挂，即短期利率高于长期利率，是很正常的，这代表着市场上短期资金紧张。

（2）MLF利率

MLF利率，是中期借贷便利（Medium-term Lending Facility）的英文字母缩写，民间俗称麻辣粉。MLF利率创设于2014年9月，起始于中国的利率市场化改革，历史较短。MLF的具体操作是，各个金融机构拿着高等级的债券当作质押品押给央行，央行再放钱给金融机构。这听起来跟央行的逆回购差不多，结果也是一样的，都会增加基础货币的数量，用民间的俗话说就是放水了，钱多了。而与央行逆回购的不同之处在于期限。回购着眼于几天的长度，是短期利率。而MLF的期限是3个月、6个月和1年期三种，其中大部分是一年期。因为金融市场中的长期与短期的分界线刚好是一年，MLF利率踩在了一年的分界点上，所以也被叫作中期利率。综上，MLF 利率是一种中期的央行政策利率，代表的是银行系统从央行获取中期资金的资金成本。

（3）SLF 利率

SLF 利率，是**"常备借贷便利"**（Standing Lending Facility）的英文字母缩写，民间俗称酸辣粉，SLF 利率创设于 2013 年 1 月，经过多年的摸索，才找到确定的用法，所以它也是一个非常新颖的央行政策工具。 SLF 也是由各个金融机构拿着高等级的债券做抵押，找央行借钱，期限是 1 天到 3 个月，属于短期利率。但 SLF 与前两者的区别是，它本质上属于救助工具，在紧急情况下才会动用，如果哪家金融机构紧急缺钱，快不行了，才会通过 SLF 向央行借钱。因此，大部分金融机构并不愿意主动去用这种方式找央行借钱，因为如果有哪家银行敢主动去申请 SLF 贷款支持，就等于向央行坦白自己账上没钱，要出风险。正是因为大部分银行都不太愿意去申请 SLF，所以这个利率非常不常用。SLF 起到的作用是，给市场利率盖帽，它是作为利率上限使用的。正常情况下，市场利率不会超过 SLF 利率，银行会以市场利率从市场借钱，如果市场利率高于 SLF 利率，那么金融机构就会去借 SLF，所以 SLF 起到了市场利率天花板的作用。

（4）超额准备金利率

普通人去银行存款，是拿自己的钱存到银行，而银行其实也可以拿着银行的钱再去银行存款。所谓的超额准备金，其实就是银行把自己多余的钱存到央行，而央行会付给银行一个存款利息，这个利率就是超额准备金率。

超额准备金率的作用，是给市场利率托底，市场利率不会低于超额准备金利率。举例来说，假设超额准备金利率是 1%，如果市场利率低于 1%，这就意味着各家金融机构只要大量以低于

1% 的利率去借钱，然后再以 1% 的利率存款到央行，就可以白白地套利。然而往外借钱的人也不傻，与其以低于 1% 的利率借钱给别人，还不如以 1% 的利率存到央行。所以，市场利率肯定要高于超额准备金利率，超额准备金利率就起到了一个托底的作用。但跟 SLF 利率一样，这种托底利率不太常用。因为现在的超额存款准备金利率很低，只有 0.35%，基本没有银行会愿意把存款存进央行。不过，尽管不常用，我们在构建理论体系的过程中，一定要知道央行有这样一个工具，能够起到给市场利率托底的作用。

以上便是四个央行调控利率，分别为央行逆回购利率、麻辣粉（MLF）、酸辣粉（SLF）和超额准备金利率，这四种利率都属于政策利率，一个是短期，一个是中长期，一个是天花板，一个是地板。我们要从政策利率开始，构建一幅利率地图了。我们先按期限划分，把市场划分为短期 0~1 年的，中期 1 年的，中长期 1~5 年的，长期 5~15 年，以及超长期 15 年以上。那么政策利率的上限是 SLF，下限是超准利率，期限都非常短，都在三个月以内。因为上下限的数值太高或者太低，所以这两个利率使用的频率也比较低。然后是超短期的 OMO 利率，期限三个月到 1 年的 MLF 利率。以上就是 4 个政策利率，它们受到央行政策的影响较大。而我们在提到 OMO 利率的时候，还顺带介绍了银行间回购利率和交易所回购利率。回购利率是市场利率，OMO 利率会影响回购利率。到此为止，利率地图的起点已经构建完毕了。

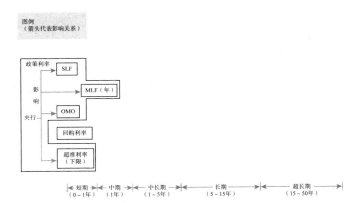

图例
（箭头代表影响关系）

政策利率

影响

央行

SLF

MLF（年）

OMO

回购利率

超准利率
（下限）

|←短期→|←中期→|←中长期→|←—长期—→|←—超长期—→|
（0~1年）（1年）（1~5年）（5~15年）（15~50年）

LPR 利率

LPR 是贷款基准利率（Loan Prime Rate）的字母缩写。但其实 LPR 利率的官方名字，叫作贷款市场报价利率。它是银行给企业贷款时参考的一种基准利率。LPR 利率非常新，是 2019 年 8 月才开始运行的一个全新利率，到 2020 年年底为止也才一年多。

在 LPR 利率出现之前，银行的贷款基准利率由央行来决定，央行直接规定银行对外贷款利率。在我国历史上，为了让企业更容易地获得低成本的融资，从而快速发展经济，所以过去二三十年里，一直都有利率管制的行为，即人为压低利率。这种想法是好的，然而实际应用起来，却发现存在着问题。既然从银行贷款的利率被压低了，那么大部分的企业都会想要从银行贷款，所以银行有限的贷款先给谁呢？第一种，先给国企，因为国企和银行是兄弟单位，所以有贷款肯定先给国企，那么结果就是，民企很难贷到款。第二种，优先给有抵押的企业，一家养猪场和一家房地产开发商，谁更容易获得贷款呢？当然是房地产。因为对银行来说，用房子做抵押更安全。所以房地产类企业更容易获得贷款，而其他实体行业或制造业企业很难贷到款。第三种，就是拉关系给好处的各种关系户企业。

贷款利率因为不够市场化，一直受到诟病。在1993年召开的党的十四届三中全会上就提出，要搞利率市场化改革，想要把利率的决定权从央行手里交给市场，然而很多年以来，一直没有进展。到了2003年，党的十六届三中全会时，又一次提出要推进利率市场化，由市场来决定利率，依然没进展。直到2012年，利率市场化的进程才真正开始从口号进入现实的变革之中。2012年6月，银行的存款利率改为可以上调到基准利率的1.1倍。2013年，SLF利率出现，同年放开了贷款利率管制，到2014年出现了MLF利率。LPR利率出现得最晚，是在2019年8月才开始运行，一直到2020年8月才完成了存量的贷款利率向LPR利率转换的工作。

LPR利率已经不是完全由央行来决定了，它由18家大中型银行在MLF利率基础之上各自报加点价格后汇总而成。它的利率分为两种，1年期和5年期，每个月20号当天，18家银行各自报出一个加点利率，在上午9点之前把报价发给交易中心，交易中心在这些报价之中，扣除一个最高价和一个最低价，再计算平均数，经过简易计算之后，就得出了一个平均加点值，然后加上MLF利率，就是最新一期的LPR利率，会在当天9:30在中国人民银行官网和中国货币网同时发布。

加点报价是什么意思呢？举例来说，目前最新的MLF利率是2.95%，到20号那天，各个银行就需要报价了，假设中国银行报了加0.5%，建设银行报了加1%，工商银行报了加1.5%……等18家银行全部报过价后，剔除最高价和最低价，再算一下剩下的16家报价的平均值，假设算出来各个银行报价的平均加点是1.1%，那么LRP利率就应该是2.95%+1.1%，等于4.05%。

所以我们能看到，不同于MLF利率，MLF利率是一个能受央行影响的政策性利率。但LPR利率因为是多家银行参与制定的，所以体现了市场的力量，是一种市场利率。银行在报价的时候，会考虑自己的经营成本、给客户贷款的风险等，但最主要的是，一定会考虑自家银行里，究竟是贷款多得放不出去，还是贷款额度不够用。如果贷款多得放不出去，他们就会更愿意把价格报低一点；如果贷款额度不够用，就会把价格报高一点。所以 LPR 利率最主要反映的是市场对于信贷类资金的供求关系，尤其是各家商业银行对贷款的态度。但是在应用 LPR 利率的一年多时间里，利率总计只变动了 5 次。所以在我看来，目前虽然从制度上已经确立了利率市场化，但是从应用习惯上来看，银行系统应该还没有适应这套体系，还有待时间的检验。

时间点	MLF 利率	1 年加点幅度	1 年 LPR 利率
2019 年 8 月	3.3%	0.95%	4.25%
2019 年 9 月	3.3%	0.90%	4.20%
2019 年 11 月	3.25%	0.90%	4.15%
2020 年 2 月	3.15%	0.90%	4.05%
2020 年 4 月	2.95%	0.90%	3.85%

　　LPR 利率也是一种风险利率，作为贷款基准利率，它考虑的风险是银行优质的大企业客户的平均风险，比如中国电信等企业找银行贷款的情况。而其他企业在实际贷款过程中，肯定是参照这个标准，继续上浮利率来抵销增大的风险。

　　在此要额外补充一个知识点。目前国内的法律刚刚修改过，民间借贷利率受保护与不受保护的分界线，在修改之前是以固定的年利率 24% 作为界限，然而在 2020 年 8 月 20 日之后，标准变成了 LPR 利率的 4 倍，这个规定适用于民间借贷，需要大家注意。

静态地图：各利率间的影响关系

讲完 LPR 利率，我们需要再次扩充自己脑海中的利率地图。

在利率地图的起点，期限最短的是央行的政策性利率发力的地方。银行的 OMO 利率会影响同样期限的短期市场利率。

短期市场利率有哪些？比如前文提到的，银行间的回购利率和交易所的回购利率。还有没提过的拆借利率，与回购利率性质相似，区别是没有抵押品，全凭面子去借钱，这种就是拆借利率。我们不用管到底是拆借还是回购，只要期限是短期的市场利率，就都会受到 OMO 利率的影响。

此外还有国债。国债有很多品种，比如说 1 年国债、3 年国债、5 年国债、7 年国债、10 年国债，甚至更长的国债。虽然国债的发行期限很固定，但一个一年期国债，如果已经发行了半年时间，就等同于只剩半年期限。剩余期限不足一年的，就是短期国债。

那么，短期市场利率又会影响一年以内的短期国债利率，因为对投资人来说，它俩属于可以互相替代的替代品，替代品之间会互相影响，所以短期市场利率必然会影响短期的国债利率。

图例
（箭头代表影响关系）

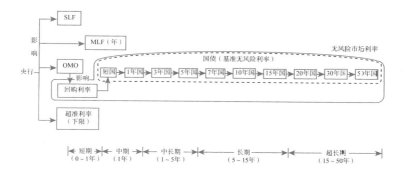

而短期国债利率又会影响一年期国债利率，因为它们之间也存在一定的替代性，1年期国债又会影响3年期国债，3年期国债又会影响5年期国债……以此类推。

短期市场利率加上各个期限的国债利率，它们都是无风险的市场利率。

讲完无风险市场利率，我们需要进一步理解风险利率的概念。跟国家相比，任何企业和个人都会有欠钱还不上的风险，所以在有风险的情况下，我们就需要在无风险利率上额外收取一个风险补偿。

也就是说：

风险利率 = 无风险利率 + 风险补偿

而具体的风险补偿高低，则需要具体问题具体分析，取决于每个借钱的企业或者个人的风险高低。风险越高，则需要收取的风险补偿就越高。

所以我们可以把无风险利率和风险利率的高低，想象成河水和货船的关系。无风险利率就是河水，河水的水位高，就会把船抬起来，所谓的水涨船高。而风险利率就像是货船上摞着高高的货，摞得越高，货船越左摇右晃，充满了风险。

再从利率地图出发。

央行政策利率中有一个MLF利率，从MLF利率引出了LPR利率，LPR一方面会受政策利率的影响；另一方面，更大的层面上，它更受市场资金供求的影响。从LPR利率又引出了银行对企业、对个人的实际贷款利率，实际贷款利率既受LPR利率的影响，又受贷款人的信誉高低或者还款风险高低的影响，从银行实际贷款利率还能引出其他风险利率。

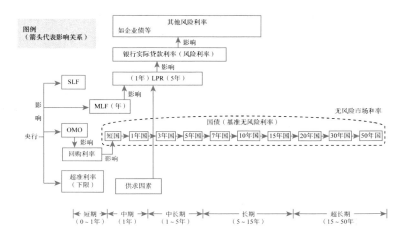

其他风险利率是指什么呢？举例来说，假设某地产集团想要融资，从银行贷款只是其中之一，它还可以有其他途径，比如说发行该集团的企业债券、利用信托融资、员工内部集资、与其他企业之间做民间借贷等，选用这些途径也一定会付出相应的利息成本。这些利率的高低，一定会受银行实际贷款利率高低的影响。因为从企业的角度来讲，不同的融资渠道之间，是替代品的关系，替代品之间会互相影响。

而我们前面提到无风险利率和风险利率有一种水涨船高的关系，所以能看到一条国债影响其他风险利率的关系链条。这是因为从投资人的角度来说，国债与企业融资之间属于替代品关系，如果国债利率上涨之后，该地产集团的企业融资利率不随着一起上涨，那么企业融资就没有很大的吸引力，投资人就不会给该地产集团投钱。

到此为止，各种利率之间互相的影响关系已经梳理完毕。在这之外，我们还需要梳理一下各种外界因素对整个利率地图体系的影响。

首先是政策性因素，政策性因素来自国家政策，通过央行的手对政策性利率施加影响。政策性利率通过影响回购利率，去影响短期国债，再去影响1年期国债，依次一层一层传递，就像往河里打水漂时水面上产生的涟漪，一圈一圈扩散一样。结论是：政策性因素的着力点在短期利率，对长期利率的影响非常有限。

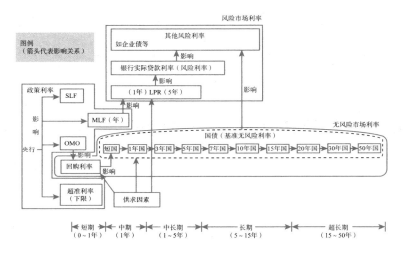

其次是供求因素，尤其是资金面宽裕程度导致的供求因素。供求因素影响的是市场利率，包括无风险和有风险的市场利率。其中最主要的是影响短期市场利率以及短期国债、1年3年等国债，以及LPR利率。供求因素对利率的影响，主要是影响利率的波动，但并不能影响利率的趋势。这种感觉就像是股票市场里，证监会主席一说话，那么当天股市肯定会有波动。然而股市到底是牛市还是熊市，这种波动是根本无法改变的。供求因素对利率的影响，就像那句著名的话，价格围绕价值上下波动，供求改变不了价值内核，但是能够改变价格的上下波动。

而决定利率价值内核的，来自通胀和增长两个根基因素的影响。通胀预期和经济增长预期决定了国债无风险利率的本质高低，供求只是临时抬高或者临时压低利率的表现形式。

最后还有一个影响因素——风险因素。风险因素施加作用的领域是风险市场利率。在经济下行时，无风险利率一般会下降，然而经济不好的时候，企业反而最容易倒闭，风险有可能上升，导致风险利率不降反升。

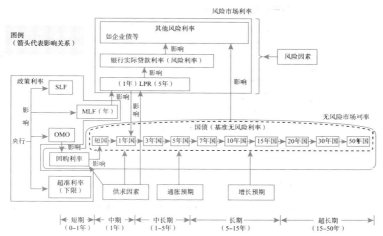

到此为止，我们的静态的利率地图就构建完毕了。当你的脑海中有这幅利率地图之后，你就可以根据地图知道利率的影响过程。国家政策影响的是短期利率，对长期利率的影响是有限的。而无风险利率，期限越长，越脱离短期政策影响，就越彰反映通胀预期和增长预期影响的变化。无风险利率还会像抬轿子一样去影响风险利率，而风险利率到底要比无风险利率高多少，则取决于风险补偿的大小，风险越大，风险补偿就必须更大。市场供求因素，会影响所有的市场利率，包括无风险的市场利率和风险市场利率，但影响力的大小远不及通胀因素和增长因素。当梳理完这幅图，我们终于把整个市场中所有利率互相之间的影响关系、传导关系整理完毕，此时，你已经理解了静态的利率之间的关系。

之所以花费如此多笔墨阐述利率，是因为利率是宏观世界和金融世界的连接点，利率的一侧连接的是真实世界里的国家政策、通货膨胀、经济增长、国民财富储蓄的存量、风险预期等，另一头则连接着整个金融世界，连接着房子、股票、基金、各种投资产品。因为金融世界里的大部分东西，都以利率为定价的基准。只有当你能够理解利率之后，才会更容易地在这两个世界游走。

我的这套逻辑体系，在大学的课本里是没有的，金融行业的老鸟也不会主动透露，需要自己摸索，只要你在学习完本节后，能大致有一种直觉，感觉似乎好像知道了利率受什么影响，那么就不负这门课所学，这金融直觉对后续非常有益处。

动态地图：利率与经济预测

在我们构建好静态的利率地图之后，接下来要进一步思考动态的利率变化。

从前面的静态利率地图中，我们看到了政策的影响、供求的影响、通胀和增长因素的影响、风险因素等。我又要再次提问，前面提到的所有影响因素，此时都已经显示出来了吗？还有什么因素在这幅地图上没有展示出来呢？

如果你仔细回忆的话，会发现时间长短的影响因素在这幅地图上并没有被显示出来。所以此时我们要把这幅地图做一个进阶的变形。先画一个坐标轴，纵轴代表利率高低，横轴代表时间长短。然后我们要把地图上所有的利率按照理论上可能的高低水平和时间长短去排序。政策性利率期限都很短，所以在图上的最左边，期限越短利率就越低，所以政策性利率必然是在左下角。然后依次是无风险利率，期限越长利率就越高，所以应该是不断地向右上角叠加。随后是风险利率，因为要额外收取风险溢价，所以它的利率更高，位置就在风险利率上方。

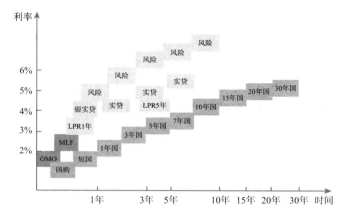

当这样排列之后，我们做一次抽象的简化。把它们的位置分布想象成一条像带子一样的利率区间，在这条带子的最左达的起点位置，是政策性利率。离开起点向右，利率区间被划分了上下两层，下层的底座是无风险利率，上面一层是风险利率。按时间长短，时间越长利率就越高。

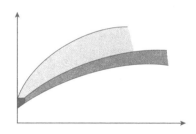

接下来，我们需要再次做一个抽象的简化，把利率的区间范围直接简化成一条线。这是一条向右上方倾斜的利率曲线。

当简化工作做完后，我们就需要思考利率的动态变化。

第 1 种变化方式，利率曲线绝对值高低的变化。我们画出两条高低不同的利率曲线。

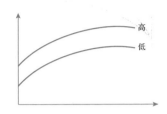

假设其中一条曲线是欧洲某国的利率曲线，另一条曲线是东南亚某国的利率曲线，哪一条更可能是欧洲的，哪一条可能是东南亚的呢？根据前文内容，利率水平的整体高低，最主要取决于通胀预期和增长预期。一般来说，东南亚国家的经济增长速度更有可能会高于欧洲国家。所以盲猜，高的那条是东南亚的，低的那条是欧洲的。再换一种问法，假设这两条利率曲线属于同一个国家，低的属于 1980 年，高的属于 2010 年，那么这个国家出现了什么变化？这说明，这个国家有可能经济发展的速度在上升，或者说出现了比较严重的通货膨胀，皆有可能。

一般在观察这类经济变化的时候，我们还可以再次将利率曲线简化，只去观察某一个长期利率的位置高低即可。比较常用的是观察 10 年期国债的利率高低，用来代替整条利率曲线位置的高低。为什么会用 10 年期国债呢？其实，长期国债都可以用，人类对经济的预测能力有限，超过 7 年，基本上预测都不准确，所以利率的趋同性非常明显，用哪一个都可以。经常用 10 年期国债，是因为 10 年期国债发行的量比较大，数量特别多，能观察得到。相反，二三十年期的国债数量很少，不太好观察。

第 2 种变化方式，利率曲线的短期位置不变，但是长期的位置出现了较大变化，所以整个利益曲线的斜率发生改变。

　　这说明对国家未来的经济预期有较大的变化，说明人们虽然觉得现在好像没什么太大影响，但是长期来看，未来的经济增长或者通货膨胀会有大幅的变化。如果是远期抬升，意味着预期未来经济增长会发力，或者是通胀会起来。如果是远期下降，意味着其未来的经济增长会减速或者是通胀会降下来。

　　第3种变化方式，利率曲线的长期位置没变，但是短期位置变化。

　　这说明我们预测未来没有太大变化，但是感觉最近短期要出现经济或者是通胀速度的变化，也有可能是国家政策要短期发力。

　　第4种变化，短期和长期都变了，并且方向相反，导致斜率大幅改变。

　　这种变化其实是 2 和 3 的结合。后几种情况的观测中，我们依然可以把利率曲线做一个进一步的简化。我们可以在整条曲线上取两个点，短期的取 1 年国债利率，长期的取 10 年国债利率。

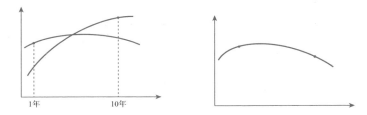

　　我们研究国内经济的时候，经常选取 1 年国债利率和 10 年国债利率作对比，因为数量最多，好观察。但特别提示，研究美国经济的时候，往往只能选取 2 年国债甚至 3 年国债来替换 1 年的，因为在 2008 年之后，美联储搞出了一个 QE 政策，直接下场亲自购买美国的 1 年期国债。美联储就相当于美国的"央行"，按照我们讲的利率地图，央行影响政策利率，更应该施加于短期的 OMO 利率和 MLF 利率等，不应该去直接地干涉市场利率。但是美联储不讲武德，直接下场购买 1 年期国债利率，结果就是导致美国的 1 年期国债利率受政策影响极大，已经退化成了更接近于政策利率的东西。所以我们不得不改成观察 2 年期甚至 3 年期的美国国债。

　　在最后一种变化中，有一种特殊情况需要注意，即斜率变化到短期利率高于长期利率，比如 1 年期国债利率高于 10 年期国债利率。因为正常情况下，时间越长机会成本越高，所以利率必然应该是短期低，长期高。如果反过来，肯定是不正常的，这种短高长低的情况被叫作利率倒挂。它代表的是人们预期未来会出现严重的经济衰退。

用租房来打一个比喻。2015年之前，在北京、上海这种热门大城市租房，很少有房东愿意签5年或者10年的租房合同，因为所有人都认为房租会连年上涨，所以房东只愿意签一年的合同。如果一个房子正常的租金是5000元一个月，那么如果你想签5年或者10年，用5000元的租金是不可能租得到的，你有可能需要把租金抬高到7500元的水平，才能让房东同意跟你签10年的合同。但相反，如果去一个人口迅速流出、持续萧条的小城市租房，所有人都预期到未来这个地方的人越来越少，房租只会持续地下降，这时候，如果房租价格是5000元，那么你有可能把租金谈到3000元，就能签下10年的合同。在衰退预期下，房租就这么倒挂了。国债的利率倒挂也是一样的道理，美国历史上近50年曾经出现过6次利率倒挂现象，其中5次倒挂后都出现了经济衰退。所以，到底是预测准了呢，还是预期实现了呢？没人说得清楚，所以这种现象是值得注意的。除此之外，其中的这一次例外也要注意，其他国家的利率倒挂时，也有很多例外情况出现，所以经济分析是复杂的，一定要具体情况具体分析。

到此为止，我们脑海中的利率变化的关系就已经全部构建完成了。利率是经济学和金融学的连接点，也是现实世界和金融市场的连接点，理解利率非常重要。如果不能掌握这部分的基本功，那么就无法窥探金融市场的秘密，只能当门外汉。

本节结尾，依然是一些关于应用方面的思考，这些思考非常有用，请独自思考以下问题：

    1. 多高的利率算安全？

    2. 大家预期中国未来的无风险利率的趋势会如何变化？

    3. 如何解释在日本和一些欧洲国家出现的负利率现象呢？

    4. 是否有办法用利率来预测经济？

    5. 如何投资才能实现复利呢？

案例课 7 · 以史为鉴预测未来利率趋势

本节，我们将要观察美国和日本利率变化的历史，从中借鉴学习如何预测国内未来利率的变化趋势。

美国利率变化史

美国的利率变化史很有意思，从 1945 年到 20 世纪 80 年代初期，长达 40 年的时间里，利率处在一个长期上升的过程，而从 20 世纪 80 年代至今的第二个 40 年里，则处在利率长期下降的过程中。如何理解这种过程呢？

1944 年，布雷顿森林体系建立，确立了美元的国际货币中心地位，使美元有了国际货币优势。1947 年，关贸总协定，即 WTO 的前身成立，使美国在世界贸易体系中也具备了优势。在 20 世纪五六十年代，美国引领了第三次科技革命，原子能、计算机、空间技术等新技术进入应用，汽车、航空业飞速发展。同时，美国也出现了大规模的城市化浪潮，需求旺盛，经济快速增长。这么多的动力，让"二战"结束后的 20 年，即 20 世纪 50 年代到 60 年代，成为美国的黄金 20 年，年平均经济增速达到了

4% 左右，是美国从 1945 年至今，经济最繁荣的时期。这一时期，我认为利率上升主要归功于经济增长。

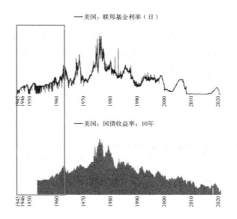

到了 20 世纪 70 年代，科技的力量减弱。但因为社会稳定，1946 年到 1964 年婴儿潮出生的一代人已经开始渐渐成为劳动力，人口的增长也带动了衣食住行、教育等消费的提升。所以这一代人支撑住了美国从 20 世纪 70 年代到 90 年代的经济，尽管经济增速下了一个台阶——从 4% 左右下降到 3% 左右，但这并不算低。

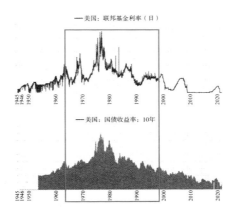

可是为什么 20 世纪 70 年代的利率不是下降而是大幅上升呢？这是因为美国在 70 年代到 80 年代初，出现了严重的通货膨胀，CPI 飙涨到百分之十几，所以这一时期，虽然经济增速有所下降，但通胀太明显，利率依旧在大幅上升。这就是美国战后的第一个四十年，也是利率持续上升的四十年。

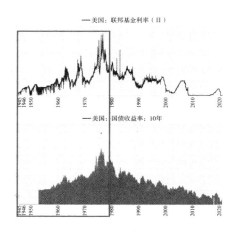

从 20 世纪 80 年代至今的第二个 40 年，是利率不断下降的阶段。

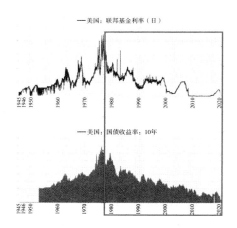

其中原因诸多。首先，20 世纪 70 年代的通胀问题已经解决，通胀率下降使利率也下降了一轮。在通胀因素的影响力降低之后，利率回归到了经济增长的本质。从经济增长的角度来看，一方面，美国的人口增长速度开始放缓，出生率持续下降，婴儿潮一代年龄渐渐增大。在 80、90 年代，这一人口问题只是刚刚出现，没有很大影响。但到了 2000 年后，婴儿潮一代开始步入老年，这导致美国的人口比例中，65 岁以上的人口占比不断上升，老年人的消费和投资需求都在下降，必然撑不起太高的利率。另一方面，科技发展的速度也在不断下降，虽然 20 世纪 90 年代到 2000 年后出现了互联网革命，但互联网革命对整个社会生产力的提高非常有限，而且对传统行业的促进也非常有限，传统重资本行业比如钢铁、石油化工、铁路运输、制造业、采掘业等行业已经开始进入低增长时期，这些重资本行业对资本的渴求越来越少，那么利率价格也不可能太高。这些原因导致美国的平均经济增速在 2000 年后又下了一个台阶，平均经济增速降到了 2% 左右。经济增长持续下降，是导致利率下降的重要原因之一。

此外还有一个原因，来自政策因素。在 20 世纪 90 年代初期曾经有一次较为严重的经济衰退，随后 1998 年出现了亚洲金融危机，2001 年出现了互联网经济泡沫破灭、"9·11 事件"，2008 年出现了次贷危机，从那至今，美国的经济危机出现的频率越来越高。在历次危机中，美联储都在大幅降息，并且持续的时间也越来越长，这等同于在人为地压低利率。

下页表格中列出了美国采取的应对近 5 次经济危机的操作手段。在 20 世纪 80 年代末 90 年代初的经济衰退中，美联储的降息幅度在 6% 以上，当年利率水平本身很高，有降息空间。2001 年互联网泡沫期间，美联储主动降息幅度高达 5%，2008 年的次贷危机中的降息幅度高达 4%，但是经过多轮降息之后，到 2008 年，基准利率已经几近为零，单靠降息已经刺激不了经济，由此 QE 政策随之产生。QE，英文为 Quantitative Easing，量化宽松，用白话解释，就是由央行不断印钱，到市场上花钱买进各种资产，为市场兜底，让资金不断地注入各个企业。在次贷危机后，从 2008 年 11 月到 2012 年 12 月，美联储一共推出了四轮 QE 政策，并且将 QE 政策一直延续到了 2015 年。通过不断购买资产而人为压低市场利率，使利率一度逼近于零。在 2020 年，疫情出现后，此时基准利率已经极低，没有什么降息空间，于是美联储又搞了个无限量 QE 政策。

梳理这些历史，我们能发现，降息的空间是有限的。降息次数太多，会降无可降。而 QE 也一样，货币印得多了，早晚这一招也要失灵。

时间	手段
1990—1991 年衰退	降息
1998 年金融危机	降息
2001 年互联网泡沫	降息
2007—2008 年次贷危机	降息 +QE
2020 年疫情	降息 +QE

货币政策的干预对利率下降的影响也不容忽视。以上这些就是导致美国近 40 年来利率持续下降的原因。看完美国的历史进程，大家有什么启发吗？

日本利率变化史

20 世纪 50 年代初到 70 年代初，日本在战后也有一个黄金

20 年。这 20 年间，日本的年均经济增长率高达 9%，也被认为是创造了经济发展奇迹。在这种高速增长下，1968 年，日本从一个战败国发展成为世界第二大经济体。支撑经济高速发展的原因有很多，一是战后婴儿潮导致的劳动力人口增多、消费人口增多；二是不断引进国外的先进技术，科技发展迅速。在如此高速的经济增长下，这段时间的利率是整体上升的。但日本也有一些影响利率高低的政策因素，他们在 1947 年制定了《临时利率调整法》，开始了利率管制，并且在之后持续人为压低利率，让企业以更低的成本融资，从而快速发展经济。所以这一时期，日本的利率被人为压低，但即便如此，利率也是在持续上升的，日本的央行贴现率从 3% 左右上升到了 6%。

随后，在 20 世纪 70 年代到 90 年代初，第二个 20 年里，日本的利率开始持续地波动下降。这是因为日本的长期经济增速下了一个台阶，五六十年代是黄金 20 年，年均经济增速 9%，而七八十年代则是白银 20 年，年均经济增速下降到 4% 左右。背后原因，一是技术进步的空间有限，从 0 开始达到世界领先水平容易，从世界领先水平再有所提升就很难；二是日本能源对外依赖比较严重，石油危机之后，原油价格大幅上升，日本制造业的成本大幅增加；三是 1985 年的《广场协议》，致使日元升值，失去了出口优势；四是人口生育率开始下降，老龄化初步显现。以上种种原因叠加，让日本的经济增速下降，利率也随之下降，央行贴现率从 6% 下降到 2%，10 年期国债收益率从 8% 下降到 5%。

日本的第三个阶段是从 1992 年至今。在长达近 30 年的时间里，日本科技掉队，人口老龄化严重，导致实际 GDP 增长率不到 1%，经济长期低迷。日本央行为了刺激经济，不断地继续人为压低利率，使利率开始长期接近 0。

这就是日本的 70 年利率变化历史，大家看完后有什么启发？

对中国的启示

我自己有以下一些感受。

第一个启示，参照日本和美国的历史，我们大致能够看到未来中国 GDP 和利率的变化趋势。美国、日本都经历过经济高速发展期，战后的繁荣 20 年，然后随着技术进步放缓，人口老龄化等因素，导致经济增长不断地下台阶。我国也一样经历了经济高速发展时期，改革开放 40 年，尤其是加入 WTO 后的 20 年里，年均经济增速都在 8% ~ 9%。美国和日本遇到的问题，我们早晚也会遇到，我们也会经历科技进步放缓，也会出现人口老龄化的趋势，所以财经新闻上的经济学家才会说，我国高增长的黄金时期已过，无法再持续 8% ~ 9% 的高增长，但仍然会有白银时期，未来会有 4% ~ 6% 的经济增长速度。因此，未来 10 年到 20 年，大家一方面要对中国的经济增长保持信心，不要轻信哗众取宠危机论；另一方面，一定要开始习惯经济增速降台阶的影响，不能用旧有的经验再去套未来，不能太过激进。2019 年年初曾经有朋友提问，有哪些投资渠道还能有年化 12% 的收益率？我当时看到这个提问，批评了这个朋友，因为年化 12% 收益率，是若干年前才有的收益率。当年经济增速 9%，一些个别行业，比如煤炭、房地产等，它们的增长率高于平均增速，所以愿意掏 12% 的成本出来融资。但是这种时代已经一去不复返了，未来大家一定不能太过激进。

第二个启示，靠滥发货币以及不断人为地压低利率，对经济的刺激作用是非常有限的，最终经济有可能毫无起色，实际利率却开始进入负利率时代。这也是为什么，我们在第一章会提到，宏观经济学可能只有 50 年寿命。在宏观经济学诞生之初，经济学家的设想是，政府在紧急关头可以临时采取一些措施渡过难关。但是没想到在八九十年后，宏观经济政策已经被滥用到如此地步，接近失效的边缘。因而，我国一定要吸取美日的教训，避免过度依赖货币放水和低利率。第一，要鼓励发展科技，从而促进经济增长。第二，要更加带动经济不发达地区的发展，带动更多地区富裕起来，从而带动经济继续增长，而不是靠滥发货币来促进经济发展。第三，要降低人们的居住和生活成本，提高生育率，而不是鼓励人们超前消费。

第三个启示，关于一个特定行业——金融业。金融业的盈利模式中，核心是利差。有一个笑话，小男孩问他的银行家爸爸，说银行里的钱不是你的，你为什么能赚到钱呢？爸爸让他把冰箱门打开，拿一块猪肉出来。小男孩照做了，然后他爸爸又告诉他说，把猪肉再放回冰箱，小男孩再次照做。他爸爸说，你看，你的手上是不是有油水了？银行业吸收储户的钱，并且支付 3% 的存款利息，把这些钱贷给需要钱的人，收 4% 的贷款利息，存贷之间的利息差额叫息差，这就是过手的油水。那么息差的大小，与什么有关呢？与利率高低有关。利率 8% 的时候，想要额外收 2% 的息差，等于总利率只上浮了 25%。但利率如果只有 1%，收 2% 的息差就意味着利率上浮 200%，这怎么可能呢？所以利率越低的情况下，对以息差为主要利润来源的金融业，尤其是银行业越不利。

在这里留一个作业：请大家查看美国、日本、欧洲几个大国的一些银行股的表现，看看到目前为止，它们的股价跟 2008 年相比如何。大家可以看一看，是不是会有不少银行股的价格比 2008 年之前要低。基于本节的逻辑，在 2020 年 1 月 1 日的年度大预测时，我特意写了很长一段内容，说明从 2020 年开始，因为 LPR 利率改革，国内的银行业开始艰难，银行股表现不会太好。结果确实如此，2020 年的股市里，银行板块的表现属于排名倒数。这个逻辑在后面两三年不会有太大的变化，但毕竟中国还处在经济增长的白银时代，没到低利率甚至负利率时代，所以这几年是银行业利润增速下台阶导致的阵痛期，并不是真正萧条的时代。

第四个启示，时势造英雄。巴菲特大概是在 20 世纪 70 年代起家的，之所以美国能够出现巴菲特，也有历史趋势的原因，美国近 40 年来，利率处于一个长期的持续下降的周期，这造成了长期的资产牛市。所以客观来看，利率下降或许也有好的一面。

案例课 8 · 如何理解负利率

从全球范围内来看，很多国家的利率都在近 40 年里越走越低，最近 10 年里，还有越来越多的国家开始出现负利率的情况。在过往的经济学理论中，谁也没预期到会有负利率出现。

比如传统的凯恩斯流动性偏好理论，认为人们都愿意持有现金，所以让人们放弃现金必须给予利息，作为对放弃流动性的补偿，所以这一理论无法解释负利率的出现。传统的可贷资金理论认为，利率是金钱的价格，钱也是一种商品，钱的价格就像衣服、食品等普通商品的价格一样，由供求决定。但如果真是在供需体系下，负价格不会出现。就像去看电影，不仅不用掏钱，电影院还要倒贴，这种情况不可能发生。所以负利率的出现，让经济学中的很多传统理论受到了挑战。

简单梳理一下各国出现负利率的情况。负利率出现得比较晚，基本都出现在最近 10 年的时间里。各个出现负利率的国家里，负利率都是按照政策性利率、短期市场利率、长期市场利率的顺序依次出现的。

丹麦在 2012 年 7 月，将短期政策利率下调到负利率。这是因为在欧债危机期间，国际资本出于避险的需要，不断地流向丹麦，导致丹麦的主权货币对欧元的价值一直在升值。为了降低资本流入，避免汇率大幅升值，所以丹麦搞了这样的负利率政策。欧盟在 2014 年 6 月将央行的隔夜存款利率下调到 -1%，这是一种短期的政策性利率，目的是促进钱的流动，抵抗通缩。瑞士在 2014 年 12 月也将超额准备金利率下调到 -0.75%，这是因为欧盟的负利率政策出现后，资本开始向瑞士转移，从而引起瑞士法郎对欧元的升值压力比较大，所以为了稳定汇率，瑞士也开始推出负利率政策。

在 2014 年到 2015 年 3 月，负利率逐渐从短期的政策性利率蔓延到短期债券领域，德国、奥地利、芬兰和西班牙开始相继以负收益率发行了期限较短的债券。从各国采取负利率以来的利率走势来看，负利率的程度还在进一步加深，没有任何一个国家短端利率转为上升。到 2015 年 4 月，瑞士以 -0.055% 的收益率发行了 10 年期瑞士国债，成为有史以来首个以负利率发行基准十年期国债的政府，负利率的范围也从此开始，从短期债券蔓延到长期债券。此后，越来越多的国家开始发行负利率债券。近两三年来，在全球范围内，负利率的债券占全球债券市场的比例已经持续达到了 20% 到 30%。目前有负利率债券的国家和地区，按照从多到少排序，依次是日本、德国、法国、西班牙、荷兰、北美、奥地利、瑞士、比利时、意大利、瑞典、丹麦、芬兰、爱尔兰。2019 年 8 月，丹麦第三大银行日德兰银行，开展了全球金融业首个负利率的房贷业务，在同月，该银行又宣布，对存款额超过 100 万美元的存款征收 -0.6% 的利率。在第 2 个月，又将 100 万的门槛下调到了 10 万美元。除丹麦之外，瑞士、瑞典以及欧元区一些其他大银行，也开始渐渐有了向大客户收取负利率的政策。

"欠债还钱"，眼看不再是"天经地义"，在负利率下，不仅不要还利息，连本金都可以少还，我们该怎样理解这些负利率呢？

首先，最根本的原因是经济增长停滞。老龄人口比重增加，劳动力供给不足，拖累了经济增速，技术变革越来越慢，生产力发展开始缓慢，然后是贫富分化加剧，富人占有的财富比例上升，穷人占有的财富比例下降，汇总在一起就会导致全体居民的消费力越来越不足，需求不足，经济生产就不会继续扩大，对投资的需求也就没有那么大了。经济增长速度降低，利率就会降低。

其次是通缩预期。通缩跟通胀相反，通胀指未来的钱会贬值，比如现在 100 元能买 5 碗面条，10 年后只能买 3 碗面条。相反的是通缩，经历通缩之后，10 年后 100 元能买 6 碗面条，100 元更有价值。在通缩预期下，投资者会觉得，只要能够把钱安全地保存下去，即便没利息，甚至轻微损失点本金，但购买力升值也是赚的。此时，安全因素被考虑得更多。目前负利率的产品大多是各个国家的国债，被认为是无风险的，在一种很强烈的对未来的悲观预期下，带着很强的避险动机，投资者就会愿意接受负利率。

再次是政策原因。有个别国家的政策是为了阻止外资流入，从而降低本国货币的升值压力。但大部分时候，搞负利率政策其实是传统的、用降息手段去促进投资，从而试图拉动经济的自救手段。前一节案例课里，我们提到了美国多次危机中的救济手段，包括降息和 QE。而日本和欧洲的负利率，可以看作降息的延续，只不过把利率下降的范围击穿了 0 值，但这并不意味着所有的降息最终都会降到负值，最主要还是看各国央行的主观意愿。至少美国在 2020 年的大规模 QE 期间，利率已几近为 0，但是美联储主席一直表态称，对负利率非常抵触，不会搞负利率。所以会不会进入负利率，主导权可能在央行。

负利率的影响有好有坏。坏的一面是，由于现在各国政府债台高筑，实行负利率，等同于能够变相地削减债务，随着时间推移，不仅不用付利息，反而债务总额还能慢慢减少，有一丝政府耍流氓的意思。好的一面是，负利率是少有的更加不利于富人，能够略微缓解贫富差距的政策。因为穷人钱少，可以自己保管现金；而富人因为钱多，不得不接受负利率。而相对来说，每次经济危机时期，打着对冲经济衰退、防止大面积失业的旗号，去大规模放水搞 QE 政策，反而才越发拉大贫富差距。以美联储为例，因为美联储购买资产时，只能购买到上市企业的资产，所以放水的钱实际上流向了大企业，而提供大量就业机会的中小企业却不断倒闭，导致市场更加向大企业集中。普通老百姓只能获得一些微乎其微的失业补贴，而富人却能享受到股票节节上涨的收益。最终，大企业的垄断性更强，贫富差距更大，就业和普通民众的消费力更加不足，下一次经济危机只会更快地来临。所以，坚决不搞负利率，在我看来更像是美国对富豪的保护。

本节最后的思考题是：你觉得负利率是一个短期现象，还是一个未来会长期存在的现象呢？这个问题我也不知道答案，需要继续观察，边走边看。

但有一点我能够确定，负利率能够实现，一方面可以看作资本泛滥，这个世界不缺钱；另一方面是投资机会欠缺，没地方投资，所以才会接受负利率。负利率的国家会有更大的可能性产生资本流出，导致资本流入吸引力更高的国家。所以如果全球范围内，负利率还大范围长时间地存在，那么对人民币国际化、国际资本流入是一个巨大的利好。

理论课 21·利率的计算

本节要集中解决所有关于利率计算的问题，会从最基础的内容出发，已经学过金融相关课程的读者，可以跳过本节。对于需要学习的读者，我建议拿起计算器，在本节所有涉及计算的部分，亲自动手计算，如此可以记得更清楚。

在遥远的过去，人们没有穿越时间的能力，做任何事时，如果涉及用钱，都只能靠自己缓慢积累。直到金融市场出现后，人们通过金融市场，获得了让钱穿越时空的能力，在不同的时间点之间流转。如果你现在没有钱，那么可以通过借款的方式把未来的钱转移到现在；相反，如果你现在有钱，未来不知道有没有钱，那么你可以通过某种方式，让现在的钱进入一个时空黑洞，在未来的某一个时间点再拿出来。这种跨越不同时间点的转换，是通过金融市场来完成的，经济学上叫跨期转移。所谓"跨"，就是在两者之间跨来跨去，比如在两个国家之间叫跨国，两个省份之间叫跨省，在时间上的转移就叫跨期。

钱的跨国流动，依靠汇率作为转换依据，而钱的跨期流动，则是以利率作为转换依据的。

年月日利率的转换

我们需要学习的第一个问题，是年利率、月利率、日利率之间的转换。正常情况下，如果我们没有具体指明，不特别注明，那么就默认为年化利率，也就是年利率。

先来做一道题，假设小王找他爸爸借了 1 亿元钱，两人约定利息是 5%，如果不特别说明，那这必然是年利率。如果刚刚好借了一年，利息就是 1 亿元乘以 5%，即借一年要付 500 万的利息。

$$10000 \text{ 万元 } \times 0.05 = 500 \text{ 万元}$$

假设小王借了 15 个月才还钱，应该付多少利息？如果小王借了 15 个月零 10 天，应该付多少利息？

此时，我们就需要知道年利率如何向月利率和日利率转换。

年利率 ÷12= 月利率　　　月利率 ×12= 年利率

月利率 ÷30= 日利率　　　日利率 ×30= 月利率

年利率 ÷360= 日利率　　　日利率 ×360= 年利率

或

年利率 ÷365= 日利率　　　日利率 ×365= 年利率

一年有 12 个月，年利率除以 12 个月，就是每个月的月利率。所以如果小王借 15 个月的钱，应该先将年利率折算成月利率，即 5%÷12，得到的结果再乘以 15 个月，就是 15 个月的利率，最后再乘以本金，就是所要付的利息。

$$1 \text{ 亿元 } \times 5\% \div 12 \times 15 \text{ 月} = 625 \text{ 万元}$$

但一年有 365 天，为什么要按 360 来计算日利率呢？

我们计算第二个问题，关于 15 个月零 10 天的利息，就可以发现原因。在刚才 15 个月的基础上，用日利率算出 10 天的利息，加在一起。或者在刚才一年利息的基础上，再加上 100 天——因为 1 个月等于 30 天，3 个月再加 10 天就是 100 天。

此时，大家在计算日利率的时候分别用 360 天和 365 天试一下，就会发现，得出的结果是不一样的。

如果用 365 天来计算月利率，则两种方法会计算出不同的数值结果。

625 万元 +10000 万元 ×5% ÷365×10 天 =638.6986 万元

500 万元 +10000 万元 ×5% ÷365×100 天 =636.9863 万元

但如果用 360 天来计算月利率，无论怎样计算，结果都一样：

625 万元 +10000 万元 ×5% ÷360×10 天 =638.8889 万元

500 万元 +10000 万元 ×5% ÷360×100 天 =638.8889 万元

为什么会这样呢？

这是因为，一个月未必有 30 天。15 个月零 10 天，在现实生活中，未必就是一年零 100 天。想要确定到底有几天，需要真实的起始日期，然后去数日历，算清大小月，是否有 2 月或者闰年，在如此精确的情况下，才可以按 365 天来折算日利率。

所以，在现实生活中，用 360 或 365 的情况都有。

一般来说，如果是靠人来计算，比如笔算、心算、口算，或者手动按计算器时，为了方便，会把一年定成 360 天。这种情况在法院审判的时候比较多见，因为法官是人，需要手动计算，所以在判决过程中，都是按照 360 天的公式来计算的。

而另一种情况，如果有一个现成的电脑系统，只要输入起始日期和结束日期，系统能自动按天处理时，则年利率和日利率的折算就可以按照 365 日来计算。比如金融机构之间，系统显示非常准确，在闰年时甚至还会按 366 天来计算。

以上便是年利率、月利率和日利率三者之间的换算关系。

在民间借贷中，经常有一种口语名词，如张三从李四处借了 2 万元，双方约定月息 1 分 8 厘。分和厘是什么意思呢？这是指每元钱的利息，每一元月利率 2 分钱，2 分钱是 1 元钱的 2%，所以月息 2 分其实是指月利率 2%。相应地，厘是比分更小的单位，10 厘钱等于 1 分钱，月息 1 分 8 厘是指月利率 1.8%。大家可以试着自己计算如何换成年利率。那么现在的时间点，这个年利率是受法律保护的吗？这是上一节的内容，大家也可以试着思考。

本节最后的一道思考题：支付宝里有一个借呗，微信里有一个微粒贷，两者的利率都是按天算的，如果日利率是万五，请问年利率是多少？

单利与复利的区别

继续第二个问题。在小王借钱 15 个月的例子里，利率 5% 是单利还是复利？张三借的月息 2 分的 2 万元钱，是单利还是复利？

我们需要理解一下单利与复利的区别。所谓单利，是计算利息的依据，只依靠本金。不管借了多长时间，产生了多少利息，这些新产生的利息都不会重新滚入本金，不会重复计算利息。单利的计算公式就像前面讲的那样：

$$利息 = 本金 \times 利率 \times 时间$$

本金中不含新增的利息，时间和利率的周期要一致。用天来计算时间就用日利率，用月来计算时间时就用月利率，用年来计算时间时就用年利率。

而复利，意味着把利率计入本金。如果小王借的钱是按年复利，那么到满12个月的时候，500万元的利息就要滚入本金，本金就变成了1亿500万元。如果张三借的2万元是按月复利，那么满第一个月后，400元利息就要滚入本金，第2个月开始就变成张三借了20400元，继续按照月息两分来计算下月利息，第2个月的利息408元，继续滚入本金，第3个月开始就变成了张三借了20808元……以此类推。

所以小王和张三借的钱到底是单利还是复利呢？只要没说，便默认是单利。并且，即便借条上写了按复利计算，在法律层面上，也要被严格地审核，用总的利息除以最初的本金，计算出一个折算成单利的利率，再看这个单利利率有没有超过法律所容忍的限额，如果超过了，那么这种利率是不被法律支持的。在现实生活中，大部分场合下，计算利率时用的都是单利，比如买房贷款所付的贷款利率就是单利。复利的计算方式，用俗语解释便是利滚利。在我国漫长的历史中，利滚利一直被看作地主剥削农民的罪恶工具，所以现实生活中，很多场合都不太可能支持复利。

但我们依然必须学习怎样计算复利。为什么呢？

还是以小王借钱的例子来解释，虽然小王借的钱是单利，但他爸爸却有可能实现复利。例如，当小王第1年还了500万元的利息时，小王爸爸反手就把这500万元以5%的利率借给了张三。到了第2年，小王又还了500万元的利息，张三还了25万元的利息，小王爸爸随即把这525万元再借给李四。如果把这三个人的借款加在一起，视作一个人，小王爸爸的总借款就已经实现了利滚利。

第几年	小王	张三	李四	小王爸爸的总借款
1	1亿			1亿
2	1亿	500万		1.05亿
3	1亿	500万	525万	1.1025亿

房贷也一样，虽然房贷按照单利来计算，然而银行在收到张三的还款和利息之后，反手就可以把收到的利息款再放贷给李四，收到李四的利息之后，又继续把这笔利息放贷给王五和赵六……所以银行虽然向每个人收取的都是单利，但是通过把收到的利息继续放贷，实现了复利。

在完美的想象中，每个人手中的钱都是无差别的，每个人都可以像银行和小王爸爸一样，永远可以把收到的利息反手就当成本金，再借出去，从而实现复利。虽然现实生活中，因为钱少，普通人没有这么多的机会。但这种理论上的、潜在的可能性，我们可以把它看作一种机会成本。

提到机会成本的时候，我们该想到什么？

第二章"经济学的基本方法"曾经提过，个体选择的方法是要不断地权衡成本与收益，其中成本就要把机会成本考虑进去。所以我们必须学习复利的计算方法，去尝试着理解复利，因为机会成本是按照复利来计算的。

复利公式

这一节，我们要学习如何推导复利公式。

假设你有1万元本金，存进了银行账户，银行给你支付的年利率是r，一年后你的账户里会有多少钱呢？

应该是：

$$10000+10000\times r$$

如果年利率是 5%，用数字表示为 0.05，那么，一年后收到的利息是 $10000\times0.05=500$ 元，银行账户上的钱是 10000 元本金加 500 元利息。用公式写下来，就是：

$$10000+10000\times r$$

更精练一点可以写作：

$$10000\times（1+r）$$

这就是第一年结束时，银行账户上应有的钱，为本金与利息之和，可以叫作 10000 元在 1 年后的未来价值。

那么在第 2 年后，银行账户上应该有多少钱呢？与第一年计算方式一样，第一年年末，银行账户上应有的钱是本息之和：$10000\times（1+r）$，而这笔本息之和，会变成第二年年初的本金，所以 $10000\times（1+r）$ 就是第二年年初的本金，我们要用第二年的本金继续乘以 $（1+r）$，也就是：

$$10000\times（1+r）\times（1+r）$$

第 N 年	年初（本金）	年末（本金 + 利息）
第 1 年	10000	$10000\times（1+r）$
第 2 年	$10000\times（1+r）$	$10000\times（1+r）\times（1+r）$

$10000\times（1+r）\times（1+r）$ 也可以写作 $10000\times（1+r）^2$，那么，每多存一年，则要再多乘一次 $（1+r）$，所以，如果存了 n 年，在第 n 年末，你净得到：

$$本金 \times (1+r)^n = 未来价值$$

本金也被叫作现值，未来价值也被叫作终值。这个公式其实含有四个信息，分别是现值、利率、年限、终值，用大白话说，就是现在的钱是多少，利率有多高，时间有多长，未来最终有多少钱。这四个信息中，我们可以通过任意三个就可以计算出第四个数值。例如，本金是1万元，利率3%，时间是5年，套用到公式里就是：

$$10000 \times (1+3\%)^5 = 未来价值$$

如果我们想未来获得2万元，利率是3%，时间是5年，那么现在要投入的钱就是：

$$本金 \times (1+3\%)^5 = 20000$$

如果我们现在有1万元，未来想获得2万元，利率是3%，几年能实现目标？或者时间为15年，多高的利率能实现这个目标？还是套用这个公式：

$$10000 \times (1+3\%)^n = 20000$$
$$10000 \times (1+x\%)^{15} = 20000$$

总之，逻辑都是一样的。在数学上，可以把上面这些公式变形成专门求现值、利率、时间的公式，但我们无须去记，只要知道原理即可，因为这种问题，几乎只出现在考试之中。现实生活中，我还没遇到过需要这类计算的场合。

复利的指数级增长

尽管不需要记公式，但有一点需要大家特别理解，即复利带来的指数增长。在数学上，一个数字的n次方就叫作指数，而复利公式里面，刚巧有一个（1+r）的 n 次方，最终就能带来指数增长的效果。

我们人生中很少碰到指数的例子，所以大部分人对指数级增长的认识，不会很深刻，那么什么是指数级增长呢？

举例来说，假设你在 20 岁时存了一万元，并且让它一直复利增长，到 70 岁的时候，你的一万块会变成多少钱呢？从 20 岁到 70 岁，中间一共为 50 年，所以 n=50。那么 50 年后，未来价值 1 万元 × $(1+r)^{50}$。

因为数字比较大，可以拿出计算器，依次计算结果。

假设利率等于 0，则：

$$1 \times (1+0)^{50} = 1^{50} = 1$$

这意味着 50 年后你的 1 万元依然是 1 万元，没有挣到任何利息。

随着利率增高，在 r=2%，r=4%，r=6%，r=8%，r=10%，r=12%，r=14%，甚至更高时，我们分别计算，会发现结果差异越来越大：

$$1 \times (1+0.02)^{50} = 1.02^{50} = 2.69$$

$$1 \times (1+0.04)^{50} = 1.04^{50} = 7.11$$

$$1 \times (1+0.06)^{50} = 1.06^{50} = 18.42$$

$$1 \times (1+0.08)^{50} = 1.08^{50} = 46.9$$

$$1 \times (1+0.1)^{50} = 1.1^{50} = 117.39$$

$$1 \times (1+0.12)^{50} = 1.12^{50} = 289$$

$$1 \times (1+0.14)^{50} = 1.14^{50} = 700.23$$

在 2% 的利率下，1 万元将会变成 2.69 万元，翻了将近三倍。而在 10% 的利率下，大概会有 117 倍。所以，虽然利率只是看起来简单地增加了 2%，但在指数增长下，最终的结果会相差无数倍，这就是指数。这个比例对任何金额的本金来说都是一样的。如果本金是 1 万元，按照 10% 的利率复利 50 年，会变成 117.39 万元。如果本金是 10 万元，结果也会放大 10 倍，变成 1173.9 万元。

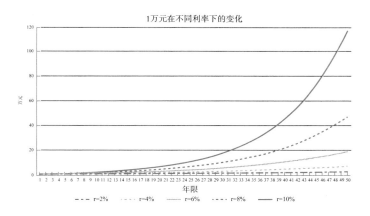

1万元在不同利率下的变化

复利指数增长，在很多故事中都有所体现。有很多人或许听过 "棋盘上的麦粒" 的故事。一个国王要给人赏赐，问对方想要什么。被赏赐的人说，我想要一些麦粒，只要在棋盘的第 1 个格子里放一个麦粒，第 2 个格子里翻倍放 2 个，第 3 个格子里继续翻倍放 4 个，以此类推，一直摆满整个 64 格即可。这就是一个典型的复利指数增长的故事，第 2 个格子比第 1 个多一倍，意味着 100% 的增长，所以可以将利率 r 看作 100%，格子的数量可以看作 n，套用公式，到第 64 个格子的时候，总的数量应该是 1 × （1+100%）的 64 次方。

$$1 × （1+100\%）^{64}=2^{64}=?$$

这是一个巨大无比的天文数字，最终全世界的麦子加起来都没有这么多。

另一个例子，有一种说法称一张纸最多只能对折 13 次。这是因为，纸每对折一次后，厚度翻倍，意味着 100% 的增长，跟麦粒一样，依然可以看作利率 r 等于 100%，对折的次数是 n，套用进（1+r）的 n 次方，会发现哪怕一张纸只有 0.1 毫米厚，对折三四十次之后，它的厚度也会超过从地球到月球的距离。

两个例子举完，我们需要认识到一个结论，即在复利的指数增长下，无论是 r 还是 n，都不可能太大。如果太大，就会有问题。

人类历史上几乎所有的庞氏骗局都是违背这个规律的。我们可以靠这种感性认识一眼识破大部分的庞氏骗局。比如在 2018 年，有一个叫 PTFX 的骗子公司，这家公司宣称自己合法地注册在某个国家，受官方监管，非常正规，公司网站上会放很多证书，宣称自己有非常牛的外汇交易员，用户把钱打到该公司平台后，平均每个月都能盈利 10%。除此之外，他们会包装团队成员，放上西装革履的照片和辉煌履历，同时不断更新公司新闻，做出国内考察团来参观的假象。

尽管包装噱头众多，但我们只要看本质，就能发现问题。每个月 10% 的盈利，等同于按照月利率 10% 做复利计算，一年 12 个月可以复利 12 次，两年 24 次，三年 36 次。我们套用复利公式来计算，会发现，有这种技术的人，哪怕最初只有 10 万元，在连续复利 5 年后，他就会有超过 3000 万的资产，6 年后就会超过 1 个亿，10 年后会有百亿……这个速度比点石成金还快。假设真有这种技术，如此人才何必去领工资受聘于这种公司？如今 PTFX 已经倒了，但每年都会有使用同样套路的公司，换个名字卷土重来。

通过这些案例，我们可以总结出两个结论。

第一，r 和 n 都不可能太大，否则一定有问题。记住这个结论，可以避开很多骗局。

第二，r 不需要太大，只要每年一点点，持续一段时间也会有很让人惊喜的结果。

举几个真实的例子。1960 年，美国的 GDP 是 5400 亿美元，而同一年，日本的 GDP 是 440 亿美元，只相当于美国的 8%。18 年后，即 1978 年，美国 GDP 翻了 4 倍，达到了 23500 亿美元，而日本的 GDP 翻了 20 倍，达到了 10100 亿美元，相当于美国的 43%。在这一过程中，其实日本每年经济只有 5% 到 6% 的增长，但 18 年 18 次复利的结果，成为举世瞩目的奇迹，人们都觉得再过 10 年，日本或许会超过美国。

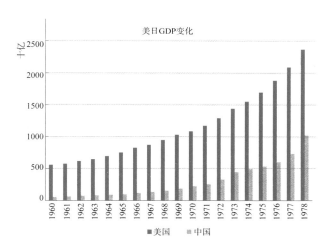

再看另一组数据。2000 年，美国 GDP 为 10 万亿美元，经过多年改革开放，中国的 GDP 也达到了 1.2 万亿美元，但这个数据只有美国的 12%。然后，又经过 20 年的增长，中国每年比美国多 5% 到 6%，20 次复利之后，中国在 2020 年的 GDP 是 15.5 万亿美元，美国的 GDP 是 20.9 万亿美元，比例增高到了 74%。

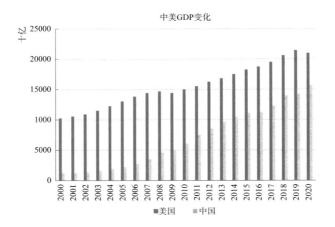

中美GDP变化

所以，我们需要认识到，无论是利率、增长率还是 r，都不需要太大，每年只要多一点点，持续一段时间后，结果就是巨大的。

同样的轨迹，还可以用来思考国内各个城市的变化。下方的表格是过去 30 年间，五个城市的 GDP 变化情况。三十年里，深圳从弱于南京、杭州、青岛，到成长为一线城市。天津从曾经接近于这些城市两倍规模的一线地位，滑落成二线城市。差距就在于，深圳每年比中间三个城市多增长 3%，天津每年比中间三个城市少增长 2%，结果就是，二三十年前一提到一线城市，都是说京津沪，而现在说一线城市，就改为北上深了。

年份	深圳：GDP	南京：GDP	杭州：GDP	青岛：GDP	天津：GDP
2020 年	27670	14818	16106	12401	14084
2010 年	9511	5010	5946	5666	9109
2000 年	1665	1020	1380	1151	1639
1991 年	175	185	209	195	343

再看第二组，三个城市 20 年的经济变化对比。拿济南当作参照，后两个城市，一个掉队，一个逆袭。差别也在于，合肥每年多增长四五个点，石家庄每年少增长两三个点。

年份	济南：GDP	合肥：GDP	石家庄：GDP
2020 年	10141	10046	5935
2010 年	3911	2703	3401
2000 年	952	325	1003

观察城市的 GDP 变化很有意思，比如厦门的 GDP 规模和增速与昆明差不多，但是在人们的印象中，总觉得厦门发达、繁华，昆明偏居一隅，毫不起眼。

年份	厦门：GDP	昆明：GDP
2020 年	6384.02	6733.79
2019 年	5995.04	6475.88
2018 年	4791.41	5206.9
2017 年	4351.18	4857.64
2016 年	3784.25	4300.43
2015 年	3466.01	3970
2014 年	3273.54	3712.99
2013 年	3018.16	3415.31
2012 年	2817.07	3011.14
2011 年	2535.8	2509.58
2010 年	2053.74	2120.37

再如，如果早观察 GDP 的变化，那么至少三年前就能发现，成都的 GDP 增速是高过苏州的，城市潜力也要远高过苏州。但那时，人们都认为苏州更强一些。

年份	苏州：GDP	成都：GDP
2020 年	20170.5	17716.7
2019 年	19235.8	17012.65
2018 年	18500	15342.77
2017 年	17300	13889.39
2016 年	15400	12170.2
2015 年	14500	10801.2
2014 年	13761	10056.6
2013 年	13015.7	9108.9
2012 年	12011.65	8138.9
2011 年	10500	6854.6
2010 年	9228.91	5551.3

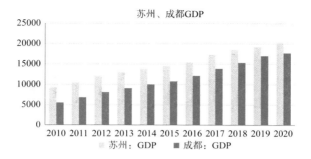

苏州、成都GDP

苏州：GDP   成都：GDP

　　巴菲特曾经说过一句话：没有人愿意缓慢地变富。这是因为，太多人不知道指数增长是多么可怕的力量。我曾经看到过很多次赚钱的机会，但都放弃了，这不是因为我不爱钱，而是学金融带给我的改变，我开始明白无须急功近利，因为人生很长，只要缓慢地变好，时间长了，结果依然不可忽视，所以我也不再那么着急。希望大家也能受到启示，市面上的一夜暴富基本都是假的，各种高风险、高杠杆、暴涨暴跌的游戏都是不靠谱的。只有不心急，才能躲得过这种诱惑。

折现

　　复利公式中，最重要的是（1+r）的 n 次方这一系数。

　　现在的钱用乘法，经过（1+r）n 次方增长，就变成了未来的钱；而反过来，把未来的钱用除法，经过（1+r）n 次方缩减，就能折算成现在的钱，这个折算的过程叫折现。

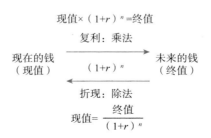

现值×（1+r）^{n}=终值

复利：乘法

现在的钱　　　　　　　　　　未来的钱
（现值）　　　（1+r）^{n}　　（终值）

折现：除法

$$现值=\frac{终值}{（1+r）^n}$$

折现是利率的计算这一节最后一个知识点，也是最重要的一个知识点。

在第二章第 4 课，机会成本一节中，我曾经提过一个问题，如果一个东西 5 年后值 90 万元，而现在 80 万元卖给你，值不值？从会计的角度和从经济学的角度，会得出不同的结果。从会计的角度讲，是值得的，因为利润等于 90 减 80，能够确定利润会有 10 万元，可以盈利。但是从经济学的角度讲就未必值得，因为我们要讲机会成本。这 80 万不去买这个东西，也会有其他的用途，也一定能带来收益。如果放弃的收益远超过 10 万元的增值，那买这个东西就是赔的。在第 4 课中，我们探讨到这里就停止了，但是如果要追问下去，买这个东西真的赔吗，赔了多少钱，能不能算出具体的数额呢？此时就需要应用到本节的内容。

5 年后值 90 万元，这个 90 万元就是 5 年后的终值。

我们需要确定一个利率，把 5 年后的 90 万元，折现成现在值多少钱。这个利率本质上是一种机会成本，代表着这笔钱做其他的事情会有多少收益，所以我们需要参考一下各种投资的利率。目前买国债会有接近 3% 的收益，柜台的储蓄国债甚至能接近 4%。因为国债无风险，如果是其他投资，随着风险提升，还要索取更多的风险补偿。买银行低风险的理财产品，会有百分之三点几的收益。现在买房贷款的利率，很多地方是 5.88%，将这笔钱借给还房贷的人，也能够换取到至少五点几的利率。

假设我们最终取的折现率是 5%，那么计算的结果就是，这笔 5 年后的 90 万元，在现在只值 70.52 万元。所以如果你花 80 万元去买，等同于赔了近 10 万元。

$$\frac{90}{(1+5\%)^5}=70.52$$

用不同的折现率会计算出不同的结果。如果你有很多让钱增值的路子，那么这笔钱对你来说机会成本会更高，应该取更高的折现率，比如8%。那么，这笔5年后的90万元，现在对你而言就只值61.25万元。现在花80万元去买它依然是赔钱的。

$$\frac{90}{(1+8\%)^5}=61.25$$

那么在多低的折现率下，花80万元买它才能赚钱呢？用公式写下来就是：

$$\frac{90}{(1+x\%)^5}=80$$

用手中的计算器来算x的话，需要将公式做一个变形，用90除以80，会得到（1+x%）的5次方的结果：

$$\frac{90}{80}=(1+x\%)^5$$

得出结果后，在计算器上按x的y次方这一按钮，然后依次按左括号、1、除号、5、右括号。这一操作，等于去掉（1+r）的5次方中的5次方。

$$(\frac{90}{80})^{\frac{1}{5}}=(1+x\%)$$

最后，用得出的结果减去1，就能得到x的数值。即，利率在低于2.38%的时候，这笔80万元的投资才是值得的。

$$(1.125)^{\frac{1}{5}}-1=x\%$$

$$x \approx 2.38\%$$

在现在的中国，很少有产品的利率会低于 3%，所以这笔投资不值得做。但相反，如果是在日本或者欧洲一些负利率国家，对它们来说，这意味着每年会有正 2.4% 的收益，这笔投资非常值得。

这一逻辑可以套用到很多领域。比如买房，某套房子预期 5 年后值 90 万元，现在要不要花 80 万元去买？

再如，老房子要拆迁，但是工作进展很缓慢，预期 5 年后房产证才能到手，分到的房子才能卖。你预计 5 年后分到的房子有 90 平方米，每平方米 1 万元，现在有人愿意掏 80 万元买你的老房子，要不要卖呢？

又或者说，一个保险公司的朋友告诉你，现在给孩子花钱买 10 万元的保险，20 年后会收到 20 万元的成年礼金，可以拿这 20 万元当大学学费，或者结婚花销，值不值得投资呢？

还有很多类似的问题，但分析套路都是一样的，解题思路就是用折现公式。

不过，在折现公式中，依然有两个关键因素无法确定。第一个是，r 取多大的问题。利率该取多少合适呢？取不同的利率将会带来不同的结果。第二个是，未来的终值如何确定？我们凭什么判断 5 年以后这个东西值 90 万元？

这两个关键因素，我们需要逐步思考。

利率该怎么取呢？利率包括时间补偿和风险补偿，时间补偿会受到经济增长、通货膨胀、时间长短、供需等很多因素的影响。所以，我们可以通过预测未来的经济增长和通货膨胀，来估算出时间补偿。我们还需要衡量风险的大小，去衡量风险补偿。两个加在一起，就是对未来利率的预测。但这种方式太麻烦了，如果不想去预测和衡量，也可以用第二种方法。利率有很多的表现形式，比如 LPR 利率、国债利率、贷款利率、其他风险利率等，由此我们就可以参考市场上表现出来的各种利率的数值高低，来估算一个大概的利率出来。

第二个问题，我们凭什么给股票、房子、商铺、企业做估值呢？凭什么预期这些东西 5 年后值多少钱呢？这个问题不属于本节内容，所以在这里暂时不会给出答案，先留给大家去思考。

到这里，我们已经接近了金融游戏的本质。在第一章中，我们提到经济学是关于选择的学科，选择的范围很广，任何选择都可以研究。而金融学的研究范围要窄一些，只研究关于钱的选择，也就是给钱找一个去处。比如现在要不要花 80 万元买某个东西等问题。那么，几乎所有关于钱的选择，都很依赖折现公式。当你知道利率是怎样决定的，资产是怎样估值的，以及怎样用利率去精确地计算复利和折现，那么金融课，你就入门了。

理论课 22 · 金融资产价格

利率是真实经济世界和虚拟金融市场的衔接点，一侧是真实世界的经济增长、通货膨胀决定了利率，另一侧是利率决定了虚拟的金融市场中的各种金融资产的价格。

本节，我们将要探寻右手这一侧，关于利率与金融市场价格变化的关联。

债券的价格

首先来看债券，债券价格是对利率变化最敏感的产品。

以国债为例，看一看债券价格是如何受利率变化而改变的。

假设在 2021 年 1 月 1 日，女儿国政府因为疫情要发放救济款，需要发国债进行融资。为了方便计算，我们假设这只债券年限不长，只有 5 年的期限。

新发行的国债，在发行时需要确定债券的票面利率。所谓债券的票面利率，与借钱约定的借款利率类似，在最开始时约定好，然后每年都按照这个利率来付一笔利息。

发行时的票面利率，一定会贴合市场行情。如果票面利率比市场行情低，那么大家就不会愿意花钱去买；而如果高于市场行情，大家会一抢而空，但这样等于政府白白掏了很多利息钱。所以在发行债券时，它的票面利率会非常贴近当时的市场行情。

假设这只债券在发行时，女儿国 5 年期国债的市场行情是 5%。债券一般会有固定的面额，有可能会像人民币一样。假设女儿国的国债是 100 元一张，我们花 100 元买一张国债，就等于我们现在立即付了 100 元出去，从现在开始的 5 年里，每满一年，我们都会收到 5 元的利息，直到第 5 年底，不仅会收到 5 年利息，还会把我们当初花的 100 元还回来。

用一张图来表示，即现在支出 100 元，随后四年里每年收到 5 元，在第 5 年收到 105 元。

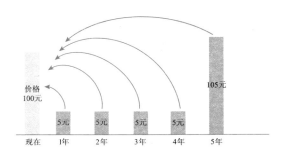

但随后四年里的 5 元和最后一笔 105 元都是未来的钱，不是

现在的钱，所以未来这些钱在现在值多少呢？

用前面学的复利公式来计算，就可以把未来的钱转移到现在。

那么，第1年年末的5元，转移到现在是5/（1+5%）=4.7619元。

第1年：$\dfrac{5}{（1+5\%）} = 4.7619$ 元

第2年：$\dfrac{5}{（1+5\%）^2} = 4.5351$ 元

第3年：$\dfrac{5}{（1+5\%）^3} = 4.3192$ 元　　99.9999 元

第4年：$\dfrac{5}{（1+5\%）^4} = 4.1135$ 元

第5年：$\dfrac{105}{（1+5\%）^5} = 82.2702$ 元

把上面5个现值加在一起，会发现总数约等于100元，也就意味着未来这些钱穿越到现在，价值100元。我们收这么多利息，并不是自己赚钱了，而是现在的100元到未来时，就应该值那些钱。

我们接着往下想。假设到了2021年6月30日，市场利率掉到了3%，那么问题来了。这里有三个知识点需要思考。

第一个知识点，如果利率下降到3%，有可能会是哪些原因造成的呢？这是之前讲过的内容——有可能因为女儿国出现了意外情况，导致经济环境不好，预期未来GDP增速下降；也有可能女儿国预期未来会有通缩，所以利率开始下降；还有可能是女儿国的央行为了刺激经济，进行大放水，增多货币，从而从供需的角度导致利率下降……种种原因，皆有可能。真实的世界错综复杂，不会像考试那样只有一个标准答案，我们必须具体问题具体分析。每一次利率下降出现时，都可能是由不同的原因造成的，这是第一个知识点。

第二个知识点，如果女儿国在6月30日又想发行国债，那么发行的时候，既想让债券能卖得出去，又不想白白多付利息，那么新发的国债，票面利率就应该贴近3%，假设此时再发的依然是一个5年期国债，票面利率3%，就意味着每一年100元都能收到3元利息，5年期满之后收回本金。未来的现金流就是3元、3元、3元、3元、103元。

现在计算第二只国债未来的5笔收入，等同于2021年6月30日的多少钱呢？

我们会发现，未来的5笔收入折算到现在依然等于100元。所以问题来了，怎样理解1月1日和6月30日，未来不同金额的钱都等于现在100元的这种变化呢？

从本质上来说，买金融产品与买东西一样。假设在2021年1月1日，猪肉50元一斤，此时我们花50元换一斤猪肉，公平吗？公平。市场价格就是这样，50元等于一斤猪肉。而到了2021年6月30日，猪肉价格变成30元一斤，此时我们花30元换一斤猪肉公平吗？也是公平的。根据市场价格，30元就等于1斤猪肉。

买债券，与买猪肉本质相同。在菜市场花钱买猪肉，是把现在的钱转换成现在的猪肉。在金融市场花钱买债券，是用现在的钱买了一张借条，通过这张借条，把现在的钱转换成5年之后的钱。

在当时的利率下，买债券并不是赚钱，而是保存当时的100元到未来，无论利率是3%还是5%，体现的都只是一种时空穿梭中的平价变化。就像是买50元每斤的猪肉或者30元每斤的猪肉，这些行为并不是赚钱，都是公平的。

那么，买负利率的国债，是亏钱吗？一样的道理。这一次时空穿梭的门票是负的利率而已，未来的钱折算到现在依然是相等的。有可能未来的99元刚好等于现在的100元，是价值相等的。有一个笑话，问1+1什么时候等于3？在数学课里，1+1永远不可能等于3。但在金融课里，当你脑海中有了时空变换的概念，应该能够理解，现在的100元可能在2030年等于80元，也可能在2050年等于110元。

我们需要理解这种跨时空的平价转换行为，这种平价转换，既不是赚钱也不是亏钱，而是一种保值、保护、保价的行为，它是平的，是等价的。类似于科幻电影中，人类进入太空舱进行冷冻休眠，50年后再原封不动地起来。这是一种原封不动的穿越时空的行为，从价格上来看，哪怕数值上显示的好像不一样，但本质上是相等的。

这就是第二个知识点。它是一种非常反直觉的认知，如果不学金融，或者学得不够透彻，就很难理解这种反常。

第三个知识点，需要再追问，如果前面买5%的国债和买3%的国债都是平的，都不算赚钱，那什么才算赚钱？

此时需要再做计算，2021年6月30日，国债利率从年初的5%跌到3%，那么年初1月1日那只票面5%的国债价格，发生了什么变化呢？

如果粗略地理解，假设在6月30日，女儿国对外公开发行的国债票面利率是3%，价格是100元。而私下里，女儿国偷偷对唐僧发行了一只票面利率为5%的国债，价格也是100元。那么唐僧的这只国债，拿到市场上，转让给不认识的人，应该值多少钱呢？

别人花 100 元，每年得 3 元利息，而唐僧花 100 元，每年得 5 元利息。每年多得的这 2 元，难道要白送给陌生人吗？那也太亏了，应该在卖的时候提前收回来。

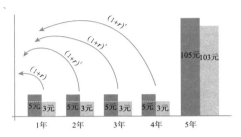

画张图来表示，每年多的 2 元，都要折算到现在的价格里。但每年 2 元，一共 5 年，意思是多收 10 元吗？不是的，因为每个 2 元都是未来的钱，未来的钱还要折算到现在。所以我们需要用折现公式，把每年的 2 元用当时 3% 的利率来折现。折完后，是 9.1594 元，也就是我们必须在原来 100 元的基础上再多卖 9.1594 元。

$$第 1 年：\frac{2}{（1+3\%）} = 1.9417 元$$

$$第 2 年：\frac{2}{（1+3\%）^2} = 1.8852 元$$

$$第 3 年：\frac{2}{（1+3\%）^3} = 1.8303 元 \quad \rbrace \; 9.1594 元$$

$$第 4 年：\frac{2}{（1+3\%）^4} = 1.7770 元$$

$$第 5 年：\frac{2}{（1+3\%）^5} = 1.7252 元$$

我们也可以直接把未来 5 年的现金流 5 元、5 元、5 元、5 元、105 元，按照当前 3% 的利率来折现，就能直接计算出现在的价格，结果是 109.1594 元。

那么 1 月 1 日发行票面利率 5% 的债券到 6 月 30 日的价格会变成多少呢？是 109.1594 元吗？不是的，会有细微的差别。因为从 1 月 1 日发行之后，到了 6 月 30 日已经过了半年，还有 0.5 年就会收到第 1 年年末的 5 元，还有 1.5 年就会收到第 2 年年末的 5 元，还有 4.5 年就能收到最后的 105 元。

所以在实际计算中，按照折现公式中的年限去折现的过程中，n 的取值有了变化。1 月 1 日的这笔债券，到 6 月 30 日时，价格已经从 100 元涨到了 110.7847 元，涨幅超过 10%。

$$第 1 年: \frac{5}{(1+3\%)^{0.5}} = 4.9266 \text{ 元}$$

$$第 2 年: \frac{5}{(1+3\%)^{1.5}} = 4.7832 \text{ 元}$$

$$第 3 年: \frac{5}{(1+3\%)^{2.5}} = 4.6438 \text{ 元} \quad\bigg\} \quad 110.7847 \text{ 元}$$

$$第 4 年: \frac{5}{(1+3\%)^{3.5}} = 4.5086 \text{ 元}$$

$$第 5 年: \frac{105}{(1+3\%)^{4.5}} = 90.9225 \text{ 元}$$

从这个例子中，我们就能看出，利率变化对债券价格的影响。从 1 月 1 日到 6 月 30 日，利率从 5% 降到了 3%，而债券的价格上涨了约 10%。利率下降，债券价格上涨，这是一种反比例的关系，一定要记住。

到此，我们就可以回答第三个知识点的问题，什么情况下才叫赚钱？基于以上这种反比例关系的逻辑，我们所谓的赚钱，其实赚的是利率下降的钱。相反，亏钱其实亏的是利率上升的钱。赚利率下降的钱有两种情况：

第1种情况，你像唐僧一样幸运，在市场公平利率是3%的时候，有傻瓜愿意以5%的利率卖给你，你转手把这个东西再以3%的价格卖出去，就能赚到利率从5%下降到3%的钱。这跟倒买倒卖赚钱是一个套路。

这种赚钱办法的关键是什么呢？往好听了说，是赚信息差；往不好听了说，是要找到市场上的傻瓜，把明明能卖109.1594元的债券100元卖给你。找到市场中的傻瓜，就可以赚钱。

而第2种情况，是在1月1日时，你就已经预期到了未来会逐渐降息，债券价格会上涨，所以你大笔买进债券，博取价格的上涨。如果最终预计正确，就能赚到利率下降的钱。这个方法的关键是认知提升，需要变得更有远见。

这就是第三个知识点。通过这个例子，我们已经知道了如何计算债券的价格，以及债券的价格如何随着利率的变化而变化，赚到的是哪部分钱。

回顾本小节的三个知识点，依次按照左、中、右排序。中间是利率本身，它好比时光穿梭的门票，在一个公平不变的利率下，利率为正，你会感觉随着时间的推移你的钱越来越多；利率为负，你会感觉钱越来越少。但这并不意味着赚钱或者亏钱，因为在不同的时间下这些钱是等价的。在左侧，利率连接着我们所在的真实世界，真实世界的经济变化导致了利率的上涨或者下降。在右侧，利率连接着金融市场，利率的变化会导致金融市场中一些产品的价格发生变化。由此，真实世界和金融市场就通过利率连接在了一起，利率便是枢纽般的存在。

债券价格这部分的知识，可以套用到很多相似的领域。

举例来说，很多朋友关心房贷，不知道该选等额本息还是等额本金，该选 20 年还是 30 年，如果有闲钱，是否要提前还款。

用这一小节的知识来分析，我们应该认识到，房贷市场上会有一个公平合理的利率水平，在这个利率下，你付的利率只不过是时空转移的门票钱。现在的钱等于 10 年后的钱，也等于 20 年后的钱，一切都是平的。选等额本息与等额本金之间，只不过是转换的时间点不一样而已。就像是一辆从北京出发，途经天津、唐山的火车，我们在天津下车划算，还是在唐山下车划算？实际上没有划算一说，火车票按每百公里来计费，坐多远就付多少钱。等额本金和等额本息也一样，只不过是大头的钱，在什么时间点来还。选等额本金，还款压力在前几年，平均借款时间更短，因此看起来像是利息更低。等额本息，是每个月还一样的钱，它的平均借款时间要更靠后一些，看起来利息高了点。至于选择 20 年还是 30 年，是否要提前还款，皆是同理。穿越时空之后，就算看起来数字不一样，但是价格依然是平的、合理的。所以怎么选要看自己手头资金的宽裕程度。

比如你是做销售工作的，你预计这几年自己年富力强，收入很高，但是过几年干不动了，收入会下滑，那么就应该选择等额本金，把压力放在前几年，并且还要把贷款期限缩短，不要贷 30 年那么久，有闲钱要提前还款。相反，如果你现在工资不高，但是预期未来会逐年上升，那就应该选择等额本息，并且尽可能贷更长的时间，不需要提前还款。

然而，价格是平的这种判断，有一个前提条件，即贷款利率是市场平均值，是公平的利率。但实际上，我们每个人的房贷利率并不是相等的。有些人买房时运气非常好，碰到了利率打折。有的人买房时，则是利率上浮 30%。此时我们的结论就不一样了，利率低，等于占便宜，那么占得越多越久越划算。所以在能贷到的范围内，贷到最高金额，贷满最长期限，选等额本息，永远不要提前还款。相反，如果你的利率上浮了，并且数值很高，结论也就与之相反。

以上便是债券价格的知识，可以套用到所有不需要考虑风险的借钱情况中。

P2P

前几年国内一度出现了很多的 P2P 平台，2020 年已经被集中关停清理，属于昙花一现的产品。但因为刚过去没多久，大家也比较熟悉，所以我还是会以此为例进行讲解，这部分的知识点，可以用来套用一切需要考虑风险的情况。

P2P 是撮合借贷的平台，本质上里面是一笔一笔的借款，但跟常见的亲友借款不同，这里面的借款发生在陌生人之间，是网友之间的借款。互联网上有一句俗语，说隔着电脑屏幕，你根本不知道对方是人是狗。P2P 也一样，隔着电脑屏幕，你根本不知道对方的情况，这一定是有风险的。第 18 课风险补偿一节曾经提过，面对有风险的行为，需要计算概率。但在金融市场里，时间和风险加在一起时，利率该怎样算呢？

举例来讲，假设还是在女儿国，2021 年 1 月 1 日，一年期的国债利率是 4%。这是无风险的基准。

此时，女儿国有一家名叫猪八戒的 P2P 平台，有很多网友在猪八戒上借款。这一平台宣称监管非常严格，会严格地人工审核借款人的身份证件信息，以及借款人的工作情况。做假身份证的概率非常低，但工作证明和工资流水作假却存在可能。所以，这一平台上的借款人会有赌鬼、重症晚期、欠债濒临破产等各种情况，最终有可能跑路不还钱。

此时我们该怎样衡量风险呢？可以使用概率来衡量。想象自己对外借了 1 万元，分散地借给了 100 个人，每人借了 100 元。这 1 万元应该收多高的利息呢？此时我们需要估计每 100 个人中，到底有几个人不正常，最终会还不上钱。如果我们估计每 100 个人中，有 5 个这样的人，那么就要把这种风险考虑进去。借出的 1 万元就应该拆成两部分：第一部分，是安全的 9500 元；第二部分，是打水漂的 500 元。9500 元产生的利息，需要足够覆盖 500 元的损失之后，再平均到总的 1 万元支出，使平均下来的多的利息不少于国债的 3%。

1 万元投资国债，按照 4% 的利率，最终会无风险地收回 10400 元。

$$10000 \times (1+4\%) = 10400$$

那么投资 P2P，就应该是：

$$9500 \times (1+P2P \text{利率}) + 500 \times 0 \geq 10400 \text{元}$$

由此得出的猪八戒平台的 P2P 利率，是不少于 9.47%。

而 9.47% 利率的意义是，虽然这个利率数值看起来很高，但是因为有风险因素存在，风险抹平之后，9.47% 的利率带来的结果跟无风险投资国债的结果是一样的。既然如此，在利率只有 9.47% 的时候，我们不如去投资国债。因而，猪八戒平台的 P2P 利率一定要比 9.47% 还要高，比如达到 10%，才算有吸引力。

那么问题来了，假设猪八戒平台给出的利率是 8%，很多普通民众觉得这一利率很高，然后大批地去猪八戒投资，结果会怎样呢？讲债券的价格时，我们曾经提过，赚钱有两种方法，第 1 种方法是找到市场中的傻瓜，愿意把本应值 10% 的钱以 8% 的利率借给你。

继续扩展这个问题。假设女儿国里不只有猪八戒一家P2P平台，还有另外两家，分别是二郎神和黄风洞。二郎神这家公司更加自律，它会要求借款人提交近期的体检报告，会向借款人的公司打电话，会去征信平台查询余额……它会通过很多措施，把平台的风险降低到每100个人中，只有2个跑路的概率。而黄风洞这家公司不仅不自律，私下还给很多关系户偷偷放宽要求，反正就算关系户还不上钱，亏的也是别人。这种消息越传越广，于是黄风洞每100个借款人中，至少混进了20个打算不还钱的人。

此时我们再次计算这两家公司的利率应该达到多少才算公平。

对二郎神公司来说，求出的利率是不低于6.1%。

$$9800 \times （1+P2P利率）+ 200 \times 0 \geqslant 10400 元$$

对黄风洞公司来说，求出的利率是不低于30%。

$$8000 \times （1+P2P利率）+ 2000 \times 0 \geqslant 10400 元$$

从这个例子中，我们就能看出，利率的高低与风险的大小有很大的关系。

P2P公司	对外宣传利率	民众买它的结果
二郎神公司	6.5%	?
猪八戒公司	8%	?
黄风洞公司	8.5%	?

此时，我们把三家公司列在一起，假设三家P2P平台对外吸

收存款的利率，如上图表格所示，二郎神公司6.5%，猪八戒公司8%，黄风洞公司对外宣传，说利率在8%的基础上，做年度促销活动，再贴息0.5%，用户可以每日整点抢贴息券，领到0.5%的贴息券，从而使投资利率达到8.5%，如果抢不到，还可以通过邀请好友获得贴息券。

那么大家觉得，给这三家公司投钱的结果会是怎样的？以6.5%的利率投资二郎神公司的P2P，会略微有一点小赚。此时要注意，6.5%的利息不都是赚到的钱，其中至少6.1%的部分是你合理的、应得的、弥补风险之后，跟无风险的时空转移费等同的费用，这一部分的费用不算赚钱。超过6.1%的这0.4%才是赚的钱。所以此时，投资二郎神公司的P2P结果是，有一点小赚。

而投资猪八戒公司的P2P，结果是至少亏1.47%。

而投资黄风洞公司的P2P，结果就是裤衩都亏光了。

我们还可以想象，哪家公司会更受欢迎？对不懂行的普通民众来讲，很多人会抢着去投资黄风洞的P2P。

通过这个例子，大家应该能够明白风险补偿的意思了。如果完全不懂风险补偿，没有想过风险补偿要收多少钱，只是单纯地觉得8%的利率比银行理财、国债要高，就一股脑地冲进去，结果可能就会比较惨烈。在前几年，P2P非常火热，很多人就算没有亲自参与过，多少也会有所听闻。经过这一小节，大家应该能感受到，能够造成这么严重的后果，是因为现阶段国内大部分居民缺少金融常识，对利率等问题，缺少深刻的认知，于是一不小心成了市场中的傻瓜。P2P想要正常发展，不仅取决于科普程度，还取决于是否有强力的监管，否则我们谁也不知道这些公司在具体放贷的时候，到底有没有做到充分自律，有没有纵容黄风洞里的小妖来恶意借钱。

以上就是金融资产价格中关于 P2P 的讲解，这里的知识点可以套用到所有跟借钱相似的、需要考虑风险的情形。

房子

这一节的金融资产是房子，很多人都会关心，房子的价格是怎样估值的呢？房子最大的价值是居住，我们如果把一个市区里的房子做空间转移，平移到喜马拉雅山的无人区里，这个房子顿时会变得一文不值。但我们怎样给房子的居住价值做估值呢？市面上有现成的，就是房租，只占有房子的居住权，所付出的价格就直接体现在房租上，所以房租比较能够代表房子的居住价值。

房子的房租，性质又可以类比为金融资产的利息，可以看作一种钱生钱。这种能带来利息、租金的资产，都叫作有息资产。借款有利息，债券有利息，股票有股息，房子有租金，出租车的运营牌照能出租，有租金收入，哪怕是一辆渣土车，也可以出租赚钱，有租金收入，这些东西都可以看作一种有息资产。

有息资产的估值，和债券类似，可以套用债券的估值方式。在债券一节，我们用了 5 年期债券来举例，现在债券值多少钱，就等于把未来 5 年将要收到的所有的钱，都通过时空转移的方式折现到现在。将未来所有现金流的现值加在一起，就是现在的债券价格。

房子同理，我们把之后每一年收到的房租，都用折现公式将未来的钱折算到现在，再加总在一起，就能近似地得到这套房子未来所有的居住价值。

但房子的未来有多少年呢？为避免计算强度过大，我们在这里用一个公式来替代，叫作永续年金的现值公式。按照字面意思，永续即永远地持续下去，年金即每年都给你一笔现金。所以永续年金的意思是，持续到永远地每年都给你一笔钱。而它的现值公式，就是未来每一年的钱都折现到现在加总之后的现值。这个公式非常容易计算，比我们手动算现值再加起来要方便得多。

$$总的现值 = \frac{每年利息金额}{利率}$$

以上便是永续年金的现值公式。大家可能会有一些疑问。第一个疑问是，这个公式如何得出？在我的印象中，这一公式是通过求极限得到的，其推导过程是数学问题，并不影响对金融知识的理解，对于普通读者来说，只需记住公式即可。

第二个疑问，国内的房子产权只有 70 年，能用这个"永续"公式吗？答案是能，可以直接拿来用。因为在数学上，当期限超过 50 期后，再多几期还是少几期求出来的结果都相差不大，数值非常接近。

第三个疑问，永续年金公式可以用来计算什么呢？我们要知道，现实生活中完全不存在完美的永续年金。完美的永续年金只存在于想象和理论中。之所以要想象出这一模型，是因为永续年金公式计算很方便。所以在现实生活中，能用到这个公式的情况都属于近似替代。只要你感觉某个东西跟永续年金有点像，就可以用公式来代替计算。比如退休金、养老保险、房租、可以永久出租的出租车牌照，等等。

以我曾经的租房经历来举例，我最早是住合租房的两室一厅的房子被房东改成 5 间，我住在其中一间，房租是 650 元一个月。我推测这套房子每个月的总租金是两千多元，全年租金大概是 3 万元。用年金的现值公式去估算，我们需要选取一个利率做折现率。假设我们选取 5% 的折现率，那么房子估价就是：

$$\frac{3\,万}{5\%}=60\,万$$

在 5% 的折现率下，这个房子的居住价值大概为 60 万元。那么当年这个房子卖多少钱呢？据我推测，这个小区在 2006 年左右开盘，开盘价格是 7000 多元。假设 2008 年房价是 1 万元，那么一百平方米左右的房子，当时价格就在 100 万元左右，在我们看来，100 万元的房子价格合理吗？

从几个角度去解读。

第一，取 5% 的折现率是否合理？如果改成 3% 的折现率，那么 3 万的租金除以 3% 就等于 100 万元。推测出在 3% 折现率的条件下，房子的居住价值是 100 万元。但是当年取多少的折现率合理呢？年代太遥远了，我也不知道。但从日本和美国的利率变化历史来推测，我们能看到利率长期下降的趋势，所以即便当时用 3% 的折现率低了，用不了多少年，折现率也会下降，导致100 万元并不贵。

第二，我们计算居住价值的时候，取的是 3 万元的年租金，房租未来会上涨吗？非常有可能。因为在十多年前，经济增速非常快，人们的收入逐年上涨，房租也非常有可能上涨。所以如果房租上涨，居住价值也会上涨。

第三，居住价值是房子最大的价值，但不是唯一价值，房子承载了办居住证、落户、子女上学等很多社会功能属性，承载了各种心理满足感、社会认可等精神层面的内容，还承载了供求因素带来的溢价或者折价。比如，大家都抢房子的时候，必然会有溢价；大家都恐慌的时候，必然会有折价。这些属性也有额外的价值，也应该被赋予到房价之中。所以如果也给额外的属性赋予一些价值，房价看起来就合理多了。

房子价格 = 居住价值 + 功能价值 + 精神价值 + 供需折溢价

所以，经过一番分析，大家应该明显能够感受得到，虽然 2008 年，电视剧《蜗居》已经上映，房价高也成了热议话题，但经过计算，我们会发现当年的房价并没有太大的泡沫。

我住了近三年群租房之后，搬到了第二套房子，这是一套立于郊区的联排别墅，每月租金 6000 多元，一年大概 8 万元。在当年，6000 元月租还属于比较高的水平，很少有人愿意付这么高的租金，所以从供需的角度来看，这个房租是被低估的。相反，因为它是一个入门级的别墅，总价并不高，容积率又很低，还送了独立车位和花园等很多面积，从供需的角度来看，它的房价不会太低，所以我们的折现率应该取得更低一些。假设我们取 3% 的折现率，8 万除以 0.03，计算可知，房子的居住价值大约是 270 万元。而当年，同一小区同一户型的别墅挂牌价是 340 万元，这一价格合不合理呢？270 万元的居住价值，340 万元的售价，中间的差价部分，如果我们扣除房子的其他社会功能所带来的价值，再扣除别墅所带来的高精神满足感，计算结果上，其实溢价并不高，属于能接受的合理范围，所以当年这套房子依然是比较值得买的。

我搬的第三套房子是陆家嘴一套 50 平方米、房龄 30 多年的老公房，月租 3700 ~ 3800 元，一年大概 4.5 万元。这栋房子同时在出售，售价 145 万元。我们继续用公式计算。租金除以折现率，如果分别用 5% 和 3% 的折现率来算，会得出房子的居住价值在 110 万元到 150 万元。这是不含其他问题所计算出的价值，所以当时 145 万元的售价非常合理，很值得买。并且经过多年的房价和房租上涨之后，很多人也逐渐预期到了房租房价会上涨，可以对房子给予更高的估值，很明显，当时 145 万元的报价还是报低了。

提到这里，我会忍不住想，为什么当年价格会报这么低呢？因为当年虽然大家依然在抱怨房价高，但那个时候的房价并没有让人绝望，大家都还对房子有预期、有憧憬，觉得能买得起更好的房子，所以对这种老公房喜欢不起来。就像我当年明明知道这个房子价格很低，却依然没买一样。如果大家都这么想，那么在当年，这套房子的精神价值以及供需折溢价的部分，估值就都会很低，结果就是房子的价格非常接近于居住价值。

但即便不是这套老公房，我们依然能感受到，在 2012 年，房价依然还是处在较为合理的水平。

在这套房子到期后，我又换了隔壁小区，这是一套 70 平方米的老公房，房租也一直在涨，从最早 5000 多元一直涨到 2015 年的 6500 元，而 2015 年到了，房东也开始打算卖房子了，对外报价是 490 万。

继续用公式计算，租金按一年 8 万元，分别取 5% 和 3% 的折现率，居住价值在 160 万元到 270 万元，超出的部分，功能价值和精神价值非常有限，因为房价多年上涨，人们对房子趋之若鹜，已经使供需溢价变得非常大。此时，离上一套房子报价 145 万元过了三年，房价也上涨了很多，这一价格并不便宜。可以得出，在 2015 年，上海的房价已经开始透支未来的涨幅。

到现在，这些房子怎么样了呢？我查了一下，在 2021 年，当年别墅的挂牌价是 700 万元到 800 万元，10 年涨了一倍多一点，房租报价是 7500 元到 1 万元，反而没有涨太多。最后一套房子的房价从 490 万元涨到了 800 多万元，房租从 6500 元涨到了 8500 元。我们再按照公式来计算，会发现结果已经完全偏离到离谱的地步。一线城市的房价，到现在已经不只是处在透支未来 N 年涨幅的程度，而是到了一个泡沫比较大的程度。在这一刻，非常神奇的是，央行、学者、整个金融体系都知道有泡沫，只有普通老百姓还不知道，还相信一线城市，尤其是市中心的房子是核心资产，相信这种资产永远也不会贬值。

为什么说房价已经远超过透支，达到了泡沫的程度呢？

以最后一套房子举例，2015 年，这套房子的价格是 490 万元。这个价格在什么条件下才是合理的呢？大约在房租上涨到每年 12 万元到 15 万元的时候，用 3% 的折现率，它的居住价值就能到 400 万元到 500 万元。如果以现在 800 多万元的价格来计算，需要房租上涨到 22 万元到 24 万元时，这个房子才值这个价格。所以，房租多久才能涨到 12 万元或者 24 万元呢？在我看来，涨到 12 万元会非常慢，但还是有可能的，而涨到 24 万元，几乎是不可能的。原因有很多。

第一，房租收入与工资水平相关性非常强。上海的月平均工资，2008 年大约是 3000 元，2015 年大约是 6000 元，2020 年大约是 9000 元，工资确实在逐年上涨。但我们必须也要预计得到，小基数和大基数上涨的速度是不可能一样的。数据从很小的基数变大容易，平均工资从 3000 元涨到 6000 元、9000 元容易，但是大基数想要再高速增长是很难的，比如从 9000 元涨到 1.8 万元，再涨到 2.7 万元是很难的。我们预期未来上涨的平均工资难以持续地逐年大幅提升，所以房租会越涨越慢。

第二，随着人们工资上升，收入用于居住的比例会逐步下降。因为赚的钱越多，需要花钱的种类就越多。一个刚工作的人，工资四五千，可以拿出一半的钱去租房，然后花销种类只剩下基本生活开销。而工资涨到 1 万时，这个人不可能再拿 5000

元去租房，他的生活开销中可能会增加旅游、交友等很多开销，这会进一步降低房租的上涨速度。

第三，当上海的居住成本高到某一水平后，对外的溢出效应会越发明显。举例来说，如果上海租房要 20 万元一年，而在其他很多城市，把这笔房租省下来，不工作都够花。所以当房租达到某一个程度之后，对外溢出会越来越明显，人口就会变成流出，市场有效需求会变少，这也会进一步削弱房租上涨的幅度。

从上海过去 6 年的房租变化中也能看出，过去 6 年里，房租整体上涨的幅度非常低。在 2015 年到 2018 年，房租还曾有不小的涨幅，而到了 2018 年之后，反而一度出现下降。

所以我认为，案例中的那套房子，站在 2015 年看，10 年内房租是可以涨到 12 万元以上的，所以当时的房价属于透支，靠着时间拖延，能够把价格风险化解掉。而站在 2021 年看，20 年内都难以看到房价涨到 24 万元，这绝对是一个拖时间都难以化解的价格，是泡沫。

这里，我知道很多人也会对此产生怀疑，认为房价跟房租没有关系，就算房租不涨，房价也可以涨。是啊，房价短期内大幅上涨，涨的是供需折溢价的部分。

因为有太多人相信，房子的价格可以脱离居住价值，相信房价永远会涨，这样的人多了，买房子博取价格上涨的人也多了。然而房价真的能永远涨吗？这个世界上没有任何东西能永远涨下去，只要有一些风吹草动，相信房价永远涨的人开始变少，那么供需折溢价部分的价格就很难再撑得住。

当然，并不是所有的城市都是如此。我最早在 2017 年就开始不断地告诉大家二线城市值得去，沿用的就是这一小节的逻辑。

第一，二线城市已经开始进入快速发展的时期。二线城市的人均收入还处在比较低的基数，能预期到未来10年会快速地增长，所以我们可以预计到它的房租，也就是房子的居住价值部分会不断地升值。第二，当时我看到了很多城市都有价格1万多元的房子，一套房子100多万元，租金2000元。这听起来，也就比当年我住群租房的价格略高而已。而且因为居住价值会不断增长，买这种房子的风险非常低，增值的确定性非常高。所以在学习完本小节后，我依旧建议大家可以照着本小节的方法来计算一下，如果你所在的城市经济还在不断高速增长，人们的收入在持续地逐年上升，而房价的价格合理或者溢价没有太大，那么就早点买吧。

股票

股票是公司的份额，就像一个完整的橘子可以分成很多瓣一样，一个完整的公司，可以无限拆分。如果只发一万股，就是拆成一万份；如果发行一亿股，那就是拆成一亿份。每一段股票代表的就是公司的一万分之一或者一亿分之一。

公司存在的目的就是赚钱，一个完美的公司一定是能持续赚钱的公司，每年都会有盈利，一直持续下去。假设一个公司每年收到固定的钱，支出固定的成本，最后获得固定的利润，那么这个公司的估值方式会非常像年金公式。

具体来说，假设村头老王修了一个公共厕所，每人上一次厕所收费0.1元，整个村子里每人每天平均上三次厕所，村子有一千人，这样可以推测出，一年的收入就是109500元左右，扣掉成本，老王修厕所的贷款每年还2万元，老王的工资2万元，维修成本 2 万元，最后得出，这个厕所作为一个有息资产，每年能够稳定获得的挛息，也就是利润是 49500 元。然后用年金公式，假设取 5% 的折现率，就能计算出此公共厕所项目的资产估值大约为 99 万元。

$$\frac{4.95\ 万}{5\%} = 99\ 万元$$

如果这个公共厕所项目上市了，发行了股票，总计发行 1 万股，那么股票价值就会是：

$$\frac{99\ 万元}{1\ 万股} = 99\ 元/股$$

最后股票的价格就会围绕这个价值上下波动，而且不同的人心里的折现率是不一样的，有可能 A 基金公司觉得要用 5% 折现，B 基金公司觉得要用 4% 折现，最后会得出一个价格区间，股票的价格还可能围绕这个区间做上下波动。

因为读者的基础各不相同，所以这里的阐释还要再啰唆一点。

我们可以用公司的总利润除以折现率，得出公司整体的估值，然后再用这一估值除以股票数量，则能得出每股的股票价格估值。

$$\frac{公司的总利润}{折现率} = 公司整体的估值$$

$$\frac{公司整体的估值}{股票数量} = 每股的股票价格估值$$

或者，我们也可以直接用公司总利润除以公司的股票数量，得出每股利润，这个数字一般每个股票都会直接披露。每股利润再除以折现率，就能直接得出每股的股票价格估值了。

$$\frac{公司的总利润}{股票数量} = 每股利润$$

$$\frac{每股利润}{折现率} = 每股的股票价格估值$$

为什么要编一个厕所的例子出来？因为现实生活中，没有任何公司的经营能够完全稳定，无论是吃饭还是穿衣，数量都有可能今年多明年少，或许只有上厕所是稳定的。尽管如此，这个逻辑依然要讲，因为这就是公司估值的根基逻辑——本质上就是把未来所有的利润都折现成现在的价值加总在一起。从这种意义上来说，买股票依然是一种把现在的钱穿越到未来的时光穿梭工具，买房子同理，只不过从我们进入第 22 课开始，一路举例用的这些工具，风险越来越大，国债是坐着八抬大轿去穿越，绝对安全，而到了股票这里，是坐着过山车去穿越，可能上天也可能入地。

债券的未来现金流非常稳定，所以研究债券的关键，就变成了研究未来利率的变化方向，也就是除法中分子的变化。股票则完全相反，因为公司经营不稳定，那么研究的重心就变成研究分母，最主要是要预期公司未来利润会怎样变化。

像基础设施类，比如自来水公司、电力电网公司、手机运营商、宽带运营商、高速公路收费站等，这一类公司总体上偏稳定。

所以股民朋友往往并不愿意买这类股票，因为既然已经冒着风险去炒股了，既然已经选择坐过山车，大家更多的是图股价上涨，希望通过股价上涨赚钱。而通过估值的最基础逻辑，一个除法公式，分母部分的利率变化不会太大，所以关注的重心就变成了预期分子部分，也就是公司未来的利润会怎么走。

举例来说，在 2012 年到 2013 年，我曾经持续关注过电影行业，并且持续买入过这个行业。因为 2010 年，徐静蕾曾经自导自演过一部电影，获得了过亿的票房，我看了这部电影，发现一点都不好看，但就算这样，票房依旧过亿。怎么解释呢？这说明随着收入逐渐上涨，物质逐渐富足，人们在精神消费方面越来越肯花钱，需求很旺盛。相反，跟旺盛的需求相比，那些年里能看的电影非常少，供给不旺盛。所以能看出，电影行业非常有潜力。紧接着，城市建设开始蔓延到了电影院领域，全国总的电影院银幕数量大幅上升。2011 年，全国有 9286 块大银幕，2012 年增长到了 13118 块，一年增长了近 4000 块银幕，并且预测未来每年都会以百分之三四十的幅度增长。所以，这是一个快速增长的增量市场。曾经很多小城市，没有电影院，人们想花钱花不出去。等新建了电影院之后，对这里的人来说，就是一个从 0 到 1 的增量过程，所以，可以预期电影公司的营业收入一定会大幅地、快速地增长。

这个案例的分析，体现的其实就是第三章里，供给曲线的大幅向右移动和需求曲线的大幅向右移动。这样的关联在后面会越来越多，我们会发现整个第一模块的内容，都值得反复观看，因为这些经济学的基本逻辑是根基。这也是本书要讲经济学，而不是本末倒置讲技巧指标等理财课的原因，因为本质就是用经济学的眼光去理解世界。

正是基于这样的分析，从 2012 年到 2013 年，我大笔买入这个行业的股票。本来我很节俭，不怎么去电影院，但是为了能够安心地守住投资，那个时候，每上映一部新电影，我都去看。就是因为这种赚钱的投资次数多了，才让我变得不那么心急去买房，才让我敢辞职离开一线城市，去过比较自由的生活。这种经济变化，只要善于观察，经常能够看到。

所有有息资产的估值，根基逻辑都是一样的，即未来资产折现过来的价值总和。我们甚至可以套用年金公式，用分子除以分母这个估值逻辑。而股票，因为公司经营会产生非常大的变化，所以关键是预期未来经营的变化，也就是分子的变化。在极端快速增长的行业里，人们对未来的预期可能会有更大的差异，有可能张三预计未来经营情况翻 10 倍，李四认为会翻 100 倍，于是股票价格就会产生剧烈的波动。

股票是有价值和价格之分的，价格围绕价值上下波动。但是因为市场上，张三和李四之间，每个人对未来的预期都不一样，所以价格剧烈波动时，会带来价格偏离价值的情况。

举例来说，如图所示，柱形图代表一家公司未来每年预期的营业额情况。

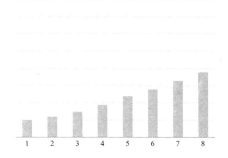

但股价绝对不会乖乖地完全贴着预期向上平稳上涨。如果股价走成第一条线的形态，第二年的股价就已经超过第五年的估值预期，然后用后面的时间慢慢恢复，逐渐去接近价值。这种属于透支了未来的预期，要估值修复。

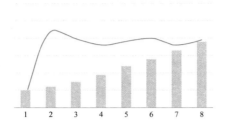

第二种走法，股价第二年突然剧烈地上涨，远远超出第五、第六、第七、第八、第九年的估值，偏离价值区间太远，最终价格有可能会剧烈下跌。这种叫有泡沫和泡沫破灭。

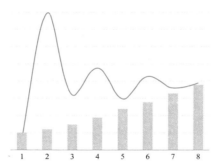

透支和泡沫，在讲房子的时候也提过，依然同理。

有息资产和无息资产

本节最主干的内容到这里，其实就已经结束了。我们解释了4种非常有代表性的资产，债券、P2P、房子、股票，它们的共同之处就是，未来都能持续地带来现金流收入，或稳定或不稳定，但未来都有可以预期的收入。而它们的估值方法，也都基于同样的逻辑，如果未来的现金流稳定，那么就确定地把未来的钱时光穿越到现在，来计算现在值多少钱。如果不稳定，甚至有风险，就要把不确定性也考虑进去。我们能够看出，所有未来带现金流的资产，都可以用这种原理来估值，只要大家有了这种基础的逻辑，未来看到差不多的东西，都可以用相同的逻辑来分析。

举例来说，如果我们想要投资一个太阳能发电站，我们能够预计它在未来 20 年会持续地通过发电产生收益。换句话说，未来 20 年会持续地产生现金流。但是它的现金流是多少呢？很难确定。因为这取决于很多因素。第一，取决于未来每年能发多少电，而能发多少电又取决于光照时长。但未来的光照时长谁也无法预测，所以，我们只能取一个过去几年的平均值，做一个粗略估计。第二，取决于未来电费的价格。发出来的电量，乘以卖出去的电费才是收入。现在电几毛一度，未来未必会一直这样。但我们依然可以粗略地估一个电费价格，大概预测出未来 20 年的现金流，每年大约有多少钱。因为有估不准的风险存在，所以我们假设估计每年现金流在 8000 元到 1.2 万元。这个区间具体是多少，取决于预期，如果我们预期未来电价上涨的概率很高，这个区间就可以往上调一些。如果预期未来遭遇不幸的概率更高，就得把区间往下调一调。

不过，未来的现金流是未来的钱，为了估算现在的价值，我们还需要把未来的钱做时空穿梭，转移到现在，此时我们需要选取一个折现率，这个折现率代表的是平均的机会成本。假设我们预测以后机会越来越少，折现率就要尽量取较低的数值；预测未来经济越来越好，以后机会会不断地增多，折现率就要尽量取更高的数值。

但更大的可能是我们对未来一无所知，所以最简单的办法，取 10 年国债的收益率当折现率，或者取 5 年期 LPR 利率当折现率。

然后我们再进行计算，第 1 年的现金流除以（1+r），得到的是第 1 年的现金流穿梭到现在值多少钱，第 2 年的现金流除以（1+r）的平方，得到的就是第 2 年的现金流穿梭到现在值多少钱，这个发电站预计能有效发电 20 年，我们就应该把 20 年的结果都加在一起。

假设计算出的结果是这个发电站的估值在 102000 元到 154000 元，那么到底要不要投资这个太阳能发电站呢？需要看价格。如果现在花钱投资建电站的价格远低于 10 万元，说明非常值。如果是 10 万元，也值得做。如果是 12 万元，那么可做可不做。如果是 15 万元以上，投这个就是赔钱的。

折现率 R	4.65%		。	
年限	预估现金流下限	预估现金流上限	现值下限	现值上限
1	8000	12000	7644.53	11466.79
2	8000	12000	7304.85	10957.28
3	8000	12000	6980.27	10470.41
4	8000	12000	6670.11	10005.17
5	8000	12000	6373.73	9560.60
6	8000	12000	6090.52	9135.78
7	8000	12000	5819.90	8729.85
8	8000	12000	5561.30	8341.95
9	8000	12000	5314.19	7971.28
10	8000	12000	5078.06	7617.09
11	8000	12000	4852.42	7278.63
12	8000	12000	4636.81	6955.21

折现率 R	4.65%			°
年限	预估现金流下限	预估现金流上限	现值下限	现值上限
13	8000	12000	4430.78	6646..7
14	8000	12000	4233.90	6350.85
15	8000	12000	4045.77	6068.56
16	8000	12000	3866.00	5799.01
17	8000	12000	3694.22	5541.33
18	8000	12000	3530.07	5295.11
19	8000	12000	3373.22	5059.83
20	8000	12000	3223.33	4335.00
求和			102724.00	154085.99

很多朋友还会经常问，某地的房子能不能买？商铺能不能买？饭店还能不能开？某个投资能不能做？这些答案都是同理的，都需要看价格。我们所关心的各种东西，都会有一个内在的价值。价值永远是隐藏的，我们只能估测出一个大致的区间。我们直接能得知的，都是外在的价格。价格远低于价值，就值得投资，但没有人会告诉我们真正的价值是多少，我们只能通过各种估值方法，尽量地去准确摸到估值。最终，落脚到能不能买这样具体的问题时，就要看价格。

我曾经见过有些只值2万元一平方米的商铺，在开盘的时候，因为宣传深入人心，价格被炒到10万元一平方米，最后无数人被套牢。希望本节结束时，大家都能变得冷静理智，都不会那么容易被煽动。

跟有息资产相反的是无息资产。比如你有一幅毕加索的画，我们知道它有价值，但是不知道该怎样估值，这就属于无息资产。它不适用于前文这种估值方式。但我们知道它的价格是怎么决定的，这是前面讲过的逻辑，供需决定价格。毕加索的画是一种艺术品、收藏品，它的供给端已经固定不变，供给曲线无法左右移动，最主要受需求端的影响。需求端取决于收藏家的数量、财富实力，也取决于替代品。当然，从供需角度来看，我们也只能抽象地估计一种无息资产的价格变化趋势。想要精准地给出估值，仅凭经济或者金融知识是不可能实现的，需要相关行业内的专业人士去解决。

同样，黄金、石油甚至猪肉价格，都属于无息资产，都不适用于有息资产估值的方法。它们适用的是第三章，经济学的核心逻辑，也就是供需。供给端是去研究石油开采、肉猪养殖，需求端就是去研究石油消费和猪肉的消费。

第22课的主要内容到此为止，最后依旧要做一些更深入的思考。有息资产和无息资产，真的只是表面上看着有没有利息、有没有租金这么简单吗？

简单来列两个资产供大家区分。

第一，人民币是有息资产吗？美元是有息资产吗？凭感觉的话，人民币和美元存起来有利息，借出去有利息，所以它们都是有息资产吗？

第二，假设我创立了一种资产，名字叫叽里呱啦，我宣传说，叽里呱啦是一种在未来非常有用的东西，能充当未来的黄金、石油、芯片、人造器官等，它有很多用途，所以大家现在赶快花钱买。这个东西1万元一个，你每买一个，就可以把它放在我的交易所里，我承诺给你15%的利率或者15%的增值。大家怎样评判呢？这个叽里呱啦是有息资产吗？

其实，人民币和美元都不能算有息资产。因为货币是一个独特的存在，我们在衡量有息资产的估值时，用到的折现率其实就是利率，即货币的时间价值，利率其实是一个标杆，一个参照物。

我们也提过，货币拿在手里，只赚一个时间价值，这不叫赚钱。如果今年货币的时间价值是3%，意味着我现在的100元到明年会值103元。我踩着时间价值，获得的这3元，不是赚钱。同样，假设有一天我们到了负利率的时代，如果货币的时间价值变成了负3%，我们现在的100元到明年就会变成97元，少掉的这3元也不是亏钱。所以，货币自己天然的那部分利息是时间价值，既不是赚钱也不是亏钱，只是货币天然变大或者变小，所以我们不能把货币当作有息资产。货币是一种类似于参照物的东西。什么叫参照物呢？举例来说，一棵树的高度是18米，一口井的深度是18米，请问这高度和深度是怎么来的？是根据地面算的。所以地面就是参照物，我们会天然忽视地面有多高，地面有多深。这就是参照物的概念。货币也一样，货币本身就是一个参照物，是一种衡量工具。就像是用尺子衡量长度，用秤衡量重量一样，货币是用来衡量价格、财富的。货币本身，不能当作有息资产。只有把货币转换成银行存款、债券、房子、股票等东西之后，我们才把存款、债券、房子、股票这些东西叫作有息资产。

而第二个问题，债券、房子、股票这些东西的利息是从何而来的呢？它们的本质又是什么呢？叽里呱啦和股票、债券、房子之间的差异是什么，凭什么后三者是资产，叽里呱啦不是？这个问题，留给大家思考。

这些内容将在第五模块《社会的财富是如何分配的》中进行

研究，到时候，我们将要深入地追问，财富到底是什么，财富是怎样被创造出来的，财富是怎样分配的，以及财富分配的过程中到底有没有漏洞。

理论课 23 · 跨期消费决策

在本节，我们需要把第五章与整个第二模块做一个关联。

第五章是"时间与风险"，最核心的内容是利率。利率是多个世界的连接点。一方面，利率连接了真实的经济世界，真实世界的经济增长、通货膨胀、央行的货币政策等，都会改变利率。另一方面，利率连接了金融市场、资产市场。债券、股票、房子，各种投资项目的价值，值不值得买，都跟利率有关。

然而，第二模块的内容是消费者如何做选择，那么为什么要把第五章放到第二模块讲呢？第五章的内容与消费者的选择有什么关系？这个思维地图是怎么联系的呢？

进入正题之前，继续讲故事。

很多人都说找对象要三观相符，所谓三观，是指世界观、人生观、价值观。世界观，是指你观察到并发现了这个世界是怎样运转的，世界是什么；人生观是指你认为人生追求的是什么；而价值观，包括人对价值和是非的判断，比如对钱怎么看，对是非曲直、道德衡量的看法。世界观会影响人生观，也会影响价值观，人生观和价值观会互相影响。

为了说明这三者的关系，我讲几个故事。其中一个是我与我的好朋友的故事。我们两人从中学时代就志同道合。因为在中学时代，生活非常简单，大家都想着努力学习。在这种简单的生活中，无法形成世界观和人生观，所以我们没有什么分歧，一直共同进退。等高考完报志愿选专业的时候，我想离钱更近一些，于是去读了金融。好友想当工程师，于是进了一个比较小众冷门的理工科专业。不同的大学和专业重塑了我们的世界观，我们对世界的认识变得不一样，也由此开始产生分歧。

我的朋友读的是理工类，她看到的世界历史由科技构成，在她眼里，世界是由科技推动着向前发展的，而世界中的人也会由此分成三六九等。对普通人来说，能做到的最高选择，就是成为各个行业中的专家、精英，如果你无知，就只能等待被动接受这个世界的变化。各个行业没有高下之分，所有的行业都是平等的，都是为了推动社会发展做出贡献，差别在于每个人处在行业中的位置不同。所以，学历和经验非常重要，并且重要性可能是呈指数增长的。世界变化动荡，对个人来说，拥有的各种资源都有可能消失，只有知识，一旦掌握了就永远不会被拿走。

在这种世界观的指导下，她的人生观变成了人活着要为社会创造价值，而创造价值的方式就是知识改变世界。所以知识的重要性大于其他，细化到个人的人生目标，就应该去不断追求更高的学历，不断地完善自身的技能，以争取成为本领域的专家，最后成为领军人物，带动行业不断发展，从而获得人生财富，也能回馈这个世界。

而我读的是金融系，我看到的世界历史是经济变化。整个世界都是逐利的，在有利益的地方，就会产生资源交换，人才、科学、技术与资本都会集中在一起，对某个行业做出深刻的改变，从而推动着世界的进步。而行业和行业之间也不一样，因为不同的历史时期会有不同的发展需求，利益点不同，所以行业的发展速度也不会相同。在这种过程中，知识和技能是有差异的，所以很有可能过时。只有资本是平等的，可以无差别地带入任何一个行业，钱才永不过时。资本的增值速度高于工资增速，工资增长速度会衰减，只有资本才有可能接近指数增长。

在这种世界观下，我的人生观就变成了，钱很重要，选对行业很重要，行业可以经常换，完成原始积累很重要，人的价值是为社会创造价值，而创造价值的途径，要靠手中的钱来实现的。所以在这种世界观的引导下，我的人生目标就开始变成了不断地赚钱、投资。

就这样，我和我朋友的人生开始分叉。她规划一定要读到最高学历，到博士后再结束。她学的是一个技术类的小众学科，而最先进的技术在国外，所以她开始规划自己出国留学。而我为了做好不断换行业的两手准备，除了学金融，还多学了一个法学专业。对于这种不同的人生选择，我们两个都觉得自己才是最理性的，对方的选择都不够理性。我认为她的专业小众，有可能哪天会过时被淘汰，而且现在出国，会错过国内发展最快最黄金的时期。而她认为，我又学金融又学法学，是一心二用，最终哪一个都比不上别人，无法竞争。

在花钱上，我们也互相不认可。她可以买 20 多元一斤的反季西瓜，而我专买打折。在我看来，少吃一斤葡萄能买好几只股票，不攒钱，这辈子都体会不到钱生钱的感受。而对于她来说，在研究生阶段，奖学金每月折合人民币就有 1 万多元，以后随着学历更高，名气更大，收入只会越来越高，现在无须节省。

在结婚生子方面，我们分歧依然很大。她认为，养孩子非常费时间，而人越年轻，时间越不值钱，等成为行业专家后，时间很金贵，所以越早生小孩，就越能够为未来储备时间。但对我而言，生小孩是一件很费钱的事，但是花费是恒定的，而个人资产会不断增值，年龄越大就会变得越富，那么养孩子的成本占我总资产的比例就会越低，所以最好的选择一定是 35 岁以后，甚至是 40 岁后。

最终，我们都按照各自的规划，走向了不同的道路，获得了各自的成功。

在这个故事里，两个人的世界观和人生观，并没有什么高下对错之分。因为第一，世界很大，从不同的角度来看，会形成不同的世界观。我们都看到了这个世界的"部分全貌"，所以至少在我们的特定视角下，世界观都是对的。第二，我们选择相信这种世界观，也是基于自身能力。她一直是个极度自律的学霸，所以她具备走向自己预定道路的能力。而我是一个自由且散漫的人。每个人选择相信什么，也是基于自身的能力而定的。

这个世界的观念和人生道路是多元化的，没有标准答案。但三观不同，却一定会造成分歧，每个人都会认为自己的选择最有道理。

但是这节内容并不是三观，所以前面的故事讲完之后，我们需要再从经济学的角度来重新思考这个故事。

我们在课程第四章中，学到了消费者的选择模型。这一模型只是一个普通的消费过程，极为精简，省略掉了人们的储蓄和贷款行为，为什么呢？

因为，假设这个世界上有人存钱，就一定有人借钱，有人节衣缩食，就一定有人超前消费，相互一抵销，整个社会的平均水平就是人人月光，再平均到每个人的头上，就是每个人都在自己的收入内把钱花光。而在具体消费选择的时候，就是要在有限的预算下，获得最大的效用。回顾一下第四章用过的例子，在吃饭和上网的二元选择之中，选择每花出去的一块钱都能带来效用最大的选项，用大白话说，叫把钱花到刀刃上。在第四章的模型下，所有的决策都是当前的，成本和收益都是眼前立即发生的。付钱现在就付，付完了马上就能获得收益。

数量	吃饭 20 元 / 顿	上网 15 元 / 小时
1	32	15
2	16	12
3	8	9
4	5	6

然而当我们插入时间因素之后，会发现，当钱能够穿越时空，就会增加储蓄和贷款两个选项。储蓄的本质不是不消费，而是选择减少现在的消费，增加未来的消费，也就是把现在的消费转移到未来。而贷款的选择并不只是单纯地增加消费，而是在增加现有消费的同时，减少未来的消费。我们可以想象为 2 选 1 的选项，变成了现在和未来的选择。

数量	现在价格 X 元 / 份	未来价格 Y 元 / 份
1	?	?
2	?	?
3	?	?
4	?	?

在加入时间因素之后，人们的选择就会出现不同的分化。

故事中，我和朋友属于完全极端的两种人。我代表的是极端压缩现在的消费、极限储蓄的人，也就是我选择了极大的未来消费。我的朋友代表的则是完全不储蓄、100% 选择现在消费的人。但世界上大部分的人不会这么极端，会更可能处在我和朋友之间的某一个位置，拿一部分钱去储蓄，再拿一部分钱去消费，也就是给现在和未来都分配一些比例。当然还存在更极端的人，他们会借钱去消费。那么为什么会有这么多不同的选择呢？依然套用消费者的选择模型来思考。

首先是收入因素。在加入一条时间线之后，收入指代的就不再仅仅是月薪这种当前收入，而应该扩展到整个生命周期的长度。比如我朋友，她认为自己的年薪会越来越高，整个人生中的收入分布是，年轻的时候收入低，年龄越大收入越高，所以她会更愿意把未来的收入转移到年轻时。在当年，因为还没有太多的贷款选择，所以她只是把自己的全部收入花光而已。如果当时有更多的贷款方案，她有可能会选择更早地买车、买房。这是一种与储蓄行为截然相反的做法。经济学家弗里德曼曾经提出一个更简单的"永久收入理论"，称人们的储蓄率取决于预期收入与当前收入的差值。如果人们当前的收入大幅地高于永久的收入，那么人们就会倾向于将高出来的那部分储蓄起来，留待以后消费。相反，如果现在的收入大幅地低于永久的收入，那么人们就会维持低储蓄率。同样，社会福利和社会保障的完善程度，也会运到类似效果。

社会上的重体力工人，一般到 50 岁上下时，身体就吃不消无法继续工作了。他们在这之前会对此有预期，所以这类人群储蓄倾向更强，消费意愿比较低。

进一步，我们还能猜测到，如果预期未来的收入会有较大变化，那么跨期消费选择也会发生改变。最常见的预支未来收入去消费的情况，是贷款买房或者贷款买车等大额消费贷款，它们受到收入预期变化的影响会比较大。

更为极端的情况是经济危机。历史统计表明，各个国家一旦发生经济危机或金融危机，那么储蓄率均会出现大幅上升。受到冲击较弱的国家，在危机结束，储蓄率短暂地上升之后，会恢复得比较快，下降到平均水平；但如果受到强烈冲击的国家，储蓄率会长期保持在高位，很难短期下降。除了经济危机，自然灾害也会带来类似的影响。

继续从消费者的选择模型来思考，一个物品，在现在消费就会付出现在的价格，并且获得现在的效用。而如果现在不消费，选择把钱储蓄起来留到未来去花，那么就需要支付未来的价格，并且在未来获得效用。

然而储蓄的决策是现在做出的，由此遇到的第一个问题是，我们真的能准确地感知到未来的效用吗？

数量	现在的裙子 （现在 100 元）	未来的裙子 （未来 110 元）
	现在的效用	未来的效用
1	100	100
2	90	90
3	80	80
4	70	70

比如买裙子，无论是现在买，还是 5 年后买，都会给那一刻的我们带来效用。但差别就在于，如果让现在的我们，站在现在的时间点，去体会 5 年之后的效用，感受未必明显。

大部分的理论都认为，人们存在很强的即时满足性。例如，我说 5 年后的今天请你吃饭，那对现在的你来说，效用很低，不如现在立即请吃饭来得高。

所以，未来的效用跟现在的效用不是一回事。这好比未来的钱穿越到现在需要折现，未来的效用穿越到现在，依然需要折现，只不过对效用的折现没有一个准确的衡量，我们只能大概估计。

这个世界上一定有一些人的折现率会非常高，比如有些人会觉得，如果 20 岁的时候没穿上这条漂亮的裙子，到 30 岁再穿，就失去了意义。对这种人来讲，效用的折现率非常高，10 年后裙子的效用，折现到现在，效用非常低，对现在的她们来说根本没有意义。钱还是现在花掉，带来的效用最高。

数量	现在的裙子 （现在 100 元） 现在的效用	未来的裙子（未来 110 元折现到现在） 效用折现到现在	未来的裙子 （未来 110 元） 未来的效用
1	100	10	100
2	90	9	90
3	80	8	80
4	70	7	70

相反，有的人觉得 20 岁没穿上这条漂亮的裙子，30 岁能穿上，也一样会很快乐。这种人对效用的折现率并不高，但现在也能感受到未来的东西有很强的吸引力。那么她在消费分配上，就有可能留有更高的份额给未来，就更倾向于去储蓄。

数量	现在的裙子 （现在 100 元） 现在的效用	未来的裙子（未来 110 元折现到现在） 效用折现到现在	未来的裙子 （未来 110 元） 未来的效用
1	100	90	100
2	90	80	90
3	80	70	80
4	70	60	70

再看生活中的很多选择。对小孩子来说，要不要好好学习？选择早恋还是选择上补习班呢？学习是一件需要现在就立即付出的事情，属于成本投入，而结果要到很久之后才能收获得到。对很小的孩子来说，他们未必能预计得到很久之后的事情，未来的效用折现到现在，一定会很低。可能一直要到初中甚至高中，他们才会渐渐意识到未来的重要性，才会为了未来的利益而主动奋斗。所以我建议，教育小孩子的时候一定要淡定一点，千万别在孩子小的时候，强迫他们去学习，这只会让孩子产生很强的厌恶感，觉得学习更累、成本更高。我们需要从减轻成本的角度去思考，从兴趣的角度去引导，让孩子感觉学习的成本很低，付出很少，不累，这种才有效。

同样，对成年人来说，要不要少抽烟少喝酒，要不要多锻炼身体，要不要交社保呢？很多人交社保会有很强烈的痛感，工资到手少一截，非常心痛。这种感觉在我 20 岁出头的时候最强烈，因为付出的成本是现在的，感受很明显，交社保获得的收益是未来的，未来的效用在现在能否明显感受得到呢？不同的年龄段感受完全不一样。在我 20 岁的时候，根本想象不到自己 60 岁时是什么样子，听到退休金也无动于衷。等我三十几岁的时候，突然感受到了时间飞速，感觉到了退休金对 60 岁的效用，所以我不再心疼交社保，相反会觉得社保挺重要。

在表格中，选择消费还是储蓄的决策，是在现在做出的。所以我们需要在现在衡量未来的成本与收益，需要把未来的钱穿越到现在，也需要把未来的效用穿越到现在，一切都需要折现率。效用的折现率不好衡量，只能抽象地去感知，但我们知道钱的折现率。

数量	现在的裙子 （现在 100 元） 现在的效用	未来的裙子（未来 110 元折现到现在） 效用折现到现在	未来的裙子 （未来 110 元） 未来的效用
1	100	?	100
2	90	?	90
3	80	?	80
4	70	?	70

所以，利率的变化一定会改变人们的决策。

只从表格上来看，如果利率上升，那么就代表着未来的裙子折现到现在的价格更便宜了，所以从消费决策上看，是否应该选择更多地消费未来的产品，而放弃现在的消费呢？有这种道理。

但是反过来理解，也可以认为，如果利率上升意味着现在的钱穿越到未来，会让我们有更多的钱。如果未来更有钱了，那是不是应该预支一些未来的钱，接济一下贫穷的现在呢？似乎也有道理。

所以，利率的变化到底会怎样改变我们消费和储蓄的选择呢？

把前面学到的无差异曲线和预算线的内容，套用到利率上。每个人都需要对自己的收入做出一个二元选择，一部分用来消费，另一部分用来储蓄，二选一。消费代表的是现在的消费，储蓄代表的是未来的消费。所以我们在面临消费与储蓄的二元选择的时候，意味着我们是想现在就把钱花掉，还是想把钱留到 N 年后花。举例来说，假设一个人有 10 万元，从目前到 N 年后的总利率是 10%，意味着如果 10 万元完全不花，全部储蓄，那到老的时候就能拿到 11 万元，等于 N 年后有 11 万元的消费。相反，如果完全不储蓄，等于现在有 10 万元的消费。从预算线的角度，现在的 10 万元消费和 N 年后的 11 万元消费是相等的，但是效用未必相等。每个人都希望既有足够多年轻时的消费，也有足够多老年时的消费，在两种欲望的挤压之中，必然要寻找其中一个较为均衡的点，比如现在消费 5 万元，再存 5 万元留给未来消费。

那么如果利率上升，会有什么影响呢？假设利率从 10% 上升到 30%，现在 10 万元的消费，可以在未来变成 13 万元的老年消费，会产生两种不同的结果。

一种结果是，大家看到 N 年后的钱更多，觉得储蓄更有吸引力，于是减少现在的消费，更多地去储蓄。例如，在原 10% 的利率下，消费 5 万元，储蓄 5 万元，到 N 年后会有 5.5 万元。而在现在 30% 的利率下，消费 4.5 万元，储蓄 5.5 万元，那么到 N 年后，就有 7.15 万元。这种用储蓄代替消费的情况，我们称为替代效应。

另一种结果是，认为利息也是收入，既然收入增加，那就可以多消费。例如，在原 10% 的利率下，消费 5 万元，储蓄 5 万元，到老年时还有 5.5 万元。而在 30% 的利率下，我消费 5.5 万元，比之前多消费 5000 元，储蓄 4.5 万元，到老年我还能有 5.85 万元，晚年也比之前多 3500 元。因为觉得收入增加，所以增加消费，这种叫作收入效应。

从两个角度，会得出完全不同的结论。因此，在利率增加后，到底会让人更多地去消费，还是更多地去储蓄呢？这就是经济学的矛盾之处，不同的经济学家有不同的看法。

我不知道该怎么解释这两种完全相反的推理，只能试着梳理一下。我认为，如果利率小幅上升，提升了吸引力，但又让人们感觉不到收入的变化，那么应该是以第 1 种情况为主，利率上升会让人们增加储蓄，减少消费。反过来，利率下降，会让人们增加消费，减少储蓄。基于这个结论，再考虑一下央行的政策，是不是变得可以理解了？比如 2020 年年初经历了疫情，很多商户都遭遇了困难，为了让商户渡过难关，就需要鼓励人们增加现在的消费，减少储蓄。所以央行选择的政策，就包括引导利率下降。相反，如果到了经济过热的时候，国家想要抑制消费，那么央行就应该引导利率持续缓慢地上升。

而利率如果大幅上升，让人们感觉到利息收入极大地增加了，那么就会是以第 2 种情况为主，人们反而会增加消费。比如 2010 年到 2011 年，当时民间借贷利率非常高，有些年收益率能超过 12%，投资 100 万过一年能够收到 112 万，这种收益率就让人感觉到收入增加，于是消费旺盛。2015 年股市大牛，很多人的股票收益非常高，这也像是一种利率大幅上升的情况，所以当年的社会消费都提升了。

案例课 9·多高的利率有危险？

在第 22 课结尾，我曾经留下一个思考题，假如我创设了一种资产叫叽里呱啦，每年付利息，能说明这个东西值钱吗？这个问题是从利息的内在角度去思考，我们会留待课程第五模块去研究。而这一节中，我们需要从外在表现，即利率数额大小的角度，去思考多高的利率是有危险的。

继续举例。2004 年，曾经有一个著名的网络事件，叫"周易大战"。事件的起因是一位姓易的网友，称自己是高贵的上海人，一边不断炫富一边歧视穷人、外地人。

在当年，很长一段时间里都没有人能治住他这种歧视言论。

大家从道德层面说他错，他就回击你比我穷，你真酸。过了很久之后，终于有一个网友知道怎么治炫富了，也就是用魔法打败魔法，这个新网友自称姓周，家族是始于魏晋南北朝时期的贵族世家，汝南周氏，有私人飞机、管家、赛马，不用工作。他开始反问易姓网友，什么都没有还敢宣称是富人，真正的富人不会这么爱显摆。如此一来，严重打击到了易姓网友，大快人心。现在大家思考一下，以直觉来判断，你觉得周公子有可能是真的吗？这种贵族世家有可能是真的吗？

几年后，又出现了一本非常火的书叫《货币战争》。这本书里写了一个家族，叫作罗斯柴尔德家族。作者称这个家族在 200 年前，就已经是身家百亿的富豪家族，经过每年 6% 的复利增长，到目前为止，作者预估该家族的总资产应该已经高达 50 万亿美元，福布斯富豪排行榜上所有人加起来，也抵不上这个家族。但为什么福布斯排行榜没有罗斯柴尔德家族呢？因为他们把自己隐藏了起来，暗中控制着美联储，以及众多国家和企业，是地球上的隐形王者。大家再用直觉来判断，《货币战争》里的罗斯柴尔德家族真是如此吗？

这两个问题，我都希望你用直觉来回答。这一直觉，反映了我们大脑中库存的社会认知和知识储备。2004 年，我刚上大学，一通围观后，忍不住就开始相信，原来中国还有这种贵族世家。等到经过多年学习的洗礼，再看《货币战争》的时候，我终于有了足够的辨别能力。这些故事，都太荒谬。

为什么这么说呢？

在复利那一小节，我们曾经说利率特别高或者持续时间特别长，都是不可能的事，那么我们就能意识到，像《货币战争》里所讲的，一个家族长达两三百年资产复利增长到 50 万亿的规模，肯定是假的。但这只是基于数学上的逻辑，只是基于我们在讲复利时，说自然界的资源和人类财富有限，所以复利不可能长期存在。但是除了数学上的分析，该怎么从道理上去解释这种不可能呢？

假设你生活在伊拉克，是一个拥有油井的大富豪，在和平年代，这个油井可以让你日进斗金。而战争开始之后，一枚导弹炸毁了油井，你的所有财富便毁于一旦了。又或者，你拥有一家高科技公司，这个公司在和平年代可以让你日进斗金。但战争开始之后，你的员工四处避难，办公场所被炸毁，仓库库存全丢，那么你所有的财富便再次毁于一旦。假设你预测到战争就要开始，想要先把各种财富转换成能带走的东西，所以，无论是油井还是公司、商场、公寓、良田、牲畜、酒庄都要卖掉，换成钱带走。但此时你会发现，有太多的人也想要做跟你同样的选择，所有售价都已经打折到骨折，等你以1折把资产甩卖掉，换回一屋子伊拉克货币后，你又会面临一个问题，伊拉克货币在其他国家没法使用，而当你想把它换成其他国家货币时，会发现汇率也已经大幅贬值，经过两次打骨折之后，你的财富已经缩水到1%。再进一步，假设这次你很久之前就预知到要有战争出现，于是首先想到了黄金、外币、古董、钻石，但问题是，你所有的财富都能顺利转换成这些东西吗？对于普通百姓来说，身家没有太多，转换成金银珠宝可能也就是一小包，携带方便。而巨额财富想要顺利地转换成金银珠宝，其过程难度会更高，而转换之后，如果没有军队做保障，怕是也很难安全顺利地将成吨黄金运走。

所以，只有在社会经济正向增长的时期，才会有看起来正向的资产增值。这种增值的幅度，也就是利率，会跟经济增长的速度非常匹配。

如果我们追问一下多高的利率会有风险，或者反过来思考，多低的利率才可能安全，一定要参考当时的 GDP 增长速度。在大部分情况下，接近于 GDP 增速的利率是可以接受的较为合理的利率，它代表的是一种社会平均风险下的平均利率水平。国债完全无风险，但我们并不需要追求完全无风险。因此，我们可以简单理解为，如果 GDP 的增速是 8%，那么利率在 8% 上下一点，是合理的范围。低于这个范围，才有可能是比较安全的能接受的利率。而超出 GDP 增速的利率，超出得越高，则代表着背后的风险越大。当然，这只是从数字角度来看，不排除有些情况下，一些高风险投资故意压低利率让你放心。所以我们无法确定地说低利率保证安全，但我们可以反过来说要警惕高利率，大幅超出 GDP 增速的利率，一定有额外风险，不安全。

下图表格分别列出了 2010 年、2015 年、2020 年的 GDP 增速。我们会有一个明显的感受，就是 GDP 增速在下降。所以大家一定要放弃幻想，不能用若干年前的经验找寻高利率的投资，否则容易被骗子盯上，忽悠进坑。单从表格上看，可以用直觉判断，2010 年，收益率在 11% 以内是可以接受的；到 2015 年，在 7% 以内可以接受；到 2020 年，在 5% 以内才算安全。

GDP 增速			
	2010 年	2015 年	2020 年
一季度	9.90	6.80	6.50
二季度	9.90	6.90	4.90
三季度	10.80	7.00	3.20
四季度	12.20	7.00	-6.80

这种简单直接的估计，代表的是社会平均风险的投资，大部分人都还算可以接受的风险。但如果想再细分，就需要考虑自己的风险承受能力。风险承受能力有很多划分办法，比如按照抚养负担程度来衡量，养两个孩子两个老人，那你就是低风险承受能力的人。一人吃饱全家不饿，是高风险承受能力的人。除此之外，划分标准还有拥有的资产收入、年龄等。

所以根据自己的风险承受能力，可以适当地提升或者降低目标利率水平。高风险承受能力的人，可以适当地去追求一些高风险高收益。平均风险承受能力的人，收益目标瞄准 GDP 的增速即可。低风险能力的人，需要更稳妥、风险更低的理财方式，比如在 GDP 增速 6% 的时候，把目标放低到 4%。

在 2010 年之后，我开始进入保险公司，开始管保险资金的投资，那个时候，国内也逐渐进入 GDP 增速下降转型的阶段。对社会平均水平来说，2010 年 11% 可以接受，2012 年 8%、9% 是可以接受的，但是因为保险金是很多人用于养老的，属于人们抗风险的安排，必须更安全，所以在我印象中，在 2012 年及之后的两年里，整体投资收益率控制在了 6.5% 以下。这就是一种对收益率高低的整体衡量，我们必须有一种整体的、全局的判断，把收益目标定在一个安全合理的范围，这就是第一关。

GDP 增速			
	2010 年	2012 年	2014 年
一季度	9.90	8.10	7.20
二季度	9.90	7.50	7.10
三季度	10.80	7.60	7.50
四季度	12.20	8.10	7.40

案例课 10 · 如何实现持续复利？

经济增长的时候，合理的利率为正；经济衰退甚至社会动荡的时候，合理的利率为负。那么，已知现代的经济制度存在漏洞，会周期性地出现经济萎缩、经济衰退和经济危机，请问连续稳定的复利存在吗？必然是不存在的。复利会经常出现中断，甚至于资产会时不时地出现贬值。

但是，假设我希望手里的钱永远增值下去，永远复利下去，不受经济波动的影响，该如何做到呢？

此时，我们需要把利息的来源做一个区分。第五章用了一整章来介绍合理的利率与 GDP 增长速度高度相关，这是有原因的，是钱或者说资本能够对社会的发展做贡献，就像辛勤的劳动和智慧的科技一样，能够给这个社会做贡献。举例来说，假设张三一无所有，但是他非常勤劳，想通过开养鸡场赚钱，但是因为没有钱，开不起来。如果没有钱的帮助，他就无法完成这项事业。此时，如果有个人愿意资助张三，一个出钱，一个出力，就可以把这个事情做成。最终，如果大家选择风险共担、收益共享的方式合作，这种便是股权。如果选择不管赚还是赔，张三都要支付固定利息，这个叫债权。但总之，经过一番操作，养鸡场成立了，这使得世界每年增加若干只鸡，能够让更多的人吃上鸡肉，让社会的总财富增加。所以，无论是出钱还是出力，都为社会做出了贡献，都应该分享成果，出钱的获得利息也是应该的。这种贡献既然与社会经济增长挂钩，那么合理的利率也就应该跟 GDP 速度息息相关。也正是因为这种来源，所以一旦出现经济衰退，就很容易出现资产缩水，实际利率就会变成负的。

所以，如果想要不受经济影响，那么就应该跳出利率来自经济贡献的这种来源。但如果利率不来自对经济的贡献，它还能来自什么呢？这就涉及另一种情况。

　　假设胖虎长大后开始工作，月薪 3000 元，他在每月 1 日收到工资后，会在后面的 30 天里使用。用光之后，刚好到下个月的 1 日，又能收到工资，再供后面的 30 天使用。此时，胖虎处在收支平衡状态。

　　假设小夫也长大了，小夫很有钱，但是他既不想用自己的钱来为世界做贡献，又想收到利息，此时小夫开始选择经营消费贷业务，对胖虎说，新款的球鞋上市了，你只要从我这里借钱，就能提早享受到下个月的收入，等发了工资再还给我就可以。

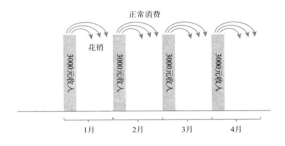

　　于是胖虎在 1 日之前，先提前花了 3000 元，很爽。然后从第 1 个月开始，他在 1 月 1 日的工资首先要还上个月欠的钱。还完之后手里就没有钱了，所以此时，他需要继续从小夫手里借钱，如此循环往复。但想象一下，胖虎从 1 月 1 日开始后，他的每一个月都跟以前一模一样，并不比从前获得更多的快乐。但经过这般操作之后，胖虎以后的每一个月，都必须要跟小夫借款，并且向小夫支付利息，小夫从此就获得了一块永久的"人肉电池"。

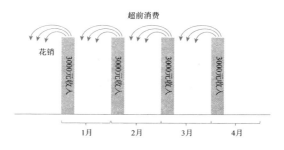

如果小夫想要让自己的财富持续地增值，他只需要找到更多的胖虎，又或者，让胖虎们每月借钱的数额持续增大。这样，小夫的财富也能持续增长。此时，小夫的资产实现了复利。至于胖虎们，有可能会借款数额增长得太多，还不上吗？或者遭遇经济危机，失去工作吗？都有可能，但是小夫们不会管，等胖虎还不上时，还有胖虎的父母、车子、房子。所以手机上各种放贷软件，如果在没有监管的强力管控下，他们恐怕会愿意给学生开通高额的贷款额度。

而最终，有可能会到一个什么样的状态呢？就像美国的电视剧中，很多家庭每个月的工资一发下来，就需要先去还上个月的账单。这些胖虎终身借贷，一辈子所付出的利息，究竟都贡献给了谁呢？究竟是从什么时候开始，越来越多的美国人已经变成了胖虎，走向了月光的地步呢？这就是值得反思的。

为了防止大家误解，我们必须要把超前消费和大件耐用品消费相区分。对于买车买房来说，因为车和房是耐用品，它们的使用价值会持续地分布在很多年里。所以此时我们办理分期还款，更像是一种把消费的成本也同比例分散的行为，是可以接受的。我们还需要区分超前消费和全人生周期的消费规划。如果一个人的一生之中，收入分布不均匀，有时高有时低，或者大部分收入都只集中在某个年龄段，而其他的年龄段里收入非常低，那么通过借贷，等同于可以把特定时间点下的收入做时空转移，让收入更均匀地分散在自己的一生之中。然而在这种全人生周期的消费规划下，一个人肯定会既有借入又有借出，不同年龄段的借入和借出可以互相抵销，借钱和存钱互相抵销。

而消费贷款不属于上面这两种情况。消费贷款更多的是像胖虎的例子。穷其一生的时间，只有借没有存，一辈子都在还欠款。单独一个月来看，似乎是提前消费享受到了，有了额外的收获，然而把时间合并在一起看，每个月都跟不借钱时几乎一样。所以，胖虎是不是被消费贷款骗了？

我相信很多人小的时候，都做过一种白日梦，就是如果 13 亿中国人每人都给我一块钱，我就会发财。那么大家再想想，如果你手上有无数个胖虎，每月都在为你贡献不止一块钱，那你是真的发大财了。但对整个社会来说，这些人都在做贡献，却不能提升自己的幸福指数，也没有给自己增加财富，那这个行为，对整个社会又有多大的意义呢？所以，对这类消费贷款机构存在的意义，我是质疑的。

在我看来，利息也分善恶。钱或者说资本，其实可以分成两类。其中一类用于参与社会经济增长，另一类则是消费贷款类。如果参与社会经济增长中，那么分享经济增长的利益，是为社会做贡献所获得的相应回馈。而消费贷款则对社会的正向贡献非常有限。但是，参与社会经济增长的资金，会受到经济增长的制约，一旦经济衰退，就会遭遇资产缩水；而第二类，只要借款的人还在持续增长，借款的金额还在持续增加，只要"人肉电池"越来越多，就可以一直增长下去。

在 20 世纪八九十年代甚至 21 世纪初的很长时间，中国经济底子薄，想要经济增长，各个地区都开始有招商引资的任务目标，需要不断地招揽外资来投资办厂，从而发展经济。这种投资所获得的利息，来自经济增长的回报，这是因为他们对社会发展有贡献，所以这种利息是合理的、有正面意义的。然而，当越来越多的钱开始不再投资于经济发展，而是变成引导人们超前消费的时候，我就不由得开始质疑，他们所获得的利息，真的是合理的，对社会有意义的吗？

只可惜，在传统的教科书里，没有把超前消费贷款和传统的拉动社会经济增长的资金区分开来。所有的教材里，都在用能够拉动社会经济增长的那类借贷行为，去说明、证明借贷行为都是善意的、美好的、合理的、有意义的，似乎从来没有人去试图做过区分。就像有些讲经济的人，会用一句话概括说"商业就是最大的慈善"，好像一切的商业活动都对社会有益，然而这是不可能的。

在我本科阶段，受到的也是传统金融学教育。所以我也一度觉得所有的商业行为都是好的，人们既然可以自由选择，就说明这对选的人来说有好处。

2008 年，我遇到了一件事。当年是经济危机，就业非常困难，我和我先生刚刚在一起，两个一无所有的人，都面临着毕业即失业。急迫之下，我想到了一个办法。当年交通银行有一种面向大学生的信用卡，宣传说只要有大学文凭，不需要有工作，就能办下额度 3000 元的信用卡。所以我当时想着，两个人办两张卡就是 6000 元，我们一个月房租 650 元，省吃俭用，能撑好几个月，这几个月里肯定能找到工作，然后就可以还信用卡。多么美妙的想法啊，结果，信用卡申请书寄出去就石沉大海，再也没有下文。

多年以后，我们两个人再回头看当年的经历，唏嘘不已，庆幸当时没获得信用卡。如果当时真的办到卡了，我们就会变成还没开始工作，就身负债务的人。债务的压力可能会改变我们的人生轨迹，使我们的起步阶段变得更加艰难。而更值得庆幸的是，当年没有什么所谓的互联网金融，否则我们可能永远变成收到钱立马还欠款的一族，只要收入增长赶不上还款速度，可能会一辈子都无法还清负债。所以在本节案例课，我真心忠告大家，如果你不想当"人肉电池"，就永远不要去借消费贷，不要让自己陷入月光的地步。

第六章

行为经济学

　　相较于第五章，行为经济学的内容是非常好玩轻松的，那么，行为经济学是什么呢？传统经济学经过 200 多年的发展，形成了一座完整的理论大厦。这座大厦有根基，根基是构成整个经济学大厦的前提条件。我们在第一章提过，经济学的两个假设分别是：第一，资源是稀缺的；第二，人是理性的，即理性人假设。这些理论假设就是经济学大厦的根基。这座经济学大厦也有筋骨，比如第二章提到的个体的选择、群体的均衡等，这些经济学的基本方法就是经济学大厦的筋骨。经济学也有血肉，每个模块里特定的研究内容就是组成经济学的血肉，如消费者理论。经济学就是在严谨的理论假设和共通的研究方法之上，经过 200 多年的发展，搭建出的一座大厦。

　　到了近现代，学经济学的人越来越多，其中有一些人，学着学着突然觉得不对劲——这些假设和现实根本不符，谁说人是理性的？谁说个体的选择和群体的均衡就非得按照推理去走呢？这些不盲从教材的人，用自己的思辨去寻找经济学中的异常之处，将其汇总在一起，试图做一些探索。

行为经济学的这种探索，在未来或许有可能打掉经济学的根基和筋骨，从而推倒这座大厦，也有可能促使经济学产生强力的革新，让经济学有一个大幅的升级和更新换代。行为经济学就是这种尝试过程中的产物，它在经济学中引入了心理学、生物学、神经科学等其他学科的研究成果。我们可以认为行为经济学是从经济学中劈了一条腿出去，心理学也劈了一条腿出来，两者交叉所产生的一个新兴研究领域，或者叫交叉的子学科。

行为经济学也有不足之处。第一，它非常新，它的诞生时间被认为是 20 世纪 70 年代末到 80 年代初，至今也才 40 多年，内容非常有限，离推翻经济学或者革新经济学还早。第二，它引入了太多其他学科中的零碎概念，所以理论很难统一。目前在学术上，行为经济学家们的观念也未曾统一，很多认识上都存在着分歧。因为行为经济学没有统一理论，导致了它的应用有难度，有时候我们可能学会了某个原理，准备加以应用的时候，却会遭遇各种实际问题。

目前经济学教材中，一般无须专门讲解行为经济学，最多简单提及几个理论，但是毕竟行为经济学特别好玩，而且在商业应用中，是一种类似于巧劲的存在，所以对我们来说，早学早用早好，这一部分也能帮助我们完善系统知识地图，这也是设置本章的原因。

理论课 24 · 反"理性人假设"

第一章提到，经济学的建立基于两个基本假设：第一，资源是稀缺的；第二，人是理性的。后续的一切皆建立在两个假设的基石之上。但是随着经济学的发展，越来越多的人开始质疑这一假设，其中最主要的集中在关于理性人的争议上，这个争论至今没有统一结果。

有经济学家认为，理性人假设是站在人的总体层面上，而非个体层面上作出的判断，具体到某一个人的时候，人是非理性的，某个人犯傻，这很正常。也有经济学家认为，无论是在整个人类群体的层面上，还是个体层面上，人们都是"有限理性"——有时理性，有时不理性。这些争论我们暂不评价，先来看一看人类究竟被发现了有哪些不理性之处。

过度自信

过度自信是指一个人总是容易高估自己的知识、能力、判断以及所掌握信息的准确性，或者总对未来抱有过分乐观的态度。这种过度自信在人类学上普遍存在。

过度自信的诸多现象中，最常见的是高估自己的能力和水平，觉得自己比普通人强。

科学家们做了很多有意思的调查。一个关于司机驾驶水平的调查表明，超过90%的司机认为自己的驾驶技术超过平均水平。还有一项针对MBA学生的成绩调查显示，只有5%的学生认为自己低于平均水平，而95%的学生认为自己高于平均水平，超过一半的人认为自己在前20%。同样的问题再去问教授，会发现94%的大学教授认为自己高于平均水平。实际上这是不可能的，如果大家都高于平均水平，那么谁会低于平均水平呢？这说明至少一大半的人对自己的判断有误，连教授也不例外。

过度自信的另一个现象，是乐观地高估自己的机会和运气。

有一个买彩票的实验，将所有实验对象分为两组，每人都花一元买一张彩票，但区别是，第一组可以主动挑选，第二组则随机发放。在开奖之前，科研人员会联系他们，开价买回彩票。最后的统计结果表明，手里彩票为随机发放的人，愿意卖出的平均价格是1.96元，而那些自己选彩票的人，平均要价8.16元。其实，两组人的彩票种类和中奖概率完全一样，但是因为经过了挑选，人们会有一些期盼，开始相信自己的彩票中奖概率会更高。

上面几个问题，各位读者不妨试试自问自答。我们必须认识到，过度自信这种现象是广泛存在的，我们很难在传统的经济学理论中找到合适的解释。但心理学家从进化心理学的角度给予了一些解释，认为这可能是因为在漫长的人类历史中，自信的人会更容易吸引到异性，从而有更多的繁衍机会，所以一代又一弋积累下来后，最终所有人身上都带有了过度自信的特质。因而，大家不用烦恼于自己脸皮厚，如果一个人没有任何过度自信的特质，才更需要注意，这或许是抑郁症倾向。

过度自信在生活中也有应用。

首先是商业中的启发。大多数人都见过套圈游戏，当我们看到前面的人空手而归时，第一反应也许不是这个游戏好难，而是觉得换我来肯定比他强。再想象一下，如果去玩蹦极，前面有一个人非常潇洒，摆出Pose直接跳下去，另一个人则吓得抱着工作人员不肯撒手，哪一个人的反应更能吸引你玩蹦极呢？我猜应该是第二种，并且你在上去之前，心里还会觉得，我上去肯定比他淡定得多。所以在商业应用中，如果能激发出人们的这种感觉，那么就会增加用户想要体验、尝试的欲望了。

其次，这种心理在感情生活中也有所应用。无论是情侣还是夫妻，当从独自生活转变为两人共同生活的时候，就会涉及两个人如何分担家庭责任，比如生活成本、家庭劳动等。两个人之间该怎么承担呢？如果总的担子重量是 X，两个人一起担，一个人承担 A 的重量，另一个人承担 B 的重量，那么想要家庭稳定维持下去，就必然需要 A+B ≥ X。

从钱的角度，一个人承担 A 万元的家庭开支，另一个人承担 B 万元的家庭开支，两个人加总在一起，要超过家庭总开支，否则财务会赤字，两个人会互相指责对方掏钱少。从家务的角度来看也是如此，两个人相加，要超过总的家庭劳动需求，否则会互相指责对方不干活。还有更抽象的方面，家庭生活中总有不愉快，假设总的负面情绪是 X，一个承担 A%，另一个承担 B%，婚姻维系下去的底线就是 A+B ≥ X。以此类推，A+B ≥ X 的公式，可以套用在很多方面。

在我单身时期，便意识到了这个问题，于是我开始思考我的 A 值。我的家务能力很差，我猜测自己对家务的贡献度很难超过 30%。而且在成长过程中，父母对我大多是给予，没有培养过我付出的能力，所以我觉得自己并不是一个特别大方的人，对家庭中的财产贡献勉强能够超过一半，大约是 60%，万幸的是，我的脾气比较好，比较能够承担倾听、包容、开导的义务，所以在负面情绪的承担上，我大概能承担 80%。如果谈恋爱的话，我应该找一个什么样的爱人呢？对方愿意承担 40% 的钱，70% 的劳务，20% 的负面情绪，就够了吗？如果是这样的话，我们会发现，每一项都刚好踩到 100% 的及格线，这段感情会没有太多回旋余地，也非常容易出事。所以在我看来，A+B 一定要超过 100%，超出的比例越多，余地越大，感情就越不容易遭遇鸡毛蒜皮。最后我遇到了我先生，经过一番考察之后，我推断出，他对家庭财务开支愿意承担的比例值大约是 80%，对劳务愿意承担的比例是

80%，对负面情绪愿意承担的比例是 60%，他是一个非常有责任感、有包容能力的人，那么我们两个人在钱、劳务、负面情绪三项上的总分值就分别达到了 140%、110%、140%，如此一来，两人的关系不仅会非常稳定，并且在大部分时间里，双方都会觉得自己真实承担的压力要远低于预期，这样的家才会让人感到放松、愉悦，有安全感。而且，我也会时不时地反思自己，学着多做一些家务劳动，多承担一些，同时不断地提醒我的爱人，万一我到了更年期情绪不佳，他需要多承担、多忍耐一点。

以上思考中，最难的部分是怎么才能确认对方的承担意愿比例。办法有很多，总结起来无非就是六个字："听其言，观其行"。在本节，与过度自信这个知识点最相关的是"听其言"。

先来看一个统计调查，经济学家找了很多夫妻做问卷调查，分别询问他们各自承担的家务劳动比例，有意思的是，把丈夫和妻子的回答数值相加，最终得出的结果超过 100%。这就意味着，一定有人不客观地高估了自己的家庭贡献，或者低估了对方的家庭贡献。根据本节的内容，结果更有可能是大部分人高估了自己的家庭贡献。

那么反之，我们也可以用同样的逻辑，通过"听其言"来判断对方的承担意愿。举例来说，在《喜剧之王》里，尹天仇对柳飘飘说："哎，我养你啊。"我们能否推断出，这个男人对家庭财务负担的承担意愿高达 100% 呢？答案一定是否定的。因为过度自信的存在，人们会高估自己的贡献。所以结论是，除非尹天仇改口说"我养你全家"，那么此时你不要全家都被他养，只让他养你一个，这时候才是稳定状态。而如果他说的是"我养你"，你不能 100% 靠对方养，而是需要找一个有着微薄工资收入的工作，至少承担 20% 的家庭财务支出。如果尹天仇说，"女人不需要赚多少钱，有份工作就行了"，那么你就需要承担至少 40% 的家庭支出。

最值得警惕的是 AA 制。现在很多人宣传恋爱和结婚要 AA 制，这类人认为合理的财务负担比例是夫妻双方每人都承担 50%，他的心理预期就是只愿意承担 50%。那么基于过度自信的原因，最终他的实际承担比例一定低于 50%，有可能是他实际只承担了 30% 到 40%，却自认为自己做了 50% 的贡献。所以，如果你找了这样的人谈恋爱，无论对方是男是女，你都要做出自己需要负担超过 60% 的心理准备，否则你们的感情一定会走向双方都不舒服的结局。所以，大家应该能看出来，实行 AA 制很难经营好婚姻，一定不要受这种思潮的忽悠。

以上这段思考，是我在十多年前，准备脱离单身状态之前所做出的思考。我相信很多人在谈恋爱之前，并没有如此清晰地思考和判断过，希望这些能对大家有所帮助。

细枝末节的误导

人类的第二类不理性，我称为细枝末节的误导。主要有三种现象。

第一种现象，我们究竟是因为看见所以相信，还是因为相信所以才看见呢？曾经有一个实验，让两组人观察一个四年级小女孩玩耍的录像，并对她的学习成绩做出估计。第 1 组会看到小女孩在高档社区里玩耍，大家普遍认为，这个小女孩阅读、人文自然类的学科成绩应该会高于普通小孩，数学成绩应该达到平均水平。而第 2 组会看到小女孩在低收入社区玩耍，他们则认为小女孩的各科成绩都低于平均水平。

实验还有第二段。科学家准备了第三段录像，这段录像里，小女孩接受了关于阅读能力、数学水平、人文学科知识等学科的测试。科学家先给很多陌生人看了这段录像，得到的反馈是，小女孩的各项成绩应该都处在平均水平，是一个中规中矩的小孩。随后，科学家让两组实验对象来看第三段录像，那么，他们看完后，会对小女孩做出怎样新的评价呢？

结果让人很意外。在第一次实验中，第一组人觉得小女孩的成绩高于平均水平。他们看了最后一段录像后，反而更加肯定，觉得小女孩的成绩远比自己想象中更好，要远超过平均水平。同样，第二组人也更加坚定地认为，小女孩的成绩比他们先前认为的还不好，远远达不到平均水平。两组里没有人去真的客观评价她的成绩到底如何，反而都是一次又一次加深自己的原有印象。所以，当这个实验做完之后，大家都开始反思，开始思考：老师对学生是否存在着主观偏见，领导对员工是否存在着主观偏见，人与人之间的评价真的客观吗？

这种现象对我们最主要的启发，是需要大家注意自己的职场形象。很多人一想到上海的高大上行业，很容易联想到电视剧里的妆容精致、穿着定制西服的各类职场精英。但其实，真实的情况并非如此，至少我在金融行业的时候，看到的女性投资经理或者研究员，往往都不化妆，通常只穿深色衣服。而男性就算收入再高，也会避免跟时尚挂钩。原因很容易理解，这种形象最能给人留下一个一心扑在工作上、靠头脑不靠颜值、实力过硬的印象。大家都很想要展示自己类似于学霸的形象，因为每个人心里都有一种偏见，认为学习好的人不应该活得太精致。

第二种现象叫"框架效应"，这是一个舶来词，意思有点像画地为牢、故步自封。在后面，我们还会提到很多名词，你会发现很多名词的内涵都有相似之处，这是因为这些现象由不同的学者发现，每个人都会为之起一个新名字。这就类似于，青少年时期，人们的身心会发生巨大变化。第一个科学家给这个现象起名叫中二病，称身处中二病时期的青少年会觉得自己是世界中心。第二个科学家又有发现，给这个现象起名叫第二次离乳期，称这一时期的青少年会开始对父母产生逆反心理和分离感。第三个科学家又有发现，又起了第三个名字……直到整个学术界把所有这些内容统一叫作青春期之后，青少年心理学才能够完成理论和观点的统一。而现在，行为经济学的内容和观点就处在群雄割据的年代，目前还缺少统一的理论。所以在行为经济学这一章，大家无须记住所有的名词，只要对本章列举的各种反常现象有印象即可。

那么框架效应是什么呢？它有点类似于，同样的信息，如果用不同的方式表述，听者会得到不同的信号。比如正话正说，别人得到的是正面印象；正话反说，别人得到的就是负面印象，人们的思想就像是被画出来的框子圈进去了一样，大家都只在框架内去思考。

举例来说，如果一个国家对民众宣传，感染上新冠的患者96%都会自愈，那么群众绝对不会乖乖待在家里封闭隔离；相反，表达说感染上新冠的患者有4%的死亡率，那么群众会更加慎重地防疫。

以我为例，在学生时代，我做很多事情之前，都喜欢先把不好的地方描述出来，怕别人有心理落差。比如请朋友吃饭，经常会忍不住先说一句，那家餐厅可能会看着有点破。我在当年还以为自己这样做很真诚，直到很多年之后，才觉得自己是一个天生的傻帽儿。

人们既然喜欢听正面的，那么不妨就给出正面信息。周鸿祎曾经说过一个例子，360在做摄像头的时候，发现小米的摄像头宣传文案是"全玻璃摄像头"，反馈很好。周鸿祎就问自己的员工，我们的摄像头是不是玻璃镜头？员工说所有的摄像头都是。周鸿祎说，那怎么不写呢？后来改完后觉得不够，又改成"光学玻璃"，最后进化成"全光学超高清透光玻璃"。实际上，各家摄像头都一样，但这样写出来，感觉效果会完全不同。

这种框架效应还表现在数字游戏上。加油站对信用卡付费的用户加收0.6元手续费，换种表述，是对现金支付的用户给予0.6元优惠。前一种说法会让用户愤怒，后一种说法会让用户舒服。

第三种现象是人们容易受到最晚信息的影响，即便这一信息跟你的决策毫无关联。先看几个非常离谱的实验感受一下。第一个实验，科学家找了一群人做测试，把他们拉到一个抽奖大转盘前，转动转盘会得到一个0—100的数字，转完之后问他们，非洲有多少国家是联合国成员。有人会猜二三十个，有人会猜七八十个，统计后发现，人们所猜测的数字，与前面转动转盘随机得到的数字有很强的关联性，转出来的数字越大，他们猜测的国家数量就越多。然而这两件事风马牛不相及，怎么会互相影响呢？

另一个实验，是让大家先写下自己电话号码的最后几位数，然后再问他们，请问成吉思汗去世了多少年？前面被要求写下最后三位数的人，普遍开始猜测成吉思汗去世了几百年。而被要求写下最后四位数的人，则普遍猜测成吉思汗已经去世了一千多年。这依然是两件风马牛不相及的事，然而又互相发生了影响。

在前面两个例子的基础上，锚定效应就会变得比较容易理解。

锚定是由心理学家提出来的一种思维误区，即人们往往喜欢把一些先入为主的信息当作参照物，这些信息就像船上的锚，会大致地把位置区域固定下来。这种特征很容易被有意利用，比如人为地制造信息，或者故意抛出信息。只要人们接收了这个锚点一般的信息，就会受到影响，拔高或者降低自己原本应有的判断。

锚定效应，一定要提供一些特别醒目的信息，让人一眼就能注意到。《经济学人》杂志的订阅案例便是经典的锚定效应。在订阅中，有以下三种选择：

单订电子版：59 美元

单订印刷版：125 美元

合订电子版加印刷版套餐：125 美元

此时麻省理工学院的 100 个学生中，有 16 人选择了电子版，84 人选择了套餐，没有人选择印刷版。既然如此，那么去掉单订印刷版选项，只给两个选项会如何呢？此时这 100 人中有 68 人改成了定电子版，而定套餐的人只有 32 人。可以看到，加上了一个完全没人选、本应不存在、没有作用的选项后，人们的选择就会受到影响。

我在买车的时候，也发现了类似现象。凯迪拉克在正常的低配、中配、高配三个选项之外，还有一个顶配选项。普通的低、中、高三个选项，每两档之间只差三四万元，但是高配和顶配之间差了 16 万元。我特意询问 4S 店的销售人员，如果订超顶配多久能交车，销售人员一脸茫然，说估计要超过半年。因为在全国范围内来看，几乎没有人买这一款配置，凑不齐足够数量的订单，车厂也不会专门开生产线去生产。所以这是一个只存在于宣传广告页面上的价格，是一个几乎不会有人选、本不应该存在的选项，但是它的存在确实起到了作用，就是充当锚点，从而改变人们的购买选择。

锚定效应中的锚点信息，如果存在出现顺序的话，那么一定要注意顺序的差异，这个道理鲁迅就曾经说过。鲁迅说，一个漆黑的房子里，想要开一扇窗，别人是不同意的，但如果你说想要把房顶凿开，此时别人就同意你开窗了。这个凿房顶就是锚点，它的出现是为了先给人一种心理预期，所以出现晚了就没作用了。比如商场，如果一个商场想要给人以高档的印象，那么他们一定会花大价钱引入奢侈品品牌，往往一进商场大门就是奢侈品店面的 LOGO。相反，如果想要给人以平价亲民的印象，一楼进门一定是平价品牌。

锚定效应能够成立的前提条件是，或者目标信息先入为主，或者目标信息很醒目，能够让人一眼识别。有一个星巴克的反面案例，网上很多人称星巴克里 15 元一瓶的矿泉水，就是用来当作锚定效应，顾客一看矿泉水都 15 元，咖啡 30 元就不算贵。但这么分析是错的，因为只要去星巴克仔细观察一下就会发现，星巴克的墙上挂着一面巨大的价格牌，上面根本没有矿泉水这个选项。矿泉水往往会被放在玻璃柜台最下一层的角落里。如果一个信息不够醒目，它如何能够给顾客带来先入为主的心理影响呢？事实上，星巴克把矿泉水藏得这么隐蔽，就是没打算让大家进咖啡店喝矿泉水，真敢用矿泉水来做锚定，保不齐会有顾客觉得整家店都很坑，适得其反。之所以有矿泉水，是因为并非所有人都愿意或者可以喝咖啡，所以即便是咖啡店也需要有一些备用选项。

锚定效应在品牌形象上也有很强的影响。一个品牌，如果先开始走廉价路线，随后想要持续提升档次，难度会非常大，因为前面的廉价形象已经变相成为一个锚点，此时想提升形象非常难。相反，如果一开始就走高档路线，随后持续地向下挤压，扩张市场，反而会非常容易。特斯拉在刚开始成立的时候，第一款车型就是售价 5 万美元以上的高档车。关于新事物，能够接受的人非常有限，产能也非常有限。所以既然也卖不出去，干吗不卖高价呢？同时，马斯克不断地给名流巨星赠送特斯拉，给大众以这款车很豪华、高档的印象。这样一来，以后特斯拉产能不断扩大后再降价促销，就会非常容易被市场接受。

偏向于维持现状

除了过度自信和细枝末节的误导，第三种现象是人们更偏向于维持现状。

我和我先生在出去旅游坐中巴车，或者参加活动找座位的时候，经常会有分歧。因为我喜欢坐在最前面，这样的人其实很少，大学上课时，人们总倾向于找一个居中的位置落座，排除极端选项，这是锚定效应。我先生则是每次坐到一个位置之后，第二次再来时，依然喜欢选同一个位置，就比如坐旅游车，他会觉得这样坐能给导游带来方便。并且我观察到，几乎每一个上车的人，选的位置都会跟上一次一样，大家会更倾向于坐在固定的位置上。这就是人们偏向于维持现状的倾向。

心理学家认为，因为做决策是一项耗费脑力、精力的事情，所以即便是很小的决策，很多人可能都不会再思考这是不是一个选择，而是不知不觉地接受默认的选项。

获得 2017 年诺贝尔经济学奖的行为经济学家理查德·塞勒，就利用人们的这种心理，在公共政策领域做了很多精心设计，其中一个政策是关于器官捐赠的。很多国家鼓励人们在死后捐赠器官，但想要成为器官捐赠人，需要提前签署一项同意书。后来一些欧洲和南美国家签署法案对政策做了修改，规定所有人都将被自动登记为器官捐赠者，除非明确签署一份不同意书。这项政策在修改前和修改后，人们都有自由选择的权利，决策自由并没有受到限制。但是因为默认选项被修改了，最终结果是器官捐赠的概率大幅提高。

另一个是关于退休储蓄的政策。美国的养老金非常少，所以很多公司都推行退休储蓄计划，建议大家把工资的一部分自动划入退休账户，这部分钱的数值需要由自己决定，手动填写。很多人懒得填，于是这一项金额一直是 0 元，长远看等于完全没有积累退休金。塞勒建议，不妨提供一个初始数值，每个人有权随时更改，如果不改，则按照初始数值自动储蓄。结果证明，很多人确实懒得改，也可能不知道该改成多少，于是便按照默认数值开始了储蓄。

国内也意识到了这种现象，并且在推广政策的过程中进行了应用。我国在几年前就开始推广老旧小区改造，包括给 6 层以内的老小区安装电梯。早期推广非常困难，因为当时的政策是，想要装电梯需要每户居民都签署同意书。2020 年之后，一些地区改变了政策，只要 2/3 的居民同意，并且无人明确反对就可以装电梯。两者听起来似乎一样，每户居民都同意和无人反对不是一样的吗？本质上确实相同，但是默认选项变了。之前等于默认每个人都不同意，选择同意的人需要改变自己的选项。而之后等于默认每个人都同意，如果你表示反对，则需要改变自己的选项。基于人们都偏向于维持现状的现象，可想而知，给老旧小区安装电梯的进度将会大幅提速。

所以能看出，这种初始默认选项的改变，代表的是政策背后的导向方向。

本节提到的三类现象，如果概括起来，可以用一句话总结：人们总是过度自信，人们总是过分注重细枝末节，人们总是不愿意改变自己的观念。

其实除了这三种现象，还有一些现象，比如前文在讲沉没成本时，提到过沉没成本会对人形成影响；在讲消费者选择模型的扩充时，说人们特别喜欢从众，群体会对人造成影响……未来的行为经济学中，还会发现更多现象，有更多的应用。

所以人还是理性的吗？我不知道，这件事没有正确答案。但我们确实能看到，行为经济学在传统经济学的大厦上刨了点墙皮下来，人们在某些情况下确实是不理性的。

案例课 11·商品定价的心理学技巧

本节的案例，对于正在经商或者想要创业的读者来说，值得认真参考。

在前文中，我们提到人会受各种细枝末节的误导，比如会自主地强化偏见印象，又如框架效应、锚定效应等。这些现象大多先由心理学家发现，然后被行为经济学和市场营销学引入商业应用之中。看完这些之后，大家也许会受到一些基本的启发，会思考怎样设置最低价、最高价当作锚点，会思考跟别人说话的时候怎样修改措辞，比如把"一起出来吃饭"这句话，改成"想吃火锅还是日料"。本节，我们会更加深入，看一些意想不到的商品定价方面的应用。

首先是框架效应。同样一件事，用不同的语言去描述，就会给人以不同的感受，这就是框架效应。使用了积极的描述信息，人们就会感受到积极的一面；使用到消极的描述信息，就会让人们感受到消极的一面。所以聪明人无须说谎，说谎会影响自己的信誉，聪明人可以有更为巧妙的表达方式。

那么在定价过程中有哪些积极的和消极的描述呢？

一般我们衡量价格时，会用高低、大小来衡量，所以大家需要注意这些信息，包括文字中是否有高低大小的字样，以及数字的高低大小位置等。

所以，第1个技巧：价格在价签的什么位置最好呢？上方，会给人以价格高于平均水平的潜在印象。下方，会给人以微不足道的潜在印象。想一想自己看到的价签，这个技巧是不是已经被暗暗地应用了？

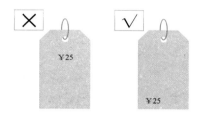

第2个技巧，价格数字的印刷字号大小也会对我们有影响。视觉上，面积更小的数字会给人以价格更低的潜在印象。

这种潜意识的误导，就类似于不断地展示一些不同颜色的汉字，让人们看字说颜色，比如字是蓝色，就要说蓝色。你会发现，当一个字本身的意义是颜色，再去识别它是用什么颜色印刷的，大脑就会反应不过来，会条件反射地读出这个字。

所以，第 3 个技巧，特价商品的价格标签上，往往会标出原价和特价，这两个价格数字，如果用同样的字体、颜色、大小和位置，消费者潜意识里会觉得两个价格非常接近，特价的效果并不强烈。因而，特价要使用不同的颜色、略小的字号、略低的位置，从而让顾客更有跳脱感，潜意识觉得这个价格跟原价有较大的不同。

第 4 个技巧，在注意价格之外，看其他信息是否用到了高低大小这样的词汇。例如，"高性能""低维护成本"，后者更能给人以低价格印象。所以描述商品的用词一定要跟产品定位相结合，不要发生冲突。主打性价比的产品，要尽力避免使用高、贵、大等字样，反之亦然。

第 5 个技巧，如何表达折扣？一个 10 元的东西直接减掉 2 元，一个 1000 元的东西直接减掉 200 元，两者都是打 8 折，表达要有什么不同呢？低价产品减掉 2 元，对用户的影响非常小，大家不会在意 2 元，所以此时你应该选择用百分比来表示，写成直降 20%。相反，另一个产品要写成直降 200 元。道理很简单，哪个数字显得更大，就要写哪个。

以上是框架效应的应用，接下来的技巧与锚定效应相关。

第 6 个技巧，菜单的排列方式。一些学者曾经做过调查，在酒吧发放不同排列顺序的酒水单，第一种价格从高到低排列，把最贵的酒放在最前面；第二种价格从低到高排列，把最便宜的酒放在最前面。经过持续对比试验发现，当消费者看到第一种酒水单时，所购买的啤酒平均单价更高，所以总体利润更丰厚。该如何解释这种结果呢？学者认为，顾客有可能潜意识将菜单开头的几个产品当作锚点，当后续所有产品价格都低于锚点的时候，消费者内心愉悦感更足，消费的平均价格就会更高。相反，如果开头的产品最便宜，消费者看其他产品就会觉得太贵，于是会更倾向于买便宜的啤酒，最终导致人均消费金额下降。

第7个技巧，很多新店开业时，尤其是餐馆，喜欢打巨折，比如第一周全场菜品5折。然后第一周每天人山人海，等特价结束后，门可罗雀。这就是因为顾客的心里有了一个参照系，5折的价格就相当于一个锚点，当折扣结束，价格突然翻倍，顾客心里会不舒服。所以在做这种开业特价的时候，不要长时间做固定折扣的促销，以免让价格锚点太深入人心，在取消折扣的过程中，也要循序渐进式地过渡，开业前三天5折，过几天6折，持续升高，直到折扣取消，此时前期锚点的影响就会渐渐变小。

第8个技巧，商家在促销的时候，也需要思考如何给消费者一个合理的折扣理由。你不应该毫无理由地打折，如果这种促销经常出现，那么打折的比例就会渐渐形成新的锚点，大家之后不看到打折就不会买。

定价的理由也非常重要，如果能够让消费者感知到产品昂贵的原因，他们会更加心安理得地接受这个价格。举例来说，很多景区里的矿泉水10元一瓶，与平常2元的售价相比，价格昂贵，消费者往往怨声载道。但是在黄山或者泰山山顶，消费者会非常愿意接受，因为大家心里觉得，这是挑山工挑着担子从山下挑上来的，人力成本很高，所以矿泉水卖10元一瓶，是有道理的。

注意到这种现象之后，我特意找了挑山工聊天，发现他们的工资非常低，大概是挑一担100斤重的货物，工资100元，平均每斤货物1元。矿泉水刚好一瓶一斤，也就是说，山顶的矿泉水会比山底的矿泉水成本贵1元，但是售价从2元涨到了10元，而消费者还接受了。所以如果能让消费者感知到你的成本不同，大家心里会更好接受一些。

第9个技巧，很多商品在销售过程中会有捆绑销售的策略，在捆绑销售的过程中，一定要注意捆绑的两类产品差价不可以太大，否则会显得特别贵。我们在第四章消费者选择模型的扩充中，曾提过，消费者在大笔花钱之后，会比较容易接受再增加一点小消费。比如，已经花 5000 元买手机，那么再花 49 元加一个手机壳，不会太心疼。然而这种销售策略一定要注意先后顺序，如果在消费之前就把方案拿出来告诉消费者，花 5049 元可以买到一个 5000 元的手机和 49 元的手机壳，那么在 49 元的对照下，会觉得 5000 元的手机很贵。所以卖套餐时，如果一个套餐里有多种商品，这些商品的选择是需要花点心思的，不能把价位差太大的商品放在一起。

第 10 个技巧，假设店里有几种可以互相代替、差异很小的产品，该怎么定价呢？例如，超市收银台附近总有一个柜子放口香糖和避孕套，这类产品的销售频率不高，大家对品牌的印象并不深。如果柜台上放了三种价格相同的口香糖，消费者会陷入纠结，因为他们必须动脑去搜寻其他差异特征，来帮助自己做决策，如果搜不到，那么他们很可能在几秒钟的犹豫之后走过柜台并离开。但如果这三款口香糖的定价有轻微差异，用户能感觉到差异，就更容易做出选择，产品的售出概率也会大幅提升。

最后一个技巧，假设某种产品存在更新换代，要逐渐淘汰旧产品，推广新产品，要如何定价？旧产品应该打折吗？如果旧产品开始打折，用户会渐渐觉得新产品太贵，那么新产品的推广就会变得艰难。所以，此时不要把旧产品打折出售，甚至于有可能还可以偷偷地提高旧产品的价格。在旧产品的价格参考下，人们会觉得新产品更有吸引力，推广起来更容易。

以上就是一些产品定价中的心理学技巧，主要应用了框架效应和锚定效应。大家可以在生活中注意观察，思考一下自己身边的案例。

案例课 12 · 证券分析中的支撑线、压力线

我们在第五章第 22 课"金融资产价格"一节,提到了如何估值股票。从专业思维视角出发,我们需要在投资股票的过程中,衡量股票的内在价值,再预测未来几年里,它的内在价值会不会持续增长,或者只看现在,观察它的价格是否低于内在价值。你需要对你买的东西价值几何心里有数,并且做到不受价格波动刺激,影响自己的判断。当你预判到某只股票未来的内在价值会持续增长,只要你认为自己判断无误,那么就不应该担心股票价格的一时下跌。

然而,现实社会中不是所有炒股的人都这么思考。很多人内心并不能确切地知道一只股票值多少钱。他们会盲目从众,看到价格大幅变化就改变判断。因为这样的人很多,所以价格锚定效应在股市中就会很明显。

我们来说第一种价格锚定的现象:一只股票的前期价格高点会形成压力位,一只股票的前期价格低点会形成支撑位。什么意思呢?来看几张示意图。

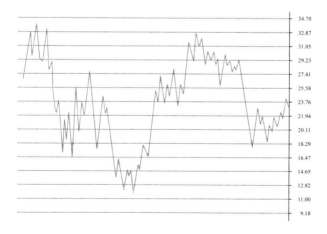

某只股票前期的价格高点，在后期价格又达到高点附近的时候，会形成比较强的压力。为什么？因为前期的价格高点形成之后，无数人会开始后悔。他们后悔没有在价格最高的时候卖出去，导致等到价格下跌，当这只股票的价格第2次达到类似位置的时候，他们会不再等待，义无反顾地卖掉股票。这种卖出行为就会对价格产生抛售压力，从而对股价形成压力。

在前期股价持续上涨的过程中，上涨中的每一个价位都不会给人留下太深的印象，只有最高点的价格留下的印象是不可磨灭的，会在一个人的心里持续作用很久，这种作用就有点类似于价格锚定中的锚点。

所以，如果我们沿着一只股票的前期最高点画一条横线，会发现前期高点会是长期持续的压力位。这只股票需要在此位置反复地试探多次，直到让所有当初心有遗憾的人都被给予了无数次机会，不再遗憾，才会摆脱掉这里的压力。

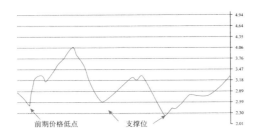

同理，一只股票的前期价格低点会形成支撑位。股票在下跌到一定幅度之后，突然上涨，此时转折的位置就是前期低点。会有无数人看到后面的价格上涨之后，心有不甘，后悔没有在最低价抄底，这种念想长期地盘踞在他们心头，挥之不去。

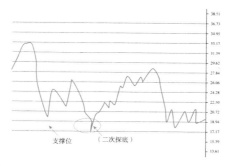

支撑位　　　（二次探底）

所以当价格二次探底时，他们会义无反顾地抄底进去，这种抄底行为就增加了股票的购买需求，从而对价格起到支撑作用，由此产生支撑位。最终要到股票多次触碰到支撑位，反复试探，久久不涨，人们早先的后悔情绪渐渐被疑惑于自己是否被骗入场的情绪代替之后，支撑位的支撑作用也就越来越弱，前期价格锚点的影响随之被淡忘，于是支撑位就破了。

这就是证券市场中第一种支撑力线和压力线，你只要在前期的最高价和最低价画一条横线，就能得到它们。

证券市场中的第二种支撑线和压力线不是直线，而是沿着前期的最高价或者最低价画一条收敛的斜线，这是一条向下倾斜的线。

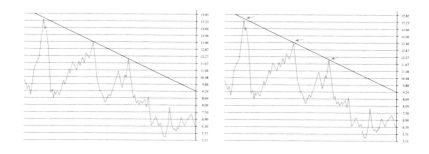

这也意味着，后续每一次股价试图向上试探压力线的时候，压力的位置都越来越低。为什么会这样呢？因为市场中总有一些

更加精明的人，他们会想着，既然前面的最高价格是 30 元，那我不贪，等到 28 元就卖，甚至还有人觉得卖 25 元就可以。想要先跑的人多了，那么第 2 次、第 3 次向压力位试探时，价格就会越来越低。但这些压力位依然是参考第 1 次出现的最高价格锚定而形成的，它依然属于价格锚定对心理的影响。

反过来，支撑位也一样有这种情况。支撑线是一条沿着前期最低点向上倾斜的直线。精明的人相信早起的鸟儿有虫吃，假设前期低位是 10 元，他们会在 12 元的时候就抄底，提前买进去，少赚两元没关系。这样的人多了，支撑位就会逐步上升。

那么，两种情况，哪一种出现的概率会更高呢？很明显，是第二种。因为想要炒股的几乎都是精明人，所以第一种水平的压力线和支撑线出现的情况越来越少。

第三种情况，是下跌中的比例反弹位置，换句话说，在这个位置时价格会有支撑。这些比例有三个，分别是下跌 1/3、1/2 和 2/3 三个点。这些比例并不是精确的，只是近似的数值。因为股价由很多人共同决定，所以得出的结论不会一成不变。

三个比例位中，1/3 和 2/3 出现的概率更高、更常见，1/2 相对较少。就我个人而言，如果跌到 1/2，我不太敢去抄底，那么究竟是在 1/3 处动手，还是在 2/3 处动手，取决于不同的股票。非常有实力的股票，没有什么泡沫，此时能够跌 1/3 也是很好的机会，不要再盼着 2/3。相反，如果是炒作概念的股票，泡沫较大，此时 1/3 便不再稳妥，如果能跌到 2/3，那才能保证万无一失。所以，本质上要看估值。

那么，为什么这几个位置有比较大的概率出现反弹呢？原因也很容易理解，依然是前期最高价在人们心中充当着锚点，如果价格下跌 1/3，代表着打了六七折，这种比例的折扣已经可以引起人们的购买欲望。如果下跌 2/3，则代表着打 3 折，可以引起抢购，这些抢购行为自然会对股价起到支撑作用。

举例来看。在 2020 年 3 月美国股灾，数次熔断之后，纳斯达克从 9800 点跌到 6600 点，道琼斯从 2 万 9 跌到 1 万 8，标普从 3300 点跌到 2100 点，约 1/3。

2007 年年底到 2008 年的股灾，国内的股市从 6100 点持续跌到 1700 点，打了 3 折。

另一个例子是我的亲身经历。在 2014 年到 2015 年，当时我旦早发现牛市已经来了，为了实现共同富裕，我劝亲人去买股票. 结果大家都没动静，直到 2015 年三四月，市场已经涨到热火朝天，我表哥终于心动，放了几万元让我帮他炒股。牛市中肯定会赚钱，所以随着不断地赚钱，他越来越兴奋，不停往账户里加钱，这种行为给我气得不得了。因为股市中，风险是随着价格上升而逐渐增大的，所以浮盈加仓，即越涨越往里加钱的行为，非常危险。我个人非常讨厌搞基金定投，就是因为定投在牛市中也是一种浮盈加仓的操作。在我表哥最后一次往股票账户中加钱的时候，已经是股灾前夜，因为不断加钱，前期利润被不断摊薄，以至于抗风险能力非常差，在遭遇股灾之时，前期的利润很快亏光，并且还出现了小幅亏损。当时我内心已经放弃，决定就这么把亏损的账户交还给我表哥，但好在我突然发现，有一只我持续关注的股票在几天之内暴跌到了关键点位，于是我当机立断把所有钱都在关键点位上抄底了这只股票，经过两三天的反弹，大部分的利润回来后，我便立即清仓，让表哥取出所有的钱，告诉他牛市已经结束。

在 2015 年的股灾中，有很多股票都走出了类似的经历，下图便是几个随机例子。第一张图最高点 50 元，在跌到 33 元左右时试图挣扎了一次，在跌到 25 元时，又试图挣扎一次，最终在跌到 14 元时才开始反弹。

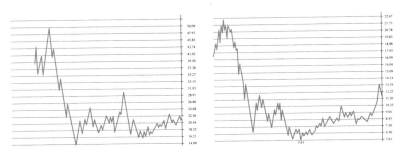

　　第二张图，最高 22 元，在跌到 16 元、12 元时都试图挣扎了一下，在跌到 7 元的时候才最终反弹一下。

　　这种打 6 折、打 3 折会迎来抄底的道理，在房价中也同理。我在 2018 年曾写过房价预测帖，我认为，一、二线城市之间，二、三线城市之间，房价差值应该在六七折，据此，能够预测到像成都、武汉、杭州、南京等强势二线城市的房价，将会达到 4 万到 6 万的水平。在 2018 年写这个帖子的时候，武汉和成都的房价刚过 2 万，而南京和杭州的房价已经过了 4 万，所以结论很明显，应该去抄底便宜的城市。而做这种判断的原因也跟第三种支撑线的原理类似，二线城市与一线城市相比，如果房价是其 8 折，那么丝毫没有吸引力，人们不如留在一线城市。如果房价远低于一线城市的 2/3，甚至只有一线城市的 1/3，那么就会产生强烈的吸引力，最终两者之间的比例会处在比较均衡的位置。说到底，股市和房价很多道理相通，这是因为它们的价格都由人群来决定，经济学则正是研究人的选择的学科。

　　相信很多人看完本节，肯定跃跃欲试，但是我依然要提示，请一定要克制。因为正确的投资方法，不是看着各种技术分析去炒股，而是去看估值，预判公司前景。这些投资方法，在第三章

"经济学的核心逻辑"中，才是投资方法中的核心精华。

在我没有入行之前，我也曾经以为证券投资高手只是看着股市的走势图，就能发现别人发现不了的迹象，但多年后我清楚地认识到，所谓的技术分析，就像是眼睛一直盯着鸡毛蒜皮，这样的格局不可能太大，小赚千万次，架不住大赔一次。举个例子，我们去超市买米面粮油，内心对这些东西的价值都有概念，如果一个鸡蛋标价 50 元，我们肯定不会买，那么如果鸡蛋价格上调到 150 元之后再打三折回到 50 元，我们会买吗？依然不会。因为我们知道鸡蛋的真实价值。但是很多炒股或者炒其他东西的人不明白这个道理。希望这个例子能够警示大家，不要把技术分析太当回事，投资一定以衡量估值为主，各种技术分析的方法只不过是一个打辅助的角色而已。

关于压力线和支撑线，还有最后一个知识点，即当线被突破之后，就会角色互换，支撑变压力，压力变支撑。大家可以猜测一下其中的原因，这与理论课 24 课中的知识点并不相关，在后文会进行详解。

理论课 25 · 反 "效用的感知"

在第四章中，我们学到的最核心的概念是效用。消费者选择模型里最基础的逻辑是，消费者内心能够清楚地知道某个产品，或某个服务对自己有多高的效用。消费者会基于效用最大化的逻辑，做出消费选择。所以在第四章，消费者选择模型中暗含着前提条件，即消费者是非常清醒的，知道效用是高还是低。

而行为经济学则提出了一些反例，在这些例子里，消费者对效用的衡量是有问题的，他们无法理智地衡量出效用高低。行为经济学家理查德·塞勒很早就发现了一些异常现象。他当上大学教授之后，发现他的教授朋友承认，会为了省10美元亲自整理花园草坪，但不会为了10美元而给邻居家的花园除草。所以修剪草坪的劳动到底值多少钱？这是一个效用存疑的例子。

以下一些案例，就是与传统经济学截然相反的表现。

交易效用

假设你和朋友去度假，正在沙滩上晒太阳，此时你很想喝一瓶冰镇啤酒，沙滩附近有一家小卖部，一家高档酒店。朋友决定去买啤酒，为了防止景区价格太高被宰客，他需要你先确定自己能接受的最高心理价格，如果高于这个价就不买了。那么，想象一下炎炎夏日的沙滩，此时你愿意接受的小卖部啤酒的心理价位是多少？酒店啤酒的心理价位是多少？可以先在内心里做出回答。

这是一个设计得很精巧的调查。因为买啤酒的人不是你。无论小卖部和大酒店的服务环境有什么区别，最终都要朋友把啤酒买回来和你一起在沙滩上喝，对你来讲，两者本质上应该是一样的，按照传统经济学的解释，效用一样，人们愿意接受的心理价格也应该是一样的。然而调查结果显示，大家平均愿意付7美元买高档酒店的啤酒，只愿意付4美元买小卖部的啤酒。

行为经济学家在这个基础上提出了交易效用的概念，称人的内心会有一个参考价格或者期望价格。如果消费者的实际花费超过了这个价格，他就会很生气。按照传统经济学解释，花钱换来效用，那就应该给人带来愉悦。比如如果你能接受7美元买高档酒店的啤酒，就说明啤酒的效用值7美元，那么在小卖部你也应该愿意为啤酒的效用而付 7 美元才对。

然而行为经济学却认为，不是所有的消费都能带来愉悦。消费者在心中会有一个期望价格，如果实际花费低于期望价格，那么差值就会给消费者带来正的交易效用。即便商品买来之后还没获得真实使用的效用，但消费者只要有买到便宜的心理，就会有很强的喜悦。相反，如果消费者实际花费远高于期望价格，那么消费者很可能会很生气，并不会因为商品效用而感到愉悦。就如同他觉得小卖部的啤酒只值 4 美元，那么当让他花 7 美元买的时候，这笔消费带来的感受就会不太好。国内很多景区不懂这个道理，有时一碗面条卖得很贵，结果很可能是再也不会有回头客。

关于交易效用，我个人并不喜欢这个概念。因为传统经济学里效用的概念已经很抽象，再引出一个更加抽象的交易效用，不利于理解和应用。但这也表明，行为经济学至今依然在探索阶段，理论的提出、废弃与更新，都是正常现象。

前景理论

前景理论也被叫作预期理论，由心理学家卡尼曼和特沃斯基两个人提出。这一理论认为，人们在不同的风险预期下会做出不同反应。通过改变人们的预期或者参照点，就能改变人们的风险偏好或者决策行为。具体来说：

第一，如果人们预期到结果是获得利益，那么行事风格就会变得保守，大家会更倾向于获得稳定利益，避免风险。或者说，人们更希望有确定一些的获得，这一点也被叫作确定效应，诸如此类的名词不必去记，理解即可。

第二，如果人们预期到结果是损失，那么就会变得更加冒险、激进。卡尼曼和特沃斯基发现，在赌马的时候，前期的亏损会影响后期的决策。假设前期赌马输了 100 美元，此时人们想要翻盘，有两种选择，一种是往胜率极低的马身上投 2 美元，赔率是 50∶1。另一种是往胜率极高的马身上投 100 美元，赔率是 1∶1。两种选择都可以赢一次就翻盘。但因为已经输了钱，人们不愿意加大赌注，反而更愿意用小赌注押非常低概率的选项。这种情况也被叫作反射效应。

第三，关于对结果的预期，到底是获得利益还是遭受损失，判断标准根据参考来获得，这被叫作参照依赖。所以，通过改变人们的预期或参照点，就能改变人们的风险偏好。举例来说，假设有一家公司面临两个投资方案。A 方案肯定盈利 200 万，B 方案有一半可能性盈利 300 万，有一半可能性只盈利 100 万。根据前景理论，在预期到盈利结果时，人们的行为风格会变得保守，那么公司可能更倾向于选择 A 方案。然而盈利和亏损，取决于参考点或预期。如果这家公司本身的预期是不盈利，或者盈利很低，那么两个方案都能盈利时，A 方案更容易入选。相反，如果公司本身的盈利目标很高，完不成目标代表着潜意识中的亏损，那么公司在做决策时很可能会变得更激进，会选择 B 方案。

第三点中的参考点，或者预期，很容易让人联想到框架效应和锚定效应，这种名词内容互相交叉的现象，在前景理论中的第四点更容易感受得到。

第四，人们对损失比对收益更加敏感。卡尼曼提出，损失带来的痛苦，其强度大约是同等收益所带来的快乐的 2.5 倍。这种现象也有一个专门的名字，叫损失厌恶，或者损失规避，是指因为损失所引起的心理感受，其强烈程度远大于同等数额的获利，所以人们会有强烈的倾向去避免造成损失。

塞勒也有一个内涵接近的名词概念，叫禀赋效应。讲的是人们一旦拥有了某物，那么对其的评价就会相应地提升。在传统经济学视角下，人们对某物的效用判定该是多少就是多少。举例来说，张三想要花 30 万买一辆电动车，有理想汽车、小鹏汽车、蔚来汽车、特斯拉汽车 4 个选项，每一个选项效用的高低大小，张三内心应该很清楚。然而在行为经济学里，张三一旦买了某辆车，拥有这辆车之后，对这辆车的效用判断就会相应地提升。

比如张三买了一辆特斯拉，那么他就可能会在亲朋好友身边不断宣扬特斯拉的优点。这种转变发生在买车之后，在买之前，可能还能相对理智一些，这就是禀赋效应。其实禀赋效应跟损失厌恶有异曲同工之处，就是人们一旦拥有某物之后，就不愿意失去它，两者本质上是类似的。

另外还有一个名词，叫棘轮效应。是指人们的消费习惯从节俭变奢侈之后，很难再恢复回去，这与我国的成语"由俭入奢易，由奢入俭难"有异曲同工之妙。棘轮是一种带卡齿的圆形机械零件，只能单向转动，不能退回，所以用来形容只能消费升级，难以消费降级。这与损失厌恶也很相似。让一个住惯别墅的人去住出租屋，对方当然不愿意，这是很强烈的损失厌恶。

那么，人们为什么会有损失厌恶心理呢？心理学家从进化心理学的角度给出了解释，认为这是人类在进化过程中形成的潜意识。在人类漫长的生存历史中，多一担粮食只不过是吃得更饱一点，但如果少了一担粮食，却有可能被饿死。人们获得的收益和承受的损失是不对称的，长久以往，便形成了损失厌恶。

前景理论中的第三点参照依赖和第四点损失厌恶，与框架效应有一丝相似之处。将框架效应与损失厌恶结合之后，大家会发现一些套路。举例来说，有两条宣传语，第一条是：如果节约能源，你每年将会节约 500 元。第二条是：如果不节约能源，你每年将会浪费 500 元。就观感而言，第二条对人的影响更加强烈。这种话术放在新能源汽车上或者节能电器上，都会起到类似效果。试着想象一下，如果第一句话是：更换新能源汽车，你将会每年节约 1.5 万元。第二句话：不更换新能源汽车，你将会每年浪费 1.5 万元。第二句的刺激性会更高一些，因为这句话将着重点放到了损失上，利用了损失厌恶的心理。当然这两句话本质相同，都是正话反说，反话正说，所以说是框架效应也没问题。

损失厌恶，与人们总是偏向于维持现状的心理，也有可能交叠。我们会发现，除非变化能带来明显好处，否则人们未必想要看到变化，这是因为人们偏向于维持现状。而因为厌恶损失，人们更不愿意看不好的变化。然而，一个东西不可能永远不变，如果某产品长久不换外包装，随着时间推移，审美发生变化，旧包装早晚会落伍，外界环境会要求它必须要变，该怎么办？

此时我们可以利用对比效应，也被叫作比例偏见。比例偏见是指，人们在思考的时候更容易用比例或者倍数关系的模式去思考，而不是用绝对值。卡尼曼设计过这样一个实验，假设你准备买一个 15 美元的计算器，此时别人告诉你有一家做促销的分店只卖 10 美元，但车程需 20 分钟，你要不要过去呢？相反，当你准备买一件 125 美元的西装，有一家做促销的分店卖 120 美元，同样需要开车 20 分钟，你要不要过去呢？大部分接受测试的人表示，第 1 种情况下愿意去，而第 2 种情况下不愿意去。两者都是省 5 美元，但行为决策截然不同，这是因为我们容易用比例的方式去思考，然而大量研究表明，人的注意力有限，如果变化的比例低于 3%，很多人就会忽视变化。比如明星中流行的微整形，将改动幅度做到极其微小，从而让他人发现不了整容痕迹，只是觉得这人变得更会打扮、更加漂亮。

基于这个原理，我们就能够知道该如何修改产品。我们需要区分，是想被别人发现还是不想被发现。假设你的产品是往好了改，比如性能升级、价格优惠、加量不加价等，这些让人感觉到好处的变化，最好能一眼就被看到。千万不要搞"微整形"，如果改动太小，消费者发现不了，反而会吃亏。如果变化比例小于 3%，不如把几次的变化存在一起，一次释放。

相反，如果你的产品有一些让消费者不爽的改变，比如涨价、容量缩水、性能降低等，那么你可以把一次大的变化分解成很多次低于 3% 的小变化，就像微整形一样，润物细无声地更改。

再举例来说，一个产品的外包装总要随着时间变化而更新设计。但知名产品想要起到品牌延续的作用，所以每次包装的改变都很轻微，尽量不让人发现太明显的差异，从而达到品牌延续的目的。如果大刀阔斧地改包装，往往会让消费者感到比较诧异。

再如品牌形象或者 LOGO，如果需要进化，改动也一定要轻微。其实很多产品的 LOGO 都已经逐年更换升级过了，然而不提示的话，大家未必注意得到。

我们在前景理论下一共讲了四点：第一点是当人们面对收益的时候；第二点是人们面对亏损的时候；第三点是亏损和收益取决于参照，这一点与框架效应和锚定效应都有点关联；第四点是亏损的痛感比收益的喜悦感要强烈 2.5 倍，所以人们会有损失厌恶的心理。第四点还有一些引申的零碎概念，比如禀赋效应、棘轮效应，这些和损失厌恶是一个原理，损失厌恶则可以利用比例偏见来掩盖。

效用的次数影响

前景理论里提到，人们在面对收益和损失时，会有不同的行为模式。那我们再延伸思考，如果几件事情连在一起，多次收益或者多次损失，或者收益和损失叠加在一块会有什么影响呢？

关于次数的影响是泰勒发现的。他设计了一个实验，找了很多大学生来做调查，他告诉这群学生，张三买了两张彩票，第1张彩票中奖10000元，第2张彩票中奖5000元。李四也买了两张彩票，第1张彩票没中奖，第2张彩票中奖15000元。请问张三和李四，谁更快乐一些呢？大部分参与实验的学生都认为，张三更快乐。

这个实验的结果与传统经济学的观念完全相反。在传统经济学里，我们会认为，一个固定的金额15000元带来的效用是固定的。而泰勒的发现显示，把15000元拆成两部分，分解后带来的快乐会更高。

这个理论被广泛应用在薪酬结构设计中。企业在为员工设计薪酬的时候，会有一个总金额预算，在同样的总金额预算下，可以采取不同的方法和方式。第一种方式，比如员工工资5000元，发12个月，加上年底6000元年终奖。第二种方式，员工工资5500元，发12个月。这两种方式下，总的人工成本支出是一样的。但是对员工来说，每个月领到5000元还是5500元的差别并不大，选择第一种方式，会有额外获得6000元年终奖的喜悦，这可能会增强员工的幸福感，国内很多企业都采用这种工资支付方式。我也不清楚，他们到底是基于一旦员工中途离职，可以省一笔年终奖，还是基于行为经济学里，拆分更快乐的原理而做出的设计。

另一个商业领域的应用，是打折不如送东西。300 元的东西打 8 折 240 元，消费者未必有太强烈的感觉，但是再送 60 元的赠品，对商家来说成本收入差不多，对消费者来说，则会有多分喜悦，觉得 300 元买到了好多东西。

把这个结论放到发红包上也是一样的道理。例如，如果家人过生日，微信上给她转账 2000 元，那她的喜悦感不会太强，单看 2000 元会觉得太少。但是一口气发 10 个 200 元红包，搞一波红包雨，愉悦程度必然不同。所以第一个结论大家需要记住，就是收益拆分后效用更高。

与之相反的是，损失带来负效用，损失拆分后或者说负效用拆分后，会有什么结果呢？泰勒沿着这个思路继续做实验，他告诉这群学生，假设张三上班路上不小心发生违章，被交警罚款 200 元。到公司楼下停车又发生了剐蹭，再次赔偿 200 元。李四上班路上不小心发生了剐蹭，赔偿 400 元。请问张三和李四谁更沮丧？按照传统经济学的观点，两个人都损失了 400 元，效用应该相等，然而大部分学生的答案是，他们都觉得张三更沮丧一些。

所以行为经济学的结论是，负效用不要拆开。如果你是商家，用户在消费的过程中可能会面临很多环节，每一个环节都会有成本，但是你不能按照环节来收费。否则用户交一次费痛一次，还不如一次打包来得爽快。

再如，为什么信用卡、花呗、白条等产品能够刺激消费呢？当消费者用这些产品时，会比他们直接付现金来得更爽快一些。如果每次买东西都掏现金，那么每买一次都会心痛一次。而信用卡账单只有在还款的时候才痛一次，虽然总金额相同，但是账单合并了，所以痛感也会少很多。

相反，如果你是管理者，本就是想让违规者感受到付出代价的痛苦，那么一定要拆分损失。比如，有些公司为了防止迟到，规定迟到一次罚款 10 元，每个月把大家的罚款汇总在一起，集体买零食吃。这种政策出台之后，钱该怎么收呢？比如张三本月迟到五次，是应该月底从当月工资中直接扣掉 50 元吗？如果这样做，会导致损失集中，痛感变少，再加上发工资的喜悦与之相抵销。张三可能觉得 50 元似乎也没什么，这项制度很快就失去效果。但如果让人当场掏 10 元，他每掏一次钱就会痛一次，效果就会更明显一些。

沿着上面两类结论作进一步思考。

如果两件事，一个是有正效用的好事，另一个是有负效用的坏事，两者同时发生，会给人带来怎样的感受？如果是多个事件，其中有好有坏，它们同时发生，会带给人们怎样不同的感受？此时，我们还要区分一下，最终总的结果加起来是获益还是受损。

先来看多个事件加在一起抵销后，仍然算受益的情况。假设张三走在路上，捡了 200 元，很高兴。但是他发现自己价值 100 元的自行车被偷了，很难过。两件事发生在同一天，张三净赚 100 元。第二种情况是张三走在路上，捡了 100 元。哪种情况下张三更高兴一些？在传统经济学下，会认为两种情况都是赚 100 元，没什么差别。然而调查显示，更多的人会认为第二种情况更高兴，第一种情况还是有些不爽的。

这说明，就算是赚钱的情况下，一些负面信息依然会很明显地拉低人们的幸福感。所以如果有两件事，一个是大收益，另一个是小损失，两件事与其分开一次次承受，还不如混合在一起，只留最终结果，这会让人们更容易接受一些。

这个原理经常体现在政府税收中。我们每个月收到的工资，因为已经先行扣除五险一金及个税，所以看到时内心波澜不大，甚至还会有发工资的喜悦。但如果先把税前工资完整地发到你手里，再让你自己去扣社保、个税，此时你的痛苦指数只会直线上升，连发工资的喜悦都掩盖不住被扣钱的痛苦。之所以这么设计，是为了让大家缴税的时候少心疼一点，暴力抗税的人少一些。否则大家的痛苦感增加，征税冲突会更多，征收成本也会更高。

再来分析多个事件叠加抵销后，结局受损的情况。假设张三走在路上捡了200元，他很高兴，结果又发现自己丢失一张中奖500元的彩票。两件事在同一天发生，张三产生了300元净损失。另一种情况是，张三有一张中奖300元的彩票丢了，他净损失了300元。请问哪种情况下张三会更痛苦？传统经济学下两种情况效用不应该有差异。然而调查结果显示，大家觉得第一种情况会更好接受一些，第二种情况要痛苦得多。所以结论是，坏事发生后，如果能有一点好消息做对冲，即便结果是净损失，也能让人好受一点。所以俗语"打个巴掌给个甜枣"是有道理的。

案例课 13 · 证券分析中的移动平均线（MA）

本节内容，是证券市场价格走势图里最常见到的移动平均线。在正式内容之前，我必须先透露，我自己几乎不用移动平均线，原因我会在最后进行解释。但即便如此，这个知识点依旧需要掌握，因为：第一，移动平均线是所有证券价格走势图里最常见的，属于常识。第二，这节的目的，并不是灌输什么是移动平均线这种概念定义，而是想让大家思考这些现象产生的原因，这种思考方式不只可以应用于移动平均线上，当你能理解到背后的原理，也许就会和我一样，即便不用移动平均线，也能找到其他方法。

均线：移动和平均

我们打开任意一只证券的价格走势图。最明显的是一根根整齐排列的红色和绿色的柱状图，这种柱子又被叫作蜡烛图或者蜡烛线。蜡烛的英文叫 candle，基于这个发音，国内又称它为 K线。每一根蜡烛，即每一根 K 线，都表示在一个时期里市场价格变化的区间。例如，如果我们看的是日 K 线，那么每一根蜡烛就代表每一天里，价格的区间。

如果我们看的是周 K 线，那么每根蜡烛代表的就是每一周的价格变化区间。

除了这些 K 线，还能看到一些色彩各异的细线，白、黄、紫、绿、灰等多条细线。

这些线就是移动平均线，简称均线，英文叫 Moving Average，缩写为 MA，平译过来就是移动和平均，这两个词究竟是什么意思呢？

举例来说，假设你住在一个小镇，小镇只有一家超市。所有居民都要去这家超市买东西，超市里有一个黑板，会记录每种东西过去每一天的价格。

假设大雄在 1 月 5 日去超市买鸡蛋，他看到了鸡蛋的历史价格，分别是 1 日 10 元，2 日 12 元，3 日 12 元，4 日 14 元，一直到 5 日 15 元。

　　假设小镇居民平均每 5 天采购一次，那么居民手里的所有鸡蛋，都可以被认为是在 1 月 1 日到 1 月 5 日购买的，那么大家手里的鸡蛋平均成本是多少呢？应该用 10+12+12+14+15 的和除以 5，结果为 12.6 元。这就是过去 5 天里，鸡蛋价格的平均值。平均便是这个意思。

$$
\begin{array}{ccccccc}
& 1月1日 & 1月2日 & 1月3日 & 1月4日 & 1月5日 \\
价格 & 10元 & + \ 12元 & + \ 12元 & + \ 14元 & + \ 15元 \\
\hline
& & & & & 5 \\
& & & & & = \\
5日均值 & & & & & 12.6元
\end{array}
$$

　　1 月 6 日，静香也去超市采购鸡蛋，看到 1 月 6 日的价格是 20 元。那么静香当天买鸡蛋的成本必然是 20 元。但整个小镇居民里手中鸡蛋的平均成本是多少呢？此时应该计算在 1 月 6 日时过去 5 天的价格平均数，也就是从 2 日到 6 日的平均值，结果等于 14.6 元。

$$
\begin{array}{ccccccc}
& 1月1日 & 1月2日 & 1月3日 & 1月4日 & 1月5日 & 1月6日 \\
价格 & 10元 & 12元 & + \ 12元 & + \ 14元 & + \ 15元 & + \ 20元 \\
\hline
& & & & & & 5 \\
& & & & & & = \\
5日均值 & & & & & & 14.6元
\end{array}
$$

　　1 月 7 日，小夫也去超市采购鸡蛋，当天鸡蛋价格是 35 元，小镇居民手里鸡蛋的平均成本是多少呢？依然用过去 5 天的价格算平均数，结果为 19.2 元。

$$
\begin{array}{cccccccc}
& 1月1日 & 1月2日 & 1月3日 & 1月4日 & 1月5日 & 1月6日 & 1月7日 \\
价格 & 10元 & 12元 & 12元 & + \ 14元 & + \ 15元 & + \ 20元 & + \ 35元 \\
\hline
& & & & & & & 5 \\
& & & & & & & = \\
5日均值 & & & & & & & 19.2元
\end{array}
$$

　　我们可以看出，时间每向后推移一天，鸡蛋最新一天的价格就会发生变化。而过去5天的平均值，也需要在求平均值的时候，增加最新的一天，去掉最早的一天，把平均的内容相应地向后移动替换，造成一种平均值也在不断移动的感觉。每一天里都能得到一个最新的过去5天均值，如果在图上把这些数值画出来，连在一起，就会得到一条5日移动平均线，它也可以表示成MA5。我们可以选一个颜色来代表这条线。

在证券走势图上，我们能看到走势图左上角有很多MA加数字的表示，比如MA5、MA10、MA20等，它们会用不同的颜色来区分。

这些数字，代表着的是用该颜色的线来表示过去多少个周期的平均值，MA20就是过去20个周期，或者说过去20根K线的平均值。如果我们看的是日K线图，每一个K线代表的时间周期是一天，那么MA20代表的就是过去20天的移动平均线。了解到移动平均线的意思，就可以开始本节案例课的主干内容了。

这一部分，我们会学习一些均线的属性，每一个属性都需要从三个部分入手。第一，我们需要探讨均线为什么会有这样的属性，通过曾经学过的知识来理解、解释这种原因。第二，我们需要探讨，基于均线的这种属性，该如何应用。第三，需要认识到均线存在的问题和不足，以及改进方法。

回归属性

均线的第一个属性，我称为回归属性，这一名称并不在传统知识点范围内。

回到小镇超市买鸡蛋的例子中，在1月7日这天，鸡蛋的市场价格是35元，而小镇居民手里的鸡蛋平均成本是19.2元。那么，小镇居民面对这个价格会有什么样的心理变化呢？如果在现实生活中，因为鸡蛋是消耗品，当再次去超市采购时，证明原来的鸡蛋估计已经吃光，所以我们最多感叹涨价太快。然而，如果我们把故事中的鸡蛋改成一种非消费品，比如金蛋一类的投资品，大家买回来不是为了使用，而是用来保值增值，这时小镇居民的心理会有什么变化呢？

我们可以回顾一下前景理论。其中第一条，人们在面对获益的结果时，会变得保守，会更希望获得确定的收益。第二条，人们在面对损失的结果时，会变得激进，会冒险搏一把。在1月7日这天，手里平均成本19.2元的金蛋已经涨到35元，小镇居民会预测1月8日之后价格有可能继续上涨，也有可能下跌。此时他们会面临两个选择。第1个选择是确定的结果，即在1月7日这天以35元的价格，把手中的金蛋卖掉，获得确定的利润。如果人们处在确定的心理状态下，就会更倾向于第一个选项。第2个选择是冒险的结果，如果选择继续持有，后面价格涨跌未知，赚多赚少也未知。如果人们处在冒险的心理状态下，就会更倾向于选第2个。面对确定与冒险两个选项，人们更有可能选择哪一个呢？大家可以进行思考。

此时，很多朋友会觉得，因为赚钱了，是受益的，所以人们应该会变成确定心理，更想要落袋为安。然而，根据前景理论第三条，判断结果是受益还是受损，取决于人们的预期，并不取决于绝对值到底是赚是亏。大家买股票就是为了赚钱，所以我们必须意识到，每个人的初始预期一定是赚钱。人们内心会有一个心理关口，如果赚钱幅度低于这个范围，就等于低于预期，低于预期就会进入前景理论第二条的状态，出现冒险心态。只有赚钱的幅度高于某个心理关口时，才算高预期。所以，心理关口在哪里，完全取决于人心，而人心难测，这也是真实世界里，金融市场变幻莫测的原因。

但我们也能找到一些思考方向。我们可以把移动平均线的最新数值当作过去一段时间里人们的平均购买成本，把移动平均线的位置高低看作成本的高低。那么，如果市场价格在移动平均线之上，就意味着价格高于成本，大部分人是盈利的，市场价格与移动平均线之间的距离越大，就代表平均盈利越高。

相反，如果市场价格在移动平均线之下，就意味着价格低于成本，大部分人都是亏损的。两者之间的距离越远，代表着平均亏损越高。在这个基本认识下，我们再继续思考。

以股价上涨时的盈利为例，因为人们的初始心态一定是盈利预期，所以人们心里存在某个心理关口，低于关口的盈利算受损心态，高于关口的盈利算受益心态。那么从股价最初缓慢上涨开始，在前期小幅上涨下，市场价格离均线并不远的时候，人们有充裕的时间去调整预期，所以此时的结果必然大部分处在预期之内，大家更可能处在冒险心态下，更愿意持有股票等待不确定的明天。

但如果快速上涨，意味着价格与均线之间的分离程度越拉越大，在短时间内，人们很难迅速调整心理预期，那么价格上涨会逐渐击穿越来越多人的心理关口，他们会从冒险心态转成确定心态，想要赶快确认盈利，落袋为安。那么股票卖掉后，就会让股价承受压力，给股价施加一个向下的压力，就像是无形引力，牵引着股价往移动平均线的方向上拉。

我们可以把移动平均线想象成起伏的地面，股票价格就像一个小飞机，引力就像是地球的重力吸引力。价格在上涨、逐渐脱离移动平均线的过程，就像是小飞机开始起飞时逐渐远离地面，小飞机如果与地面平行保持一个相对稳定的高度，飞行会非常平稳。但如果小飞机快速向上拉升，就会受到重力牵引，很快掉头向下坠落。股票价格的变化过程与之类似，价格缓慢上升，逐渐地远离移动平均线的时候，人们的心态会非常平稳，赚钱都在预期之中，因为预期之内的钱不算赚，此时人们会倾向于继续持有股票继续冒险。但如果价格开始快速攀升，把移动平均线使劲甩在身后，价格会开始击穿人的心理关口，让人们从冒险心态转为保守心态，开始卖出股票获利了结。最终越来越多的人发生转变后，他们的卖出行为就会改变价格的趋势，无形中产生一股把价格往均线方向拉的牵引力。此时我们大概就能理解，为什么价格会有一种回归均线的力。

但这种回归属性也存在问题。它是一个很朦胧的、大致的印象判断，并不精准。例如，股票上涨到什么程度，这种回归的引力才开始发力呢？是从上涨程度上看，还是从上涨时间上看呢？一旦开始发力之后，价格一定会掉头向下吗？会向下到什么程度？以上这些问题，你会发现完全没有答案，从均线历史上出现过的各种趋势来看，很难得出准确回答。

所以，基于均线的回归属性，想要正面应用，去分析该何时买卖股票，是无法得出头绪的。但如果用排除法，反着应用，去问什么时候不该买股票，那么你会发现，基于回归属性我们会得出，如果股票价格大幅剧烈上涨，脱离移动平均线太厉害，这个时间便不要再买。因为此时它已经受到了向下的引力，虽然未必会下跌，但肯定有下跌风险，"君子不立危墙之下"，所以千万不要追高。如下图所示，在价格快速上涨、快速远离均线的过程中，不要去追高。

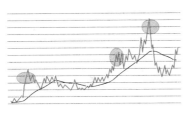
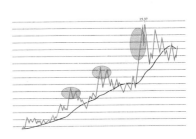
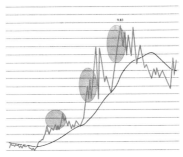

　　这就是均线的回归属性告诉我们的道理，应用这一道理，你可能会少赚一些钱，但更能少赔钱。只要能长久少赔钱，早晚会赚钱。

　　回归属性的问题和改进同样需要加以思考。回归属性是一种很模糊的东西，并不精确，如果你手中持有股票，不要想着由它来指导自己何时买卖，因为我们不知道上涨多少时，这种回归的引力才开始起作用。它取决于人们从冒险心态转向确定心态的临界点，也就是说，至少要让盈利超出人们的预期，才会有这种效果。于是，很多人试图对移动平均线做出一些改进。

　　最早，有一些人试图把移动平均线向上平移。如果把原始的移动平均线当成地平线，那么把它分别向上和向下固定平移几个百分点，就会平移出上下两条线，这样一根移动平均线就会变成三条线，形成管道形状。

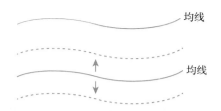

均线

均线

　　把管道的上沿当作天花板，下沿当作底。既然价格有回归均线属性，那么它就会在管道里上下波动。当市场价格触碰上沿的时候，说明价格在短期内被高估了，已经接近从冒险心态转向保守心态的临界点，此时要卖出股票。当市场价格触碰下沿时，说明价格在短期之内被低估了，要赶快去抄底。当然，这种改进逻辑很快就遇到了问题，因为某些时候股票价格会剧烈地波动，波动幅度远超过这个固定比例。另一些时候，股票价格可能会很平稳，长期无法触碰到这个比例。

　　有个叫布林的人，又做了一次相应的改进，把向上和向下平移的幅度，由固定比例改成了平移两个标准差。标准差是一个数学统计上的概念，它与近期股价波动幅度相挂钩，如果近期股价剧烈波动，那么移动平均线向上和向下平移的距离就会相对较大，上沿和下沿就会越发宽敞，管道也就随之变粗。反之，管道就相应变细。这种粗细不断变化的管道，也被叫作布林线或者布林带。在任何证券交易软件里的K线界面，点鼠标右键，都会出现挑选技术指标的选项，里面肯定有布林线一项。布林线最基本的用法就是，当管道朝上走的时候，在管道下沿附近买，在上沿附近卖。

　　从本质上看，布林线其实是一个在均线基础上衍生出来的技术指标，很多技术指标也是如此，其中都有浓重的均线思维，这也是本节阐述均线的原因。从均线到布林线，各种技术指标里，也会有一些数学思维，比如均线用到了平均值，布林线用到了平均值以及标准差概念。

数学的确能够帮助我们，但也会让很多人陷入思想误区。很多人会以为数学在金融中像是终极杀器一样，认为学金融最终就是学数学。这种思维是错误的，最终会衍生出唯技术指标论、唯数学模型论。而无论是理解世界还是投资，技术指标最多起辅助作用，我们不能用机械思维去理解外界的变化。如果各位读者对此话题感兴趣，不妨去搜索长期资本管理公司（LTCM）倒闭事件。这是一群数学天才创建的投资基金，1994年成立，靠着用电脑运转的数学模型，每年都能取得傲人的投资收益，结果到1998年金融危机时，瞬间灰飞烟灭。在2000年后，不甘心的部分成员又创立了一家新基金公司，继续依靠数学模型，结果在2008年的金融危机中再次灰飞烟灭。

关于投资，最核心的逻辑都在第三章。如果你关于某个行业、某个公司的基础逻辑，即对趋势变化的内因判断正确，那么即便你在技术分析上判断有误，也没有太大关系。相反，如果你按照技术分析，做出了与第三章的基础逻辑相反的判断，那么绝对会败得很惨。这也是我在投资路上越来越远离技术分析，而更加追求洞察行业变化的原因。

压力与支撑

移动平均线的第二个属性，是移动平均线会充当压力线和支撑线的作用，为什么呢？经过前文的学习，我们认识到，可以把移动平均线看作某一段时间里人们的平均成本。

均线能够成为压力线的原因很容易理解。在价格大幅下跌过程中，价格离均线越来越远，代表着人们账面上的浮亏越来越大，持仓的人每日都在受煎熬。等股价重回移动平均线附近，前期曾经浮现的大额亏损变得越来越少，眼看就要不亏了，这时候人们的心理就如同前景理论第 3 点所讲的，预期取决于参照点。在前期亏钱的参照下，不亏即赚，于是很多人会转回保守心态，选择赶快卖掉，落袋为安。这些行为就会对股价造成压力，所以在这个位置就会形成压力位。

与之相反，在股价大幅上涨之后又重回移动平均线附近，均线会提供相应的支撑。为什么？这同样与人的心理变化有关。在价格大幅上涨，同移动平均线拉开距离之后，意味着人们账面上有了很好看的利润，而当价格再次回到移动平均线时，那些利润已经大部分消失。此时伴随的将是后悔，人们会后悔为什么不早早卖掉落袋为安，在后悔的心态下，所有没赚到的钱都算是损失。人们会从受益心理转变成受损心理，会变得更加冒险，更加想要加大赌注翻盘。

在上一节的案例中，我们提到，压力线和支撑线在被穿透之后，会出现反转，压力变支撑、支撑变压力。当时并没有讲原因，在这里解释我们更容易理解。

首先在形态上，无论移动平均线成为支撑线还是压力线，都是同一根线。无非是价格高于均线时，均线充当支撑线；价格低于均线时，均线充当压力线。

其次在心理成因角度上，当价格向下到支撑位的时候，很多人买进股票，想要博一把上涨。当价格击穿均线时，人们开始后悔，卖出的行为就会造成下跌，这就导致支撑变压力。

理解完压力和支撑属性的出现过程，再来思考如何使用。这个属性其实应该与回归属性相结合使用。根据回归属性，在价格大幅上涨的区域，不应该买入，因为价格脱离均线太远的时候就会受到回归的引力。

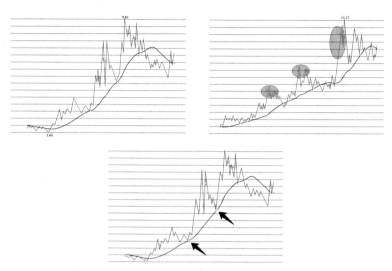

　　待回到均线附近，只要趋势依旧向上，那么基于均线附近的支撑属性，由此便会出现一个买点。所以均线的第 2 个属性可以用来当作买卖的依据。

　　那么第 2 个属性存在哪些问题呢？

　　依旧回到之前小镇超市买鸡蛋案例，我们为什么要算 5 天而不是 10 天的移动平均值呢？因为在那个例子里，我们直接做了假设，小镇里的居民平均每 5 天采购一次。现实生活中，没有股票可以被准确地衡量出持股人平均买卖一次的天数。我们只能大概感觉到，如果一只股票的成交量很大、换手率很高，那么这只股票就应该取更短期限的移动平均线。反之，便应该取更长周期的移动平均线。然而具体应该取多少周期合适，没人知道。

　　我们只知道，周期取得过短或者过长，都有问题。举例来说，假设小镇居民每个月去超市采购一次，此时用 5 天的移动平均线，只能估算出整个小镇里 5/30 居民的平均成本，少数人的成本不可能影响到别人的行为，所以这一移动平均线的平均成本意义会不准，因为周期取得太短。相反，如果小镇居民每 5 天采购一次，此时若用 30 天的移动平均线，那么前 25 天的数据，早已对人们没有影响。从中我们可以看出，移动平均线的回归属性、压力支撑属性是否好用，与选取的周期关系紧密。一只股票里，肯定既有短线投资者，又有中长线投资者。有人可能几天就交易一次，也有人持有很长时间，很难预计。如果移动平均线不能够覆盖主要人群，准确性必然会降低。这就是均线存在的最大问题。

该怎么修正呢？打开任意股票交易软件，会看到屏幕里默认显示了七八条不同周期的移动平均线，这么多条移动平均线，其实不是让人看的，而是让人去筛选一条最接近的。你可以在默认的移动平均线里，找到看起来最能包裹住价格变化的均线，与最接近支撑线和压力线的周期，只留下 1~3 条，周期还可以手动调整，比如默认的数值 10、20，可以尝试手动调成 9、11 等数字，然后将剩下的线清理干净。这里有一条特别提示，针对不同的投资品种，周期的数值很有可能不一样，甚至于同一个品种，可能隔一年半载就需要微调。正是因为均线在使用时需要不断频繁调整参数，所以我本人并不喜欢移动平均线。

趋势

均线的第三个属性，是它通过平均的方式去掉了市场上上下波动的影响，从而抽象出了一个主干趋势，进而帮助人们来判断趋势。

再回到小镇超市买鸡蛋的例子中，超市中鸡蛋的价格每天只有一个，我们能看到第 2 天的价格比第 1 天高，第 3 天比第 2 天高，每一天的价格都比前一天高，所以我们很直观地就能看出鸡蛋的价格处在上涨趋势之中。

然而现实世界中并非如此。在金融市场中，每一只股票的价格都在时刻波动，时涨时跌，这就像是在价格图上不断产生着向上或下的毛刺，不断产生干扰信息，让人很难看清这只股票的价格趋势到底是涨是跌，抑或是处在混沌状态，是否会出现趋势反转。总之，干扰信息太多。而均线通过求平均值这种方式，可以把一部分向上的干扰信息和向下的干扰信息互相抵消，从而试图消除掉向上和向下的假信号，帮助人们更加坚定地发现大趋势。

一般有一种观点，认为股票在特定某一天的走势具有随机性。一只股票，它的大趋势取决于基本面。如果这家公司有着光明的前途，市场占有率越来越高，产品的销量越来越大，营业额逐年上涨，那么它的股票价格也应该有很光明的未来。因为股票价格反映的是这家公司的内在价值，股价是这家公司内在价值的外在反映。但即便如此，它的股票价格在特定的某一天里，依然有很强的随机性，比如某天有知名楼盘要开始摇号，摇号要先验资，于是很多人临时卖出股票来充当验资款，由此造成股价临时下跌。这种事跟公司基本面没有任何关系，无法预测，但它影响了股票价格的变动。诸如此类的随机事件很多，所以才有人称股票价格是随机漫步，某一天、某一小时、某一刻的价格是无法预期的。

基于这种随机性的理论，为了不让随机的价格变化影响人们的投资信念，不让某一天或者某几天的涨跌，搅得人心神不宁，很多人想要找到一个能够稳定军心的心理依赖，这个指标应该比较老成稳重，不能像价格那么上上下下，而是很坚定地指向一个方向，于是移动平均线就被挖出来充当了这个角色。这是因为，移动平均线的数值是由过去 N 天平均出来的，如果每一天的价格都充满了随机性，那么必然有向上的随机，也有向下的随机。如此一平均，等于向上和向下中的很多随机都被抵销，移动平均线就能变得很稳重。去掉随机性，就只剩基本面的大势。

它的应用也非常简单。最理想状态下的均线，大概如下图所示。

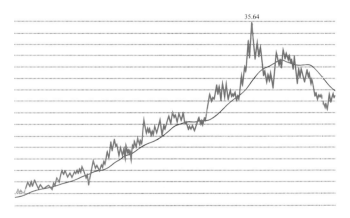

只要均线还在向上，我们就判断上涨的趋势还在持续，那么就一直保持耐心去持有股票待涨，不要被某一天的价格涨跌影响。直到均线掉头，我们才可以认为趋势反转。

但是，上面只是最理想的情况。在实际使用中，依然会面临均线周期取多少的问题。因为求平均值是为了过滤掉随机性，但如果求的平均值特别少，比如 5 天，那么这 5 天里，随机性都随到一侧去是很有可能的。在上涨的趋势里，连着三四天都随机出下跌的假信号，骗你早早把股票卖掉，或者在下跌的趋势里，连着三四天都随机出上涨的假信号，骗你进场，这都很有可能。

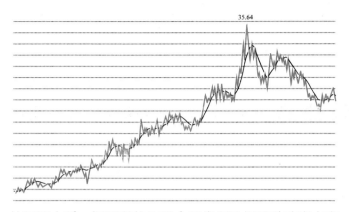

　　从图形上看，短周期的均线会经常探头探脑地改变方向，起不到稳定军心的作用。但相反，如果求长时间的平均值，比如60天，那么随机出现连续5天的假信号，便无法影响60天均线的方向，这种假信号会被过滤出去，所以这根均线会非常沉稳。然而事情也有坏的一面，有时在上涨过程中，可能要连跌20天才能让均线掉头向下，所以当60天均线发出趋势反转的信号时，此时经过20天的下跌，可能已经损失惨重。

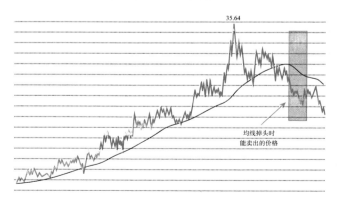

均线掉头时
能卖出的价格

　　由此分析，便可以看出问题所在。均线想要发挥它的第三个属性、去充当趋势线，便会如同第二个属性，面临着周期选择的难题。周期选得越短，均线就越具备灵敏性，然而如果太过灵敏，就会经常喊"狼来了"。均线周期选得越长，就越沉稳、稳重，相应就会丧失灵敏性，有可能会导致在趋势变化中后知后觉。所以灵敏和稳重该怎么选？喊狼来了和后知后觉该怎么选？

针对问题的解决方式，首先，你要选一条适中的移动平均线，周期不要太长也不要太短。当然，你也可以选一长一短两条，但依然短期那条不能太短，长期那条也不能太长。然后利用短周期的灵敏去放哨，利用长周期的稳重去稳定军心，当两条曲线都向上的时候，你可以放心不管。而一旦短周期开始掉头向下，长周期还没变化的时候，你就需要去思考，它到底是在喊狼来了，还是真的在报警。其次，等同于要抛弃均线。之前提到，股价是内在价值的外在反映，如果一家公司的内在价值稳步上升，自然股价趋势也会向好。如果我们的信息来源广泛充足，精于分析公司内在价值变化的驱动因素，能够洞察内因，就不必去看简单的均线。这就是我不太用均线的原因，但对于刚上路的新手来说，分析能力不是速成的，所以学习用均线当作辅助，也是不错的方法。

这就是均线的第三个属性，趋势性。

简单总结，均线有三个属性，分别是回归属性、压力与支撑属性、趋势性。根据这些，你的电脑屏幕上，最终也应该只留下1到3条均线。你要在默认的多条均线中，选出一两条能够包裹住股价最低点或者最高点的均线，用来代表平均成本线，从而昭示着回归属性与压力支撑属性。随后再选出一两条夹代表趋势线。前后两项最好又有一两条重合，最终结果就是只剩下1到3条线。人脑的信息处理量有限，线的数量越多，信息量也会越大，一旦无法兼顾，就会忽视掉信息，失去意义，所以一般来说，均线不宜超过三条。

理论课 26 · 反 "效用最大化"

在第四章，传统的消费理论认为消费者追求的是效用最大化，或者说，认为追求效用最大化就是最好最理智的选择。但是一些经济学家开始怀疑这个论断。

他们做了一些实验，请了一些准备就业的大学毕业生，把这些人随机分成两组。对第 1 组人说，现在有两家大企业，招收的岗位和标准完全相同，第 1 家企业给你 8000 元一个月，但是你的同学在这家企业的同样岗位，收入是 1 万元一个月。第 2 家企业给你 7000 元一个月，但是你的同学在这家企业的收入是 5000 元一个月。两个工作机会，你想要哪个呢？第 1 组大部分人选择了 8000 元的工作。然后到了第 2 组，问题变成了你觉得两个工作机会哪一个能更让你觉得愉快呢？结果大部分人选择了 7000 元的那个。所以，效用和开心可能并不一样。在这个例子里，欲求和幸福感，未必直接挂钩。

针对这种分歧，目前还没有特别好的理论。卡尼曼曾经提出一种解释，认为既然人们做选择时和感受幸福时不一样，那么我们便将效用也分开。传统经济学里的效用理论是用来分析人们做选择的，那就把它叫作决策效用。而我们衡量幸福感的时候，再把这种效应换个名词，叫它体验效用。但是，这种分法太复杂，实际上很难有很好的应用性。

但总之，行为经济学提出了一个疑问。效用最大化就代表幸福了吗？我们真的应该追求效用最大化吗？或者说，人就是在追求幸福吗？人到底是在追求什么呢？在这种追问开始逐渐向哲学靠拢的过程中，行为经济学家也发现了一些值得我们注意的现象。

峰终定律与过程忽视

第一个值得关注的现象是峰终定律和过程忽视，这个现象是由心理学家在研究人们怎样才能感受到幸福时发现的。

最初心理学家们的假设非常理性，如同数学公式，假设某件事能够让人愉悦一段时间，那么总的愉悦程度应该是愉悦程度乘以时间的长短，那么假设同样的愉悦程度下，根据数学公式，愉悦 60 秒就要比愉悦 30 秒多开心一倍。为了验证这一结论，心理学家做了一些实验，结果却表明并非如此。

第一个是冰水实验。实验的第一步，实验人员让人们把一只手插入冰水里停顿 60 秒，问他们是否痛苦。答案是肯定的，冰水刺骨，在里边每多停留一秒钟就要多承受一秒钟的折磨。60 秒结束之后实验对象将手拿出，实验的第一步结束。实验的第二步是换另一只手进入这盆冰水中，停顿 60 秒，实验对象依然回答很痛苦。而在 60 秒之后实验并没有结束，实验人员开始偷偷地加热水温，让人们在升温一摄氏度的水中继续多浸泡 30 秒。这 30 秒应该依然是痛苦的，因为即便温度上升一度，水还是冷的。90 秒完成，第二步结束。此时再问实验对象，假如实验的第三步让其自由选择，是选择重复进行第一步还是第二步。此时的结果是，大部分人都选择重复第二步，这就是该实验反映出来的反常现象。因为第一步的实验时长 60 秒，而第二步实验的 90 秒里，是在第一步 60 秒的基础上还额外增加了 30 秒痛苦。这意味着，总痛苦程度是增加的，但人们为什么感觉不到呢？

第二个是关于肛肠检查的实验。实验的设计者找到一家医院，给来做肠镜的600多名病人做一些随机的安排，一般来说，检查设备要从患者的肛门处进入肠道，过程非常痛苦，检查结束之后，仪器会立即被取出撤走。其中第一组人会正常地接受肠镜检查。而第二组人在接受完正常的检查之后，仪器会继续在患者体内停留一会儿，停留过程中虽然也不舒服，但总体难受程度会比检查过程好接受一些。最终，再询问这些病人对肠镜检查的感受，发现第二组人对肠镜检查的反馈比第一组人要好很多。

两个实验其实反映的是同一个现象——人们对感受的判断并不完全准确。如果人脑能像仪器一样精准衡量感受，这样的结果绝对不会出现。而人们正是因为无法像仪器一样精准，所以做判断的时候，往往容易受到难忘时刻和结尾时刻的影响，从而忽视很多中途的常规片段，这种现象也被称为峰终定律和过程忽视。卡尼曼认为，更容易被人记住的时间点有两处：第一处是整个感受持续过程中，感受最强烈的那一刻，也叫峰值；第二处是结尾时的感受，也叫终值。

这种反常的现象会经常迷惑我们，让很多人陷入各种生活误区。比如在一部电视剧里，父子反目长达20年，儿子视父亲为敌人，想尽一切办法去报复对方。在45集的爱恨情仇后，两人在最后冰释前嫌。这是一个圆满的故事还是一个悲剧故事呢？在我们传统的观念下，会有很多人觉得大结局是圆满的，这不算一个悲剧。然而，中间这20年的痛苦哪儿去了呢？

当然，如果电视剧没有任何波折，便没人爱看了。那么，你希望自己过一种戏剧般跌宕起伏的人生，还是希望自己过平淡幸福、没有波折也缺少记忆点的生活呢？当我想通这件事之后，我发觉还是更应该过后一种。

在我上大三、大四时，我妈的工厂倒闭破产，她开始陷入严重的焦虑之中，然后把全部精力都放在我身上。在她的设想中，我应该保持着一个城市白领丽人的形象，做一份轻松又体面的工作，比如大公司的前台或者行政，然后我应该不断去相亲，找一个经济条件很好的男人结婚，这样就可以不用受累，不用承担风险。我的工作也一直不受她待见，她觉得交易员压力大又辛苦，很容易掉发早衰，找不到好对象。她仅有的一些好心情都在一些特定的时间点，比如我买车的时候，工作地点换到环球金融中心的时候，去读 MBA 的时候……因为一些事件的驱动，她才能感受到开心。在后来的某一天，我找她长谈了一次，我认为人生是持续不断的，就像一条线，如果幸福感要靠获得一个个结果来支撑，那我们所追求的东西就只是一个个的事件，是时间线上的一个个点，想要支撑幸福感，只能不断去追求下一个点，这样的人生太累了。幸福感不应该是点状的，而应该是线状的，应该是一种持续的状态，我们不应该靠追求某个结果来获得幸福感。如果我们漫长的人生变成了这样，那么无论是生命中的幸福感，还是人生的宽度、密度，都会大打折扣。

再后来，我给她送去一只小猫，猫是一种很神奇的动物，你不会因为拥有猫的那一刻而获得很强的成就感或者拥有感，但猫能时不时让你感觉到开心，它提示我们开心可以是生活中一种持续的状态，每天都可以开心得很简单。希望这个故事能带给大家一些生活中的感悟。

峰终定律在商业上也有很多应用。它告诉我们，如果你是商家，那么必须要假设自己是消费者，然后对消费过程中的每一环进行精心评估，你需要精心设计好一个峰值和一个终值。就像宜家商场，逛商场的路线和场景都经过了精心设计，无论是找搭配灵感，还是找家具，甚至是单纯去打发时间闲逛，顾客总能找到自己很感兴趣的东西，从而获得峰值体验，在离开商场前，出口处结账的队伍永远很长，排队等候的感觉超级差，如果留下的是这种终值体验，那么整个宜家给人的印象就会被拖累。所以在结账台之外，又多设计了一个卖甜甜圈和冰激凌的柜台，冰激凌1元1个，甜甜圈等小糕点也很便宜，吃饭会觉得很开心，于是终值体验就上来了。大家也可以多注意一下各家餐厅的体验，很多餐厅都是在门口安排一个人努力地招揽客人，其实送客可能比迎客要重要得多，上菜顺序也是如此，要注意避免顾客在最后产生不愉快的体验。

可能就像古语所言，打一巴掌要给一个甜枣。总之，峰终定律和过程忽视这一发现，促使我们思考，我们所追求的所谓效用最大化，真的是最好的吗？因为人脑会欺骗我们，我们感觉到的效用最大化，有可能只是峰值和终值的最大化，并不是总体上最好的。

利他因素

传统经济学认为每个人都是自私的，完全受利己动机驱使，每个人都会追寻自身的效用最大化。生活中的很多现象，在经济学中的解释都是如此。

举例来说，父母为了养育孩子，一定会牺牲掉自己的快乐和消费。有统计显示，美国父母抚养子女的平均花费大约是22万美元。中国父母的花费应该也不少。这种明显不利己的行为，经济学怎么解释呢？加里·贝克尔在1981年出版了一本《家庭论》，他靠这方面的研究，获得了1992年的诺贝尔经济学奖。《家庭论》里，便用经济学的方法，或者更确切地说，用第二章基本方法里的成本—收益分析，来分析了婚姻和家庭中的各种行为。

加里·贝克尔认为，人已经较少受到动物性的影响，而更多地受到社会、文化、经济因素的影响，人们的生育行为会受成本及收益的影响而改变决策。在经济比较落后的地区，孩子很小就可以干农活，成为一个近乎标准的劳动力，所以养孩子的净成本很低，远低于收益，于是决策者就会倾向于要更多的孩子。而随着经济发展，社会上对劳动力的要求增高，数量考虑就会让位于质量考虑。家庭想要把孩子养成高质量的人才，就需要进行高额人力资本投资，投入的时间和金钱都会越来越多，机会成本也会越来越高。结论就是，社会经济的变化会成为天然的避孕革命。

　　基于加里·贝克尔的理论再进阶思考，前期抚养要有经济投入，后期孩子长成标准劳动力之后，会有经济产出。这是一个典型的跨期行为，类似于储蓄或者投资，前期把钱放进去，后期把钱拿出来。在农业社会中，金融不发达，人们缺少储蓄手段，生孩子投资少，后续收益稳定，可以被理解成一个储蓄行为。当今社会，投资渠道发达，而养孩子投入大见效慢，有可能花费几百万，结果孩子工资比不上养育费用放银行的利息。如今各种不生孩子的言论里，常见原因便是生活成本太高，养孩子太贵，这都是成本因素的考量。在一些资源有限的困难家庭里，如果有好几个孩子，却只能供得起一个的时候，家长也会选择先供成绩最好、最有可能考上大学的，这就算是从收益的角度做决策。这些都能说明，经济因素确实是一个重要的考虑因素。

　　但即便这样解释，我们也能清楚地意识到，抚养子女绝对不只是基于经济因素，还有很多无关于经济、利益的地方，其中的奉献精神，不是用成本收益就能解释清的。

　　生活中还有很多利他的例子。比如给弱势群体或者灾区捐款，这就是一种利他行为。如果这个人还选择匿名，并且不信任何宗教或者因果报应，那么这就是一种完全纯粹的利他行为。经济学该怎么解释这种行为呢？如果人们都完全只考虑自己，就不会有捐赠行为存在。

我们生活中有很多行为都是从利他角度出发的。这一点从传统经济学上很难解释。因为传统经济学为了方便推导和计算求解，直接将人们复杂的行为简化，对人生的其他追求视而不见，只简化成追求自身的效用、追求自身利益的最大化。

这就像解方程，比如 $2a+3=b$，这是一个二元一次方程，二元代表有两个未知数，即 a 和 b。如果多一个未知数，就会变成三元方程，比如 $2a+3b+4=c$。未知的越多，那么从数学上求解一个方程就越难，甚至最终求不出一个结果。所以经济学家为了能够从数学上计算得出答案，就必须做简化，使得实操有意义。

例如，如果利润是 a，为了获得利润而付出的资源是 b，求解最小的 b 带来最大 a 的方式，这是可以算出结果的，那么这么研究就有参考意义。但如果不做简化，要求利润是 a，名声是 b，社会地位是 c，友谊是 d，还有一堆 e、f、g、h，这时求解投入最小的资源下获得最大的 a、b、c、d、e、f、g、h，这个方程是解不出来的，没有结果和意义。

行为经济学针对传统经济学里极端简化的假设，提出了一些补丁，称人们并不会完全追求效用最大化，在一些情况下，人们还会追求其他东西。

第一个补充，就是利他。有一个叫独裁者的实验，实验人员找到了从小学到高中不同年龄段的学生来做实验，将这些人两两分组，然后给每组中的第一个人一笔钱，告诉他这笔钱可以留着自己花，也可以分给同组的小伙伴，是否分、如何分都取决于自己，不会产生任何后果。为了能让这个实验更加反映内心，分组是匿名的，他们不知道自己的搭档是谁，也不会揭晓是谁在分钱。最终结果表明，不同年龄段的人表现出了完全不同的选择倾向。年纪越小的孩子越自私，二年级学生几乎不愿意给同伴分钱，四、五年级学生愿意从 10 元中给别人分 1 元到 1.5 元，而高中生则愿意从 10 元中分 2 元以上给同伴。这似乎能够反映出来，利他是一种社会文化层面的导向，是人们长期处在社会关系之中的产物。我个人对这个观点比较认可，因为我的成长过程也是如此。

也有一些学者从进化角度给出了利他的解释，只看个人存活，那么自私者更容易存活，然而从种群繁衍的角度出发，一个种群中利他主义的个体越多，则越有可能帮助提高整个种群的存活率。一些完全自私的、靠社会达尔文主义进化的种群，可能在历史上早已灭绝。从个体来讲，繁育后代的过程中必须要有利他之心，用一种善良的心理去照顾后代，所以人类会天然地喜欢善良的配偶。当然，因为我不是生物学家，所以无法评论这一理论的正确性。

公平

第二个补充，关于公平。人们有时候会愿意为了公平，舍弃自身的利益。利他主义是当我们在街上看到一起车祸时，会愿意主动去帮忙救助。而公平之心是，当你知道出车祸的人是个恶霸，只会想走到他跟前吐一口唾沫。人类历史上流传着很多关于复仇的故事，比如《王子复仇记》《基督山伯爵》，能够成为经典，是因为它们真的打动了人心。人心之中，并不是总为别人利益着想，有时候我们更愿意付出代价来伤害别人，这种行为不是利己，也不是利他，而是为了追求公平正义。

前面提到的独裁者实验，是让两人小组中的甲来分钱，乙被动接受。在研究公平的时候，学者改进了这个实验，由甲来分钱，但乙可以选择是否接受。如果选择接受，则按照甲的方案执行；如果选择不接受，那么甲、乙二人都得不到钱。这个改进的实验也被叫作最后通牒实验。最终经过大量实验发现，大部分的分钱方案比例都集中在甲乙二人1∶1到2∶1。也就是说，甲给自己留的比例在50%~63%，给对方留的钱在37%~50%。此时，乙接受方案的概率较高。而当甲给乙留下的钱低于25%的时候，乙有极大的概率选择自己宁愿不要钱，也不让这个方案实施成功。乙为什么要拒绝呢，得到25%不比一分没有强吗？结论就是，人们有时会为了公平而牺牲自己的利益。

人们为什么向往公平？这可以从进化的角度来思考。因为长期来看，一个关注公平的人，才更有可能与他人长期共赢合作，从而增加自身对外界变化的适应性，而合作正是人类社会能够成为社会的基础。那么从漫长的人类历史来看，更易与人合作的人将获得更高的存留与发展的机会，经年积累，人们的基因中也就被刻入了对公平的渴望。

通过在不同地区、不同年龄的人之间做最后通牒实验，确实发现了不同的实验结果，似乎能够验证这种理论。在一些原始部落和落后文化地区做最后通牒实验时，人们分钱的平均比例要远低于成熟市场经济国家的分钱比例。学者分析，原因可能是社会中合作行为的数量、规模大小以及市场的整合程度，都会影响人们的公平观念。在秘鲁做实验的地区，当地居民的社会联系非常少，合作仅局限于家庭内部的成员共同打猎，很少与不认识的人进行交易。在这种缺少社会合作的经济体中，人们缺乏分享的观念，因此公平观念也与其他市场经济发达的国家人群非常不同。

在不同的年龄中测试，也发现人们需要随着年龄增长，才能够体会出什么是公平和不公平。这些实验都说明，公平观念的建立实际上基于社会文化。

公平是一个主观概念，并不存在一个确切标准。甚至于在不同的对比下，公平与否可能很难界定。比如在美国一些大学里，为了公平，同是教授岗位，工资差异不会太大。但是教授和教授之间所处的专业领域有巨大差异，有些领域的外界工资非常高，该教授跳槽出去，就有更赚钱的岗位等着他，留在学校里接受低工资对他而言就不太公平。然而如果把这位教授的工资提升到市场同等水平，其他专业的教授又会觉得不公平。所以公平与否，是一个很难以精准衡量的概念。不过好在，在同一个时期，社会上肯定会有一个关于公平范围的共识。

互惠

第三个补充是互惠。互惠是在公平基础上的进一步延伸，指当一个人向另一个人做了某种行为的时候，为了维持公平，另一个人必须也要以合理的行为做出相应回应。互惠分为积极和消极两种：积极的是指，当别人对你做了善意的行为，那么自己也应该做出善意的回馈；消极的是指，如果别人对我们有恶意的行为，那我们也应该进行相同回击。

互惠与公平相似，但并不完全一样。在 2020 年疫情后，餐饮行业遭受了重大打击，当商场解禁之后，人们纷纷出门就餐来支援餐饮行业，然而海底捞和西贝随之宣布涨价，引起了大家情绪上的不满。大家不会去关注它们为什么涨价，可能是因为成本，可能是因为亏损，或许是有正当的理由，但是人们情感上很难接受。当我们觉得自己在对你抱有一种同情和善意时，如果没收到善意的回馈，我们就会感到愤怒。

最后需要再次做一点说明，行为经济学在统一用词方面，目前进展非常缓慢。本节的各种名词，比如利他、公平、互惠，在不同的经济学家笔下，经常会有不同的含义。利他和互惠、利他和公平、公平和互惠之间，在不同的经济学家笔下，它们的含义也经常会有交叉。

理论课 27·反"预算约束"

经过第六章前几节，各位读者应该能感觉到了什么是行为经济学。它就好像是经济学中的反对派，不断反对传统经济学。不过这支反对派目前还很弱小，能反对的内容并不多。

第四章"消费者选择模型"中提到，人们以自己的收入为限，在价格效用之间做权衡，设法获得最大的效用。以收入为限，是因为人们的钱是有限的，只能在自己的收入约束之下做出消费决策。针对这个观点，行为经济学家依然提出了反对意见。

心理核算

塞勒最先提出了心理核算理论，也叫心理账户理论。在这个理论提出之前，经济学家认为钱与钱之间没有任何区别，理性的人在做决策的时候，会平等地对待每一分钱，让每一分钱花出去都效用最大化。

而塞勒则提出，人们会在心里设定很多账户，每个账户分别掌管不同的功能。钱会被事先分配进不同的心理账户之中，各个账户互不相通。因为账户之间的钱无法自由流动，所以有可能会导致资源分配不合理，最终无法达到效用最大化。

以公司举例说明，大企业会有专门的市场营销费用预算，有些公司如果在年底发现市场营销费用没用掉，就会突击投放广告，甚至找媒体投放时几乎不砍价。然而此时没有新产品面市，也没有增加业绩的考量，这种钱花出去的作用可想而知，投入产出比很低。

我在工作的时候，也遇到过类似情况。年底发现部门预算没花光，于是会突击花钱，或是吃饭或是采购，尽量在年底前把预算花光。站在我们个人角度，这是很理性的行为，因为今年的钱不花完，明年做预算的时候，钱可能就会变少，万一明年不够用呢？所以我们都会选择把预算用光。而站在公司的角度考虑，这种行为便有些傻。因为这些钱无法为公司带来太大效用，而年底时，有可能另一个部门正缺钱，如果把多出的钱调配过去，很明显会对公司整体有好处。然而，各部门和各员工之间的信息是不互通的，即便互通，也会首先考虑己方利益，而不是整个公司的利益。对于大公司的董事长来说，他们时间有限，当公司大到一定程度，他就不可能再去注意到每一笔支出，去亲自批准每一笔花销，所以只能通过总额控制的方式，把总的支出权限下放到各个部门，再由各个部门把权限下放给各个员工。

任何一个组织，只要变得庞大，信息就不可能有效地互相传递，所以难以精准调节每一个角落的余缺。所以，只要组织庞大，就只能用这套独立做预算的方法。大企业会在临近年底的时候，也就是11月~12月开始着手准备做下一年的支出预算，分别给企业的各个业务模块、各个部门做预算。比如人力预算、行政预算、市场宣传预算、销售预算等。

再思考个人的情况，我们手中的钱，会花到衣食住行、休闲、社交等很多领域。如果按照功能模块拆分，每一个模块都在心中配一个单独账户，将所有的钱都提前在心里划入不同账户，不同账户之间的钱不能轻易转移，这就与企业做预算有同样的效果。优点是账目清晰，内心有数；而缺点是缺少弹性，有可能会造成资源浪费。

塞勒是最先提出心理账户概念的人，他认为人们有可能会基于钱的来源来区分账户，也可能基于钱的用处去区分账户。

以钱的来源来说，意外之财和劳动所得，给人的感觉是不一样的。工作赚来的钱是血汗钱，要省着花；而意外之财则可以花得更随性一些。例如，当你收到压岁钱之后，会愿意买很多平时舍不得买的东西。然而仔细思考，如果平时舍不得买，就说明在理智的情况下，你觉得钱有其他更值得花的地方，为什么在压岁钱这里就不一样了呢？

我也有类似的亲身经历。我经常买国货品牌双妹的护肤品，某一天柜姐告诉我，我的账户上累积了很多积分，可以用来直接当钱花，兑换产品。如果是我自己掏钱，那么我肯定会买日常使用频率最高的产品。假设我兑换最常用的产品，相当于省了下次来买东西的钱。然而积分对我来说更像是一笔意外之财，最终我兑换了很多平时觉得华而不实、绝对不会掏钱买的产品。因为我感觉这样选，能让我有一种强烈的感觉，觉得东西是白得的。而如果完全理性来看，这些积分既然能当钱用，它就应该等同于钱才对。

这就是塞勒所讲的，从来源角度区分心理账户的现象。

心理账户还可能从花销的去处进行区分。有一个经典问题，假设你一直想听张学友的演唱会，花费 1500 元买了票，结果一不小心，票丢了，此时你还愿意再买一张票吗？大部分人不愿意再买。

而换一种情况，在你买票之前，发现自己手机丢了，损失1500元，此时你还愿意去买门票吗？此时很多人是愿意继续买票的，因为毕竟期盼这场演唱会很久了，不能因为手机丢失，就不去演唱会。然而仔细想想，两种情况的金钱损失其实并没有什么不同。

之所以选择不同，是因为人们在心里把钱划分到了不同的账户上，丢手机是日常消费，更有可能通过压缩饭钱找补回来。而听演唱会是休闲娱乐消费，买完门票之后，休闲娱乐消费的账户已经花满，再买第二张门票则意味着休闲娱乐账户要超支。

另一个例子是关于汽油价格下跌后，人们会做何种选择的研究。在传统经济学视角下，经济学家理想地认为，如果汽油价格下跌，人们花在汽油上的支出变少，那么结余的钱就会变多。钱的性质是可以任意转换的，能带来的效果就像是收入增加一样。人们会拿着多出来的钱去买更多东西，新增一些其他消费。然而行为经济学家调查了很多人，发现大家在遇到汽油下跌时，会选择换成品质更高、价格更贵的汽油，同时还会加更多的油，所以汽油总花费并没有减少。这是因为，人们在心里把加油费单独列了一个账户，这个账户上省下来的钱并没有转移到其他账户，以至于不能像涨工资时那样增加其他消费。

以我为例，国内在2014年下半年到2015年年初时，汽油价格连续下跌，油价曾经从7元多跌到5元多。我不知道我当时每月的油钱是增多还是变少，但我确实升级汽油标号了，也更常开车了，有种满大街瞎转悠却不觉得费钱，反而还赚了的感觉。这是心理账户的原因吗？我不知道，但是我确实做出了类似的行为。

行为经济学家发现的这些生活案例，是想证明，人们没有聪明到能够精确支配全部收入。我们的大脑就像是大公司董事长，其实并不能确切地知道自己各项花费的具体数值，也无法精确地衡量某一项到底是花多还是花少。大公司做不到精准地把钱分配到最优状态，人脑对自己的日常消费管理一样不到位，也必然存在浪费钱的结果。

但我依然觉得，心理账户不算什么大错。它是一种粗略控制消费的本能，只是不太精准。如果处在省钱阶段，那么想要精准地省钱，就只能日常记账，精确地记录自己每一笔花销，然后每个月再复盘。我曾经做了至少两年，每个月的花费尽量刷信用卡，在银行寄来的纸质账单上再一笔笔回忆，按类别加总。这种做法确实帮助我在人生起步阶段克制住了消费欲望，避免了浪费，快速地攒出钱来。但当走过这个阶段后，就不必想太多，毕竟人生乐趣很多，何必劳心伤神。当手中结余越来越多时，其实心理账户依然能够帮助我们管理资产。我曾经写过一个家庭资产分类配置的帖子，在圈子中编号0398，其中把资产分成了流动性资产、安全垫资产、风险资产、长期收入资产、养老金五个部分。这就是一种典型的心理账户，虽然它们都是你的资产，但每一种资产分门别类，用途不同。所以，虽然行为经济学家称心理账号是一种不理性的行为，但是我个人并不抵触心理账户的现象。

心理账户能解释我们日常见过的很多现象，比如很多人自己中午吃工作餐，会精打细算，而如果与朋友一起出去吃饭，预算就宽裕得多。因为一个是日常生活消费，另一个是社交方面的消费，两个账户的钱不对比不互通，一个账户紧张地精打细算，并不影响另一个账户的宽裕。

如果我们能够认识到这种现象，就能识别出很多商业套路。无论是买口红还是买衣服，如果消费者觉得这是日常消费，那么就会比较克制和节俭，如果够用就便不再购买。但是如果消费者把买衣服认知成恋爱开销，变成从社交和感情需求的账户支出时，预算可能就会大幅提升。如果当成提升职场形象的开销，又或者当成奢侈享受类的开销，那么预算还会提升，不知不觉之间，买得就会越来越多。了解完心理账户之后，我们也可以反思一下，自己是否受到了消费主义的影响，不知不觉改变了心理账户。

以上就是心理账户的内容，它是行为经济学家发现的违反经济学常识的一种现象。传统经济学认为，每块钱都是相等的。而行为经济学则认为，放在不同心理账户中的一块钱并不相等，它很难互相替换和转移。那么人们到底有没有心理账户，是否每个人心里都划分了多个类别的心理账户，其实都是没有定论的。还是那句话，行为经济学是一门很新的学科，我们无法确定这个结论在未来是否会经历重整革新，现在我们也只能从现象的角度去看，但多了解一些总是有益的。

第七章
弹性

第三章"经济学的核心逻辑"是本书最重要的一章,我们在其中学到了供给与需求的概念,以及供给曲线和需求曲线。

在学习需求的过程中,我们知道了价格会影响需求量,具体来说,价格上升则需求量下降,价格下降则需求量上升,这种变化是沿着需求曲线上下移动化,叫需求量的变动。除此之外,还有很多因素会导致需求变动,即需求曲线的左右移动,比如消费者的收入、其他商品的价格等。

基于第三章的学习,大家已经能够区分不同影响因素所导致的变化的方向。变化方向是关于"定性"的判断。

但只有定性还不够,本章我们要再深入一点,要涉及"定量"的判断。也就是说,只判断增加还是减少是不够的,我们需要判断出变化多少,不仅要知道方向,还要有量的判断。

举例来说,假设南美洲气候异常,导致咖啡豆减产,基于我们第三章建立的初步认知,我们能意识到原材料减产会造成咖啡价格上涨。但咖啡价格会上涨多大的幅度呢?假设我们判断出,咖啡的价格将要上升 10%，基于第三章，价格上升会导致咖啡的需求量下降，但会下降多少呢？假如我们判断出需求量下降了 10%，基于第三章，替代品的需求会增加，那么替代品的需求会增加多少？整个世界就是这么不断被互相联系起来的，一只蝴蝶扇动了翅膀，引起了很多变化。

这些提问已经超出了只判断变化方向，而开始着眼于变化的幅度。此时，就需要我们使用弹性（elasticity）这个概念。

理论课 28 · 弹性

什么是弹性

弹性（elasticity），被用来衡量一种变化对另一种变化的敏感程度。

想象一个跷跷板，当你按动一侧，另一侧也会跟着变化。但是变化的幅度如何？我们把一侧按下一指长的距离，另一侧会变化多大呢？有可能变动很小，也有可能变动很大。

假设主动变化的这一侧是 A，受影响的一侧是 B，如果 B 对 A 的变化很敏感，则 A 的变动就会引起 B 很大的变化，如果 B 对 A 的变化不怎么敏感，那么 A 的变动只能引起 B 很小的变化。

弹性就是用来衡量变化的敏感程度的。当我们想衡量 B 受 A 影响的敏感程度时，我们就用 B 的变化幅度除以 A 的变化幅度，即两者变化百分比的比值。

$$弹性 = \frac{B\%}{A\%}$$

以上的介绍比较抽象，再详细解释一下。

第一点，A 和 B 指代什么？A 和 B 可以指代任何有关联的事。比如一家公司的广告费投入和销售额之间，存在着一定的关系。用广告费去撬动销售额是否值得，可以通过求弹性来判断。西方还有关于总统选举的弹性研究，比如爆绯闻会让支持率下降多少，多跟选民握手会让支持率上升多少。所以 A 和 B 可以指代很多现象，弹性可以套用在很多领域。

第二点，为什么不直接用 B 除以 A，而是要用 B 的百分比除以 A 的百分比？因为如果不改成百分比，那么就会涉及用什么单位的问题。比如，在反映价格变化的时候，价格是用元还是万元呢？是用人民币还是美元？在涉及商品数量的时候，是用件还是用吨？只有换成百分比，才会发现不需要考虑单位问题。

第三点，既然 A 和 B 可以指代任何事，那么我们在经济学课里主要需要学习哪些弹性呢？本章隶属于消费者模块，是需求曲线的延展。所以我们要学习与需求有关联的一些重要弹性。

根据需求定律，价格下降会引起需求量上升，那么可以看作 A 是价格，B 是需求量，我们将这一弹性命名为需求的价格弹性，简称需求弹性。

另外，收入对需求也有重大影响。人们的收入上升，会增加或者减少需求。那么如果 A 是收入，B 是需求变化，这种叫作需求的收入弹性，简称收入弹性。

我们还知道，相关产品之间会互相影响需求，比如汽油降价，会影响汽车的销量。那么如果 A 是相关产品的价格，B 是目标产品的需求，这种弹性就叫需求的交叉价格弹性，简称交叉弹性。

以此类推，还有很多种不同的需求弹性。从前三个名字中可以看出来，弹性的命名规则大概就是 B 的 A 弹性，计算公式就是百分之 B 除以百分之 A。

以上就是本章主要要了解的三种弹性。在后文企业模块一节，从供给曲线延伸出来，也会有一系列供给弹性，命名规律是相同的。

第四点，在分析弹性的过程中，主要需要注意些什么呢？我们最需要注意的是，弹性值到底是正值还是负值，以及弹性值的绝对值是大于 1 还是小于 1。

先说正负问题。分数上下一正一负的时候，相除会得到一个负数结果。意思是说，如果 A 是正数，即 A 增加，那么 B 必然是负数，说明 B 会减少。反过来，如果 A 减少，B 就增加。两者是反比例关系。比如，猪肉价格下降时猪肉销量上升，这就是反比例关系，类似于跷跷板。

相反，分数上下都是正数，或者都是负数时，相除得到的结果会是正数。意思是，如果 A 增加那么 B 也增加，如果 A 减少那么 B 也减少。比如人们收入上升，去旅游的花销就会增加，收入下降，下馆子的次数就会减少，这是同升同降的关系，就像是一根绳上拴的蚂蚱。由此可以看出，这里正负值的作用是区分变化的方向。

而数值上，我们需要看数值的绝对值。绝对值是一个从 0 开始的数值，而数值大于 1 还是小于 1，是一个重要的分界线。

先从 0 开始想象，什么情况下弹性会等于 0 呢？如果 B 除以 A 等于 0，在数学上说明 B 等于 0。意思是，无论 A 怎样变化，B 都不变。举例来说，放假时领导让加班。每多加班一天，加班费会增加多少呢？如果领导一毛不拔，一分加班费都没有，弹性值等于 0，这种叫作完全无弹性。

假设你每天正常的工资是 200 元，每多加班一天，补贴 50元。此时工资的弹性值就等于 0.25。

$$工资的时间弹性 = \frac{工资变化幅度}{时间变化幅度} = \frac{50/4400}{1/22} = 0.25$$

（注：按照一个月 22 个工作日计算）

这是一个大于 0 小于 1 的数字，这就意味着，一个大变化只能引起小变化，这种情况叫缺乏弹性。

假设按照正常工资付加班费，加一天班多给 200 元，此时工资弹性就是 1。等于 1 时，叫单位弹性，或者说元弹性。

$$工资的时间弹性 = \frac{工资变化幅度}{时间变化幅度} = \frac{200/4400}{1/22} = 1$$

假设按照劳动法，双倍工资付加班费，此时弹性应该是 2。这是一个绝对值大于 1 的数值，这种情况叫富有弹性。

$$工资的时间弹性 = \frac{工资变化幅度}{时间变化幅度} = \frac{400/4400}{1/22} = 2$$

我们能看出，弹性值可以不断增大。这就像杠杆，一个小变化能撬起一个大变化，就叫作富有弹性。

弹性最大能到什么程度呢？假设领导说，不用加班，直接发加班费。这种不需要变就能撬动巨大的变化，叫作无穷大的弹性。

现实生活中，完全无弹性和弹性无穷大两种情况几乎不存在。而 A 和 B 刚好为 1∶1，能得到弹性为 1 的元弹性情况，也比较稀少。大部分情况下，要么大于 1，要么小于 1。所以我们主要就是要区分绝对值与1的关系，区分到底是缺乏弹性还是富有弹性。

这么区分有什么用呢？我们将在后面几课，来理解这个问题。

理论课 29·需求弹性

需求弹性

前文提到，需求弹性的全称叫需求的价格弹性，它衡量的是需求量对价格变化的敏感程度，可以理解成当某种商品的价格变动 1% 时，需求量能变动多少。

需求弹性的公式可以表示为：

$$E_{需求} = \frac{需求量变化的百分比}{价格变化的百分比}$$

我们已经知道需求和价格呈反比例变化，所以需求弹性是个负数，由于这是常识，所以为了简便考虑，经济学家在使用时，一般装作负号不存在，只看负号后的数值。例如，假设某家超市统计销量，发现鸡蛋价格上升了 100%，而销量下降了 30%，那么需求弹性往往会被简化掉负号，直接报成 0.3。

研究需求弹性有一些实用目的。比如我们分析一个产品要不要降价，想知道价格变化引起的需求增加能让销量上涨多少，这就需要研究需求弹性。

如果需求弹性很大，只要价格有一点变化，就能够让销量大幅变动，这是富有弹性，此时就应该赶快降价促销，因为只要降一点价，就能销量暴增，是划算的。相反，如果需求弹性很小，说明大幅地降价，只能引起销量小小的变化，也就是缺乏弹性，那么降价反而会造成收入下降，得不偿失。所以，需求弹性到底是大于1还是小于1，就比较重要了。

然而同一种产品，它的需求弹性并不是一成不变的，而是根据价格的变化有上下变化。如果从需求曲线上看，会看到弹性沿着需求从无穷到0的变化范围，这一点很难理解。

为了方便理解，我写了一个简单案例做说明，其中的数据是虚构的。

写这个例子的时候，正是2020年国内开始支持地摊经济的时期。我去逛地摊时，看到了有人卖抖音上很火的泡泡机。第一个摊位卖40元，我觉得这个价格高得比较离谱，所以没买。我推测其他人也会有一样的想法，所以我假定40元的时候销量是0。到了第二个摊位，价格是20元，我买了一个。其实如果他卖25元，我也愿意买，但是如果卖35元，我就不太可能买；卖30元的话，可能就取决于我当时的心情和氛围，如果情绪很好或许会买。相反，如果低于20元，我100%会买。

在我周围，有许多人的心态与我类似，每个人都有一个自己的心理价位。比如张三低于10元会100%买，高于20元100%不买，在10元到20元会比较犹豫。每个人能接受的价格区间不一样，但这种面对价格变化的心态是一样的。

我们这一群人加在一起，就汇总出了泡泡机在各个价位的销量表。

价格越低，能够接受这个价格、想要买泡泡机的人就越多。这个销量和价格的关系，有可能是下面这张表的数量。

销量表			
价格	销量	价格弹性	总收益
0	8		0
5	7		35
10	6		60
15	5		75
20	4		80
25	3		75
30	2		60
35	1		35
40	0		0

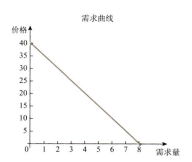

需求曲线

那么弹性是怎么算的呢？大家简单了解一下即可。在我过去十几年的工作中，我用过弹性来分析事物和商业策略，它是一个很基础实用的概念，但我从来没遇到过需要计算弹性的时候，除非考试才有可能遇到。所以计算不是本节重点，重点是结论和应用。

来看一下弹性的计算方式：

假设价格是 10 元，能卖出 6 个，如果降价到 5 元，或者涨价到 15 元，都是价格变动 5 元，相对现在 10 元的价格来说，等于价格变动了 50%。

$$价格变动百分比 = \frac{5}{10} = 50\%$$

而销量会从 6 件涨到 7 件或者降到 5 件，都是变化 1 件销量。

那么相对当前 6 件的销量，变化 1 个销量，变化的比例就是 1 除以 6，等于销量变化了 16.67%。

$$销量变动百分比 = \frac{1}{6} = 16.67\%$$

弹性就是销量的变化比率除以价格的变化比率，所以价格变化 50%，销量变化 16.67%，价格弹性就是 16.77% 除以 50%：

$$E = \frac{销量变动百分比}{价格变动百分比} = \frac{16.67\%}{50\%} = 0.3334$$

或者表示为：

$$E = 16.67\% \div 50\% = 0.3334$$

（有时候销量变化不会这么平稳，比如从 10 元降到 5 元的过程中，如果销量从 6 涨到 10，变化 4 件，而从 10 元涨到 15 元的过程中，销量从 6 降到 5，变化 1 件，则销量的变化应取平均值，即 $\frac{4 件 + 1 件}{2}$，销量的变化比例是 2.5 件 ÷ 6 件 = 41.67%，其他步骤的计算都是一样的。）

$$E = \frac{销量变动百分比}{价格变动百分比} = \frac{41.67\%}{50\%} = 0.8334$$

按照上面的计算方法，我们可以把每个价格水平下的价格弹性计算出来。注意，它们都是负值，只不过是省略了负号而已。

价格	销量	价格弹性	总收入
0	8	0	0
5	7	0.14	35
10	6	0.33	60
15	5	0.60	75
20	4	1.00	80
25	3	1.67	75
30	2	3.00	60
35	1	7.00	35
40	0	负无穷	0

从这个例子中，能看出一些具有普遍意义的结论。

第一，即便是同一种商品，弹性也不是固定的。沿着需求曲线上下移动的过程中，越靠近需求曲线的上方，即价格越贵的地方，弹性在价格高到能让销量为 0 的时刻，甚至可以是无穷大。相反，越靠近需求曲线的下方，即价格越便宜的地方，弹性越小，甚至可以为 0。所以这里的弹性与价格相关。

销量表			
价格	销量	价格弹性	总收益
0	8	0	0
5	7	0.14	35
10	6	0.33	60
15	5	0.6	75
20	4	1	80
25	3	1.67	75
30	2	3	60
35	1	7	35
40	0	负无穷	0

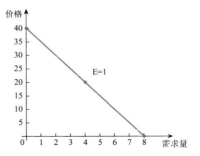

第二，在需求曲线上，弹性值等于1的点是一个重要的分界线，它把价格分成了两个区间。价格高于这个点，弹性大于1，此时降价能够带来更大比例的销量上升，销售收入就会上涨。

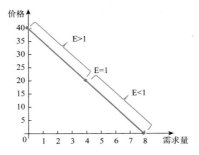

相反，如果价格低于这个点，弹性小于1，此时，每降价1%，带来的销量提升都是低于1%的，所以降价会带来总营业收入的减少。为了提升营业收入，此时不仅不应该降价促销，反而应该提价。

而当商品定价刚好位于弹性为1的位置时，营业收入就是最大的。

这很像初中数学课上的长方形面积公式：面积＝长 × 宽。从上图中，我们也能看出来，营业收入等于价格乘以销量，跟面积公式非常相似。而长方形面积最大时刚好是长等于宽，即构成正方形的时候。而在需求曲线的图形上，当弹性等于1时，此时价格乘以销量刚好等于正方形。

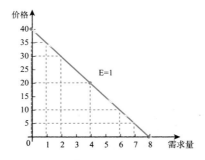

总之，弹性大于1时降价，弹性小于1时提价，能够改善营业收入。很多企业，尤其是上市公司，或者依赖于现金流的企业，会非常看重营业收入大小及增长率，那么基于弹性去考虑营收，是一个很重要的角度。弹性在企业经营中，最重要的就是用于现金流的管理。

需求价格弹性的影响因素

最基础的弹性值是基于销售数据计算出来的。然而，如果某个价格区间是你的产品没有出现过的，就不可能有相应的销售数据做支撑。也就无法通过数据来计算弹性。这要怎么办呢？只能通过估计。弹性背后，反映的是形成消费偏好的社会因素、心理因素、经济因素等原因。我们要根据这些影响因素，大致地去估计弹性的大小。一个好的企业经营者、管理人或者投资人，应该有一种类似于本能的嗅觉，支撑自己去做估计。

来看一下，影响弹性大小的因素有哪些。

1. 支出比重

一般来说，如果一种商品的支出占消费者预算的比重越小，则这种商品就越有可能缺乏弹性；占预算的比重越大，则越可能富有弹性。极端情况是，如果消费者将全部预算只用于购买一种商品，那么当该商品价格上升时，消费者必然减少其贩买量，弹性将是极大的。这是因为除了该商品，消费者没有其他可以放弃的商品。如果一种商品的支出占预算比例较小，当该商品价格上升时，消费者可以减少其他商品的购买量。例如，如果盐的价格上涨，几乎不会影响其需求量，因为盐的支出占消费者总预算的比重非常小。

类似的产品还有猫粮。猫的饭量小，每只猫平均月消耗四斤猫粮。所以即便每斤猫粮由 25 元翻倍到 50 元，每月总花费也就是从 100 元涨到 200 元。因为占消费者总支出的比例较低，所以价格弹性不高。在这种情况下，用户比较容易接受品质上升带来的价格上涨。对比来说，如果养一只大型犬，一个月至少 30 斤狗粮。如果狗粮 20 元一斤，每月需要花费 600 元；价格翻倍的话，意味着每月要花费 1200 元。这个总金额已经可以让很多用户开始关注价格了，所以狗粮的价格弹性比猫粮高很多。再对比来看，如果一个人每顿饭预算 20 元，容易提升到 40 元吗？每顿饭 20 元，一天 50 元，月消费在 1500 元左右，如果翻倍就意味着每月消费 3000 元。这就需要考虑各地的人均收入，除非是北上广核心 CBD 里收入非常高的白领，否则，以国内人均月薪几千元的水平来看，大部分地区都很难接受这种价格的上涨。

圈子里曾有一个提问，提问者是一位经营日式拉面店的朋友，他的店位于东莞，附近都是写字楼和商场，位置不错，拉面也很好吃，据说来尝过的日本人一次就变成了铁粉。但是即便位置和口味都没问题，顾客依然非常少。我看菜单发现，最便宜的一款面三十几元，而且额外加配料，每个单项会多加五六元，算上附加项，整个价格非常高。因为拉面毕竟是快餐类，不像一桌人吃饭那样，会有附加的社交属性，所以这个定价有问题，必须降价，才能提高营业收入。

同样的例子还有买口红。大家更愿意买名牌口红，而不是平价口红，但是买衣服时买名牌衣服的人并不多，选平价衣服的人更多。因为一支 Tom Ford 的口红才几百元，而一件 Tom Ford 的西服几万元，关键点就是占人们支出比例的大小。

除此之外，如果商品单价相对于人群平均收入占比较高，我们也可以认为，能够负担得起这种商品的人群数量并不大。那么，如果价格下降，会让负担得起这种产品的人群数量大幅增长，销量也会增长，此时的价格弹性一定很高。相反，如果某商品价格相对于人群平均收入水平而言，占比较低，就说明大部分人都能买得起，那么继续降价也难以大幅增加客户群体，所以销量必然上涨得比较慢，此时它的弹性就不会太大。

2. 时间长短

同一个商品，面对价格变化时，短期和长期的反应也不同。所以我们在分析供需变化时，也必须确定时间长度，因为期限也会有很大的影响。对大部分日常的消费品来说，时间越短弹性越小，时间越长弹性越大。

因为每个人都会有一些日常习惯、消费习惯，更改需要时间，而时间决定了消费者能否很快地找到替代品。例如，一个人如果每天打车上下班，这是他日常的消费习惯。而当出租车费大幅上调的时候，这个人在一开始虽然很不爽，但他只能先被动接受，因为消费习惯一时半会儿难以改变，让他突然改成坐地铁，他会很难接受。但只要有足够长的缓冲期，没准也就习惯了。更有可能，他在一段时间内又想出了更好的替代方式，比如拼车，或者买电动车，甚至换个离家近的工作。

所以在大部分情况下，我们大部分的日常消费品上，短期需求相对于长期需求更缺乏弹性。相反，时间越长则越富有弹性。

一般认为，在短期内，除了娱乐产品，其他所有日常消费品的价格弹性普遍都小于1。但从长期来看，除了酒类和烟草，其他所有商品的价格弹性绝对值都大于1。

但是也有例外，就是耐用品。

比如汽车、冰箱、电视机，或者工厂需要的大型设备，这类产品属于耐用品，它们的短期需求弹性反而大于长期需求弹性，因为消费者一旦买了这些东西，就会使用很多年。长远来看，你的车或者电视，早晚都会更换，但到底什么时候更换？疑问很大。价格会改变消费者的短期决策，有可能让需求提前或延后，这种例子非常多。比如，家电下乡的补贴政策，电动车补贴政策，短期内会促进很多未来的需求提前释放。这些产品短期弹性很大，所以短期内的补贴让销量上涨迅速，看起来企业会很爽，但是长期弹性反而小，长期来看，这种补贴对企业来说也未必是好事。

最后回顾一下，弹性有长期和短期之分。我们在分析时也需要考虑长短期，但是长短并没有严格的界限，没有统一标准，都需要具体分析。不过，如果没有特别说明，惯例上一般用年来做区分，低于1年是短期，高于1年是长期。用1年当作分界线，这种惯例在金融市场上也非常普遍。

3. 可替代性

一种商品的替代产品越多，就越富有弹性。因为如果这种商品的替代品越多，它涨价之后，消费者越可以转而投向其他替代品。

举例来说，鸡肉价格下跌，增加的购买量会更高一些，因为消费者很容易用鸡肉来替代其他价格不变的产品，比如猪肉、牛肉。你可能会发现餐馆里白斩鸡里的鸡肉分量更足了，菜单里关于鸡的菜在变多。所以鸡肉的价格弹性会比较大。

相对鸡肉来说，鸡蛋就没那么多的替代品，毕竟鸭蛋产量少，鹌鹑蛋太小，能够替代鸡蛋的东西并不多，所以鸡蛋的价格弹性绝对会远小于鸡肉。

可替代性，这个道理在职场上也很流行。很多人都说，随着自己工作的经验提升，要逐渐培养自己的"不可替代性"，否则年薪越高，就等于人力价格越高，企业对你的需求就会降低。而究竟会降低多少呢？看弹性。你的可替代性越高，对你的需求弹性就越大，工资轻微上涨都会造成企业对你需求的大幅下降，结果就是你会变得越来越危险，很容易被工资要求更低的年轻毕业生替代掉。

4. 商品类别的大小

与上个原因相似，这一点还是跟替代性有关。

例如，食品是大类，方便食品是食品下面的小类，方便面是方便食品下面的细分产品，它们的弹性会逐层增大。因为食品价格上涨，代表着整个大类的普涨，人们不可能因为食品价格上涨就不吃饭。但如果是方便食品因为包装原材料上涨导致了涨价，人们可以把消费从方便食品换到其他小类上，比如去吃生鲜食品，所以小类的弹性一定是更大的。进一步，如果只是方便面涨价，可替代的就更多了，不吃方便面，可以改吃麦片或者速冻水饺，可替代性会更大。

5. 商品的必需程度

商品的必需程度越高，弹性就越小。到这里，我要引日几句。弹性越小，就意味着提价的时候消费者越可能会接受。所以不妨思考，如果要收税，加税就等于给商品提价，那么应该针对哪类产品收商品税？

古代有盐铁专营税，大约从商鞅变法时期开始。因为古代交通困难，想要收税很难，但税加到产品价格里，让别人买一份东西，就掏一份税钱，这种就容易得多。所以，加税很有讲究，一定要加到弹性小的东西里，比如食盐和铁。尤其是古代没有冰箱，无论是肉还是菜，都需要经过腌制才能留存更久。所以，盐不可或缺，必需程度很高，弹性很低。铁也一样，农耕时期金属器具必不可少，所以古代有盐铁专营税。虽然古代没有经济学，但是经济学的原理一直都在。

那么到了现代，应该往什么商品上加税？同样地，要扩大税源，一定要往必需程度很高的产品上收税，即人们不会因为贵而放弃购买的产品，否则一旦加税，大家不买了，不仅收不上来税，还抑制了消费和经济。房子肯定是一种，所以房子中所含的税特别高，未来也一定会收房产税。另外，烟和酒的税，也是自古以来就高，因为对成瘾的人来说，这些就是必需程度非常高的产品，可以使劲涨价。还有豪车、高档手表等，因为对富豪来说，这类产品是身份的象征，必须得有，所以可以使劲加税。相反，廉价的车是很难加税的，一旦加税，销量就很容易受影响，所以为了刺激经济，政府甚至更愿意给便宜的车减税。

需求弹性的应用

通过需求弹性的原理，我们也能理解一些社会现象。

举例来说，农民种植不同的农作物，需求弹性不同。种大米和种榴梿相比，大米的需求弹性更低，而榴梿的需求弹性更高。因为：

第一，大米的价格便宜，占预算比例较低。普通人一个月也就吃 20 斤米，如果 2 元 1 斤米，一个月 40 元，占整个花销的比例非常低。

第二，替代品少。大米的替代品，可能就是面粉，或许也有地瓜、小米、玉米之类的粗粮。如果大米降价，有多少人会把吃面粉的额度转换成吃大米呢？如果大米涨价，有多少人会选择少吃大米，改吃面粉呢？可能非常少。

第三，商品的类别大。大米是一类主食的大类，而不是米粉、粽子、黏豆包这样的小类。

第四，商品的必需程度很高。对于每天吃米的人来说，不吃米饭很不习惯。

所以，大米的弹性很低。相反，榴梿的弹性很高。因为：第一，榴梿的价格更贵，占预算的比例更高，多吃一次榴梿，这个月就要多花 100 元；第二，榴梿的商品类别更小，替代品更多，因为它是水果的一种，如果吃不起，还有很多其他水果；第三，榴梿的必需程度较低，涨价了，大不了可以不买。

当我们理解弹性大小的判断之后，可以试着做一些分析了。

第一个思考点，关于产量和收入的关系。

假设有一天，突然出现一种强力化肥，能让所有的土地都自动增产 10%，这会导致什么样的结果？此时，大米增产 10%，为了让这增加的 10% 能够卖出去，基于弹性比较小的认知，我们能判断出来，价格下降的幅度会远超过 10%，结果就是，大米虽然丰收，然而农户的收入却会下降。

叶圣陶《多收了三五斗》一文，讲的便是谷贱伤农这一道理。相反，如果种的是榴梿，因为榴梿的弹性很大，那么降价幅度只需要远低于 10%，就能带来销量增加 10%，结果就是农户的收入会增加。

同样，假设培育出了一种新水稻品种，能使亩产量增加 20%。按照我们在第一模块的学习，供给增加，价格下降。再按照本模块的学习，基本农作物的需求弹性很小，价格下降，收入下降。结论便是，如果该品种被大量种植，农民收入会大幅下降。

如果培育新品种会让农民的收入变得更差，为什么农业行业的人还要不断去培育新品种呢？这就涉及我们将在第四模块中要讲的——市场是如何运行的。

第一模块第二章中，在经济学的思考模式里，个体最优不等于群体均衡，每个人、每个企业、每个消费者、每个生产者自己的选择，只代表个体最优选项，而市场运行的过程中，所有人一起参与，结果就未必是每个人都能获得最优。举例来说，种植水稻的农民，每个人都是微小的个体，对市场的影响微不足道，都无法影响市场价格，所以对每个人来说，水稻的价格都是固定的。如果价格不变，那么对自己最优的选项，就是生产更多的水稻，赚更多的钱。但如果所有的农民都这么做，水稻的总供给增加，价格下降，每个农民的状况就都变坏了。

通过这个例子，我们也能够预知历史的进程：种粮领域的每一次技术进步，都会导致农民能够生产出更多的食物，来养活全国更多的人口，但粮食总产量的增加，通过低弹性，导致粮食总产值下降。整个粮食产值下降，会导致农业里能够养活的种粮农民越来越少，于是农民就必须转型，必须进城。城市化率必须提升，吸纳更多的农业人口，找到新的谋生手段，否则，农业人口去哪儿呢？

在这个例子的基础上，我们再提出一个更深入的问题。我们知道农产品的需求弹性很低，增加供给，就代表着农民收入下降，反过来，减少供给就能够让农民收入上升。那么，为了帮助农民脱贫致富，我们是否可以号召所有农民都只耕种 80% 的土地，每个人都自发地空 20% 的土地出来，从而大家一起致富呢？这是我们本节留下的思考题，请大家思考。我们在第四模块，会顺带来解答这个问题。

以上便是第一类问题，关于数量和收入的关系。

第二个思考点，关于生产规划的问题。

假设泰国主要种植大米和榴梿两种作物。那么如果泰国想要让国家收入上升，应该怎样调节这两种作物的比例呢？应该大幅减少种大米的土地，拿来改种榴梿，从而使大米产量下降、价格上涨，收入增加；榴梿产量增加、价格下降，收入增加。直到某一刻，大米和榴梿的弹性都开始接近于1，收入会达到最大。如果从需求曲线图上来思考，榴梿的价格处在需求曲线上较高的位置，价格越低，越能提升总收入。

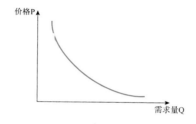

而大米价格处于需求曲线上较低的位置，有可能已经接近尾巴，需要把价格提高才能提升总收入。然而，我估计即便泰国把所有土地都拿来种榴梿以供出口，纯进口大米，可能都很难把榴梿的价格砸到太低，未必能达到弹性为1的价格。当然，如果现实中泰国真的只种榴梿，很容易就会发生危机，一旦国外以禁运大米作为条件来拿捏泰国，国民吃不饱饭，社会就会动荡。所以，在做决策的时候，如果这是上升到比较重大的、涉及一个地区甚至一个国家的决策，那么经济利益有可能并不是全部目标。比如我国，对于基础农作物就有相应的保底种植的要求. 虽然改种水果或者改成工厂，收入会更高，但基础作物减少到一定程度，安全难以保障。所以在现在还在种植小麦、大米、玉米、棉花这些农作物的地区，其实为国人做出了很大贡献，是值得感谢的。

如果把这个例子做一下更改，把泰国改成一家企业，把大米和榴梿改成企业生产的不同产品，会发现，企业在面临生产选择的过程中，也会有类似思考。例如，制药企业会同时生产多种药品，大部分药品弹性很低。这是因为药必需程度很高，有病的人才吃药，没病的人哪怕再降价也不会吃，另外大部分药品的替代性都很低。所以除了少量高价药，大部分药的弹性较低。对于高价药，虽然病人有需求，但是买不起。一旦高价药降价就能释放需求出来，所以弹性比较高。

假设有一家制药企业能够生产50种药，虽然大部分药的弹性低，但其中肯定有最便宜的和最贵的。那么，企业就会有动力减少生产最便宜的药，把有限的人力和生产线拿去生产最贵的药。结果就是那些便宜药可能产量会越来越少，甚至停产。这种现象已经发生了，很多新闻都有报道，因为便宜的救命药停产，很多患者只能花高价搜集别人手里剩下的过期药来吃。

所以，这一类问题该怎么解决呢？应该向企业号召，增加社会责任，保障低价药的供应吗？应该由政府出面，强制企业配额生产吗？应该让便宜药涨价，从而让药企有动力去生产吗？有很多种解决方法，但哪一种方法最好，我不知道。

当我们讲弹性的时候，去研究怎样才能让企业收入增加时，弹性只是告诉我们，怎样做能让收入增加，但这样做好或不好，无法得知。弹性与收入，这是一个实证经济学的问题。企业减少低价药的生产，是否正确；患者买不到便宜药时，应该怎么解决，这些都是规范经济学，没有正确答案，每个人心中都会有不同的答案。那么该如何保障药品的供应，让便宜的特效药不至于消失呢？这个问题也留给大家各自思考。

第三个思考点，关于汇率。

假设泰国种植的大米和榴莲自己吃不完，需要大比例出口，卖给其他国家。那么你觉得泰国更希望它的汇率如何变化呢？如果泰国货币贬值，对泰国来说是好事吗？

如果泰国的出口产品主要是大米，那么因为大米弹性很低，降价会造成总收入减少。泰国货币贬值，可以看作泰国产品在降价，泰国人民会希望自己的货币贬值，从而让主要的出口产品大米降价吗？不会。他们会更希望货币升值，让出口大米的收入上升。如果泰国货币贬值，对于泰国来说是有损失的。

相反，如果出口的产品大部分是榴莲，那么他们才会更希望货币贬值。此时，如果泰国货币贬值，对于泰国来说是受益的。

当然，这一案例有瑕疵。因为大米和榴莲都属于农产品，农产品的产量很难大幅增加。所以如果货币贬值之前，就已经把所有的榴莲都销售出去，再降价之后，就算有新增需求，泰国也无法大幅增加榴莲产量，那么也就无法从货币贬值中受益。所以，如果我们把例子中的农产品换成可以大幅增产的工业产品，再用弹性来分析汇率该如何变动，才有意义。

对一个小国家来说，如果出口产品单一，那么这类国家的汇率变动会有什么影响，就很容易分析得清楚。

而对一个大国家来说，出口产品五花八门，就比较难分析。举例来说，海关总署的网站上，每个月都会披露一些进出口的统计数据表。网站上最早的数据是 2006 年，在 2006 年，我国的出口总值是九千多亿元，其中服装占了 952 亿元，鞋子占 218 亿元，纺织纱线 488 亿元，其他还有塑料制品、箱包、玩具、灯具、家具等，都是比较主要的出口物品。一直到 2012 年之前，我国的出口品都是以这些低附加值、技术含量不高的产品为主，出口数额年年大幅增长，这也是我国那些年被称为世界工厂的原因。而

2012 年之后，这些东西的增长率开始明显下降，停止增长。这类产品的需求弹性较大，因为必需程度很低。所以当时如果人民币出现贬值，那么对全国的经济增长会非常利好。但在 2015 年之后，越来越多新品类产品在出口品中的所占比重增多，电子零部件、集成电路、车船部件、手机等机电产品的比例越来越高，2021 年，机电产品的占比已经超过一半。那么所有出口产品的弹性肯定有所不同。所以我们能简单地判断，人民币贬值对经济是利好吗？未必。

希望未来我们出口的产品里，都是别的国家生产不出来的东西，比如光刻机、大飞机、各种高科技产品等，这类东西的弹性肯定比较低，所以可以使劲涨价，也可以让人民币持续升值而不会影响出口。这就是弹性与进出口的关系。

延伸阅读：常见的弹性数据

如果只到这里，大家对很多产品的弹性还会比较模糊，我们可能很难估计各种产品弹性的高低。这些延伸阅读的数据，是来自各国经济学家对各种产品所测量的弹性数值。各位读者可以通过阅读，对弹性大小建立一些认知。

需要再次强调的是，每种产品的弹性并非一成不变的，而是根据商品的价格、人们的收入水平等很多因素而改变。所以，在不同的地区、国家、时间里，弹性不同。以下调查数据，大部分来自欧美学者在当地的调查，所以在具体数值上，跟中国的情况可能会有较大差异。

但我们对弹性的感知，并不需要精准的数字，而是需要判断弹性的绝对值到底是大于1还是小于1。越小的数字，越接近0，说明弹性越小。比 1 大得越多，说明弹性越大。

常见的价格弹性：

产品	短期	长期	调查地区
咖啡	-0.2	-0.33	
啤酒	-0.84		
葡萄酒	-0.55		
智利葡萄酒	-1.6		美国
法 / 意葡萄酒	-0.3		美国
软饮料	-0.79		
可口可乐	-1.22		
自来水	-0.38		
鸡蛋	-0.027		
鸡肉	-0.37		
水果	-0.7		
餐馆吃饭	-2.27		
普通白面包	-0.69		
高档白面包	-1.01		美国芝加哥地区
香烟	-0.4		美国
香烟	-0.47 到 -0.45		加拿大
香烟	-0.15		中国 / 俄国
原油	-0.06	-0.45	美国
原油	-0.05	-0.18	全球 23 个国家平均
汽油	-0.3	-0.7	
汽油	-0.14	-1.18	亚洲 4 个低收入发展中国家
汽油	-0.3	-0.58	亚洲 7 个中等收入国家

产品	短期	长期	调查地区
私立大学	-0.1		美国
公立大学	-1.7		
航空旅行	1.2		美国：飞越北大西洋的航空旅行
头等舱	-0.4		
经济舱	-1.8		
航班旅行	-1.98		美国：国内航空旅行
汽车	-1.95		
图书（书店）	-4.00		美国 Barnes & Noble 书店
图书（亚马逊）	-0.60		美国 Amazon 在线书店
家用电器	-0.63		

仔细过一遍数字，然后思考，为什么有的数值高，有的数值低？这些数字有很多值得探讨的地方。

比如香烟，它是一种成瘾的产品，所以大概率情况下它的弹性应该远小于1，但为什么各个地区弹性差距这么大？有可能是由价格区间不同造成的。也可能在调查时，中国和俄罗斯的香烟价格还处在较低水平，所以弹性远低于美国和加拿大，还有很大的涨价和加税空间。

再看汽油，该怎么解释低收入发展中国家和中等收入国家的调查差异？长期来看，有可能是在低收入国家，汽油价格相对于收入来说略高，所以弹性比较大。而短期来看，可能是低收入国家中汽油的替代品较少，对司机来说，低收入国家的基础设施不足，不能提供足够的公共交通等。但总之，这些都是我们的猜测，很难仅从数字推测出背后的原因。

所以，弹性是一个简化的、抽象的指标，弹性从来不给我们解释原因，它只是拿来直接使用，直接辅助决策的一个指标。

案例课 14 · 饮料行业分析

我们试着从弹性入手，来分析一个身边常见的行业领域：饮料行业。

饮料是我们生活中的常见商品，其市场细分为很多品类．包括饮用水类、茶饮料、果蔬汁饮料、功能饮料等，品牌多种多样。

先从最常见的开始——饮用水类。国内的饮用水市场从 2000 年前后开始快速发展，饮用水的品牌繁多，然而市场占有率最高的就几家。最早的娃哈哈纯净水卖 1 元一瓶，农夫山泉出现后卖 1.2 元，后来逐渐涨价到 2 元左右，然后又出现了奔向 3 元的百岁山等。在我的印象中，很长一段时间里，百岁山都是最贵的，卖 2 元多，农夫山泉 1.8 元，娃哈哈 1.5 元，冰露 1 元多一点，康师傅甚至不到 1 元。如果纯按需求定律，价格越低，需求越大，那么越便宜的市场，占有率应该越高，但为什么康师傅不是市场占有率最高的呢？

这与饮用水的弹性有关。水的价格普遍在一两元之间，人们的收入普遍在几千元，前后两者对比，比重非常低。因为占预算比重越低，弹性越低。所以矿泉水的价格弹性一定非常低，一瓶 1.8 元的矿泉水，降价到 1.6 元，人们不太可能因为便宜 2 毛钱就使劲喝水。涨价到 2 元钱，人们也不可能因为贵了 2 毛钱就不买，2 毛钱对人们而言，实在是太不敏感了。然而涨价 2 毛钱．代表的却是超 10% 的涨价幅度，再考虑到企业卖一瓶矿泉水的利润也许就 2 毛钱，能多涨这 2 毛的零售价格，意味着净利润巨幅也上涨。所以一家饮料企业，想要多赚钱，最需要考虑的，不是怎么缩减成本，而是应该往如何能提价上想办法。但消费者不傻，你不能无理由提价，你需要给消费者一个理由。

怎样才能给消费者一个能认同的更贵的理由，这就是厂家的产品设计人员、市场营销人员的功力所在，也是企业与企业之间经营水平不同的体现。

在 2000 年前后，国内饮用水的龙头是娃哈哈和乐百氏，农夫山泉在这之后才开始崛起。农夫山泉做了很多广告，宣传自己是矿泉水不是纯净水，广告词"农夫山泉有点甜"深入人心。我在很多年里，买水基本只认农夫山泉，而且喝的时候总感觉真的有点甜。这是不是心理暗示，我无从得知，但这种消费选择让我感觉自己只要多花 2 毛钱，就能选到品质更好的产品。

十几年之后，百岁山又新鲜上市，它一开始便主打高端，瓶身设计与众不同，并且材质很厚，一看就成本不菲。在我的印象中，最初很多企业在会客室中常备百岁山，以此显现出企业的经济实力，百岁山如同一匹黑马，逐步增加市场占有率。

有百岁山的成功经验在前，近几年高端定位的饮用水不断问世，不过能成功多少，在此存疑。

目前从我观察过的产品来看，合格的依然不多，我觉得新产品里只有统一爱夸和农夫山泉还算上道。一般来说，越早出现的产品在外形包装上越吃亏，但是百岁山如今在和其他产品的PK 中依然能赢，说明不是对手太强大，而是自己的这些产品不够强。

所以，企业需要考虑产品对外传递的究竟是怎样的形象，如果某产品给人的印象是有品质有档次，喝这种水能显得自己对生活的品质有要求，消费者会很愿意多掏几毛钱达到这种效果。毕竟，如果想要给人同样的印象，在其他领域，比如衣服、包、车等，想要显得很讲究，要多花的钱可不止这一点点。

那些特别便宜，却依然打不开市场的产品，我也非常能理解其原因。我喜欢在打折的时候囤东西，曾经有一次，我看到某品牌的水只要6毛钱一瓶，就赶快买了几箱，结果我先生开始了抗议，说瓶子薄得软趴趴的，体验感一点都不好，何必省这几块钱。其实我知道，这是因为这个东西离美好的生活愿景差距太远，喝它的时候仿佛就在说自己很穷，买任何东西都挑最便宜的，这种感觉会让人心里比较难受，远超过省下几毛钱带来的喜悦。如果是手机、电脑、汽车这些产品，便宜是有很大的吸引力的，而饮用水则不一样，这就是弹性。

在消费者选择模型的扩充一节中，曾经提到，商品的规格大小会影响消费者对价格的感知。某些产品为了让自己显得更大，宁愿把瓶底设计成凹陷状。

农夫山泉曾经推出过一款很成功的饮料叫水溶C100，是添加部分果汁的果味饮料，我曾经特别喜欢那一款饮料，因为它给我一种特别健康、能补充很多维生素C的感觉。结果，味全现在果断地把水溶C100的成功经验套用了过来，产品名字叫味全每日C，所以我现在特别喜欢它，喝它会让我觉得很健康。而农夫山泉的一款果汁，竟然没有中文名，而是叫NFC。对于消费者来说，我买瓶饮料是来接受教育的吗？我还要看下面的小字，跟厂家学习NFC是什么意思。这就跟起名非要用生僻字一样，你在暗示我没文化，我心里就不会舒服，自然潜意识里就不想买。

所以，其实农夫山泉也并不是所有产品都是成功的，但整体来说，正面例子多，负面例子少，这说明农夫山泉的整体水平，跟行业内其他对手公司相比，是属于比较好的。而那些老牌巨头，比如娃哈哈、康师傅、可口可乐等企业，我能感觉到它们正在老去，有点跟不上时代。当然，这些巨头还有其他的优势，比如资金实力、渠道优势、产品质量管理、成本控制等，地位不会一天就翻转。比如可口可乐，基本已经做到了在全国多地设厂，运输成本极低，这就是长久以来积累下的优势。但是如果不做改进的话，日积月累，这些企业十几年后可能就会被拉开差距。

这就是由弹性出发，引出的一些对产品的思考。同样，我们还可以找到很多例子。大家逛超市的时候，可以专门去找一下盐放在什么位置，它们一般都被放在超市最角落的货架最下层，需要蹲下才能找到，而各种国产的盐，总是选用最简易的包装以便节省成本。我们都知道盐的弹性非常低，所以这种竞争路线对吗？现在部分超市已经开始卖 18 元一罐的进口莫顿盐，还有 30 多元一斤的喜马拉雅红盐，其实我内心非常清楚，这些盐和 1 元一包的盐，本质上肯定没有太大差别，但是好看。还有一个每个人都经历过的例子，小的时候家里用的味精，最出名的是莲花牌，用透明的塑料袋包装。后来一夜之间，太太乐鸡精出现了，价格是味精的几倍，然而愿意买味精的家庭却越来越少了。盐、味精、调味料、油醋、咸菜、豆腐乳这些产品，都是或者曾经是比较低价的产品，并且消费频次比矿泉水还要低，所以弹性只会比矿泉水更低。在 20 世纪 90 年代，一瓶洗发水 20～30 元，跟当时的人均收入比起来，已经非常昂贵了。所以当年的洗发水价格弹性极高，但是随着时间推移，人们的收入上升了，很多洗发水却没大幅涨价，那么它的弹性等同于在逐年下降。

以上就是本节案例课的主要内容，内容写在很早以前，以至于我 2020 年年初买的道具都差点过期。在这么长的时间里，还发生了一件事——农夫山泉在 2020 年中上市了。

刚上市的时候，农夫山泉的市盈率有 65 倍，后面很快就到了 70 倍市盈率，贵还是不贵呢，值不值得买呢？如果我们不以发展的眼光来看，那么它只是一家卖饮料的企业，饮料会是一个飞速发展的市场吗？似乎也不会，所以 70 倍市盈率很贵。

但如果我们用动态的眼光来看，会意识到，所有的产品都有生命周期，一些产品在刚上市的时候很有吸引力，但是随着时间推移，会逐渐丧失吸引力。任何产品都有周期，一家企业的未来，取决于它后续的产品如何。农夫山泉在上市前提交的数据表明，它 60% 的营业收入来自矿泉水，2019 年矿泉水卖了 140 多亿元，远超其他产品。如开篇所言，饮料市场的细分品类非常多，如果农夫山泉的整体水平高于其他对手企业的话，那么只要它能再推出几款热门产品，比如又有 5 款饮料占领了其他 5 个细分品类的话，那么营业收入将会大幅上涨，甚至不只是翻倍那么简单，那么，六七十倍市盈率便不算贵。

基于前面形成的印象推断，农夫山泉有这种可能吗？有可能，因为从目前来看，它的对手都太菜了。隔壁乳制品行业年年都有新产品，款式多得让人眼花缭乱，而这边卖水的竟然如此之菜，让我很震惊。所以，如果未来农夫山泉推出的新产品，都像是"茶 πPK 康师傅"绿茶一样的效果，次次都赢，那么企业的前景肯定超级好。但相反，如果新产品都像"味全 PK NFC"这样，总有别的产品赢过农夫山泉，那么农夫山泉的想象空间就会消失，六七十倍市盈率就显得贵了。

所以未来如何，我们无法得知，这就是企业经营中的不确定性，也可以叫作风险。而股票投资是瞄准未来的，它从来都不代表过去，而是去推测未来。以我过去的观察来看，农夫山泉有着不错的历史 PK 成绩，未来能再多赢几款产品的概率很高，这也是我看好它的原因。但这并不是最好的判断依据。

最好的判断方法是未来继续多观察，如果农夫山泉推出一款新产品，当你敏锐地发现其竞争力非常强，会大卖的时候，那么它的股价在未来几年一定会涨。因为当赢的结果揭晓后，不仅是公司业绩直观上涨，还会使投资者对再赢 5 次的信心更足，会对农夫山泉形成更高的预期。但相反，如果竞争力不强，新产品要输，就意味着后续股价会下跌。因为即便欠佳的销量没对财务数据造成太大变化，但投资者会对未来产生疑虑，这会反映到股价上。

多逛逛街，多逛逛商场和超市，关心蔬菜肉蛋奶的价格变化，在每一次掏钱消费的时候，都去思考一下为什么买它，为什么喜欢它。想想自己的喜好是否能代表大部分人，别人的想法又是如何。再或者，思考一下商品的弹性，如果你是产品经理，想要给这款产品提升产品品质，是应该改进包装从而提价，还是应该控制成本降价促销？同一类产品，把不同的品牌拿出来做对比，感觉有什么优缺点？

做这些事情，不仅能让我们的生活更有乐趣，还会获得思考的快乐，进一步，你可能会发现一些商业奥秘。如果你是创业者，这种思维能够锻炼你，帮助你改善自己的产品。如果你是打工人，那么你可以用这些思考来对你的企业产品提出一些建议。即便两者都不是，等你逛完超市之后，你至少能对很多品牌的经营情况有一个未来的简单预期，可以去预判某一家公司未来的发展，对于买股票来说，这也是一个非常有用的技能。

希望通过这个例子，能够让大家感受到生活中处处是经济学，处处有思考的机会，每个人的生活都能越来越好。

理论课 30 · 收入弹性

消费者的收入变化，也会对商品的需求产生影响。有一个指标，可以用来测量这种变化的敏感程度，叫作需求的收入弹性（income elasticity of demand）。

$$收入弹性 = \frac{需求量变化的百分比}{收入变化的百分比}$$

用收入弹性，我们可以把所有商品大致分为三类：

第一类商品，叫劣等品，是指收入弹性为负值的商品。意思就是，消费者的收入越高，消费者对这种商品的需求就越少。劣等品就像是低保，它是穷人最需要的东西，不穷了就不再需要了。举例来说，公交车就是一种劣等品，随着你收入越来越高，坐公交车的次数会越来越少，同时你会用打车、自驾等方式来替代坐公交车。

第二类商品，叫正常品或者普通商品，它是指收入弹性为正值，但是小于1的商品。意思就是，随着消费者收入的升高，消费者对这些商品的需求量也会逐渐增加，但是增速小于收入增长。原因很容易理解，比如张三原来月工资5000元，每个月吃饭花1500元，占整个工资比例的30%，但等他工资1万元的时候，他吃饭的钱不会涨到3000元，可能只涨到2400元，占整个工资比例的24%，因为工资增长之后，张三一定会增加很多以前未曾有的消费。比如以前很少出去旅游，不会去听演唱会，而随着收入上涨，张三能花钱的地方只会越来越多，会增加很多其他消费，挤占原有支出的比例。普通商品，顾名思义，说明我们生活中大部分常见的东西都处在这一类。

第三类商品，叫奢侈品，指收入弹性大于1的商品，意思就是，随着收入增加，对这类商品的消费量比收入增加得还快。奢侈品的收入弹性会比较大，是因为消费者觉得，如果收入太低，他们完全可以不消费这类物品。所有奢侈品都属于可有可无、都不是必需的消费，因此收入弹性极大。

这类可有可无的消费，比如高档服饰、高档化妆品、国际旅行、海岛度假、高端医疗服务等，收入弹性非常大。那么我们就能预测到，这些行业受经济周期的影响也一定会非常大。在经济高增长的周期，人们收入上升，这类消费品行业会获得比平均收入上升比例更大的高增长，会表现得非常蓬勃。相反，在经济衰退周期，这类行业也会表现得非常萧条。

常见的收入弹性	
出国度假	2.1
国内度假	1.7
卫生保健消费	1.18
肉	1.15
蔬菜	0.61
电	0.23
公共交通	-0.75

从上表中我们能看出，各个商品的收入弹性差距很大。当你收入增加 10% 的时候，你的用电量只增加了 2.3%，但你出国度假的支出将会增加。与之相反，你对公共交通的需求会减少7.5%。所以我们能看出，出国度假是一种奢侈品，电是一种正常品，而公共交通是保障穷人交通的，其实是一种劣等品。

上面这些内容，是传统教材都会告诉你的，但是只建立这样的认识还不够，所以我会照旧多增加一些案例，帮大家建立起一种直觉，这样未来进行商业分析的时候，大家才会更加灵敏。

下面这个例子，我需要让大家认识到，劣等品、正常品、奢侈品的三分法并不是固定不变的，而是会随着时代而逐渐变化。

先举一个我自己健身的例子。在我刚开始工作，月薪只有几千元时，我锻炼的方式是户外跑步，无须花钱。后来月薪过万，我觉得自己可以接受一些花钱的锻炼方式了，但不是健身房，因为健身房一年几千元，我舍不得掏这些钱。于是我选择按次付费的消费品种，比如游泳馆是一次 35 元，羽毛球馆一次 3C 元。在我刚开始跨进这个区间的时候，这种按次的消费是奢侈品，从无到有，增速很快，但是随着收入继续增加，这种消费对我来说就变成了正常品，因为一个月最多去 4 次，增长开始渐渐变得缓慢。后来，到了可以算年薪的阶段，我觉得自己终于可以负担得起健身房会员费了，开始办健身卡。这个时候，之前按次消费的频率开始减少，它们对我而言变成了劣等品。由此可以看到，按次消费对我而言，经历了一个从奢侈品到正常品，再到劣等品逐渐跌落的过程。

再后来，我能买得起私教课了，主要的健身方式就变成了一对一私教课。在最初私教课从无到有的过程中，消费增速很快，它是一个奢侈品，但是随着收入增加，渐渐它就开始变成了正常品，从一个月两三千元的消费支出上涨到一个月三四千元的支出，增速开始越来越缓慢。

并且，我还可以预见到，它绝对不会无限增长下去。这是因为我收入不增长了吗？不是的。这是因为随着我的收入继续增长，私教课早晚也会从正常品跌落到劣等品。因为我已经开始规划着，如果私教课的支出比例再持续增长，每年要花大几万，我不如在家或者公司专门开辟出一块健身场地，请人上门服务，这对我而言更加方便。在这个阶段，健身房的私教课就会变成劣等品。

这是一个很个人的例子，能够看出随着一个人收入上升，会不断产生新的消费品，新消费品会把旧消费品挤压降级。而这个新消费品也会经历由奢侈品跌落成普通品，再跌落成劣等品的过程。

对于整个社会而言，社会是人的合集，社会的平均工资是在逐年上涨的，但上涨的过程不会像我这么快，而是一个十分缓慢的过程。所以，社会平均消费的移动、每种商品属性的变化、跌落的过程都会非常缓慢，会数以十年计，并且一、二、三线城市的进度也会完全不一样。

还是以健身房来举例。对一线城市来说，2000 年之后健身房刚开始萌芽发展，这个时期，健身房的社会属性是奢侈品，随后持续缓慢向下移动，圈进越来越多消费者。2015 年之后，健身房的社会属性成为正常品，但私教课仍然处在一个由奢侈品缓慢下移的过程中，所以目前一线城市的私教课应该处在一个快速发展的时期。

对二线城市来说，以合肥为例，在 2000 年前后，合肥的人均收入太低，不足以支撑健身房，我猜测这一时期合肥能开得下去的健身房数量肯定比较少。到了 2010 年之后，尤其是 2015 年之后，健身房才开始成为一个奢侈品，健身人群逐年增加，能够支撑起城市里出现更多的健身房。健身房由奢侈品向正常品移动的周期还在持续，到现在，周期还远没结束。所以我推测，目前合肥的健身房私教课销量应该不会太好，这是由当地的平均收入决定的。这就是所谓的历史进程。

写这段稿子的时间是 2020 年，健身房在国内的商品属性变化进程还在继续，尚未结束，我们目前没法观察到一个完整的旧奢侈品跌落下来的过程，所以我要补充几个年代久远的例子，来看一看完整的过程。

1979—2018 年人均收入变化					
年份	平均工资（元）	折算月薪（元）	年份	平均工资（元）	折算月薪（元）
1979	668	56	1999	8319	693
1980	762	64	2000	9333	773
1981	772	64	2001	10834	903
1982	798	67	2002	12373	1031
1983	826	69	2003	13969	1164
1984	974	81	2004	15920	1327
1985	1148	96	2005	18200	1517
1986	1329	111	2006	20856	1738
1987	1459	122	2007	24721	2060
1988	1747	146	2008	28898	2408
1989	1935	161	2009	32244	2687
1990	2140	178	2010	36539	3045
1991	2340	195	2011	41799	3483
1992	2711	226	2012	46769	3897
1993	3371	281	2013	51483	4290
1994	4538	378	2014	56360	4697
1995	5348	446	2015	62029	5169
1996	5980	498	2016	67569	5631
1997	6444	537	2017	74318	6193
1998	7446	621	2018	82413	6868

在 20 世纪 80 年代，自行车在国内应该属于奢侈品。因为这一阶段，自行车价格应该在 180 元左右，而普通工人的工资每月只有几十元，到了 1990 年前后，工资才增长到接近 200 元。在这种基数下，要买一辆自行车，可能需要普通人消耗长达一两年的积蓄。

到了 20 世纪 90 年代，尤其是 90 年代末期，人们的收入上涨迅速，这一时期是自行车从奢侈品向普通商品跌落的阶段，自行车价格基本没有上涨，但越来越多的人只要攒几个月的钱就能买一辆自行车了。

进入 2000 年，自行车依然是普通商品，但到 2000 年年末，自行车肯定已经开始进入了滑落为劣等品的阶段。我的最后一辆自行车是 2008 年刚工作时购买的，当时觉得能省交通费。那辆车的价格也是 180 元，此时社会上大部分工薪阶层已经可以只用月工资的一点闲钱，就可以负担得起，但是因为已经有了更好的出行方式去替代自行车，需求变少，于是自行车开始渐渐变为劣等品。所以在 2017 年之前，共享单车还未出现之时，全国各大自行车厂基本都徘徊在破产边缘。共享单车的出现，快速地扩大了一批产能，但是，它依然不会改变这些附加属性的普通自行车是一种劣等品的状况。

这是一个完整的商品社会属性变化的例子，自行车经历了整整 40 年，完成了从奢侈品到普通品再到劣等品的转变。这个世界上大部分的商品都会逐渐经历这种过程。这里给大家留一个思考题，网吧属于什么呢？是劣等品吗？

理论课 31 · 恩格尔系数

学完收入弹性，我们需要补充一系列比较细小的知识点。它与我们知识体系的关联性并不是很强，但是属于用经济学研究社会问题时，常常会关注的指标，是需要了解的经济学常识。

恩格尔定律

收入弹性告诉我们，随着人们的收入增加，想要花钱的地方会越来越多，那么对于原有的普通商品，我们花费的比例会越来越低。

我喜欢把它想象成 Wi-Fi 信号一样的存在，越往下越小、越狭窄，越往上越发散、范围越广。最穷的程度像是当流浪汉，只要吃喝便足够。当脱离了流浪汉阶段，就要增加穿衣和居住的消费。收入再提升，又会增加社交、交通、教育、娱乐等需求。再之后，可能就会增加旅游、奢侈品等消费领域。最终增加的消费类目可能还会有私人飞机、游艇之类，富到像马斯克、贝佐斯这样的程度，他们可能就开始想要去太空看一看，增加航空航天的消费。

人们在吃喝上的花销比例，只会随着自己的收入增高而下降。流浪汉把100%的钱都花在吃喝上，但亿万富翁的吃喝花销可能连0.1%都不到，这是一个比例逐渐下降的阶段。

有位叫恩格尔的经济学家，将这个现象进行总结，提出了恩格尔定律，即随着人们收入增加，食物在总开支中所占的比重是不断下降的。

恩格尔系数

饮食花费所占总收入的比值，就被叫作恩格尔系数。

一般认为，恩格尔系数高于 60% 即为贫困。学生群体可以计算一下自己的恩格尔系数，如果你每个月生活费是 1500 元，那么 60% 就是 900 元，每个月的饭钱超过 900 元，就是恩格尔系数高于 60% 了。恩格尔系数低于 30% 就算是富裕，介于 30% 和 60% 之间，大约就是小康水平。

但恩格尔系数并不是用来衡量个人的，而是用来衡量一个地区或者一个国家的平均水平。这是因为人与人之间的消费观念差异巨大。我在大学毕业前的一段时间，为了多攒点钱，曾经每顿饭只吃 2/3 个馒头，每天的伙食费不到 1 元。刚工作时为了省钱，早午饭只在便利店买两个包子吃，每顿饭花费 4.4 元。这么算下来，我的恩格尔系数是非常低的，然而那也是我最穷的时候。所以恩格尔系数不针对个人，它是用来衡量社会贫富状态的一个指标。

中国的恩格尔系数，在 1978 年之前约 60%，属于贫穷。到了 2003 年约 40%，属于小康。在整个"十三五"期间，即 2016 年到 2020 年，恩格尔系数由 30.1% 降至 28% 左右，终于迈进富裕阶段。目前来看，对大部分人来说，吃饭已经不是太大的压力了。

以下数据是美国农业部在 2019 年发布的 2018 年各国恩格尔系数统计。这个数字未必精准，但有一定的参考意义。通过对照，我们会预感到我国的恩格尔系数还会继续下降，这就是未来的发展方向。在我上大学时流行美剧《老友记》，里面 6 个主角都喜欢在一个人家里吃饭，拿起冰箱里的东西随便吃。请客的人为什么那么大方？其实就是因为食物支出占比很低，已经无须操心吃多少钱了。

2018 年部分国家的恩格尔系数（数据来自美国农业部）					
1	美国	6.36	38	乌拉圭	18.62
2	新加坡	6.86	39	委内瑞拉	19.1
3	英国	8.1	40	科威特	19.22
4	爱尔兰	9.02	41	哥伦比亚	19.22
5	加拿大	9.06	42	保加利亚	19.31
6	瑞士	9.15	43	爱沙尼亚	20.27
7	澳大利亚	9.27	44	沙特阿拉伯	20.62
8	奥地利	9.82	45	立陶宛	21.24
9	德国	10.72	46	南非	21.45
10	荷兰	11.35	47	马来西亚	21.53
	……		48	中国	21.53

恩格尔曲线

恩格尔曲线与收入弹性的概念和使用方式是相同的。同一个道理，创建不同的名词来解释，就我而言，有浪费脑容量之嫌。

恩格尔曲线把比例的范围，从食物推广到了所有的商品领域。在坐标轴中，横轴表示某种东西的消费支出，纵轴表示收入。那么如果向右上方拉一条直线，沿着这条线，是收入和支出同比例增加。用收入弹性来解释的话，就是这种东西的收入弹性是固定的，可能是一种普通商品。如果随着收入上升，到了某一个程度之后，某种商品的支出开始下降，说明这种商品是劣等品。如果随着收入上升到了某一个程度之后，某种商品的支出大幅上升，说明这种商品是奢侈品。

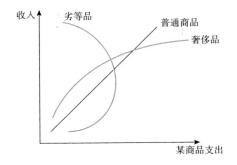

如果某件商品，大家不知道该如何分辨它到底是劣等品、普通品还是奢侈品，就可以通过调查问卷来画出图形，再根据线的形状来判断。假设有一项问卷调查，询问人们的收入，以及每月在某个商品上的花费，然后再按照人群的收入去分组。如月收入 5000 元以下是一组，5000 元到 1 万元是一组，1 万元到 1.5 万元是一组，1.5 万元到 2 万元是一组，以此类推。然后根据不同组的人群在各项下的平均消费数值，在图形上画出一条曲线，就能看出曲线呈现出不同的形态。比如租房支出，月收入 5000 元的人有可能平均花费 1500 元用于租房，月收入 1 万元的人有可能平均花费 2500 元租房，月收入 1.5 万元的人有可能花费 3200 元租房，而月收入 2 万元的人，有可能只花 2000 元租房，为什么呢？

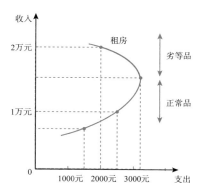

因为月收入2万元的人群里，一定已经有很多人买房子了，无须再支付租房费用，那么平均起来，租房支出就在下降。所以，租房这件事，在收入低于某一程度时属于正常品，而当收入高于某一程度时，就变成了劣等品。而相对来说，买房属于收入弹性很高的奢侈品。这也能解释，为什么小面积的住宅反而租售比数据要好看一些，而越是大户型，租售比就越难看。因为绝大多数高收入的家庭，是拥有住房而无须租房住的。

同样，比如吃饭，月收入5000元的人可能花1500元，而月收入2万元的人，有可能只花3500元。从图形上，就会看到它增长得非常缓慢。

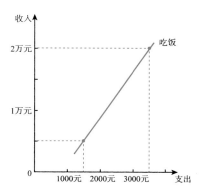

再如人身保险，月入 5000 元的人不会买保险，月收入 1 万元可能也不会，月收入 2 万元的时候，有可能会花 500 元甚至 1000元去买保险。从图上能看到，在某一个区间，这部分消费会增加得非常快。

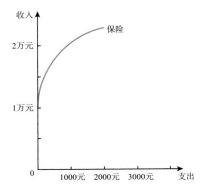

所以，当你不知道某个商品的属性时，可以打听一下身边各个级别收入的人，看他们都在这个商品上花多少钱，然后再画一条曲线出来，根据曲线的形状和方向，就能做出判断。

恩格尔曲线这一概念，简单了解一下即可。生活中常见的各种商品和服务，最重要的还是需要理解它们的收入弹性。只要能够区分出是劣等品、正常品还是奢侈品，那么这部分的学习目标就已经达到了。

案例课 15 · 行业前景预测

2018 年年底，我第一次录《年度大预测》的短视频，预测了2019 年哪些行业好过，哪些行业不好过。到了 2019 年年底，很多人纷纷回来留言，说预测得很准。其实所有的预测，都是基于本门经济学课程中最基础的经济学原理做出的。

在预测未来的时候，有很多不同的经济学知识可以利用起来。收入弹性，就是一种比较有用的手段。

本节案例内容，我将把收入弹性这个知识点，做一个应用上的延展，用收入弹性来思考一下各个行业的前景问题。

我们把行业前景分为短期变化和长期变化。当谈到行业变化时，至少要以年来计算。所以，短期就可以被看作一两年内的变化，长期看作十年以上的变化。我们就从短期和长期的角度，分别来分析。

短期前景

在第三章案例课 5 里，我曾经教过大家如何用 PPI 和 PMI 来判断总供需变化和经济小周期。

这个由全社会的总体供需变化引起的经济周期，基本上可以被看作最短的经济周期。它向上或者向下的一波，确实也就一两年的长度。也就是说，让人们感觉到经济特别好、很蓬勃的时候，是两年上下；让人们感觉经济环境不太好、特别萧条的时候，也是两年上下。在我们的想象中，或者在一个理想的环境下，这种小周期就像海浪一样起起伏伏。

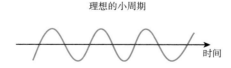

理想的小周期

而外界环境是起还是伏，对不少人的收入都有影响。在经济好的时候，很多行业里的人会觉得经营非常顺利，赚钱容易，公司盈利多，奖金也多，老板员工都开心。而在经济没那么好的年份里，老板会觉得忧心忡忡，经营不达预期，甚至会担心公司倒闭，员工担心发不出年终奖和裁员，大家都怨声载道。所以在两种不同的外界环境下，因为利润与奖金的差异，会使人们明显感觉到手头松或者手头紧。

当手头松的时候，人们会购买更多的收入弹性大于1的商品，也就是奢侈品。注意，我们经济学概念上的奢侈品，是任何当你手头宽裕时，更愿意多花钱在上面的东西，并不是人们常说的古驰、LV、爱马仕。而人们手头松时，会减少购买的商品，就是收入弹性小于0的商品，即劣等品。

那么，如果你预计今年的年终奖将要多发3万元，你会把这些钱花到哪里呢？大家最好自己先思考一下，想想答案。有可能更多出去旅游，有可能多买几套漂亮衣服，也有可能给自己报个瑜伽班。很多消费不是必需的，可有可无，但当你手头宽裕的时候，这些消费的欲望就出来了。

以逛商场为例，我猜测这个行为可能收入弹性大于1。逛超市和浏览京东，有可能是一个收入弹性介于0和1之间的行为，而逛拼多多很可能是一个收入弹性小于0的行为。

所以，如果以上的判断正确，那么将会出现的结果是：经济蓬勃时，人们收入增加，于是更多地逛商场；经济萧条时，人们收入减少，于是更多地逛拼多多。

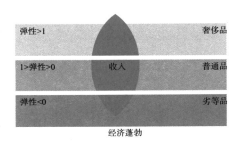

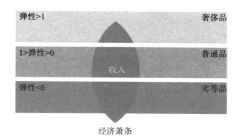

弹性>1   奢侈品

1>弹性>0   普通品

弹性<0   劣等品

经济萧条

如果我们更直观地想象，如上图所示，上、中、下三个分区分别代表不同收入弹性的东西，分别是奢侈品、普通品和劣等品三个消费区间。经济蓬勃时，人们收入上涨，会更多地消费奢侈品；经济萧条时，收入下跌，人们会更多地消费劣等品。这个图形可以想象成单人的情况，也可以想象成社会整体的情况。如果我们再加入时间变化，那么随着时间推移，对不同产品的消费数量，也会随着经济的变化起起伏伏。此时再回看理想的经济小周期变化图，就会更有感觉。

但这种推测是对的吗？我不知道。

这是我自己思考的结果，我没在书上看到类似的观点，也缺少数据去验证我的设想，但这就是我在学经济学的过程中，逐渐想到的内容。那么我的这种推测到底合不合理，是不是真的呢？

我想了一个办法，用商场的股票价格来代替，把股票价格和PPI数据相叠加，看看能发现些什么。

下面两张图，是两只商场股票的股价和PPI相叠加的情况。给我的感觉是，至少商场股票看起来像是有周期，并且跟PPI周期有些接近，只不过好像比PPI周期更提早一些。

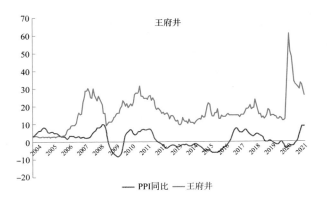

王府井

—— PPI同比 —— 王府井

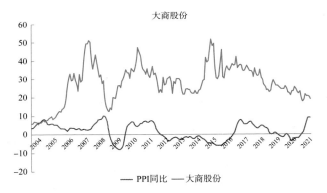

大商股份

—— PPI同比 —— 大商股份

它有可能说明，金融市场是一些聪明人在里面提早预判未来，炒的是未来预期。所以如果你不能提早去思考未来预期，也就不适合金融投资。那么收入弹性小于 0 的这一侧，是不是也具有周期性呢，或许我们可以用拼多多的股价来代替一下。不过，因为拼多多上市的年份太短，还无法验证我的设想。但拼多多确实是在 2019 年和 2020 年的发展速度特别快，而这两年刚巧也是短周期上经济萧条的年份。所以我觉得，经济环境确实在一定程度上帮助了拼多多的发展。

再思考一个娱乐消费的例子。某一年，人们收入大涨，那么在玩乐上会更容易往哪里花钱呢？我觉得出国旅游对大部分人来说，肯定是收入弹性大于1的奢侈品，国内的跨省旅游可能也是。而短途、近郊旅游、市内的桌游等，有可能是普通商品。而不出门的那种，比如在家看小说、打游戏、看免费的在线网剧、刷视频看直播，可能是劣等品。所以经济火热的年份，三亚和泰国旅游可能会更火爆，而经济萧条的年份，去海岛旅游的人可能会大幅减少，网红直播和网剧可能会更红火。这也是2019年的预测里，我预测旅游行业不好过的原因。

在企业经营中，大家需要考虑自己产品的属性，以及属性和周期的关系。周期性的产品，销量将随经济周期的变化而变化，所以在制定库存策略时需要考虑周期的影响。同样，营业收入也会受到产品属性和周期的影响。经营一家饭店和一家超市，哪一个受周期的影响更大？当然是饭店，因为大部分饭店都是正常品，在经济环境不好的时候，饭店倒闭很正常。而超市里除了正常品之外，还会有一些劣等品，正常品销量减少的同时，劣等品的销量增加能够做一些对冲。但并不是说所有的商业经营中，都必须配备劣等品，这也未必是好事。况且有些领域，经营的都是奢侈品，比如美容院、健身房、舞蹈培训等，可有可无，受经济周期影响非常大。所以，对类似领域的商家来说，必须考虑周期的影响，比如在经济火热的年份，趁着用户手里都有钱，把未来的销售先锁定一下，卖酒的多让用户囤点年份酒，经营健身房的让用户一口气多办两年卡。

经济周期起起伏伏，每年都不一样，这就是短期预测里要考虑的情况。

长期

在短周期之外，我们还要考虑更长的周期，去考虑至少 10 年往上的变化方向。

年龄越小的朋友，越会觉得 10 年漫长，不愿意想这么漫长的事，然而，10 年其实过得很快。从 20 岁到 30 岁很快，从 30 岁到 40 岁也很快，大家可以回忆一下，2000 年和 2010 年、2010年和 2020 年的对比。如果以 10 年为限，会发现世界总在发生很大的变化。所以，如果未来的 10 年里，这个世界的变化方向刚好是对你有利的，那就等同于你站在了历史趋势之上，你会发现自己的人生省力很多。相反，你会发现自己的人生困难很多。所以，我们思考长期的行业前景，对我们自己是很有帮助的。

当把时间拉长到 10 年起的时候，那么前文中理想中的短周期波动起伏图形，就需要做一些改变。长期来看，我们社会的平均收入肯定还会持续地上升。但很多朋友可能会难以想象，未来收入能上涨成什么样。不妨来看一下历史数据，跟美国做一个对比。

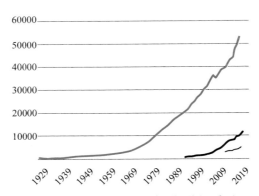

—— 全国国民人均可支配收入的平均汇率：美元兑人民币1元
—— 人均可支配收入：季调美元
—— （上海：城镇居民人均可支配收入的平均汇率：美元兑人民币1元）

截至 2020 年，美国的人均可支配收入大约是 5 万美元。而我国的人均可支配收入约是人民币 3.2 万元，粗略换算成美元，大约是 5000 美元，这个数值约等于美国 1975 年的水平。如果可支配收入翻一倍，那么大约能达到 2020 年上海的水平，也就是人民币 7.6 万元，折合约 1.1 万美元，约等于美国 1984 年的水平。如果在此基础上还能再翻一倍，大概能达到美国 1998 年的水平，也就是 2.3 万美元左右。如果再翻一倍，大概就能赶上 5 万美元的水平了。从数值的差异上，大家至少应该能感觉到信心，我们的增长空间还很大，未来收入肯定还能继续增长。

总之，未来的人均收入会持续地上涨。那么再叠加短周期的波动，我们应该就能想象出，很多受益于未来收入上涨的行业，将会走出一条向上波动的曲线。

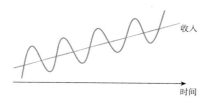

与之相反，劣等品行业随着人均收入的继续上涨，早晚会萧条。

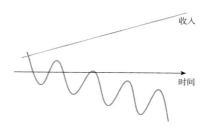

在收入长期上涨的大背景下，每个 10 到 20 年里，总会有不

同的行业受益。来看一组我国统计局的历史数据感受一下。

　　如下图所示，是国内 1981 年到 2020 年，一些耐用消费品拥有数量的变化。从 20 世纪 80 年代到 21 世纪早期，洗衣机和电视机是最早增长最快的大件耐用消费品。所以这个年代里，洗衣机厂和电视机厂的工人是社会上让人羡慕的职业。但在这之后，他们的工资上涨速度应该就不行了。

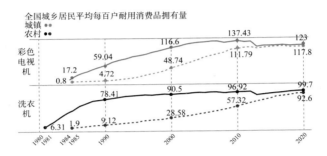

　　从 20 世纪 90 年代中后期，到 21 世纪 10 年代中期，是冰箱和空调增长最快的时期，所以之前卖电视的长虹、创维这些著名企业开始逊色，而海尔冰箱和格力空调成为明星企业。但基于历史规律，我们应该能预计到，海尔和格力的待遇，后面肯定也会开始增长不动。

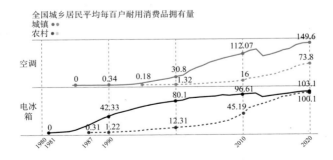

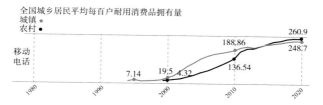

全国城乡居民平均每百户耐用消费品拥有量
城镇 ●
农村 ●

移动
电话

7.14   19.5 4.32   188.86   260.9
                  136.54   248.7

1980 1990 2000 2010 2020

从 21 世纪初期到现在，手机成为新的增长点。当时，手机还是奢侈品，全国能用上手机的人很少，每百户人家里，拥有手机的人只有几个到十几个，而到了 2017 年，每百户人家拥有手机的数量是两百多部。全国人民除了老人小孩，几乎人人有手机。这一时期，在手机企业工作的人，无论是在曾经风光过的摩托罗拉、诺基亚，还是在后来出现的小米、vivo、OPPO，基本都获得了不错的收入和职业前景。手机经销商、手机代理加盟商，也一度经营得比较红火，这就是历史的机遇。然而基于历史规律，我们仍然需要预计到，手机企业的待遇早晚也要开始增长不动。

从这些历史中，我们就能看出什么叫各领风骚 20 年。

如果总结规律的话，什么样的行业最具有前景呢？如果某种产品最初属于奢侈品，但在随后的时间里，随着人民平均收入的上涨，这种产品能够从奢侈品开始渐渐跌落成普通产品，逐渐开始普及，那么这一属性跌落的时期，将成为行业发展最迅速的红利期。

相反，如果某种商品现在是普通产品，早就已经普及，那么可能就没什么红利了。但只要它未来还是普通商品，至少这个产品所在的行业不会变得太凄惨。最惨的是如果某种商品在未来要逐渐跌落成劣等品，随着人们收入持续上涨，这种商品所在的行业境况将会非常凄凉。

照着这种分类的思路，我们就可以去猜测和判断一些行业未来十几年的前景了，以下题目，可以来自主判断一下：

电动窗帘、牙科、高端食用油、人参灵芝片、法律行业、养老院、榨菜、经济型酒店

判断逻辑是，可以先思考这些东西普及了吗，是奢侈品、普通品还是劣等品，再预测一下十年后这些东西会是奢侈品、普通品还是劣等品。

我们可以试着分析几个。

第一个，电动窗帘，它代表的是新型电器。如果一个新型电器像几十年前电冰箱、洗衣机、空调还没普及之前一样，能够提高人们的生活质量，只是很多人为了省钱先不买，那么它就属于奢侈品。但只要未来随着人们收入逐渐增加，它可以从奢侈品逐渐演变成普通品，这个行业的市场将会翻倍成长，就会产生足够的行业红利。

一个可见的例子是戴森吸尘器。戴森早在 2006 年就进入了中国，但是因为售价昂贵，吸尘器标价三四千元，而当年主流的日本吸尘器也没超过千元，所以戴森在国内经营得非常惨淡。而到了 2012 年之后，戴森逐年红火，渐渐开始被称为中产阶级必备。最重要的原因，就是时势造英雄。2006 年，我国的人均 GDP 只有 1.6 万元，到 2012 年已经是 4 万元，在 2017 年达到了 6 万元。越来越多的人能买得起，才让戴森有了发展的机遇。

所以未来人均收入继续提升，就会创造出很多个成为戴森的机会窗口。我们可以猜测一下，目前因为价格太贵而尚未普及，但未来有可能普及的电器有哪些，比如洗碗机、净水器、厨余食物粉碎机、扫地机器人、烘干机、电动窗帘、宠物自动喂食器、咖啡机等，这些大部分家庭没有的东西，才会是下一个时期的焦

点。所以每次我逛苏宁电器这些地方，看到大部分还是以传统家电三件套当主打产品时，总会觉得这些商场有点死气沉沉的。同样地，如果创维只做电视、格力只做空调，这些企业早晚也要变得死气沉沉的。

第二个，关于牙齿：种牙、补牙、整牙。我见到很多中老年人，牙齿有破损或者缺失，需要补牙或者种牙，但是又觉得太贵，舍不得，觉得不去管也无所谓，还能再坚持坚持。据统计，整个 2020 年全国的种牙数量约 400 万颗，而老年人口可是上亿的，对比来看，种牙人群少得可怜，这就说明目前它还是一个奢侈品。大部分人不是没有种牙的需求，而是不舍得消费。同样，目前很多年轻人也会有想要整牙的心思，然而又觉得上万块的价格太贵，这就代表整牙也是一个奢侈品。但只要收入上升，他们的需求很快就会释放出来，行业会成倍地增长。这就是一个可以受益于未来收入持续上升的行业，是一个典型的非常有前景的行业。10 年后，种牙和整牙的人群比例会增长到多大，市场会成长到什么样子，跟收入增长的幅度关系非常大。以此类推，我们会发现很多跟医疗和保健相关的东西，都会有类似的前景。

第三个，法律行业。我们平常的生活中，免不了要出现各种纠纷、矛盾。穷的时候，解决矛盾要亲自上阵，而当收入开始逐渐上升，人就会变得不想给自己找麻烦，而是愿意花钱雇别人替自己解决麻烦。这就像人们 20 年前宁愿自己做饭，如今却经常下馆子一样。请律师比去餐馆吃饭贵得多，这是法律服务目前还未广泛普及的直接原因，但随着收入提升，早晚大家会觉得花几千块请律师去打个官司无所谓。人们的收入越高，就越有可能购买法律服务。

第四个，养老院。回顾一下各个年代养孩子的心态，就能感觉到变化。20 世纪五六十年代的父母会觉得养孩子只要能吃饱睡足就可以，买新衣服就是奢侈的。七八十年代的父母会觉得孩子得吃饱穿好，但想买个游戏机，收集手办玩偶，就会觉得这孩子太败家。而到了 90 后、00 后的孩子身上，父母愿意往孩子身上花的钱越来越多，服装、玩具、游乐场、补习班、艺术培训等，能接受的东西越来越多。老年人也是一样，过去在养老这件事上，会觉得吃好喝好就足够了，除了吃喝的其他花费都有点奢侈，都可有可无。那么随着收入的提高，尤其是老年人退休金的提高，原来不舍得花钱的地方，渐渐就会变得舍得花钱。养老院肯定是其中一项最重要的变化。

再看几个反例。

比如榨菜。榨菜属于什么品，可能每个人得到的答案是不一样的。如果答案不同，就会对未来的行业前景有不同的预期。我个人觉得榨菜属于劣等品，如果站在劣等品这个答案之上，那么就应该预期到，随着未来人均收入的上升，对榨菜的需求会逐渐减少。所以，基于我对榨菜的判断，我完全无法理解榨菜的股票为什么能涨。有可能是我对榨菜的属性判断有误，也有可能是市场错了。但总之，投资就是要做自己认知范围内的东西，不理解的就不要碰，所以我永远不会去买榨菜这只股票，同理还有方便面、辣条等，即便它们再怎么营销情怀，但只要真的是劣等品，那么未来的前景便已经注定。

关于酒店行业。酒店价位不同，如果把 100 元上下的酒店定义为经济型酒店，二三百元的酒店定义为中端酒店，400 元到 800 元的定义为中高端，800 元以上的定义为高端酒店，那么不同价位的酒店会被归入不同的属性，经济型酒店必然属于劣等品。最近几年的市场调查表明，从 2017 年到 2020 年，国内经济型酒店的数量比例已经从 87% 下降到 82%，而从成交金额上看，中档及以上的酒店正在快速地扩大。所以，想要开酒店的朋友需要考虑好，尽量不要再去开廉价快捷酒店。

理论课 32 · 交叉弹性

相信很多人都听过一个市场营销领域的故事，据说沃尔玛发现，不少买尿不湿的顾客，同时购物车里还会有啤酒。啤酒和尿不湿，两不相干，为什么有些人会同时买呢？后来猜想，可能是因为很多家庭主妇在丈夫临下班的时候，打电话让丈夫去买尿不湿，然后一些丈夫就趁机给自己买啤酒。发现这件事之后，超市的人就把尿不湿和啤酒摆在一起，甚至还做起了促销套装，于是尿不湿和啤酒的销量就都上升了。这种隐蔽的例子，其实挺难发现的。

在弹性这一块，有一个弹性是衡量两种不同商品之间互相影响的敏感性的。如果 A 产品价格变化 1%，B 产品的需求量会受多大的影响，能变化百分之几，这种关系叫需求的交叉价格弹性（Cross-price elasticity of demand），简称交叉弹性。

$$交叉价格弹性 = \frac{商品\ B\ 的需求量变化百分比}{商品\ A\ 的价格变化百分比}$$

如果数据足够充裕，各种各不相关的产品都能计算一下交叉弹性。有些弹性是在意料之中，而有些弹性则像啤酒和尿不湿一样，在意料之外。在供需一节，长篇介绍过的替代品和互补品，便是意料之中的，两者必然存在销量的影响。所以它们之间的交叉弹性值得关注。

替代品之间，交叉弹性为正，即 A 产品降价之后，B 产品的销量下降。来看一个案例，2014 年，亚马逊和一家名叫阿歇特的大型出版公司产生了商业冲突。这家出版公司签了很多知名作者，包括哈利·波特系列的作者 J.K. 罗琳。这家出版公司所拥有版权的图书要借助亚马逊平台销售，其中包括电子书，电子书的定价一般在 14.99～19.99 美元。

亚马逊公司通过数据研究之后，建议出版公司降价，希望把电子书降价到 9.99 美元。因为亚马逊基于过往的销售数据计算，推测如果电子书定价在 14.99 美元，它的销量约是 10 万册，销售收入是 150 万美元。而如果定价 9.99 美元，则销量会超过 17 万册，总收益会超过 170 万美元。这是一个典型的基于需求弹性做分析的案例。虽然售价便宜，但是总收益会上升。然而，阿歇特公司拒不接受，为此亚马逊公司和阿歇特公司产生了商业争端，为了逼迫阿歇特就范，于是在网站各种给阿歇特公司穿小鞋，然而阿歇特公司就是不从。阿歇特公司为什么放着更高的电子书收益不要呢？这是因为，阿歇特公司用了交叉弹性来做测算，他们发现，电子书降价之后，实体书的销量会下降。电子书增加的利润比不过实体书减少的利润，这么做太吃亏，所以不愿意。

与替代品相反，互补品的交叉弹性为负，即 A 产品降价，会导致 B 产品的销量增长。例如，任天堂的 switch 游戏机和健身环大冒险游戏，它们属于互补品。因此，游戏机降价就能引起游戏的销量上涨，游戏的降价也能引起游戏机的销量上涨。但问题来了，如果要降价促销，是应该让游戏机打折，还是让游戏打折呢？这就需要数据来计算，需要分别计算不同产品降价后的交叉弹性。因为游戏机和游戏卡带降价，所带来的结果有可能是不一样的。

　　除了这种意料之中的弹性，还有一些商品之间的关系已经超出了替代品和互补品的范畴，这种关系只能靠商家自己来挖掘。对超市、便利店、餐饮店这类同时售卖很多产品的经营者来说，在众多商品之中，有可能是存在着一种或者几种关键产品的，这种关键产品的降价，有可能会带动其他产品的销量。国内电商大战的历史上，京东打当当，曾经用了一招，就是把所有的图书都大减价，完全不赚钱往外卖。因为当当靠卖书起家，大部分买书的人都喜欢去当当网，反正这些人本来也不会去京东，京东本来也从这些人身上赚不到钱，于是干脆就不赚钱也要往外卖书，结果就顺势把当当的用户给撬过来了。而当当却没办法跟进这场战役，因为它以卖书为主营业务，如果卖书不赚钱，就等于完全不赚钱，结果当当被打得毫无还手之力。另一个例子是我自己观察到的，上海街头有很多便利店，全家和罗森基本占据了上海的便利店市场，这些便利店里最受欢迎的产品就是盒饭，盒饭的利润率不低，是便利店里很赚钱的类目，然而跟街头的快餐店相比，价格还是便宜不少的，因为街头快餐店只卖快餐，而且还是现做的，还要提供座位，所以经营成本更高，价格也必然更贵。相对快餐店来说，便利店的盒饭就便宜很多，很多人被吸引进来后，总会多瞅几眼货架，买一些别的东西。

　　想要发现商品之间的影响关系，甚至测量出某两种商品、A和B的交叉弹性，或者B和A的交叉弹性，需要很多的数据。对小商家或者个人来讲，这比较难。或许只有京东、亚马逊、沃尔玛这样的企业，才能够支撑起一个专门的研究部门，用来研究和发现商品之间的影响关系。

对普通人来讲，我们手中没有数据。如果只靠大脑、不靠数据，那么也就只能从替代品和互补品的角度去思考问题。例如，我这几年就发现一个现象，很多年前，品种猫非常贵，一只英短蓝猫最低也要 2000 元，品相好的还会更贵。而到现在，基本 500 ~ 800 元就能买一只蓝猫。宠物猫的互补品是什么？是猫粮、猫玩具、猫健康用品。当我们在生活中观察到了品种猫价格持续下降，就应该能预测到，养猫的门槛越来越低，有猫的人会越来越多，猫粮、猫用品耗材市场一定会逐渐地扩容。

弹性这部分，主要就是三种：需求弹性、价格弹性、交叉弹性。虽然还会有很多其他的弹性，但是基本上不再属于经济学的范畴。例如，在市场营销里，需要研究广告弹性，也就是考虑广告费每增加1%，会给产品的销量带来多大的变化，这些超出了我们的研究范畴，这里不再赘述。总之，弹性思维是有可取之处的，它有可能是商业分析中最基本的一种分析方式，值得我们去思考。

理论课 33 · 消费者剩余与价格歧视

前文讲弹性，总是讨论是否要降价。然而，即便对于需求弹性大于1的商品，即便降价能增加营业收入，降价依然不是最好的选项。这就涉及了一对概念：消费者剩余和价格歧视。

消费者剩余
行为经济学第 25 课"反效用的感知"一节中，有一个沙滩买啤酒的案例，说行为经济学里有一个交易效用的概念，人的内心有一个期望值，价格低于期望值，就会获得很大的交易效用。这个概念，虽然在行为经济学中被提出来，然而却很不受认可，因为大家发现，这就是传统经济学里的"消费者剩余"的概念。明明有一个概念能解释了，非要再提一个概念出来，这就是不对的。

我们在需求曲线的图形上，来表达一下消费者剩余的意思。需求曲线是向下倾斜的，它是很多人需求的汇总。在电视要价100万元时，只有少数的富豪才能买得起，需求量可能只有几百台。当电视价格在10万元时，只有一些富人才能买得起，需求可能只有几万台。而当电视价格是5万元时，张三想买100台的需求就包含在这里，除了张三之外，肯定还有别人想买，电视的需求有可能是十几万台。而当电视只要1万元时，因为有更多人能买得起并且愿意买，此时的需求量就可能是几百万台。

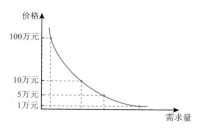

不同人的购买意愿和购买能力是不一样的，有的高有的低，然而市场价格对所有人都一样。对普通人来说，我只能接受1万元，最终我也花了1万元，那么我感觉是非常公平的，双方互不相欠。但对能出得起并且愿意出更高价格的人来说，比如张三，他能够接受的价格是5万元，说明电视给他带来的效用相当于5万元，而最终购买时只需要1万元。他愿意接受的价格和实际价格之间，就出现了差价，这个差价是他少花钱所获得的额外收获，也就是消费者剩余。消费者剩余不是张三一个人的，而是很多像他一样的有钱人群体都能获得的。

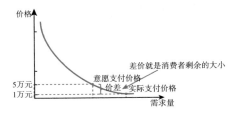

对愿意花 10 万元的人来说，消费者剩余是 9 万元。对愿意花 100 万元的人来说，消费者剩余是 99 万元。如果在图形上表现出来，那么从需求曲线上的每个点，到当前价格的差值，全加在一起，就是整个社会中所有消费者获得的总的消费者剩余，表现在图形上就是阴影部分面积的大小。

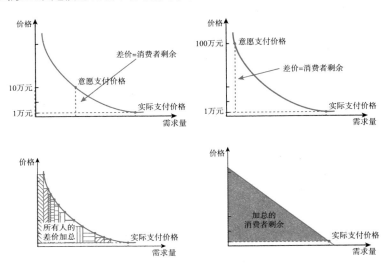

对单个消费者来说，消费者剩余越大，则消费时的满意度就

越高，反映的是买东西过程中自己享受到的额外福利。而对全社会所有消费者来说，总消费者剩余的面积越大，那么开心的人就越多，开心程度就越高。社会总的消费者剩余的概念，常常用来反映社会的经济福利。换句话说，通过市场经济的发展，1992年的一部大哥大2万元，逐渐降低到现在手机两三千元一部，1996年的一台电脑几万元，逐渐降低到现在的几千元，20世纪90年代一辆桑塔纳三四十万元，而现在一辆入门级奔驰也就二十多万元。在价格逐渐降低的过程中，全社会的人们获得了更多的消费者剩余。

价格歧视

基于消费者剩余这个概念，产生了价格歧视的定价方法。什么叫价格歧视呢？其实就是差别对待。因为我们知道有一些人是能接受更高价格的，有可能是他们更富有，有可能是他们对价格的敏感性比较低，而相反，另一些人只能接受很低的价格。所以如果同一种产品，对不同的人收取不同的价格，这就是价格歧视。

就像是，如果电视商家卖给普通消费者1万元一台，卖给张三，专门搞出来一个定制款，卖5万元一台也是能卖出去的。那么，张三知道真相之后，心里怎么想就不一定了，有可能会觉得自己被宰了。

还是老话，根据规范经济学，价格歧视是好还是坏，无从判断。但我记得一些事情，在20世纪90年代末期，我妈刚开始创业，觉得自己是女强人，对这个世界有更多的责任。于是每次去菜市场买菜的时候，比如花了3.5元，她会给4元，并且说不用找了。当年的5毛钱够我买一支雪糕，还是挺值钱的。而卖菜的基本都是菜农，自采自卖。所以我妈在用这种方式，让渡出一部分属于她的消费者剩余给其他人。所以我有时候会想，搞价格歧视差别定价，让有钱人多花点钱，或许是好的呢？但有的时候又会想，如果一些公司利用手中的大数据，能够清楚地区分出谁是有钱人，搞价格歧视，这种肯定又不是什么好事。所以价格歧视该怎么评价呢，只能自己思考。

理论课 34 · 价格歧视中的定价策略

为了获取更多利润，商家会有动力想要获得更多的消费者剩余。而为了获得消费者剩余，所实施的价格歧视也分很多不同的等级。

最高级别的歧视，是对每个人都分别定价，精准地衡量出这个人的意愿价格，然后对他收取这个价格，此时就可以获取到全部的消费者剩余。从图上看，相当于把需求曲线下方的部分全部赚到手。这叫作完全价格歧视，只存在于理想中，在现实中很难做到。

在几十年前，一些集市上的小摊贩会看人报价格，跟每个人一一砍价，最终每个人付出的价钱可能都是不一样的。但这样的交易成本太高，卖家要付出大量时间来获取买家的消费者剩余，投入产出比不是太好。所以现在商品已经到了明码标价的时代，不太可能看到完全价格歧视。目前，只有在一对一的定制产品、拍卖等情况下，才有可能比较接近于完全价格歧视。所以大家一定要意识到，拍卖的价格是没有太大参考意义的。有新闻曾经报道，最贵的藏獒卖 500 万元一只，对个别富人来说，他们的购买意愿和购买能力都非常高，位于需求曲线的最左上角，这种拍卖价格无非就是把他们的消费者剩余全压榨出来了而已。如果你是一个养狗场的老板，想要大量培育藏獒，就应该意识到，随着你手上的藏獒越来越多，价格就会越向需求曲线右下方移动，价格也会一降再降。所以 500 万元一只的藏獒根本没有参考意义。

生活中常见的，都是有限的价格歧视，或者叫不完全的价格歧视。不完全价格歧视，主要有两种方式：一种方式是区分购买者，通过各种方式把购买者划分成不同的群体，再对不同的群体差别定价，从而增加利润；另一种方式是区分商品，通过给不同购买力的人设计不同的产品，让用户来自己选择商品，从而让一部分有钱人选更贵的商品，进而获得了更多的消费者剩余，增加了利润。

区分购买者的群体，就需要筛选出不同人群身上的不同标签。比如按地域、年龄、性别或者其他特征等。能够实施价格歧视的前提是：第一，市场中存在不同群体的消费者，而他们的价格需求弹性差异很大。有些人对价格不敏感，缺乏需求弹性，哪怕价格上涨很多，他们也愿意买。第二，市场中能够用较低的成本，识别、区分出不同购买力的群体。第三，还能够实施有效手段，把各个群体做封闭，以防止消费者冒充身份享受低价。在这种条件下，价格歧视才比较有可能成功，从而获得更大的利润。

最常见的人群划分标签：

（1）按年龄划分。例如学生价格、老人价格。这种做法很符合社会道德导向，然而这种做法，从经济学角度来讲，也是一种利益导向的选择。因为：第一，学生、老人往往都是需求弹性很高的群体。需求弹性很高的时候，需要降价促销来增加销量。换大白话来说，如果酒店价格太贵，学生和老人会非常节俭，不去消费。第二，这些人有办法识别出来，而且识别成本不高，还不容易被冒充，那么就可以实施价格歧视。第三，需要注意的是，这种东西必须是难以转让的，否则就会直接促成黄牛行为。所以住酒店、吃饭、景区可以做老年人价格，但是超市买东西就不能。从图上来看，正常统一定价的时候，对外会有一个单一报价，收入就是价格乘以销量。而增加学生价和老人价格之后，又出现了第二个价格，增加了一块收入的面积。

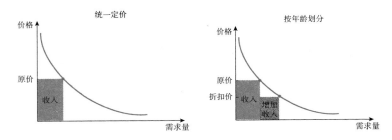

（2）按地域划分。比如药品，或者有专利权限制的产品，它们可能会因为法律法规限制，不能自由地运输或者贸易，那么这种商品就有可能产生地域上的物理隔离。这时，如果不同地域之间的需求弹性差距很大，就会有价格歧视的空间。举例来说，假如一家药企研发出一款治疗心脏病的药物，因为法规限制，一旦卖给某个国家的客户，就不能再转卖给另一个国家。而这款药物在欧洲因为医保全面覆盖，导致弹性非常低，假设调查得知弹性是 -0.5，而在印度，因为需要用户自费使用，弹性是 -2，在日本也需要用户自费使用，并且日本市场上还存在其他竞品，导致弹性为 -4，结果有可能是，欧洲价格 2000 元，印度价格 1000 元，日本价格 500 元，最终各国之间的价格可能会差距很大。我们会看到很多产品的价格，在全球各地都有高低不同的差异，这种差异其实就属于价格歧视。

目前在烟草领域还存在着地域限制，禁止烟草跨区销售。我不知道各地的香烟价格是否有差异，如果有的话，这就有可能是一种基于地域而设计出来的价格歧视方案。

（3）按照各种标签来划分人群。针对残疾人群体的优惠价格，原理与学生和老人类似。

有一个职场笑话，说老板不敢使劲用 20 岁出头的员工，因为员工既没结婚，也没房贷，一个人吃饱全家不饿，一急了人家就离职了。老板最喜欢 30 多岁已经结了婚还要还房贷的员工，因为不敢贸然辞职。这个职场笑话里讲的，很明显就是一种价格歧视的方式，通过有没有房贷来把员工分成两个不同的群组，然后给不同的价格。

另一个例子，按照普通居民和工商业经营企业来划分。比如居民用电价格要远低于商业用电价格，因为普通老百姓的弹性要更高。但很多时候，对工厂的工业用电反而是有折扣的，也比商业用电要低。我猜测可能商业用电是弹性最低的，而工厂因为成本敏感，有可能对电价的弹性并没有那么低。月电大户，如果感觉到电价压力，有可能会选择搬迁工厂到电价便宜的地方。

同样是按居民和企业的二分法，我先生在创业过程中曾经遇到过一件事，当年我们并不宽裕，办公地点选择在了一个商住两用的公寓楼里，他办理了一条宽带，走的是家用宽带的价格，一年 1000 多元。结果有一天，通信公司的员工上门勘察，发现不是住家户，而是公司，于是立马要改价，要按照商业宽带每月1000 多元的价格来收费。于是我先生和通信公司的员工爆发了激烈的争吵，最后宽带不用了，他也被通信公司拉黑了，但他仍然拒不接受商业宽带的价格。这是一个典型的企业想要搞价格歧视却失败的例子。因为居家住户和企业用户确实很容易识别出来，然而这两个群体，却未必代表弹性上有很大的差异。很多中小企业一样也是企业，但购买力未必比个人强多少，需求弹性一样很高。最近几年我发现，办理宽带时，哪怕办公地点就在写字楼里，宽带价格也已经不再区分民用和商业使用了，这说明中国电信已经意识到了这种价格歧视的方式是失效的，不仅没增加营业收入，反而还损失了很多客户，所以他们自己也放弃了这种方式。

按照地域、年龄等各种标签来区分人群比较容易，但这种方式比较粗糙，因为 20 岁到 50 岁还有大量的主流人群有贫富之分，但很难用肉眼可见的标签筛出来。除了给购买者区分群体之外，另一种方式是商家把产品做一些区分，从而引导消费者自我筛选，让购买力更强的人群自愿去购买价格更高的产品。

常见的区分商品的方法有：

（1）给商品分等级。例如，出版社会给图书出平装版和精装版，让有意愿出更多钱的人，去选择精装版、纪念版、签售版、限量版等。

香水品牌也会把一款香水拆分出好多种。普通装是一瓶香水配着精美的包装盒，再配上精美的塑封。而进阶一档，还有礼盒装，一瓶香水配上一个礼品，比如护手霜或者沐浴露，然后套装在一个更精美的盒子里，顿时就能多卖好几百元。还有简陋版的简装香水，省略掉所有包装盒，给不愿意多掏钱的用户选择。我就经常买简装香水，因为我非常小气。从图上看，就是从一个商品、一个价格、一个方形的收入面积，扩大到三个价格，收入面积也随之扩大，增加了两块小面积，这是原本的单一定价时无法获得的收入。

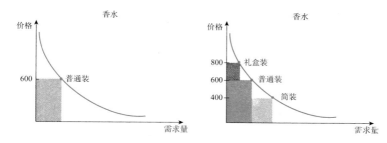

我们最常见的等级之分，是航空公司的头等舱、商务舱、经济舱之间的区分。我和我先生坐飞机的时候，他特意去观察一眼头等舱和商务舱，然后回来根据前两舱的占地面积和附加服务等给我计算，说价格如果在某个范围，就很划算。当时我觉得很有道理，赶快去查前两舱的价格，结果价格远高于我们估算的合理值，以至于到现在我们都没舍得坐飞机的头等舱和商务舱。很明显，这是一个典型的获取消费者剩余的定价方法，这种差别化的产品，是为了让有钱人掏更多的钱，而不是掏合理的钱。

但相反，我和我先生坐高铁的时候，基本都坐一等座。因为我们也曾经计算过一等座和二等座的车厢座位比值，也查看过票价的比值，结果我们发现一等座多掏的钱竟然就是多占的面积的钱。这说明在高铁票的定价上，高铁总公司负责人非常有良心，他们竟然不是以获取更多利润为导向，一点都没玩商业套路，没有搞价格歧视，该是多少钱就是多少钱。

（2）给商品区分时间。这主要针对服务类，比如电影院的早间场和午夜场，比下午的场次便宜，打车分高峰时段和非高峰时段，旅游景点的交通住宿餐饮在节假日更高。

当然，这种定价方式，不仅仅是基于想要获取更多的消费者剩余。而是在高峰时期和低谷时期，市场上的供给量无法发生变化，但需求量不同导致的。并且，高峰价格更贵，能够引导人们从拥堵时间向非拥堵时间转移。目前很多国家的电价都分高峰电价与非高峰电价，这是因为发电量也很难大幅调节，所以通过分别定价的方式，来鼓励人们转移部分用电需求到非高峰时间。

（3）给商品分会员价、优惠券价等方式。在流动人口比较多的地方，会员价是非常有用的。我去医院看病时，发现附近餐馆有两类人群，一类是周边居民，另一类是专程来看病的人群。这两类人明显具有不同的弹性。对常住居民来说，吃饭是日常，所以对价格非常敏感，如果价格高，立马就不来了，改成在家做饭；而对流动群体来说，他只吃这一顿，价格敏感度非常低，贵一点也无所谓。这两类人群，用肉眼无法区分，靠年龄、性别等常见标签区分不出来，商家只能通过办会员的方式来识别，通过办卡、充值返现之类的活动，筛选出附近居民。同样，对于景区、商场来说，大老远来一趟的人不可能办会员。

优惠券又是另外一种思路。通过各种隐藏发放优惠券的渠道，识别出低时间成本的用户。因为研究各种优惠条件，需要花费大量时间。如果一个人的时间成本很高，他就不值得做这样的事情。而人的时间成本和收入是直接相关的，收入低才能时间闲。同样的道理，我们会发现每年双十一的促销政策变得越来越复杂，不花时间研究计算，根本算不明白怎么满减。这其实就是一种价格歧视，为了让时间成本更高、购买力更强的人群，看到困难自动退出，选择平时多花钱去买东西。因为经过多年发展，天猫的市场占有率已经很高，以前打折是为了增加用户数量和用户黏性，而现在用户数量没有太大增长空间，双十一再直接打折，等于减少了平时本应有的收入，反而会让总收入下降。

（4）按照购买数量歧视。购买的数量越大，则给予越大的折扣。人与人之间有喜好差异，比如有的人很爱喝酸奶，有的人不爱喝酸奶。商家经过研究后发现，一部分人很少买酸奶，只是偶尔买一次，而另一部分人经常买酸奶。商家想要从爱喝酸奶的人身上赚更多的钱，但怎么才能区分出谁更爱喝酸奶呢？只能从他们的购买行为上去区分。搞酸奶的促销装，1 瓶酸奶 6 元，3 瓶酸奶捆绑销售卖 14 元。对不爱喝酸奶偶尔买 1 瓶的人来说，他们依然只会偶尔花 6 元买 1 瓶。而对爱喝酸奶的，经常来买一两瓶的人来说，就更有可能从一次买一两瓶变成一次买三瓶。这种价格歧视能够成功实施的前提条件是，商家必须知道消费者的行为模式，知道消费者一次买多少，从而设置一个数量略高一些的门槛。如果商家不知道消费者的行为模式，想当然地去设计促销方案，有可能会适得其反。例如，如果大部分消费者都是一次买两瓶，而商家并没有发现这个信息，反而设置了一个买 2 送 1 的促销活动，这就等于白白地损失利润。

最后回顾一下本节内容。

我们学习了完全的价格歧视和不完全的价格歧视，其中不完全的价格歧视中又包含两大类，一种是区分人群，另一种是区分商品，让商品有贵和便宜之分，从而让消费者去自主选择。

这三种价格歧视，其实可以从商家拥有了多少关于消费者的信息去区分。我们从商家拥有最少的信息，开始梳理。

最低一层的情况是，商家拥有的消费者信息为 0。商家对用户一无所知，就做不了任何的价格歧视，只能选择统一定价的方式，不管是谁来买，价格都一样。

从 0 开始增加，假设商家开始试图收集用户的基础信息，那么最初商家能够了解到的是一些较为公开的信息，比如年龄、性别、地域，是不是学生、残疾人等。现实生活中，我们在注册一些会员的时候，会填写自己的生日。当用户把这些信息披露给商家之后，那么商家就存在以人群之分来做价格歧视的空间了。做这种价格歧视时，商家手中所拥有的用户信息较少，所以也被叫作三级价格歧视。

进一步，如果商家获得的用户信息开始变多，他开始知道消费者的喜好、作息习惯、购买数量习惯，就可以通过区分商品来做价格歧视。商家会在不同的时间定不同的价格，对商品设置不同的套装、不同的包装、不同的会员价和优惠券，甚至不同数量的促销价格。到这一阶段，商家开始更加了解自己的用户，这一阶段的价格歧视也被叫作二级价格歧视。

从这一阶段继续上升。如果商家开始完全、百分之百地了解每个单独的消费者，就像每个人肚子里的蛔虫一样，清楚地知道你想要什么，你能付得起什么样的价格，那么此时将会达到最极限的情况，就是完全价格歧视。商家可以针对每个顾客制定独立的价格，这种价格歧视也被叫作一级价格歧视。

经过梳理，大家会意识到，站在用户的角度，我们每个人的信息都是非常有价值的。如果每个用户都把自己的个人信息拱手让给商家，那么最终会导致你享受不到任何的消费者剩余。在过去，一级价格歧视，也就是完全的价格歧视是不可能实现的，因为获取信息的难度很大，成本很高，然而随着互联网时代的到来，信息的收集就变得容易多了。

我们每个人的信息，在网上都被各个网站、各个平台收集。某个平台如果提供的服务越多，那么它可以收集到的信息就会越多，那么理论上，就获得了从无歧视到三级价格歧视再到二级价格歧视，甚至最终走到一级价格歧视的可能。

案例课 16 · 健身房案例

本节案例课，来思考一下健身房。国内的健身房，基本都是同样的经营模式，即收年费。假设有一家健身房，年费是 2500元，那么这家健身房的总收入就是图中显示的方块的大小，即价格乘以销量（图1）。如果这家健身房觉得自己收入不够高，想要增加营业收入的话，该怎么办呢？

如果靠降价来增加销量，比如年费从 2500 元降到 2000 元，甚至降到 1500 元，会有什么结果呢？从图形上看，就是原来 2500 元 ×Q1 的方块大小，变成了 1500 元 ×Q2 的方块大小（图2）。一方面收入增加了金色框起来的大小，另一方面收入减少了黑色框起来的大小，所以总收入到底有什么变化，不确定。

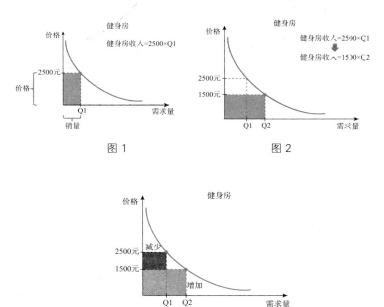

图 1   图 2

但是如果这家健身房采用价格歧视的方式，对不同的人群定不同的价格，那么总收入肯定会毫无疑问地增加。那么，该怎样设置价格歧视呢？

前文提到，可以区分人群，比如说年龄、性别、地域等。可以区分产品，比如说分时间段。先来思考一个最简单的，是否可以单独设置一个学生卡。学生平时没时间健身，但是寒暑假会有空。

假设这是一家游泳馆，大部分游泳馆在暑假时已经人满为患，此时如果增加低价的学生卡，就意味着要挤走普通用户，会给收入造成损失。但相反，如果在人少的冬天推出寒假学生卡，就没任何问题，既可以增加收入，也不会影响老顾客。这个道理我们梳理完就会发现，同样适用于健身房。

大部分健身房，晚上7点到9点是黄金时段，而工作日的白天，人非常少。所以做价格歧视的时候，低价产品一定要防止挤占晚上的黄金时间，否则会把老顾客挤走。而老顾客都是高价买的全价年卡，是核心用户。所以在设计健身房学生卡的时候，就可以考虑推出学生寒暑假健身卡，可供白天全天使用。因为寒暑假白天一样是工作日，增加学生来健身，对其他人并不影响，还能增加收入。

同样的道理，要想办法再找出一些还没办卡，但有可能塞到白天时段的潜在用户群体，给他们推出一个独立产品。例如，刚生过孩子的宝妈，或者家庭主妇，她们每天很忙碌，大概率是把孩子送到幼儿园之后的那段时间有空闲。所以可以针对妈妈群体，专门设计一个固定时段的健身服务，让她们每天给自己花一小时用于放松精神，休养身体，甚至产后恢复等。

除此之外，还有什么群体，我也不知道，因为我们掌握的用户信息非常少，所以只能用这种粗略的群体肖像的方式，试图找出一些群体。但肯定还有很多人，购买力低于 2500 元，怎又抽象不出群体特征，那么就只能设计出差异化的产品，交由用户自主选择。例如，普通年卡 2500 元，可以在全年任何时段来健身房，再设计一款白日年卡，比如 1600 元，只限白天使月，让有意愿的用户自己去选择。

健身房除了年卡，还有私教课程。以合肥为例，这里的私教课程大多集中在 300 ~ 450 元的价格。假设在这个价格区间内买课的用户，每年的总花费是 X 万元，那么从 2500 元年费到 X 万元，其实还有很大的空间。

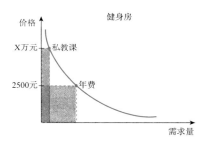

有不少人，他们的付费能力超过 2500 元，但还达不到买 300 ~ 450 元的私教课水平。那么这部分用户的消费者剩余，就会白白跑掉，没有赚到手。私教课的定价，其实也是一样的道理。我见过的健身教练，大部分仅在晚上黄金时间段比较忙碌，其他时间则处在一种产能闲置的状态。

正是因为有这种时段上的差异，所以可以基于时间段设定价格歧视。因为时间空着也是空着，对健身教练而言，多上一节课，少上一节课，时间成本没有太大差异，但只要多上一节，就多一节的收入。这就像是飞机起飞前还剩的空座位一样，能卖掉一个是一个，卖掉多少钱都是赚，而卖不掉就白白浪费了。所以健身教练，可以在非常闲的时间段里大幅降价促销，把这个时间段填满。但目前，我几乎没有发现任何一个健身房区分时段定价，还有很大改善空间。

我主动找过健身房去砍价，给他们分析，白天的时间闲着是浪费，我绝对不会买 400 元一节的私教课，但如果工作日白天降价到 200 元一节，我就会来消费，这个时间段健身房本来就没人，等于纯增加收入。有些健身房不听我的劝，也有些健身房听。于是我每月能去锻炼 12～15 次，基本是在早上 10 点，也基本碰不到别的顾客。健身房通过这种价格歧视的方式，就把我的消费收入囊中了。因为我只能接受每个月花费在 3000 元以内，但如果每节课 400 元，意味着每个月花费要在 5000 元以上，中间又没有其他的选项，我就只能选择一个最基础的年卡消费，那么健身房就会白白失去我每年 2500 元年费到每月 3000 元的这部分消费者剩余。

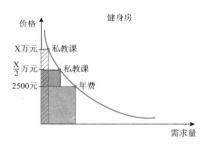

以上是我们基于价格歧视的知识点，所思考出的应用内容。既然本节案例与健身房有关，我觉得可以做一些延伸思考。

曾经有一种说法，认为健身房赚的是别人交了费之后不去运动的钱。但这种思路有误，因为除非是人口流动非常频繁的地区，否则大部分健身房附近的居民群体和数量是很稳定的，健身房的潜在用户有限。这些潜在用户只会给自己一次糟蹋钱的机会，如果这次机会被证明是浪费钱，那么就不会再有下次。如果健身房老板心里觉得，某个用户办了三年的卡，结果只来了前两个月，后面完全消失，这种情况是赚钱的话，那么他肯定想错了，因为这意味着用户再也不会回来了。

一个健身房，在开业之前应该先算好自己的成本收益。想要长久地经营下去，必须想清楚自己每年的成本是多少，再算清自己需要有多少个客户才能覆盖住成本和利润。

简单举例，假设一家健身房，一年运营成本是 200 万元，用户有 1000 人，每人 2000 元的年费，其中 10% 的用户，即 100 人，每年再花 3 万元的私教费用，私教费用中一半分给健身教练，一半分给健身房。那么这个健身房每年的收入就是：

$$1000 人 \times 0.2 万元 + 100 人 \times 1.5 万元 = 350 万元$$

扣掉运营成本 200 万元，还剩 150 万元利润。对于这些用户，他们是否来健身，对健身房的成本增加并不大，如果这 1000 个用户都在固定时间来健身，每年无非是多花 20 万元的洗澡水费用，但这意味着来年这些人还会续费。相反，如果这些客户都不经常来，就代表着客户在未来可能要流失了。

当第 2 年两类客户分别减少 20% 的时候，一年收入就会下降成：

$$800 人 \times 0.2 万元 + 80 人 \times 1.5 万元 = 280 万元$$

此时利润已经腰斩。如果客户继续下降，很快就会跌破盈亏平衡点。当然，这些数字是随口举例，不代表开健身房就能赚这些钱。

但总之，我的重点是，一个健身房想要做长久的生意，就必须有一些铁杆的、稳定的用户。所以健身房的房主，真的有必要思考一下，如何去唤醒休眠用户。如果一个用户已经很长时间没有出现，就要想办法去唤醒他。你可以打电话给他，说钱不能白花，健身房决定送你几节私教课，限白天某时段使用。

用户只要肯过来，他会觉得虽然很久没来，但这次私教课值二三百元，好歹不亏，至少也没浪费年费，那么他心里会舒服很多，以后续卡率会上升。这就像是航空公司，在起飞前发现头等舱和商务舱还空着，于是邀请一些核心顾客免费升舱，这些举措会大幅地提高用户满意度，下次再消费的概率就会提升。

所以要想尽办法保持用户的黏性，用户没有动力去健身，就想办法制造动力。比如原价两千多元的健身房年卡，可以在初期卖得更贵一些，但是推出一个打卡发红包的活动。让用户办卡的时候，就制订好健身计划，每周勾选三天至少去两次，比如张三计划每周一、三、五至少去健身两次。那么等张三每个月第一次完成周计划时，就立马给他发一个红包，这样张三就有可能受到持续的激励，成为一个长期的铁杆用户。

案例课 17·财务公司的定价

这节案例课，与代理会计记账公司有关。任何一家企业在成立之后，都需要建立会计账簿，详细记录经营情况，再以此为基础报税。所有企业都有雇用会计的需求，但每家企业愿意出的价格不同。

我们想象一根需求曲线，代表着会计的需求。需求曲线是向下倾斜的，上面存在着对于会计的不同价位的需求，每个价位上都有。

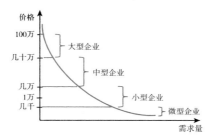

比如大型企业可能愿意在财务上负担每个月上百万元的支出，但微型企业，可能每个月只愿意负担几十元到几千元的支出。

大企业可以雇用团队，方式就会很灵活，他们可以自主地选择团队人数的多少，团队里的人有多少是新手多少是老手，以什么样的比例来搭配。而对小微企业来说，因为预算紧张，选择上就会局促很多。由于小微企业数量众多，所以如果我们单独把这一段需求曲线放大来看，会看到一条尾端非常长的需求曲线。

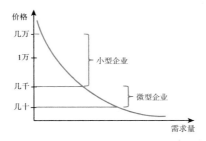

在这一段需求曲线上，各种价位的需求都是存在的。需求会非常连贯，即便对微型企业来说，也会有每月几十元、100多元、200多元、400元、500元等高低不同的需求。而会计的供给并不连贯。

市场上雇用一个全职会计，最低工资应该在3500到4000元。这能雇到一个会计专业毕业，具有一两年或者两三年经验的初级会计。再往上，如果经验充沛，资质更好，比如有中级会计师资质，那么工资可能会上涨到 6000 到 8000 元的水平。再往上，如果经验更丰富，比如在审计机构工作过，或者在大型公司担任一定职级，再或者是注册会计师，那么工资会上万元。

市面上针对低于 3500 元的小微企业会计需求，专门衍生出了代理记账公司这种业态。代理商公司会每个月收取很低的费用帮小企业记账，普遍在每个月二三百元的水平。所以从图形上来看，需求分层，最终消费的产品不同。代理记账行业获取的收入就是图形上灰色区间的大小。

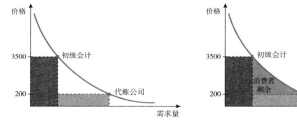

如图所示，灰色区比较小，更大的区域是金色部分，即消费者剩余部分。大部分消费者剩余留给了客户，代理记账行业并没有赚到这部分钱。而在行业内部互相竞争的过程中，很多代理记账公司之间会打价格战，为了抢客户，有些甚至每个月只要 150 元。可以想象一下，如果行业价格继续下降，从每月 200 元降到每月 150 元，会有什么后果？

现实生活中，现在只要公司注册，就会在网上披露企业信息，然后会有无数个每月 150 元的代理记账公司，顺着企业披露的电话号码打电话来推销。每次我听到这种电话，总会很感慨，学会计的人竟然不懂经济学。

如果他们知道弹性的概念，就会知道在弹性越小的时候，降价促销越是没有意义的。代理记账就是如此，如果是从 2000 元降到 1500 元，吸引力很大。但从 200 元降到 150 元，对大部分人来说是没有太大影响的。

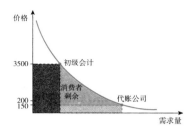

进一步，如果他们学过消费者剩余的概念，很明显就能看出来，如果价格从 200 元降到 150 元，灰色区域会变得更小，整个行业的收入会大幅下降，行业会整体萎缩。与之相对的是，这个行业丢掉的消费者剩余会越来越多。所以应该怎么办呢？

基于弹性的知识，在这一阶段，要想办法找理由去涨价。

基于消费者剩余和价格歧视的知识，要想办法给不同的人，涨到不同的价格。想办法去筛选用户，或者创建更多不同的产品，从而引导客户去自我筛选，让有更高付费能力的客户支付更高的价格，这样收入才会增加。

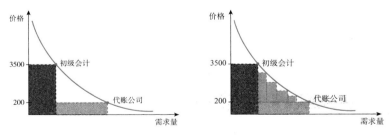

更直白地说，我们从需求曲线上能看到，在代理记账公司位于 200 元的位置，初级会计位于 3500 元的位置，这个 200 元到

3500元区间，有着大片供给空白的区域，代表这其中有很多企业，他们有付费500元、800元、1000元、1500元、2000元的需求。还有一些小微企业，可能需求比3500元更高，比如他们想要的是一个有经验的会计，市场上有经验的会计工资是7500元，而他们能够接受的价格是4000元。4000元的工资雇不到有经验的会计，只能雇到新手，而新手又无法满足这些公司的需求。然而，对这么多需求有差异的小微企业，市面上竟然只有200元的记账公司能满足他们，这不是很可笑吗？

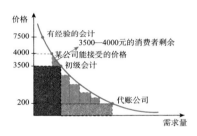

这就是我观察到的，实打实的现状。现在国内大部分城市的代理记账公司，没有一家想到做差异化，都是在打价格战。不只是会计行业，很多行业也都是这样。所以每当看到这种现状，我都感叹经济学知识不够普及。明明生活可以过得更好，为什么就不往好的方向去发展呢？

那么，具体应该怎么做呢？首先需自己努力动脑找办法，我试着举几个例子，不一定对，但是可以当作一些启发思路。

比如，可以跟客户聊：请问你们记账对会计有要求吗？要初级会计、中级会计，还是注册会计师？

当客户开始询问区别时，你就可以详细地解释，初级会计工作年限比较短，一般都是新手，只会记账，解决不了问题，这种比较适合公司里有专业的人指挥。

大部分人在这里都会想往上升级。你可以继续说，中级会计一般有多年工作经验，能解决各种问题，大部分公司选这个级别是比较好的，费用也不高，每个月四五百元。对企业来说，每个月加二三百元，能更放心一点，也是值得的。如果继续升级，想要个性化的服务，那么可以推荐注册会计师。

另外，你还可以把服务内容差异化。比如问老板，除了代理记账，是否需要代跑税务局，帮忙节省时间，或者是否需要会计师上门服务，每月坐班一天，更好地沟通解决问题……

总之，可以抛出各种各样的附加产品、附加服务，一点一点地试探，看客户到底愿意购买多深的服务，能够承受多高的价钱。让客户增加消费，释放出更多的消费者剩余。

以上便是本章的基本内容，最后的几个案例，皆是我自己在生活中的所观所想，大家也可以观察自己身边的问题并思考，希望这些知识可以给大家带来帮助。

致　谢

　　过往的人生路上，我收获了诸多老师的真挚指引和真切关爱，内心时常感怀。师恩难忘，借此鸣谢！

　　愿理想主义的火花永续，也愿将所学所想和所收获的指引关爱，继续传递下去！

　　在此，感谢在我人生中起到重要影响的历位老师：

　　张萍、唐秋荣、任君友、陈韶华、瞿炯、张耀琨、陈伟忠、Anurag Gupta

学生　珍妮